Mosaik
bei GOLDMANN

W0403696

Buch

Dieses neu überarbeitete Standardwerk des Autorenehepaars Vasseur enthält eine breite Palette traditioneller und moderner Vornamen und erklärt deren Herkunft, Zusammensetzung und Bedeutung. Für die gebräuchlichsten Vornamen stellen die Autoren die jeweiligen Zahlwerte der Kabbalistik, die entsprechenden Tierkreiszeichen, die zugeordneten Pflanzen, Blumen und Steine vor und nennen berühmte Persönlichkeiten, die diese Namen tragen. So wird die Wahl des passenden Vornamens erleichtert. Schließlich begleitet er uns ein Leben lang und sollte daher mit Bedacht ausgesucht werden.

Autoren

Johanna und Jacques Vasseur gelangten über das Studium antiker und moderner Sprachen zur Vergleichenden Sprachwissenschaft. Schon seit Jahren gilt ihr besonderes Interesse der Vornamenforschung.

JACQUES UND
JOHANNA VASSEUR

Goldmanns großes Vornamenbuch

Das Standardwerk –
völlig neu überarbeitet

Mosaik
bei GOLDMANN

Umwelthinweis:
Alle bedruckten Materialien dieses Taschenbuches
sind chlorfrei und umweltschonend.

Aktualisierte Taschenbuchausgabe März 2001
© 1982 Wilhelm Goldmann Verlag, München
in der Verlagsgruppe Bertelsmann GmbH
Umschlaggestaltung: Design Team München
unter Verwendung folgender Fotos:
Umschlag und
Umschlaginnenseiten: Edda Köchl
Satz: Uhl + Massopust, Aalen
Druck: GGP Media, Pößneck
Verlagsnummer: 10872
Kö . Herstellung: Max Widmaier
Printed in Germany
ISBN 3-442-10872-1
www.goldmann-verlag.de

11 13 15 17 19 18 16 14 12

Vorwort

Die Namenserteilung
ist kein gleichgültiges Anliegen
und sollte
nicht vom Zufall abhängen
Plato (5./4. Jh. v. Chr.)

Der wichtigste Bestandteil unseres Wortschatzes dürfte wohl unser eigener Rufname sein, denn er verbindet uns mit unserer Umgebung, unseren Quellen, unserer Familie, unserer Kindheit. Er ist oft das einzige Zeichen, das wir im Gedächtnis anderer hinterlassen. Wir reden nur von Vornamen, denn die Familiennamen sind eine verhältnismäßig junge Erscheinung (11. Jh. in Südfrankreich, Ende des 12. Jh. in Paris, 13. Jh. in Deutschland). Vorher und mit Ausnahme der römischen Welt, hatte jeder Mensch nur einen, von den Eltern frei gewählten Rufnamen.

Viele Eltern legen Wert auf die Unverwechselbarkeit des Vornamens ihres Kindes, und sie haben Recht. Vor kurzem hat ein Gericht allerdings festgestellt, dass 13 Vornamen für ein Kind zu viel wären. Vier werden für angemessen gehalten. Jedoch die häufigsten Familiennamen werden – demografisch bedingt – immer häufiger: Schmidt, Müller, Meyer, Schulze usw. in Deutschland, Janssens, Desmet, Declercq, Devos usw. in Belgien und den Niederlanden oder Lefèbvre, Martin/Marty, Dupont in Frankreich. Die Schweden haben schon vorgesorgt: In diesem Land, wo 10 % der Bevölkerung schon Johansson, Andersson, Nilsson oder Eriksson heißen, kann man – gegen eine Kleinigkeit für die Staatskasse – einen anderen »neuen« Familiennamen erhalten, der jedoch nicht an eine andere Familie vergeben werden darf.

Die Mehrheit unserer Vornamen geht auf eine Zeit zurück, in der nur sehr wenige Auserwählte schreiben und lesen konnten und in der die Lebenserwartung kaum länger als dreißig Jahre währte. Unter solchen Umständen war der Rufname oft das einzige Kennzeichen, das Eltern ihren Kindern geben konnten, daher seine Wichtigkeit. Denn unsere Vornamen sind kein Buchstabenbündel, rein zufällig zusammengesetzt, sondern haben alle einen tieferen Sinn. Der Zweck dieses Buches ist, die Herkunft jedes Vornamens zu erhellen, die Zusammensetzung und Bedeutung zu erklären.

Seit grauester Vorzeit sind auf dem Gebiet der Namengebung die elterlichen Sorgen und Beweggründe auffallend ähnlich. Tausend Jahre vor unserer Zeitrechnung nannten Inder ihre Kinder »Jîvana-râma« (m = allen Menschen gefallend), oder »Purushottama« (m = der Vorzüglichste der Menschen). Die Gallier »Coveros« (m = der Gerechte), »Caratios« (m. = der Geliebte) oder »Dagovassus« (m = treuer Diener). Die Hebräer: »Mehuman« (m = der Treue), »Jescher« (m = der Rechtschaffene), »Barsilaï« (m = der Eisenharte). Die Ägypter »Ténofré« (w = die Gute), »Temaï« (w = die Liebenswürdige). Die Etrusker »Herme« (m = der Starke). Die Indianer von Nordamerika »Kah-Gui-Gue-Gah-Bowh« (m = immer treu). Die Germanen »Friunt« (m = Freund), »Willicomo« (m) oder »Chraft« (m). Araber von Nordafrika »el-Bári« (m = der Vortreffliche). Tataren »Dewletuqua« (m = Reichtumssohn).

Die heutigen Namen »Bernd« (= Bernhard) oder »Eberhard« entsprechen dem altindischen: »Çaktisinha« (m = mächtiger Löwe), dem indianischen (Ontario) »Keeocukc« (m = der wachsame Fuchs), dem indianischen (Peru) »Hatun Huamang« (m =

der große Geier), dem altägyptischen »Moui« (m = Löwe), dem keltischen »Arthur« (m = der Bär) oder dem gallischen »Tarvillos« (= Stier).
»Michael«, »Christina« und »Markus« sind enge Sinnverwandte des altindischen »Çivadatta» (m = vom Gotte Siwa geschenkt), der altägyptischen »Thoûtmosis« (m = Sohn von [Gott] Thoth), »Thaïsis« (w = die der Isis) oder wie »Tut-ench-Amon« (m = lebendes Bild von [Gott] Am[m]on) verwandt ist mit dem gallischen »Esugenus« (m = Sohn des [Gottes] Esus), oder dem karthagischen: »Hamilkar« (m = Diener [des Gottes] Melkart).
Manchmal ist uns die Bedeutung der Vornamen noch klar: »Amadeus«, »Modest«, »Christian«, »Franz«, brauchen keine lange Erklärung. Bei anderen muss man schon etwas mehr nachforschen: »Nadine«, »Renate«, »Sabine«, »Dominique«. Bei einigen, z. B. »Vanessa«, »Anton«, »Emil«, ist es noch viel schwieriger, und für einige wenige Namen bleibt der Ursprung umstritten, wenn nicht gar völlig unbekannt.

Um die zahlreichen Schwierigkeiten und Irrtümer zu vermeiden, welche den Weg des Forschers pflastern, muss er viele Sprachen gründlich kennen. Wer nur einer Sprache mächtig ist, wird instinktiv verleitet, alles auf diese zurückzuführen. Die phonetischen und semantischen Gesetze jeder Sprache verdienen eine besondere Aufmerksamkeit, denn Personennamen sind Wörter, die denselben Gesetzen unterworfen sind, wie alle übrigen Elemente einer Sprache.
Aber dies reicht bei weitem noch nicht aus: Der Weg bis zur richtigen Quelle ist schwierig und oft labyrinthisch verschlungen. Dabei muss man viele Sagen, Gerüchte, optische Täuschungen überwinden. Sehr viele Personennamen wurden vom Wirken der Analogie derart umgestaltet, dass es oft schwer ist, sich zurechtzufinden. Die Volksetymologie (selbst in der Bibel) hat auf dem Gebiet der Personennamendeutung manchen bösen Streich gespielt. Viele Fachleute gingen ihr auf den Leim, um so leichter, da man seit Generationen Legenden verbreitet, die besonders verlockend und schmeichelhaft für die Träger des jeweiligen Namens sind.
Selbst tief greifende Kenntnisse der Psychologie eines Volkes gestatten nicht immer, den Sinn eines Namens zu deuten. Oft hat man, um das Andenken des Vaters, der Mutter oder beider Familien zu verewigen, Elemente der Namengebung zusammengekoppelt, selbst wenn sie logisch nicht zusammenpassten. Es wäre in diesem Falle aussichtslos, in solchen bunten Zusammensetzungen um jeden Preis einen Sinn zu suchen, wenn sie vom Ursprung her keinen gehabt haben.

Für die verbreitetsten Vornamen haben wir den »Zahlwert«, das entsprechende Tierkreiszeichen und die damit verbundenen Pflanzen, Blumen und Steine angegeben – nach den Grundsätzen der Kabbalisten (Addieren des Zahlwertes der einzelnen Buchstaben oder Bestandteile nach dem hebräischen bzw. griechischen Alphabet). Hierbei stellt sich die immer gleiche Frage: »Est nomen omen?« Balzac (19. Jh.), der nicht ohne Grund »der Gigant der französischen Literatur« genannt wird, schrieb hierüber: »Die Namen werden im Himmel gegeben. Man wird dort oben benannt, bevor man hienieden lebt. Übrigens bin ich nicht der Einzige, der felsenfest davon überzeugt ist, dass zwischen Namen und Persönlichkeit tief geheime Beziehungen walten …«
Dieses Werk will nur ein Ratgeber, ein Wegweiser sein. Die Eltern sollten daran denken, dass der von ihnen gewählte Vorname ihr Kind das ganze Leben lang begleiten wird.
Der griechische Philosoph Pythagoras (6. Jh. v. Chr.) riet: »Familienvater, lege deinem Kind einen Namen zu, der ihn in seinen eigenen Augen ehrt!« Ein unsinniger Vorname kann einem Menschen sein ganzes Leben lang Ärger bereiten: in der Heimat

und in der Fremde. In der spanisch sprechenden Welt darf man einen Sohn »Jesús«, in Griechenland »Christos« nennen. In England trifft man ab und zu den Mädchennamen »Perdita« (Gestalt aus Shakespeares »Wintermärchen«), der auf lateinisch »die Verlorene« bedeutet. Das Standesamt ist oft die letzte Schranke gegen die wildeste Fantasie. »Grammophon« (m) und »Fiat« (w) wurden in der Bundesrepublik als Vornamen abgelehnt. Dagegen in Brasilien »Chevrolet-Ford« (m) und »Herzinfarkt« (m) angenommen. In der Türkei registrierte man in jüngster Zeit mehrere »Ayatollah Khomeini« (m). In Frankreich wurden »Sputnik« und »Guevara« abgelehnt, jedoch »Marx« und »Medor« (m = der traditionelle Name des treuen Hundes) aufgenommen. Der Gipfel der »Subtilität« wurde wohl während der großen Revolution erreicht, mit Vornamen wie »Mist« (m), »Maulesel« (m), »Seidenwurm« (m), »Ziege« (w), »Tomate« (w), »Kartoffel« (w, Namenstag: 11. Weinmonat), »Clarinette« (w) und »Café-billard« (m).

Die hebräische Sprache spiegelt die geistige Natur des Universums wider. Die Buchstaben, aus denen sie zusammengesetzt ist, sind Substanz und Element jener Sprache. Die Kenntnis ihrer inneren Gesetze gestattet einen Zugang zur Kenntnis des Göttlichen, von welchem sie herrühren.
Das hebräische Alphabet setzt sich aus 22 Buchstaben zusammen; doch sind die Buchstaben nicht etwa in einer zufälligen Reihenfolge angeordnet, sondern jeder von ihnen entspricht *je nach seinem Rang einer Zahl*, je nach seiner Form einer Hieroglyphe (griech. Wort = Geheimschrift) und je nach seinen Beziehungen zu den anderen Buchstaben einem Sinnbild.

Schlüssel für die Umschrift der hebräischen Konsonanten: Siehe Seite 8.

Hieroglyphe	Benennung	Entsprechende Lautwerte in unseren Buchstaben	Zahlwert
א	aleph	A	1
ב	beth	B	2
ג	ghimel	G	3
ד	daleth	D	4
ה	he	E	5
ו	vau	V	6
ז	zain	Z	7
ח	chet	H	8
ט	theth	T	9
י	jod	I	10
כ	kaph	CH	20
ל	lamed	L	30
מ	mem	M	40
נ	nun	N	50
ס	samech	S	60
ע	Ajin	Gh	70
פ	phe	Ph	80
צ	zade	ts	90
ק	Qoph	K	100
ר	resch	R	200
ש	shin	Sh	300
ת	thau	Th	400

Die Zahlen bilden drei Klassen, und jede Klasse wird mit neun entsprechenden Buchstaben bezeichnet.

- Die erste Klasse enthält die neun einfachen Zahlen, später »arabische Zahlen« genannt, von 1 bis 9 (kleine Zahlen).
- Die zweite Klasse, die mit 10 beginnt und mit 90 (neunzig) endet, bilden die mittleren Zahlen.
- Die dritte Klasse (große Zahlen) wird aus Produkten von Einern und Zehnern gebildet.

In den Personennamen ersetzt man die Buchstaben durch Zahlen und nimmt mit den Zahlen verschiedene Rechenoperationen vor (vor allem: Addieren).
Jene kabbalistische (das Wort »Kabbala« heißt: Tradition) Methode wird »Gematria« genannt. Sie beruht auf der Einstellung der Zahlen in die erwähnten drei Klassen (s. oben).

Praktische Beispiele:

ADAM schreibt sich (in umgekehrter Ordnung – vom Ende beginnend!) = M.DA = mem + daleth + aleph = 40 + 4 + 1 = 45

DAVID schreibt sich: DIV.D = daleth + vau + jod + daleth = 4 + 6 + 10 + 4 = 24

REBEKKA = .K.BER = 200 + 2 + 100 + 5 = 307

Der Ursprung der Kabbala liegt in der Zeit des Moses selbst. Siehe die Bibel 1. Mose 14,14: »Abraham bewaffnete 318 seiner tapfersten Diener…« Alles erklärt sich, wenn man weiß, dass der treueste Diener Abrahams Eliëzer war (dessen Zahlwert = 318).
Für die griechischen Personennamen gibt es einen ähnlichen Zahlwert, nach denselben Grundsätzen. Hier die ersten Buchstaben des griechischen Alphabets:

α	β	γ	δ	ε	ζ	η	θ	ι
Alpha	Beta	Gamma	Delta	Epsilon	Zeta	Eta	Theta	Jota
1	2	3	4	5	7	8	9	10

usw.
Beispiel: ALEXANDROS (= Alexander) 1 30 5 60 1 50 4 100 70 200 = 521

Ein ähnliches System gilt für Personennamen lateinischer Herkunft.
Die germanischen, keltischen und sonstigen Personennamen sind jenem System sinn- oder stammgemäß angepasst worden.
Jedem ist freigestellt, die Zahlwerte oder Glücksnummern auszudeuten, wie er will. (Numerologie – nach den Vorträgen von Rudolf Steiner – Vokale und Planeten – Konsonanten und Tierkreiszeichen). Man darf sogar jenen »Zahlwerten« jegliche Bedeutung abstreiten und die Achseln zucken. In diesem Fall würde ich nur ein Beispiel (unter vielen ähnlichen) nennen. Die beiden amerikanischen Präsidenten

John F. Kennedy	John	Zahlwert	=	124
Abraham Lincoln	Abraham	Zahlwert	=	248

Der Zahlwert Abraham Lincolns entspricht genau dem Doppelten, was im Jargon der kabbalistischen Tradition als »Wiederholung nach 100« bedeutet.
Abraham Lincoln wurde 1860 gewählt. Kennedy 1960. Beide sind bekanntlich ermordet worden, und ihre Nachfolger hießen beide »Johnson« (= Sohn von John).
Lincolns Mörder, John (!) Booth, wurde 1839 geboren, Kennedys Mörder, Oswald, wurde genau hundert Jahre später (1939) geboren. Beide Mörder sind vor ihrem Prozess ermordet worden. Abraham Lincoln wurde vom Besuch des Theaters formell abgeraten, von seinem Referenten, der »Kennedy« hieß. Präsident Kennedy wurde ebenfalls vor seiner letzten Reise nach Dallas von seinem Referenten eindringlich gewarnt, der Lincoln hieß. John Booth erschoss Lincoln in einem Theater und flüchtete dann in ein Lagerhaus. Oswald erschoss Kennedy von einem Lagerhaus und rettete sich dann in ein Theater.
Das »Tierkreiszeichen« eines Vornamens bezieht sich auf den Festtag des(r) betreffenden Heilige(n). Die Zuteilung der Blumen (oder Gewächse) geschah nicht zufällig oder willkürlich, wurde aber von folgenden Umständen mitbestimmt:

- Religiöse (oder traditionelle) Symbolik. Offizielle Attribute: z. B. das Kleeblatt des hl. Patrick; die Rose für die hl. Jungfrau Maria; die Lilie für Ludwig (und Luise); die Apfelbaumblüten für Adam und Eva.
- Der Name der Blume in verschiedenen Sprachen, die uns vertraut sind (Flämisch, Französisch, Italienisch, Spanisch, Englisch, usw.). Beispiele: Das *Johannis-* und *Benedikt*kraut; das Bock*peter*lein; der *Arons*stab; der *Petrus*stab; oder (frz. Namen): Marguerite, Achillé, sceau de Salomon, Barbarea, Julienne, Carline, Véronique, Dauphinelle, Iris, Hortensia, Aster usw.
- Eine etymologische Verflechtung: Ambros (= unsterblich) hat als Blume das Immergrün; Paul (= der Kleine) den Kleinling, Kyrill(us), (= der Herr, der König) das Basilienkraut (auf griechisch heißt »basileos« König, Kaiser).
- Die europäische Symbolik der Blumensprache spielt hierbei eine wichtige Rolle, je nach der Bedeutung des Namens. »Agnes« (= die Keusche) hat als Blume: die weiße Lilie, überall das Sinnbild der Reinheit, der Keuschheit; Namen mit dem Stamm »Sieg-« den Lorbeer. »Modest« als Veilchen (Symbol der Bescheidenheit); Fidelis = den Epheu (Sinnbild der Treue, der Beständigkeit); Irene = der Ölbaum.

Die Steine wurden nach denselben Grundsätzen zugeteilt: Etymologie: »Türkis« für »Anatolia« der, die aus Anatolien (Türkei) Stammende; der »Alexandrit« für Alexandria; Margareta (= Perle): die Perle; die Symbolik der Edel- und Halbedelsteine, die Lebensbeziehungen und seelischen Tugenden der Steine (nach Cloos); die moralischen Qualitäten der Farben nach Rudolf Steiner.

Die erläuterten *Gliedwörter* entsprechen den Stammwörtern beziehungsweise Wortwurzeln.

Abkürzungen

Adj.	=	Adjektiv
afrik.	=	afrikanisch
ahd.	=	althochdeutsch
alban.	=	albanisch
alem.	=	alemannisch
alger.	=	algerisch
altdt.	=	altdeutsch
altfrz.	=	altfranzösisch
altn.	=	altnordisch
altpers.	=	altpersisch
alts.	=	altsächsisch
amerik.	=	amerikanisch
angels.	=	angelsächsisch
Apg	=	Apostelgeschichte
arab.	=	arabisch
aram.	=	aramäisch
argent.	=	argentinisch
assyr.	=	assyrisch
AT	=	Altes Testament
aztek.	=	aztekisch
babyl.	=	babylonisch
bayer.	=	bayerisch
belg.	=	belgisch
bes.	=	besonders
bibl.	=	biblisch
Bot./bot.	=	Botaniker/botanisch
bras.	=	brasilianisch
breton.	=	bretonisch
brit.	=	britisch
bulg.	=	bulgarisch
byzantin.	=	byzantinisch
ChansonS.	=	Chansonsänger/-in
Chem.	=	Chemiker
christ.	=	christlich
dän.	=	dänisch
dt.	=	deutsch
Elem.	=	Element(e)
equador.	=	equadorianische
Er.	=	Eroberer
Erf.	=	Erfinder
Erw.	=	Erweiterung
etrusk.	=	etruskisch
europ.	=	europäisch
F	=	Form
finn.	=	finnisch
fläm.	=	flämisch
FN	=	Familienname
fränk.	=	fränkisch
FReg.	=	Filmregisseur
Frhr.	=	Freiherr
Friedens-N67 (o. ä.)	=	Friedensnobelpreis (im Jahre 1967)
fries.	=	friesisch
frz.	=	französisch
FSchau.	=	Filmschauspieler(in)
gall.	=	gallisch
Gem.	=	Gemahlin
Gen.	=	General
germ.	=	germanisch
Gew.	=	Gewächs
GFM	=	Generalfeldmarschall
ggw.	=	gegenwärtig
glgtl.	=	gelegentlich
got.	=	gotisch
GP	=	Glücksperiode
griech.	=	griechisch
hebr.	=	hebräisch
Hist.	=	Historiker
hl./Hl.	=	heilig/Heilige(r)
iber.	=	iberisch
idg.	=	indogermanisch
ind.	=	indisch
Ing.	=	Ingenieur
ir.	=	irisch
isländ.	=	isländisch
israel.	=	israelisch
ital.	=	italienisch
japan.	=	japanisch
Jh.	=	Jahrhundert
jidd.	=	jiddisch
Jt.	=	Jahrtausend
jugosl.	=	jugoslawisch

kalif. = kalifornisch
kanad. = kanadisch
kastil. = kastilisch
katalan. = katalanisch
kelt. = keltisch
KoF = Koseform
kolumb. = kolumbianisch
kontr. = kontrahiert
kret. = kretisch
kymr. = kymrisch
langobard. = langobardisch
lat. = lateinisch
lit. = literarisch
m *oder*
männl. = männlich
MA = Mittelalter
Math. = Mathematiker
merow. = merowingisch
mexik. = mexikanisch
mhd. = mittelhochdeutsch
Mus. = Musiker
N = Namenstag
N58 (o. ä.) = Nobelpreis (im Jahre 1958)
nddt. = niederdeutsch
NF = Nebenform
nhd. = neuhochdeutsch
niederl. = niederländisch
nord. = nordisch
norddt. = norddeutsch
norw. = norwegisch
NT = Neues Testament
obd. = oberdeutsch
ON = Ortsname
osk. = oskisch
österr. = österreichisch
pers. = persisch
Philos. = Philosoph
Phys. = Physiker
PN = Personenname
Pol. = Politiker/-in
poln. = polnisch
port. = portugiesisch
preuß. = preußisch
rhein. = rheinisch
röm. = römisch
roman. = romanisch
rumän. = rumänisch
russ. = russisch
S. = Sänger/-in
s. = siehe/siehe dort
sächl. = sächlich
sansk. = sanskritisch
Schausp. = Schauspieler(in)
schott. = schottisch
Schreibw. = Schreibweise
schwäb. = schwäbisch
schwed. = schwedisch
schweiz. = schweizerisch
selbstst. = selbstständig
semit. = semitisch
skand. = skandinavisch
slaw. = slawisch
slow. = slowenisch
sowj. = sowjetisch
span. = spanisch
T = Tierkreiszeichen
TN = Taufname
tschech. = tschechisch
türk. = türkisch
TVSchau. = TV-Schauspieler/-in
ungar. = ungarisch
urspr. = ursprünglich
Var. = Variante
vgl. = vergleiche
w *oder*
weibl. = weiblich
walis. = walisisch
westf. = westfälisch
WK = Weltkrieg
zion. = zionistisch
zsgs. = zusammengesetzt
* = Ein Sternchen *vor* einem Wort(teil) weist auf die vermutete Urschreibung hin. Sie ist nicht urkundlich belegt.

A

Aaron Männlich: A(a)ron. Ital. Aronne. Arab.: Harun.
Bibl. hebr. PN (wahrscheinlich ägyptischer Herkunft): »aharon« = erleuchtet (von Gott). Wie der lat. PN: »Illuminatus« (m). – N: 1. Juli. – Moses' Bruder und erster Hochpriester Israels. Er stellte das goldene Kalb (ein Sinnbild der Kraft) her. – Harun-Al-Raschid (= Aaron der Rechtfertige), (8. Jh.), die Hauptgestalt von »Tausend und einer Nacht«. Der frz. Vulkanforscher Haroun Tazieff (20. Jh.), der hebr. Erzähler Aharon Kabak (20. Jh.), der ungar. Schriftsteller. Aron Tamasi (20. Jh.), der hebr. Schriftsteller Aharon Meged (20. Jh.), der amerik. Komponist Aaron Copland (20. Jh.).

Abdias Männlich: Abdias.
Griech. F des bibl. PN: »Obadja«, hebr. Herkunft, zsgs. aus »Obed« = »Abda«/»Abd« = Diener, Verehrer, Sklave des Herrn, + »ja(hwe)« = Gott. Bedeutung: Diener des Herrn. Wie der bibl./hebr. Männername: »Abdiel« (m).
Die arab. Übersetzung jenes Namens ist: »Abdallah«/»Abdullah« (m) (= Diener von Allah), Name Mohammeds (Vater), vgl. den griech. PN: »Theodulos« (m), den lat. »Servus Dei« (m), den kelt. »Gildas« (m), den dt. »Gottschalk« (m), den äthiopischen »Gabra-Christos« (m), den türk. »Tanrikul« (m). N: 19.11.
Viele arab. PN sind synonym mit »Abdallah«, wohl jedes der 99 Eigenschaftswörter Gottes, die wie der hundertste Name (Allah) zsgs. sind: z. B.: »Abdelkader« türk.: »Abdülkadir« (m) (= Diener des allmächtigen Gottes), »Abdelazaz« (m) (= Diener des starken Gottes), »Abdeldschalli« (m) (= Diener des majestätischen Gottes), »Abdelmadschid« (m) (= Diener des glorreichen Gottes), »Abdelkrim« (m) – türk.: »Abdülkerim« (m) (= Diener des großzügigen Gottes), »Abdeldschebbar« (m) (= Diener des alle Brüche heilenden Gottes), »Abdelhakîm« – türk.: »Abdülhakim« (m) (= Diener des Herrschers), »Abdelrahman« – türk.: »Abdürrahman« (m) (= Diener des Gottes der Barmherzigkeit), »Abdelasis« (m) – türk.: »Abdülaziz« (m) (= Diener des innig geliebten Gottes).
»Abdelkader« (m) hat den Kampf gegen die Franzosen von 1832 bis 1847 geleitet. Der Vorname ist oft in Algerien (1950–1970) benutzt worden.
Der alger. Präsident Abdelasis Bouteflika (20. Jh.)

Abel Männlich: Abel. Frz. Abel. Ital. Abele.
Bibl. Männername assyr. Herkunft: »Hablu«, Akkusativ von »Habal« = Sohn. Vgl. die altdt. PN: »Buobe« (m) und »Chind« (m), den fries./norddt. »Sönke« (m), den niederl. »Jonge« (m), den schwed. »Fänta« (w – = Mägdelein) oder den frz. »Fantine« (m). – T: Löwe – N: 30. Juli – Zahlwert: 37 – Blume: die Schafgarbe. – Zweiter Sohn Adams, von seinem Bruder Kain (hebr. = Schmied) getötet. »Abel« verkörpert oft den unschuldig Verfolgten (»Wo ist dein Bruder Abel?« – nach 1 Mos. 4–9). – In Flandern, in den Niederlanden und an der Waterkant trifft man Vornamen wie: Männl. Abel, Abele, KoF: Abbo, Abo. – Weibl. die Erw. Abelina, Abeline, die mit dem bibl. Namen nichts Gemeinsames haben, sondern KoF von germ. Zusam-

mensetzungen auf »Adel-« mit einem folgenden »B« (vor allem: »Adalbert« u. »Adalbald«) sind. – T: Löwe – N: 5. August – Zahlwert: 224 – Blume: Reseda. – Der niederl. Seefahrer Abel Tasman (17. Jh.), der port. Schriftsteller Abel Botelho (19./20. Jh.), die frz. Schriftsteller Abel Hermant u. Abel Bonnard (19./20. Jh.), der niederl. Schriftsteller Abel Herzberg (20. Jh.), der frz. FReg. Abel Gance (20. Jh.)

Abigail Weiblich: Abigail, Habigail; KoF: Habel, Hebel. Engl. Abigail; KoF: Abb(i)e, Abby, Gail.
Bibl. hebr. Frauenname: »abigail«, zsgs. aus »abi« = mein Vater (s. »ab« unter »Abner«) + »gayil« = Jubel, Freude. Bedeutung: mein Vater ist (Quelle von) Freude. – Der Name der Frau des Königs David (11. Jh. v. Chr.?) ist in England nicht selten.

Abner Männlich: Abner. Russ.: Avenir.
Bibl. hebr. PN, zsgs. aus: »ab« = Vater, aram. (Christi Sprache) = »abba«, arab. »Abu«, latinisiert: »abbo«, daher das ahd. »abbat«, nhd. »Abt«, das engl. »abbot« (= Abt), frz. »abbé«. – »Vater« (und die KoF »Väterchen«) ist in fast allen Sprachen der Welt eine ehrenvolle, vertraute Anrede an ältere Personen. – + »ner« = Licht. »Abner« bedeutet also: Der Vater ist Licht.

Abraham Männlich: Abraham; KoF: Bram. Bayer. Braml. Schweiz. Abi. Frz. Abraham. Engl. Abraham: KoF: Abe, Ham. Ital. Abramo, arab. Ibrahim. – Weiblich: Abrahamina.
Der »Vater Israëls« trüge einen Namen assyr. Ursprung. Ein Männername:»Abraum« erscheint häufig auf vor kurzem in Elba entdeckten Tontafeln in Keilschrift (2500–1900 v. Chr.). Dieser Name bleibt ungedeutet. Er wurde später durch die Zusammensetzung zweier hebr. Gliedwörter gedeutet: »ab«(s. »Abner«) + »râmu« = edel, hehr = (Gott) Vater ist hoch, erhaben. – T: Schütze – N: 20. Dezember – Zahlwert: 248. – Fast alle europ. Sprachen kennen die Redensarten: »In Abrahams Schoße sitzen« (= herrlich und in Freuden leben) und: »Er hat Abraham gesehen« (= er ist über 50 Jahre alt). – In den angels. Ländern ist dieser Vorname nicht selten. – Der frz. Seefahrer Abraham Duquesnes (17. Jh.), der amerik. Präsident Abraham Lincoln (19. Jh.), der niederl. Politiker Abraham Kuyper (20. Jh.). – FN: Abraham(s), Abrahamsen, Abrams, Brahms, Braam, Bramsen, Brom, Abramowicz, Obromeit.

Absalom Männlich: Absālōm, auch: Abisalom. S. auch »Axel«, die recht verbreitete skand. F des Namens.
Bibl. hebr. PN: »'absālōm«, zsgs. aus »ab« = Vater (s. »Abner«) + »s(h)alom« = Friede (s. »Salomon«). Bedeutung: (Gott) Vater ist Friede. – T: Fische – N: 2. März – Zahlwert: 375 – Blume: das Vergissmeinnicht. – Absalom war Davids Sohn, der sich gegen seinen Vater auflehnte. Daher in vielen europ. Sprachen die Bezeichnung »Absalom« für einen Sohn, der gegen seinen Vater rebelliert.

Achatius Männlich: Achatius, Achates, auch: Achatz, Agatz.
Aus dem griech. Adjektiv: »achates« = unschuldig. Wie der lat. PN »Innocentius«/»Innozens« (m). – In Vergils (1. Jh. v. Chr.) »Aeneis« ist »Achates« der ergebenste Gefährte Aineias – daher die Redensart: »fidus Achates« = der treue Begleiter. – Dieser griech. Name fiel mit dem bibl. hebr. Männernamen »Achas« zusammen, hebr. »'āchāz« = der Herr möge (ihn) (fest)halten. – T: Krebs – N: 22. Juni.

Achill Männlich: Achill(es), Frz., ital. Achille. – Weiblich: Achillina.
Der Name des tapfersten Helden des troischen Krieges ist vorhellenisch und ungedeutet. Vielleicht mit »Acheloos«, Fluss im Epirus und zugleich Flussgott, heute: »Aspropotamos«, verwandt. – T: Stier – N: 12. Mai – Zahlwert: 36 –

Blume: die Schafgarbe. – Alle europ. Sprachen kennen die »Lanze des Achilles« (derjenige, der die angerichteten Schäden selber wieder gutmacht) und die »Achillesferse« (schwache, verwundbare Stelle eines Menschen). – »Achille« ist seit der Renaissancezeit in Italien und in Frankreich nicht selten. – Der frz. Marschall Baraguay d'Hilliers (19. Jh.), der ital. Maler Vertoni (19. Jh.), der ital. Mus. Graffigna (19. Jh.), der frz. Maler Devéria (19. Jh.), der Papst Pius XI (= Achille Ratti, 19./20. Jh.), der belg. Pol. Van Acker (19./20. Jh.), der frz. Chemiker Achille Le Bel (20. Jh.), der niederl. Dichter Achilles Mussche (20. Jh.).

Achim Männlich: Achim.
Kurzform von »Joachim« (s.) mit der Betonung der zweiten Silbe. – »Achim« kann auch ein bibl. hebr. PN sein, Mehrzahl des hebr. Wortes: »Achin« = Bruder. Wie der griech. PN: »Adelphos« (m), der lat. PN: »Fraternus« (m), der niederdt., dän. und schwed. »Broder« (m), der niederl. »Broer«/»Broder« (m). – Zahlwert: 651.

Ada Weiblich: Ad(d)a. Engl., frz., ital. Ada.
»Ada« ist eine KoF eines (der vielen germ.) »Adel-«-Frauennamen. S. »Adela«. – T: Stier – N: 4. Mai – Zahlwert: 224 – Blume: die (weiße) Rose – Stein: der Diamant.

Nicht zu verwechseln mit:

Adah Weiblich: Adah. Engl. Adah.
Mit einem »H« am Ende, ist ein bibl. Frauenname, aus einem hebr. Wort, das »Zier«, »Schmuck« bedeutet. Vgl. den engl. Frauennamen. »Jewel« (= Juwel), den türk. Vornamen »Zarif(e)« (w) (= Juwel).

Adalbaid Männlich: auch: Adalbold, germ. PN, zsgs. aus »Adel« (s.) + »bald« (s.) = (sei) edel und kühn. N: 4. Februar.

Adalbero Männlich: Adalbero; KoF: Alber(o), Abbo, Abel(e).
Germ. PN, zsgs. aus: »Adal« (s. das Gliedwort: »Adel-«) + »bero« = der Bär (s. das Gliedwort: »Bär-«) = edel und stark, kräftig wie der Bär. – Vgl. Namen von kanad. Indianern (16./20. Jh.) wie: »Mato-Manochika« (m) = der Bär, welcher ein Geist ist, oder: »Mato-Berocka« = der männliche Bär. – T: Waage – N: 6. Oktober.

Adalbrand Männlich: germ. PN, zsgs. aus »Adel« (s.) + »brand« = Schwert. Bedeutung: edler (Schwert)kämpfer.

Adalfried Männlich: auch: Alfried, germ. PN, zsgs. aus »Adel« (s.) + »fried« (s.) = edler Beschützer.
Der Industrielle Alfried Krupp von Bohlen und Halbach (20. Jh.).

Einen sehr ähnlichen Sinn haben auch die PN:

Adelhelm Männlich: auch: Adhelm und Adalmund, Adelmund, Almund.

Adalger Männlich: Kontrahierte F: Alger (s.).

Adalhard Männlich: auch: Al(l)ard, frz. Adélard, germ. PN, zsgs. aus: »Adel« (s.) + »hard« (s.) = edel und stark(er Gesinnung). – N: 2. Januar. FN: Adelhart, Edelhart, Allard, Allaert, Alardi.
In belg. Flandern und in den Niederlanden ist »Allard«, »Allardus«, »Alla(a)rd«, »Allart«, engl. »Alard« ein männlicher Vorname geworden.

Adalmar Männlich: Adelmar, Almar, Elmar, Elmer, germ. PN, zsgs. aus »Adel« (s.) + »mar« (s.) = edel und berühmt, durch seine edle Art berühmt.
N: 23. März. – In der amerik. Literatur (Sinclair Lewis u. a.) gilt »Elmer« als ein typisch amerik. Vorname.

Adalrich Männlich: Adalrik, Adelrich, fries. Alderk, Allerk, Jeldrik. Weibl. Adelrike, Alrike.
Germ. PN, zsgs. aus »Adel« (s.) + »rik« (s.) + edel und mächtig. FN: Al(l)rich, Allrecht, Oltrich, Oldrig, A(a)l(d)erk.

Adalwin Männlich: S. die kontr. F: Alwin.

Adalwolf Männlich: S. die kontr. F: Adolf

Adalbert Männlich: Adalbert, Adelbert, auch: Adalbrecht, Adelbrecht, Frz. Adalbert. Ital. Adalberto. Die gekürzte F: Albert, Albrecht (ältere Schreibw.); KoF: Abel, Al, Albo, Abbo, Abi, Bert(el). Engl. Albert; KoF: Al(be). Frz. Albert. Ital. Alberto. – Weiblich: Alberta, Erw. Albertina, Albertine; KoF: Berta, Bertine, Tina, Tine. Engl., ital. Alberta.
Germ. PN. zsgs. aus: »Adel« (s. das Gliedwort: »Adel-«) + »bert« (s. das Gliedwort: »bert«) = von edler und ausgezeichneter Art, edel und berühmt. – T: Stier – N: 23. April – Adalbert Zahlwert: 214 – T: Skorpion – N: 15. November – Albert Zahlwert: 311 – Blume: die (gelbe) Rose – Stein: Bernstein. – Vom frühen MA bis zu Beginn des 20. Jh. stets unter den 25 meistgebrauchten dt. Männernamen. – Der hl. Albertus Magnus (13. Jh.), die Maler Albrecht Dürer und Albrecht Altdorfer (15./16. Jh.), der Dichter Adalbert Chamisso (18./19. Jh.), der österr. Schriftsteller Adalbert Stifter (19. Jh.), Albert, Prinzgemahl (19. Jh.), der engl. Königin Victoria, ein belg. König (19./20. Jh.), der Phys. Albert Einstein (N21), der Elsässer Albert Schweitzer (FriedensN52), der frz. Schriftsteller Albert Camus (N57), der frz. Komponist Albert Roussel (20. Jh.), der bras. Luftpionier Alberto Santos-Dumont, der ital. Schriftsteller Alberto Moravia (= Alberto Pincherle – 20. Jh.).

Adam Männlich: Adam; KoF: Da(h)m, Daem, Ade(li). Engl. Adam; KoF: Ad. Frz. Adam. Ital. Adamo. – Weiblich: Adama, Erw. Adamina.
»Adam« wird von der Bibel (1 Mos 2.7) mit dem hebr. Wort: »'ādamāh« in Verbindung gebracht = (rote) Erde, Erdboden, und gedeutet als: »der von der (roten) Erde Genommene«, »der Erdling«. Pietistische Eindeutschung: »Erdmann«. – T: Steinbock – N: 24. Dezember – Zahlwert: 45 – Gew.: Apfelbaumblüte. – Alle europ. Sprachen kennen Redensarten wie »den alten Adam ausziehen« (= sich völlig ändern), »Adam, wo bist du?«, »von Adam und Eva her verwandt sein« (= weitläufig). – Der Rechenmeister Adam Riese (Ryse) stellte 1523 ein bekanntes Rechenbuch auf – daher die Redewendung: »nach Adam Riese« als Bekräftigung eines Rechenergebnisses. Der Maler Adam Elsheimer (16./17. Jh.), der schott. Nationalökonom und Philos. Adam Smith (18. Jh.), der poln. Dichter Adam Mickiewicz (19. Jh.). FN: Adam(s), Adamsen, Adank, Ademes, Macadam, Dahm(en)s, Daam, Dohm, Daamen, Dahm(s)(en), Adamczek, Adamowitsch, Ad(a)net, Ad(e)net, Ad(e)net; Hadam, Adomeit.

Gliedwort

Adel- auch: Adal-, Adil-, Athal-, Atal-, Edel-, Edal-, Ethel-.
Im romanischen Sprachgebiet verschwand (8. Jh.) das »D« und »Adal-« wurde in der Regel: »Aal« und »Al-«. – Adjektiv = edel, vornehm, edles Geschlecht. – Germ. »*athala«, ahd. »adal«, mhd. »adel« nhd., niederl., norw., dän., schwed.: »adel«, angels. »aethelu«. – Möglicherweise aus einem idg. Stamm: »*ath« = gut. – In den germ. PN immer als erstes Glied.

Adelberga Weiblich: Adelberga, Adelburg, Edelburga. Germ. Frauenname, zsgs. aus »Adel-« (s.) + »berg« bzw. »burg« (s.) = edle Beschützerin.

Einen sehr ähnlichen Sinn haben:

Adelfrieda Weiblich: auch: Adelfriede, Edelfriede.
N: 15. Februar.

Adelgard Weiblich: auch: Edelgard.
N: 13. November

Adelgund Weiblich: Adelgund(e), Algunde, Algonda, Adelgonde, Adelgonda; KoF: Alda, Gunda – und die Metathesen: Aldegund(e), Aldegond(e).
Germ. Frauenname zsgs. aus »Adel-« (s.) + »gund« (s.) = edle Streiterin. – N: 30. Januar.

Von gleicher Bedeutung:

Adelhild(e) Weiblich: auch: Alhild.
N: 4. Mai.

Adelinde Weiblich: Kurzform: Alinde. Germ. PN, zsgs. aus »Adel-« (s.) + »linde« = weis, mild. = Edel und sanft.
N: 28. August.

Adeltraud Weiblich: Adeltraud, Adeltrud, Altraud, Edeltraud, Edeltrud. Englische F: Audrey (s.)
Germ. Frauenname, zsgs. aus »Adel-« (s.) + »trud« (s.) = edel und stark. – N: 25. Februar.

Adela Weiblich: Adela, Adele; KoF: Ada, Adel, Ale, Alida, Dela, Erw. Adeline, Adelina, s. auch »Aline«. Engl. Adela. Frz. Adèle. Ital. Adele.
»Adela« ist eine KoF von einem der vielen (im 8. Jh. mehr als 60!) mit dem Gliedwort: »Adel-« (s.) zusammengesetzten Frauennamen (in erster Linie jedoch von: »Adelheid« – s.). – Bedeutung: die Edle. Ein Wunschname: (sei) edel, vornehm! – Adela: T: Steinbock – N: 24. Dezember – Adelina: T: Waage – N: 20. Oktober –; Zahlwert: 121 – Blume: die (weiße) Rose – Stein: der Diamant. – »Adela« ist seit Ende des MA in ganz Europa beliebt gewesen. Eine Markgräfin von Thüringen (12. Jh.), die Mutter des frz. Königs Philipp-August (13. Jh.), Adele (Schwester v. Arthur) Schopenhauer (18./19. Jh.). Die Tochter und die Frau von Victor Hugo (19. Jh.), die Frau des frz. Admirals Dumont-Durville (der ihr zur Ehre das »Adélie-Land« (Antarktis) nannte), die FSchau. Adele Sandrock (19./20. Jh.). – In Nordafrika trifft man auch einen Frauennamen: »Adela«, aber aus dem arab. Wort = Flechten, Tressen. In Libyen ebenfalls (aus einem Stamm: »adil« = Kraft).

Adelheid Weiblich: Adelheid, Alheid, Alheit, Aleit, Adelaïde; KoF: Heidi, Heide, Ada, Adda, Lidda, Aletta, Aaltje, 'Eltje, fries. Elka, Elke. S. auch: »Alice«. Frz. Adélaïde. Ital. Adelaide.
Einer der ältesten urkundlich ausgewiesenen germ. Frauennamen, zsgs. aus »Adel-« (s.) + »-heit« = Art, Wesen (wie in »Frei*heit*«, Ein*heit* usw.). Bedeutung: von edler und vornehmer Art. Vgl. den ir. Frauennamen: »Muadhnait« (= Adel). – T: Schütze – N: 16. Dezember – Zahlwert: 223 – Blume: die (weiße) Rose – Stein: der Diamant. – Im MA vom Adelstand wie vom Volke beliebt. Im 19. Jh. durch die Ritterdichtung wieder belebt. Heute von »modernen« F wie »Heidi« und »Elke« verdrängt. – Die hl. Adelheid, Gattin Kaiser Ottos d. Gr. (10. Jh.), die FSchau.: Heidi Brühl, Heidi Kabel, Elke Sommer.

Adlai Männlich: Engl. Adlai.
Bibl. hebr. PN: »adla-yah« = Gerechtigkeit von Yah(we), von Gott. – Der amerik. Politiker Adlai Stevenson (20. Jh.).

Adolf Männlich: Adolf (ältere Schreibw. »Adolph« – unter Einfluss griech. PN wie: »Adelphos« = Bruder), auch: Adalwolf; KoF: Alf, Alef, Ado, Dolf. Frz. Adolphe. Ital. Adolfo. – Weiblich: Adolfa, Erw. Adolfina, Adolfine. Ital. Adolfa. Germ. PN (»Athaulf« hieß der erste Westgotenkönig + 415), zsgs. aus »Adel-« (s.) + »wolf« (s.) = edler Krieger. Edel und mutig, zäh wie der Wolf. – T: Wassermann – N: 11. Februar – Zahlwert: 131 – Blume: kleines Sinngrün. – Der Schwedenkönig Gustav-Adolf (17. Jh.), der frz. Komp. Adolphe Adam (19. Jh.), der frz. Staatsmann Adolphe Thiers (19. Jh.), der frz. Komp. Adolphe Degeyter (19. Jh. die Internationale), der belg. Erfinder des Saxophones Adolphe Sax (19. Jh.), der Chem. Adolf Butenandt (N39), der Jagdflieger Adolf Galland (20. Jh.)., der Maler Adolph von Menzel (19./20. Jh.), Reichskanzler Adolf Hitler (20. Jh.), der span. Staatsmann Adolfo Suárez (20. Jh.). FN: Adolph(sen), Adolf(f), Allhof(f), Adolf(f), Alef(f)s, Aalfs, Alfing, Olf, Adena, Dolf(f)s, Dollfuss (auch KoF von »Rudolf«), Doll(en), Tollmann.

Adonis Männlich: Adonis.
Bibl. hebr. PN: »Adonijjah« (griech. F: Adonias), zsgs. aus »adon« = Herr + »yah(we) = (mein) Herr ist Yahwe, Gott. Vgl. den bibl. hebr. Männernamen: »Elia(s)« (Italien Elia) = (mein) Gott ist Yah(we). – N (Elia[s]): 16. Februar. – In vielen europ. Sprachen bezeichnet »Adonis« einen sehr (beinahe zu) schönen jungen Mann. – Der frz. Staatsmann Elie Decazes (18./19. Jh.), der russ. Biologe Ilija Metschnikow (Nobelpr. 1908).

Adrian Männlich: Adrian, Hadrian, Adrien (die frz. F.); KoF: Aria(a)n, Arie. Ital. Adriano. – Weiblich: Adriana, Adriane, Adrienne (frz. F.); KoF: Ariane. Ital. Adriana.
»Adrianus« oder »Hadrianus« (m) (oft zögerten die Lateiner mit dem »H« am Anfang der Namen) ist ein lat. PN = der Mann aus Adria. »Atria« (heute: »Adria«) in Venetien war einst ein blühender Hafen (heute versandet) nach welchem das *Adria*tische Meer seinen Namen erhielt. »Atria« ist ein etrusk. Wort = viereckiges Hafenbecken (vgl. das spätere »atrium« = Binnenhof). – T: Jungfrau – N: 8. September – Zahlwert: 316 – Blume: die Erianthe – Stein: der Aquamarin. – Immer noch in Nordfrankreich, Belgien, den Niederlanden, Rheinland, England und in der Schweiz ein beliebter Männername. – Ein röm. Kaiser Hadrian (1./2. Jh.), 6 Päpste darunter der einzige engl. Papst Adrian IV (12. Jh.) und der einzige niederländische Papst Adrian VI (16. Jh.) – Der fläm. Komponist Adriaan Willaert (16. Jh.), der fläm. Maler Adriaan Key (16. Jh.), der niederl.-fries. Maler Cronenborgh (16.), der ital. Mus. Adriano Banchieri (16./17. Jh.), der niederl. Bildhauer de Vries (16./17. Jh.), der niederl. Admiral Adriaan Backert, der flämische Maler Brouwer (17. Jh.), der flämische Maler Van Ostade (17. Jh.), der frz. Dichter Bertrand (19./20. Jh.), der niederl. Maler Adriaan van de Werff (17./18. Jh.), der niederl. Dichter Adriaan Morriën (20. Jh.), der frz. Komiker Grock (20. Jh.). Die Schausp. Adrienne Lecouvreur (18. Jh.).
FN: Adrian(us), Adrien, Hadrian, Adriaan, Adrion, Adriaen(s)sen, Adriassen.

Afra Weiblich: Afra.
»Afer« (m)/»Afra« (w), Mehrzahl: »Afri« ist ein Völkername, entstanden aus einem Berberwort »afir« = Grotte, Höhle. Ursprünglich bezeichnete es die Punier (Karthago), und dann wurde es als Bezeichnung des gesamten Festlandes übernommen. Daher stammt auch der Name »Afrika«. – Bedeutung: Die Punierin, die Afrikanerin. – T: Löwe – N: 7. August. – Der Name ist nicht mit einem anderen Frauennamen: »Aphra« zu verwechseln, entstanden aus einem hebr. Wort »aphra« = Staub. Vor allem in den angels. Ländern als Frauenname gebraucht.

Agatha Weiblich: Agatha, Agathe; KoF: Aget, Eget, Egle, Agi, Ag(e)ti, Agda. Frz. Agathe. Engl. Agatha. Ital. Agata. – Männlich: Agathon.
Dieser Vorname ist ein griech. Adj.: »agathos« (m)/»agathê« (w), das »gut« bedeutet. Ein Wunschname: die Gute. Wie der altdt. PN: »Goda« (m und

w – im MA öfter als Übersetzung von »Agatha«/»Agathon«), der niederl. PN: »Goede« (w), der russ. PN: »Dobrynja« (w = Güte), der frz. PN: »Bon« (m), der ir. PN: »Sadhbh« (w = Güte). – T: Wassermann – N: 5. Februar – Zahlwert: 17 – Blume: die Malve – Stein: der Amethyst. – Die engl. Schriftstellerin Agatha Christie (20. Jh.)

Gliedwort

Agi- auch: Ag, Aig-, Eg-, Eck-, Ekke-, Erw. Agil-, Egil-, Eil-, Agin-, Egin- usw. Wort = Schwertesschärfe, Schneide einer Waffe, Schwert. – Germ. »*agio« (= Spitze), nhd. »Ecke«, niederländ. »eg« (= Schwertschneide), schwed. »egg« (= Schwertschneide). – Aus einem idg. Stamm: »*ak« = Spitze, wie im griech. »*ak*is« (= Spitze, Dorn), im lat. »*ac*ies« (= Schärfe) und »*ac*us« (= Nadel – daher: »*ak*ut«), im ital. »*ago*« (Nadel), im frz. »*ai*guille« (= Nadel). – In den germ. PN immer als erstes Glied.

Ägid Männlich: Ägid(ius), Egid(ius). Ital., span. Egidio.
Volksetymologisch durch ein griech. Wort: »Aegis« = Schild des Zeus (oder der Athena), wiederum aus dem griech. »aigis«/»aigidos« = Ziegenfell, erklärt. Jenes Wort ist jedoch auf keiner griech. Inschrift als PN belegt. Dagegen F wie »Egidius« (Frankr. 573) oder »Egid« bei Annalista Saxo (12. Jh.). Wahrscheinlich eine KoF eines germ. PN auf »Ag-« (s. das Gliedwort: »Agi-«). – S. auch: »Gilles«/»Gil(s)«. – N: 23. April. FN: Egidi, Giedel, Gil(l)is(sen), Giehlen, Jelis, Gillich, Gilli, Gilch, Gehlen, Gilka, Güll, Gill(e)mann, Schill, Gilge, Ilg, Ilgen, Gille(s), Gillet, Gillon, Gillot, Gilesson, Gilquin, Gide, Gillioen, Giellessen.

Agilo Männlich: auch: Egil(o), fries. Ag(g)e, Egge, Eio. Dän. Age. Schwed. Ake.
»Agilo« ist eine KoF von germ. PN aus »Agil-« (s. das Gliedwort: »Agi-«), wie, u. a.

Agilbert Männlich: auch: Ailbert, Eilbert, Eilbrecht, Egilbert (s. auch: »Egbert«), zsgs. aus »Agil-« (s. »Agi-«) + »bert« (s.) = berühmter Schwertkämpfer. – N: 24. April.

Agilhard Männlich: S. »Eckart«/»Eckhard«. – N: 15. September.

Agilolf Männlich: auch: Aigolf, Egilolf, Eglof, Eginolf.
Zsgs. aus »Agil-« (s. »Agi-«) + »wolf« (s.) = tapferer, zäher (Schwert)krieger. – N: 9. Juli.

Aglaia Weiblich: Aglaia. Frz. Aglaé.
Aus einem griech. Wort: »aglaia« = Glanz, Pracht. Bedeutung: die Glänzende. Wie der germ. PN: »Berta« (w), der bibl. hebr. »Esbai« (m), der lat. »Fulgentius« (m). – T: Stier – N: 8. Mai. – Bei den Griechen war »Aglaia« eine der drei Chariten (= Grazien bei den Römern, die Vertreterin der Anmut (die anderen waren: »Euphrosyna« = die Heitere, und »Thaleia« = die Blühende).

Agnes Weiblich: Agnes, auch: Agnesa, Agneta, Agnete, Agnita, Ines; KoF: Net(t)a, Nete, Nesa, Nese, Nesi, Nees, Ness, bayer. Anesli, Neselin. Frz. Agnès. Ital. Agnese. Span. Inés.
»Agnes« entstammt dem griech. Adjektiv: »hagnos« (m)/»hagnê« (w), das: »rein«, »keusch«, »unbefleckt« bedeutet. Wie der bibl. hebr. PN »Zachäus« (m), der lat. PN: »Castus« (m), oder der türkische PN: »Saffet« (w). – Trotz der Ähnlichkeit der F hat dieser Name nichts mit dem lat. Wort »Agnus« = Lamm (das Unschuldslamm, »Agnus Dei« = Lamm Gottes) zu tun, wie die Volksetymologie es glaubte und daher in vielen künstlerischen Darstellungen die hl. Agnes (3. Jh. – Patronin der Jungfräulichkeit) mit einem Lamm (ihr Sinnbild) erscheinen ließ. – T: Wassermann –

N: 21. Januar – Zahlwert: 909 – Blume: die (weiße) Lilie – Stein: der Diamant. – Im MA von Fürstenhäusern, Adelstand und Volk beliebter Taufname (im 14. Jh. der häufigste Frauenname in Bayern). Heute seltener geworden. »Inés« bleibt in der spanisch sprechenden Welt verbreitet. – Die schöne Spanierin Inés de Castro (14. Jh.), die Bayerin Agnes Bernauer (15. Jh.), die frz. Agnès Sorel, die »Dame de Beauté« (15. Jh.), die Schriftstellerin Agnes Günther (19./20. Jh.), die Dichterin Agnes Miegel (19./20. Jh.).

Agrippina Männlich: Agrippa. Frz., ital. Agrippa. – Weiblich: die Erw. Agrippina. Ital. Agrippina.
»Agrippa« ist einer der ältesten zwölf lat. Vornamen, zsgs. aus »*agrei-peds«, d. h. »agre« = vorne + »pes«/»pedis« = Fuß, Bedeutung: der mit den Füßen nach vorne zur Welt gekommen ist. – T: Krebs – N: 23. Juni. – Zwei röm. Prinzessinnen hießen »Agrippina« (1. Jh.), die russ. Tänzerin Agrippina Waganowa (19./20. Jh.), der frz. Schriftsteller Agrippa d'Aubigné (16./17. Jh.).

Ahmed Männlich: Achmed, aus dem Arab. = der Lobenswürdige N: 21. August. Name eines christl. Märtyrers (12. Jh.) – Der algerische Politiker Ahmed BenBella (20. Jh.)

Aime Männlich: Aimé, Amatus. Frz. Aimé (früher: Amé). Ital. Amato. Span. Amado. – Weiblich: Aimée, Amata. Frz. Aimée. Ital. Amata. Engl. Amy (veraltet).
»Amatus« (m)/»Amata« ist das Partizip der Vergangenheit des lat. Zeitwortes: »amare« (= lieben). Bedeutung: Geliebt(e) (urspr. im christlichen Sinne: von Gott). – Vgl. den germ. PN: »Lioba« (w), den griech. »Philetos« (m), den bibl. hebr. »Hobab« (m), den walisischen »Mungo« (m), die ebenfalls »Geliebt(e)« bedeuten. – Aimée: T: Jungfrau – N: 13. September; Aimée: T: Fische – N: 20. Februar – Zahlwert: 352 – Blume: das (weiße) Lila – Mat. die Perle. – der frz. Bildhauer Aimé Millet (19. Jh.), Aimée de Coigny (die »junge Gefangene« von André Chénier, 18. Jh.), der mexikanische Schriftsteller Amado Nervo (19./20. Jh.), der frz. Phys. Aimé Cotton (19./20. Jh.).

Gliedwort

Al- Adjektiv = all, ganz. Germ. »*alla« (= alles), nhd., schwed. »all«, dän., niederl. »al«.
Wie das griech. Präfix »pan-« (aus dem griech. Adj.: »pâs«/»pantos« = all) und das lat. Präfix: »omni-« (aus dem lat. Adjektiv: »omnis« = all), spielt das Gliedwort »Al-« in den germ. PN die Rolle eines begriffssteigernden Präfix (wie etwa im ahd. »ala-wari« = absolut wahr). – In den germ. PN immer als erstes Glied.

Alan Männlich: Alan, Alane, Alanus, auch: Allan, Allen. Engl. Alan, Allan, Allen; KoF: Al, Ally. Frz. Alain.
»Alanus« kann, wie »Frank« (m) und »Norman (m) ein Volksname sein, der der Alanen, ein altpers. Stamm, der im 4./5. Jh. bis Gallien u. Spanien vordrang. – Im dt. Sprachraum stellt »Alan« vielmehr die KoF eines germ. PN auf »Al-« (s. das Gliedwort: »Al-«) dar. – In England und in der Bretagne dagegen geht dieser PN auf einen kelt. PN (im 1. Jh. schon als »Alawn« belegt), aus einem kelt. Wort: »alaun« = Harmonie, zurück. – T: Jungfrau – N: 9. September – Zahlwert: 545 – Gew.: Olive. – In England von 1943 bis 1972 einer der häufigsten fünf Männernamen. In den Nachkriegsjahren war ebenfalls »Alain« ein beliebter frz. Vorname. – Der frz. Schriftsteller Alain Chartier (15. Jh.), der amerik. Raumflieger Alan Shepard, der frz. Schriftsteller Robbe-Grillet (20. Jh.), der frz. Seefahrer Alain Gerbault (20. Jh.), der engl. Schriftsteller Alan Sillitoe (20. Jh.), der frz. FReg. Alain Resnais (20. Jh.), der frz. Rennfahrer Alain Proust (20. Jh.), der frz. FSchau. Alain Delon

(20. Jh.), der brit. Phys. Alan Nodgkin (N63), der amerik. Schriftsteller Allen Tate (20. Jh.).

Alarich Männlich: Alarich. Ital. Alarico. Germ. PN, zsgs. aus »Ala« = alles (s. das Gliedwort: »Al-«) + rik = mächtig (s. das Gliedwort: »rik-«) = der sehr mächtige, der Allmächtige. Vgl. den griech. PN: »Pankratius«/«Pankraz« (m), den gallischen: »Biturix« (m), den lat.: »Potentissimus« (m), von derselben Bedeutung. – T: Stier – N: 19. Mai. – Ein Herulerkönig (4. Jh.) und ein Westgotenkönig (6. Jh.).

Gliedwort

Alb-/Alf- auch: Alv(e), Elf-, Elv(e)- usw. Wort = Elfe, kleines bewegliches, lebendiges Wesen. Die Elfen waren Naturgottheiten der germ. Mythologie. Die Lichtalben der Edda waren gute, den Menschen helfende Geister. – Germ. »*albha«, mhd. »alp« (= ein Dämonenname, daher das nhd. »Alp« in »*Alptraum*«), alts.: »alf«, angels. »aelf«/»ylf«, altn. »alfr« (vgl. das schwed. »älv« = schneller Strom; das dän. »elv« = Bergfluss). – In den germ. PN immer als erstes Glied.

Alban Männlich: Alban(us); KoF: Bahn(e), Bahnes. Engl., niederl. Alban. Frz. Albain. Ital., span., port. Albano.
Lat. PN: »Albanus« (m)/»Albana« (w) = der (die) aus (der Stadt) Alba (in Mittelitalien, die »Alba Pompeia« der Römer). Der ON »Alba« ist auf das lat. »albus« = weiß (s. »Albin«) zurückzuführen. Vgl. andere lat. PN nach einer Örtlichkeit: »Kajetan« (m), »Ostian« (m). – Im dt. Sprachraum kann auch »Alban« eine KoF von germ. Alb-Namen sein (s. das Gliedwort: »Alb-«/»Alf-«). – T: Zwillinge – N: 21. Juni – Zahlwert: 82 – Blume: die Winde. – Der Vorname »Alban« ist im Rheinland nicht selten. Der Schriftsteller Alban Stolz (19. Jh.), der Komponist Alban Berg (20. Jh.). FN: Alban(i), evtl.: Bahn(s), Ba(h)nes, Auban, Aubain, Aubanel.

Alberich Männlich: Alberich, auch: Elberich, norddt. Alverik, Elverik. Engl., frz. Alberic. Ital. Alberico.
Germ. (Nibelungen)Name, aus zwei Elementen zsgs.: »Alb-« (s.) + »rik« (s.) = mächtig durch die Elfen, Herrscher (mit Hilfe) der Elfen. – T. Fische – N: 4. März. – Die urspr. dän. F: »Ellerkonge« (aus einem älteren »Elverkonge«) = der Elfenkönig, wurde durch Herder (1744–1803) irrtümlicherweise durch »Erlkönig« übersetzt und so auch von Goethe übernommen. Eine KoF »Oberon« wurde von Shakespeare in seinem »Sommernachtstraum« (1595) übernommen. FN: Albrich, Olbrich, Alver(i)k, Elfering, Albéric, Aubry.

Albert Männlich: Albert, auch: Adalbert, Albrecht; KoF: Abel, Alber, Adel. Engl. Albert; KoF: Al, Bert(ie). Finn. Pertti. Frz. Albert, ital., port., span. Alberto. Lat. Albertus. Niederl. Adelbert, Aalbert, Aalbertus, Aalbrecht, Adalbert, Adalbertus, Adelbrecht, Albartus, Albert, Albertinus, Albertus; KoF: Ab, Ap, Apke, App(i)e, Bert(us).
Weiblich: Alberta und die Erw.: Albertina. Frz. Alberta, Albertine. Niederl. Aalberta, Adelberta, Alberdina, Alberta; KoF: Bert(h)a.
»Albert« ist eine NF von »Adelbert«, germ. PN, zsgs. aus »adel-« (s. das Gliedwort »Adel-«) = edel, + »bert« (s. das Gliedwort: »bert«) = der durch Adel Glänzende, von glänzender Abstammung. – T: Löwe. – N: 15. November. – Zahlwert: 311. – Tag: Freitag. – GP: 1. Juniwoche – Blume: die gelbe Rose. – Stein: der gelbe Sphen. – Sinnbild: ein Buch und eine Feder.
Einer der beliebtesten Adelsnamen des MA. Durch ganz Europa verbreitet.
Ein Prinz von England (19. Jh.), ein König von Belgien (19./20. Jh.), der Kirchenlehrer Albertus Magnus (13. Jh.), der Schriftsteller Adelbert von Chamis-

so (19. Jh.), der österr. Dichter Adalbert Stifter (19. Jh.), die Maler Albert (od.: Albrecht) Dürer (15./16. Jh.) und Altdorfer (16. Jh.), der dän. Bildhauer Thorwaldsen (18./19. Jh.), der Arzt Czerny (19./20. Jh.), der Phys. Einstein (N21), der amerik. Phys. Michelson (N07), der Elsässer Schweitzer (FriedensN52), der frz. Maler Marquet (19./20. Jh.), der frz. Komponist Roussel (20. Jh.), der frz. Schriftsteller Albert Camus (N57), der Komponist Lortzing (19. Jh.), der bras. Luftfahrtpionier Alberto Santos-Dumont (20. Jh.), der ital. Schriftsteller Alberto Moravia (eigentl.: Alberto Pincherle – 20. Jh.), der GFM Kesselring (20. Jh.), der frz. Präsident Albert Lebrun (20. Jh.), der belg. Biochem. Albert Claude (N74). FN: Aelbers, Aelbrecht, Aelbreghts, Albert(i), Adelbert, Albrecht, Olbrich(t), Olbert, Albrich, Albers, Olberz, Elbers, Aubert, Ad(e)l, Opel, Edel, Brecht, Perthes, Pertz, Vojtech, Voitek, Wojcieh, Albertin(i), Alberty.

Albin Männlich: Albin. Frz. Albin (früher. Aubin). Ital. Albino. – Weiblich: Albina, Albine. Ital. Albina.
Der lat. PN »Albinus« (m) ist eine Erw. des lat. Adj.: »albus« (m)/»alba« (w)/»album« (sächl.) = weiß (Haut- oder Haarfarbe), aus einem idg. Stamm: »*albho« = weiß. – Vgl. die lat. PN: »Blanka« (w), »Candida« (w), den kelt. »Fiona« (w), den altgriech. »Leuk(i)os« (m), den bibl. hebr. »Laban« (m), die alle »der (die) Weiße« bedeuten. – Das lat. Wort: »album« bezeichnete urspr. eine mit Gips *geweißte* Mauer, dann eine weiße Holztafel, auf denen die alten Römer die amtlichen Bekanntmachungen mit Tinte schrieben, dann ein Register, dann ein »Album«. Vgl. die »Albe« (= weißes Priestergewand) und der »Albino«. – Albin: T: Jungfrau – N: 15. September; Albina: T: Schütze – N: 16. Dezember – Zahlwert: 138.

Gliedwort

Ald- auch: Alde-, Alt-, Aldo-, Elt-, usw. Adj. = wie das nhd.: »alt« mit dem Sinne von: erfahren, verehrungswürdig. Engl. »old«, niederl. »oud«. – Aus einem idg. Stamm: »*al« = wachsen, wachsen lassen, erziehen, wie im lat. »*al*ere« = erziehen, großziehen, »*al*tus« (= hoch, erwachsen), »alma« (= die Nährende), das lat./frz. »*Al*iment« (= Ernährung, Lebensmittel), Variante: »ol«, im lat. »pro*l*es« (= die Kinder, die Nachkommenschaft – daher u. a. »Pro*l*etarier«). – In den germ. PN immer als erstes Glied.

Aldo Männlich: Aldo. Latinisiert: Aldus, daher der engl. Vorname: Aldous. Ital., span. Aldo. – Weiblich: Alda. Ital. Alda. KoF eines germ. PN auf »Ald-« (s. das Gliedwort: »Ald-«). Bedeutung: hoch an Jahren, weise. Vgl. die lat. PN: »Priska« (w)/»Priscilla« (w), »Gerontius« (m) und »Seneca« (m), von gleicher Bedeutung. – Der ital. Drucker Aldo Manuzio (15. Jh.), Erfinder der »Aldus-Buchschrift«. Nach ihm nannte man »Aldina«/Mehrzahl: »Aldinen« die ersten Ausgaben der griech. und lat. Klassiker. Der engl. Schriftsteller Aldous Huxley (20. Jh.), der ital. Staatsmann Aldo Moro (1978 †).

Alethea Weiblich: Alethea. Engl. Alethe(i)a, Alethia. Irisch Aletheia; KoF: Letty.
»Alethea« von griech. »alêtheia« = Wahrheit, Offenherzigkeit. Vgl. den lat. PN: »Verus« (m)/»Vera« (w) und den walisischen »Dilys« (w), die »offenherzig, wahr« bedeuten. – T: Krebs – N: 11. Juli. – Im 17. Jh. ein engl. und ir. Modename. Heute noch in den USA anzutreffen.

Alexander Männlich: Alexander; KoF: Alexis, Alex, Sander, Sandy, Alick, Lex(e), Lexel, Xandi, Xander, Sascha (s.). Arab.: Iskander. Frz. Alexandre, Alexis. Engl. Alexander; KoF: Alec. Ital. Alessandro, Alessio. Span. Alejandro. Ungar. Sándor.

– Weiblich: Alexandra, Erw. Alexandrina, Alexandrine; KoF: Sandra, Sandrina, Sandrine, Sande(rein), Alex(i)a, Alessa. Ital. Alessandra, Alessia. Frz. Alexandra; KoF: Sandrine, Sandra.

In Keilschrifttexten von unlängst bei Hattusa (heute: Boghazköy in der Türkei) entdeckten Tontafeln erscheint oft der Name: »Alaksandus« (ungedeutet) eines Hethiterkönigs (um 1300 v. Chr.) Jener PN wurde aufgrund volksetymologischer Spekulationen von den Griechen in »Alexandros« (Homers »Ilias« – 9. Jh. v. Chr.) umgeformt und als eine Zusammensetzung von: »alexein« = schützen, abwehren, + »andros« (Genitiv von »aner« = Mensch), d. h. der Männerverteidiger, der die Menschen (vor dem Missgeschick) schützt, gedeutet. – Alexander: T: Fische – N: 26. Februar –; Alexandra: T: Fische – N: 20. März –; Alexis: T: Krebs – N: 17. Juli –; Sandrina: T: Widder – N: 2. April – Zahlwert: 521 – Blume: die (rote) Tulpe – Stein: der Alexandrit. – Seit Anfang der 70er Jahre ist »Alexander« ein sehr beliebter Männername im dt. Sprachraum, England, Schottland, Ungarn, Frankreich, UdSSR. »Alexandra« in der BRD, England und Frankreich (hier vor allem »Sandrine«) ebenfalls Modename. – »Alexander« ist jetzt einer der beliebtesten Jungennamen; die weibl. KoF »Sandra«, »Sandy«, »Sandrina« ist in vielen Städten noch unter den zehn am häufigsten gewählten Mädchennamen.

8 Päpste, 5 Könige Makedoniens (darunter Alexander der Große, 4. Jh. v. Chr.), 3 schott. Könige, 3 Zaren, ital. Maler Alessio Badovinetti (15. Jh.) und Sandro Botticelli (15./16. Jh.), der ital. Dichter Alessandro Tassoni (16./17. Jh.), der engl. Matrose Alexander Selkirk (17./18. Jh., »Robin Crusoe«), der ital. Komponist Alessandro Scarlatti (17./18. Jh.), der engl. Philos. Alexander Pope (17./18. Jh.), der russ. GFM Aleksandr Suworow (18. Jh.), der Schriftsteller Alexander von Humboldt (18./19. Jh.), der amerik. Pol. Alexander Hamilton (18./19. Jh.), der ital. Phys. Alessandro Volta (18./19. Jh.), der schweiz. Maler Alexander Calame (19. Jh.), der frz. GFM Alexandre MacDonald (19. Jh.), der ungar. Dichter Sandór Petöfi (19. Jh.), die frz. Schriftsteller Alexandre Dumas (Vater u. Sohn, 19. Jh.), der russ Dichter Puschkin (19. Jh.), der ital. Schriftsteller Alessandro Manzoni (19. Jh.), der frz. Pol. Alexandre Ledru-Rollin (19. Jh.), der frz. Schriftsteller Alexis de Tocqueville (19. Jh.), der russ. Komponist Alexandr Borodin (19. Jh.), der russ. Pol. Kerenski (19./20. Jh.), der norw. Schriftsteller Alexander Kielland (19./20. Jh.), der amerik. Erfinder Alexander Bell (Telefon, 1876), der frz. Präsident Alexandre Millerand (19./20. Jh.), der russ. Phys. Popow (19./20. Jh.), der frz. Arzt Alexis Carrel (N12), der Philos. Alexius Meinong (19./20. Jh.), der russ. Schriftsteller Tolstoi (19./20. Jh.), der frz. Schriftsteller Alexandre Ponson du Térail (19. Jh.), der poln. Maler Alexander Gierymski (19./20. Jh.), der frz. Schriftsteller Alexandre Arnoux (20. Jh.), der span. Dramatiker Alejandro Casona (20. Jh.), der amerik. Bildhauer Alexander Calder (20. Jh.), der engl. Arzt Alexander Fleming (20. Jh.), der russ. Pol. Kossigin (20. Jh.), der russ. Kosmonaut Leonow (20. Jh.), der russ. Schriftsteller Aleksandr Solschenizin (20. Jh.), der tschechische Pol. Alexander Dubcek (20. Jh.), der engl. FSchau. Alec Guinness (20. Jh.), der jugoslawische Schriftsteller Alexander Vučo (20. Jh.), der frz. Dichter Saint-John Perse (20. Jh.), w: die Tänzerin Aleksandra Balakhowa (20. Jh.). FN: Alexander, Alexandre, Alexis, Alessandri, Sa(u)nder(s), Xander(s), Zander, Zender, Alessi, Aleksandrowitsch, Aleksandrowna.

Alfons Männlich: Alfons (»Alphons«) ist eine ältere Schreibw. mit einem überflüssigen »ph« – in Anlehnung an die lat. Umschrift des griech. »Alphons«); KoF: Fons(e), Föns. Frz. Alphonse. Ital. Alfonso. Span. Alfonso (volkstümlich:

Alonso, Alonzo); KoF: Poncho. Port., bras. Afonso. Niederl. Alfons(us). – Weiblich: Alfonsa, Erw. Alfonsina, Alfonsine, Ital. Alfonsina.
Germ. PN, westgot. Königsname (6. Jh.), zsgs. aus: »atha«, Verkürzung von »athala« (s. das Gliedwort: »Adel-«) + »funs« (ahd »funs«) = bereit, willig. Bedeutung: edel und bereitwillig. – T: Löwe – N: 2. August – Zahlwert: 2473 – Blume: Pfaffenhütchen – Stein: der (rotbraune) Andalusit. – 13 span. und 6 port. Könige, der port. Seefahrer Alfonso de Albuquerque (15./16. Jh.), der span Bildhauer Alonso Berruguete (16. Jh.), der span. Architekt Alonso Cano (17. Jh.), der span. Schriftsteller Alonso Castillo Solorzano (17. Jh.), der ital. Komponist Ferrabosco (16. Jh.), der fläm. Schriftsteller Alfons Jeurissen (19./20. Jh.), die frz. Schriftsteller Alphonse de Chateaubriand (19. Jh.), Alphonse Daudet (19. Jh.) und Alphonse Karr (19. Jh.), der frz. Dichter Alphonse de Lamartine (19. Jh.), der niederl. Komponist Diepenbroch (19./20. Jh.), der frz. Marschall Alphonse Juin (20. Jh.), der frz. Schriftsteller Alphonse Allais (19./20. Jh.), der belg. Schriftsteller De Ridder (20. Jh.), in Alphonsine Duplessis (19. Jh., die »Marguerite Gauthier« der »Dame aux Camelias«, »Al« (= Alfonso) Capone, der amerik. Gangster der 20er Jahre.

Alfred Männlich: Alfred, NF: Alfrad, Alberad, auch: Alfredo (ital. u. span. F); KoF: Alf, Fred(o). Engl. Alfred; KoF: Alf(ie), Fred. Frz. Alfred. – Weiblich: Alfreda, auch: Alfrada, Albrada. Frz. Alfrède, Alfreda, Erw. Alfrédine.
Der altengl. Männername: »AElfraed«/»AElfred« (latinisiert: »Alueredus«/»Alveredus«) entspricht dem germ. PN: »Alberad« (m), zsgs. aus »Alb-«/»Alf-« (s. das Gliedwort: »Alb-«/»Alf-«) + rat (s. das Gliedwort: »rat-«) = von den Elfen beraten, der von den Elfen inspirierte Ratgeber. Vgl. den altgriech. PN »Theoboulos« (m) = von der Gottheit Rat empfangend. – Alfred der Große (849–900), der berühmteste der angels. Könige, gründete die Universität von Oxford und schenkte ihr einen Edelstein mit der Inschrift: »scharfsinniger Ratgeber«. Damals war nämlich der Sinn für die Bedeutung der PN noch nicht ganz verloren. – Alfred: T: Skorpion – N: 28. Oktober –; Alfreda: T: Krebs – N: 23. Juni – Zahlwert: 1177 – Blume: die Alpenrebe – Stein: der Lazurit. – Um die Jahrhundertwende gehörte »Alfred« zu den 20 meistgebrauchten engl. und deutschen Männernamen. – Der engl. Dichter Alfred Tennyson (19. Jh.), der schwed. Chem. Alfred Nobel (19. Jh., Gründer des Nobelpreises), der frz. Maler Sisley (19. Jh.), die frz. Dichter u. Schriftsteller Alfred de Musset (19. Jh.), de Vigny (19. Jh.), Capus (19./20. Jh.), Jarry (19./20. Jh.), der Geophys. Alfred Wegener (19./20. Jh.), der frz. Mus. Alfred Cartot (19./20. Jh.), der engl./amerik. FReg. Alfred Hitchcock, der Historiker Alfred Grosser (20. Jh.), der frz. Phys. Alfred Kastler (N60), der frz. Schriftsteller Alfred Assolant (20. Jh.)

Alger Männlich: Alger. Fries. Alker, Alkar. Engl. Alger, Algar, Elgar.
»Alger« ist eine kontr. F des germ. PN: »Adalger«, zsgs. aus: »adel-« (s.) + »ger« (s.) = edler Gerkämpfer. Vgl. den altgriech. Männernamen: »Aristaikhmos« von gleicher Bedeutung.

Algernon Männlich: Engl. Algernon; KoF: Alger, Algie, Algy.
Im 11. Jh. hießen zwei Grafen von Boulogne Eustache (= »Eustachus«). Um sie zu unterscheiden, wurde der eine »Eustache à l'œil« (mit den Augen) und der andere »Eustache aux gernons« = mit dem Schnurrbart, genannt. Da diese Bedeutung im Engl. verloren ging, wurde »Algernon« als Männername übernommen.
Der engl. Dichter Algernon Swinburne (19./20. Jh.).

Alice Weiblich: Alice. Engl. Alice, Alicia; KoF: Elsie, Allie, Lizzy, Ally. Frz. Alice (früher: Al[l]ix). Ital. Alice.
Der germ. Frauenname »Adelheid« (= von edler und vornehmer Art. S. »Adelheid«) war in Frankreich schon im frühen MA verbreitet und entwickelte sich dort folgendermaßen: Adaleidis → Adelais → Adalis → Aalis → Alis. – T: Schütze – N: 16. Dezember – Zahlwert: 223 – Blume: die (weiße) Rose – Stein: der Diamant. – Alix (oder : Adélaïde) de Savoie (12. Jh.), Gemahlin Ludwigs VI. Alix de Champagne († 1206), Mutter v. Philippe-Auguste. Das weltberühmte Kinderbuch des engl. Mathematikers Charles Ludwige Dodgson (= Lewis Carroll): »Alice in Wonderland« (1865) verlieh dem Vornamen einen sehr großen Glanz. England um 1900 = 3. der Mädchennamen. In den USA noch recht verbreitet. FN: Al(l)ix, Alison, Alizon.

Aline Weiblich: Alina, Aline. Engl. Aline, Aleen. Frz. Aline. Ital., schwed. Alina.
»Aline« ist eine kontr. F von »Adeline«, selbst KoF von »Adelheid« (= von edler und vornehmer Art – s. »Adelheid«). – T: Zwillinge – N: 16. (oder 19.) Juni – Zahlwert: 223 – Blume: die (weiße) Rose – Stein: der Diamant. – Die amerik. FSchau. Aline MacMahon.

Alma Weiblich: Alma (auch als Doppelname, z. B. »Almagret« = »Alma« + »Gret«; KoF v. »Margarete«). Engl., ital. Alma.
»Alma« kann ein lat. Wort sein = die Lebensspendende, die Nährende (aus »alere« = erziehen, s. das Gliedwort: »Ald-«). Bei den Römern war »Alma« Beiname v. Ceres und Venus (als Göttinnen der Fruchtbarkeit). Vgl. die »Alma Mater« = Nährende Mutter! – »Alma« kann aber auch das span. Wort (sowie ein ital. Wort der Dichtung) für »Seele« (aus dem lat. »anima«) sein, als Kosename gebraucht, wie das russ. Kosewort: »Duschka« (= Seelchen). – Im dt. Sprachraum kann auch »Alma« KoF von »Almut« oder »Amal-«-Namen sein. – T: Jungfrau – N: 8. September.

Almut Weiblich: Almut (ältere Schreibw. »Almuth«), auch: Almudis, Almodis, Almoda.
»Almut« ist eine verschliffene F des ahd. PN. »Adalmoda« (w), zsgs. aus »adel« (s.) + »mut« = Gemüt, Gesinnung = Frau von edlem Gemüt. Vgl. den altgriech. Männernamen »Euthymios« (in der Odyssee = »wohlgesinnt«). – T: Steinbock – N: 20. Januar – Zahlwert: 420 – Blume: die (weiße) Nelke – Stein: der (farblose) Sodalit. – In Friesland seit dem 15. Jh. (auch in Holstein gebraucht, ist ggw. »Almut« Modename in Deutschland.

Alois Männlich: Alois (ältere Schreibw. »Aloys«), Aloisius, Alwis; KoF: Lois(l), Lens(el). Frz. Aloïs. Ital. Alvise. Poln. Alojzy. Ungar. Alajos. – Weiblich: Alois(i)a, Alwisa; KoF: Wis(s)ia, Loisa.
»Alois« ist die romanisierte F eines alten (schon im 5. Jh. belegten) germ. PN: »Alwis« (m), zsgs. aus: »Al-« (s. das Gliedwort: »Al-«) + »wis« = weise, gelehrt = in jeder Hinsicht weise, der sehr Weise, allwissend. Vgl. den altgriech. PN: »Eumathios« (m) = sehr gelehrt. – T: Zwillinge – N: 21. Juni – Zahlwert: 289 – Blume: Stechapfelblüte – Stein: der (rosafarbige) Apatit. – Im roman. Sprachraum hat sich »Alois« mit »Louis« (bzw. »Loys«) (= Ludwig) vermengt. Bis zum Ersten Weltkrieg in Österreich sehr beliebt. – Der österr. Alois Senefelder (18./19. Jh., Erfinder der Lithografie), der frz. Dichter Aloysius Bertrand (19. Jh.), der fläm. Schriftsteller Wies Moens (20. Jh.), der bras. Schriftsteller Aluizio Azevedo (19./20. Jh.), der jugosl. Dichter Alojz Gradnik (20. Jh.), der tschech. Komponist Aloys Hába (20. Jh.), der tschech. Schriftsteller Alois Jirásek (20. Jh.), der Philos. Aloys Wenzl (20. Jh.).

Alon Männlich: Al(l)on, Elon. – Weiblich: Elana.
Israel. Vorname, aus dem hebr. Wort: »allon« = Eiche (auch bibl. ON und PN: »Allon«). Vgl. den kornischen Mädchennamen: »Derowen« = Eiche. Bei vielen Völkern ist die Eiche ein Sinnbild der Standhaftigkeit, der Langlebigkeit.

Alpha Weiblich: Alpha. Engl. Alpha. Schwed., russ., span. Alfa.
»Alpha« ist der Name des ersten Buchstabens des griech. Alphabets: »α«, wie »Aleph« der erste Buchstabe des hebr. Alphabets. – »Alpha« ist ein religiöser Begriff für Gott: »Ich bin das Alpha und das Omega, der Anfang und das Ende« (Offenbarung 21.6). – Vgl. »Delta« (= Tor) und »Omega« (großes O). andere Buchstaben des griech. Alphabets zuweilen als Mädchennamen gebraucht.

Alrun Weiblich: Alrun(a), Alr(a)une. Kontr. F des germ. Frauennamens »Adalruna«, zsgs. aus »Adal-« (s. das Gliedwort: »Adal-«) + »run« = die Geheimnisse Kündende. Bedeutung: edle Zauberin. In seiner »Germania« (98 n. Chr.) erwähnt Tacitus (lat. = der Schweigsame) »Albruna« als Bezeichnung der germ. zauberischen Seherinnen. – Vgl. den griech. Frauennamen: »Sibylle« = die Prophetin. – Der Pflanzenname: »Alraun(e)« hat dieselbe Etymologie.

Althea Weiblich: Althea, Althäe, Althee. Engl. Althea.
Griech. PN: »Altheia«, aus einem Zeitwort «althein« = heilen, = die Heilbringende. Der Pflanzenname: »althee« hat dieselbe Etymologie (= die Heilende). – Vgl. den Namen der griech. Gesundheitsgöttin: »Hygieia« = Gesundheit – daher das Wort: »Hygiene«. Der Mädchenname »Hygiena« wurde jedoch in Deutschland nicht genehmigt.

Alvar Männlich: Dän., norw., schwed. Alvar (früher: »Allvar). Nordgerm. PN, zsgs. aus »Aelf-« (s. das Gliedwort: »Alb-/Alf«) + »her« (s. das Gliedwort »her«) = der von den Elfen geschützte Krieger. – Der span. Seefahrer Álvaro Bazan (16. Jh.), der schwed. Physiologe Alvar Gullstrand (N11), der finn. Architekt Alvar Aalto (20. Jh.)

Alwin Männlich: Alwin. – Weiblich: Alwina, Alwine, auch: Elwine.
»Alwin« ist jetzt die geläufige F des ahd. PN: »Adalwin« (m), zsgs. aus »Adel-« (s.) + »win« (s.) = der edle Freund. Manchmal schwer von »Albwin«(»Alboin« (m) zu unterscheiden, zsgs. aus »Alb-« (s.) + »win« (s.) = der Freund der Elfen. – T: Wassermann – N: 5. Februar.

Amabilia Weiblich: Amabilia, Amabel, auch: Amabella; KoF: Mab(el). Engl. Amabel, Mabel(la); KoF: Mab(s). – Männlich: Frz. Aimable (früher: Amable). Ital. Amabile.
Aus dem lat. Adjektiv: »amabilis« (m) = würdig, geliebt zu werden (im christl. urspr. Sinne: von Gott), die (der) Liebenswerte. Vgl. den griech. PN: »Erasmus« (m) von derselben Bedeutung. – T: Widder – N: 9. April. – Die KoF »Mabel« war Modename in England Anfang des Jh. Der frz. Marschall Aimable Pélissier (19. Jh.).

Amadeus Männlich: Amadeus, auch: Amédé; KoF: Maday. Frz. Amédée (früher: Amadis). Ital. Amedeo. Span. Amadeo. – Weiblich: Amadea, Amedea. Ital. Amedea.
Lat. PN, zsgs. aus: »ama« = liebe! (in Befehlsform gedacht) + »Deus« = Gott. Bedeutung: liebe Gott! Vgl. die pietistische Neubildung: »Gottlieb« (m) oder den puritanischen (engl.) PN: »Praise-God« (m) (= Preise-Gott.) – T: Wassermann – N: 28. Januar – Zahlwert: 894 – Blume: das Obir-Steinkraut. – Der frz. Dichter Amadis Jamyn (16. Jh.), der ital. Phys. Amedeo Avogadro (18./19.Jh.), Wolfgang Amadeus Mozart (s. »Wolf-

gang«), der ital. Maler Amedeo Modigliani (20. Jh.).

Gliedwort

Amal- auch: Am, Aml(a), Amil, Ammal, Metathese: Alma.
Aus dem Namen der »Amaler«, ein berühmtes, ostgot. Königsgeschlecht. Dieser Name (schon im 5. Jh. belegt) ist mit einem Begriff von »Tatkraft«, »Emsigkeit«, »mühevoller, emsiger Arbeit« verbunden. – Altwestnord. »aml« = eifrig, heftig, got. »*amal-s« = emsig, tapfer, altn. »amla« = sich anstrengen, »ama« = sich bemühen. – Ein hebr. (bibl.) PN »Amal« (m) bedeutet: seltsamerweise auch: »mühevolle Arbeit«, »Arbeitsamkeit«. – In den germ. PN immer als erstes Glied.

Amalberga Weiblich: Amalberga, Amelberga, Amalburga, Amelburga; KoF: Amalie, Amelie (s.), Male, Mali. Germ. (ostgot.) Frauenname, zsgs. aus »Amal-« (s.) + »Berg«/»Burg« (s.) = entschlossene Schützerin. – N: 10. Juli.

Eine ähnliche Bedeutung haben:

Amalfrieda w – m Amalfried, und:

Amalgard w

Amalgund Weiblich: Amalgund(is), zsgs. aus »Amal« (s.) + »gund« (s.) = die unermüdliche Kämpferin, wie auch:

Amalhild(e) w

Amalia Weiblich: Amalia, Amalie, Amelia, Amelie, Ameile; KoF: Alma, Mali, Male, Malchen, fries. Amke. Engl. Amelia, Amely (oft »Emily« umgeschrieben; KoF: Em(m)y, Milly. Frz. Amélie, Erw.: Ameline; KoF: Méline. Ital. Amalia, Amelia.
»Amalia« ist eine KoF eines der vielen germ. Frauennamen auf »Amal-« (s. das Gliedwort: »Amal-«). – T: Krebs – N: 10. Juli – Zahlwert: 140 – Stein: der (blaue) Axinit – Gew.: der Lein. – Prinz. Amalie von Preußen (18. Jh.), die amerik. Amelia Earhart (erster weibl. Atlantikflug – † 1937), die port. Fado-Sängerin Amalia Rodriguez (20. Jh.).

Amanda Weiblich: Amanda. Engl. Amanda; KoF: Manda, Mandy. Frz. Amanda, Erw. Amandine, Amandina. – Männlich: Amand(us). Frz. Amand.
Lat. PN, aus »amandus« (m)/»amanda« (w), Gerundium des lat. Zeitwortes »amare« (= lieben) = der (die) (urspr. von Gott) geliebt werden soll; der (die) zu lieben ist. – Amandina: T: Krebs – N: 9. Juli –; Amand(us): T: Wassermann – N: 6. Februar – Zahlwert: 96 – Blume: die Myrte – Stein: der Peridot. – Erwähnt sei noch: Weibl. Amantia. Ital. Amanzia. – Männl. Amans. – »Amans« ist das Partizip der Gegenwart des lat. Zeitwortes »amare« (= lieben) und bedeutet: (Gott) liebend. – »Amanda« war Modename in England Anfang der 70er Jahre.

Amaryllis Weiblich: Amaryllis. Engl., frz. Amaryllis.
Aus dem griech. »amarillis«, aus dem Zeitwort: »amarussein« = glänzen, blenden. Bedeutung: die Glänzende. (Vgl. den germ. Frauennamen: »Berta«.) Auch Name einer Blume. Wie auch: Weibl. Amarante. – Aus dem griech. »amarantos«, zsgs. aus »a« = nicht + »marainen« = vergehen = die Unverwelkliche.

Amber Weiblich: Amber. Engl. Niederl. Amber. Frz. Ambre. Ital. Ambra. – Der Männername »Amber« ist eine KoF von »Ambros(ius)« (s.)
Über das spätlat. »ambar« (13. Jh.) geht das Wort auf das arab. »anbar« zurück = der graue Amber, eine sehr kostbare und gesuchte Art Moschus (vom Pottfisch). – Vgl. den Vornamen: »Elektra« (w), ital. Elettra (w), frz. Electre, aus dem griech. »elektron« = Bernstein; den engl. Vornamen: »Opal« (w) Name eines Edelsteines, wie »Esmeralda« (frz.,

span.) und »Smeralda« (ital., w), aus »Smaragd«.

Ambros Männlich: Ambros(e), Ambrosius (die lat. F); KoF: Amber, Bro(o)s, Bross, Bröse(ke), Brus, nddt. Brasch. Frz. Ambroise. Engl. Ambrose. Wales Emrys. Ital. Ambrogio. Slaw. Mros. – Weiblich: Ambrosia, Erw. Ambrosina, Ambrosine.
»Ambrosios« ist ein griech. PN = der Unsterbliche, aus dem griech. Adjektiv: »ambrotos«, zsgs. aus dem Präfix »a« = ohne, nicht + »mbrotos« (früher: »*mrotos«) = Tod, also: der den Tod nicht kennt. Die »Ambrosia«, die Speise der griech. Götter, die ihnen die Unsterblichkeit verlieh, hat dieselbe Etymologie. – T: Schütze – N: 7. Dezember – Zahlwert: 808 – Pflanze: das Immergrün. – Die ital. Umgangssprache nennt die Einwohner v. Mailand: »Ambrosiani« nach dem hl. Ambrogio, Bischof v. Mailand (4. Jh.). – »Ambros(ius)« ist in Süddeutschland nicht selten. Der frz. Chirurg Ambroise Paré (16. Jh.), der frz. Komponist Ambroise Thomas (»Mignon« – 1866). – FN: Ambros(ius), Ambrosch, Ambroise, Bros(ius), Broske, Bross(mann), Ambrosi(ni), Brozik, Mros(ek).

Amoena Weiblich: Amoena, Amoene, Amöna, Amöne; KoF: Meina, Mena. »Amoena« ist ein lat. Adjektiv: »amoena« (w) = angenehm, lieb, nett (vgl. das frz. Adjektiv: »amène«, das ital. oder span. »ameno«/»amena« = lieblich).

Amos Männlich: Amos. Engl., frz., ital. Amos.
Bibl. hebr. Männername, Kurzform eines anderen bibl. hebr. PN: »Amasa« (m): »Amas'jah«, zsgs. aus »amas« = tragen + »jah(we)« = von Jahwe (Gott) getragen. – N: 31. März. – Amos war ein kleiner Prophet (8. Jh. v. Chr.?), Verfasser des Buches von Amos (AT). Den Vornamen trifft man heute noch in den USA.

Ananias Männlich: Ananias, Hananias. »Ananias« ist die griech. F des bibl. hebr. Männernamens: »Hanan'ja«, zsgs. aus »hanan« = gnädig, barmherzig sein + »Jah(we)« = Der Herr sei (dir) gnädig, Gott erbarme sich deiner. – Dieselben Elemente aber in umgekehrter Ordnung bilden den PN: »Jo-hanan« (= Johanna, Johann[es]). – N: 1. Dezember.

Anastasius Männlich: Anastas, Anastasius (lat. F); KoF: Stase, Stass, Statz. Frz. Anastase, Anastaï (frz. Kanada). Ital. Anastasio. – Weiblich: Anastasia; KoF: Asta, Stasi(a). Engl. Anastasia; KoF: Stacia, Stacie, Stacy. Frz. Anastasie. Ital. Anastasia. Russ. Anastasija.
»Anastasios« (m) ist ein griech. PN, zsgs. aus »ana« = nach oben, wieder + »stasis«, aus dem Zeitwort: »istemi« = aufstehen. Bedeutung: der (die) Auferstandene. Urspr. für die Christen: »durch die Taufe auferstanden«. Vgl. den griech. PN »Anaclet(us)« (m) (der Zurückgerufene), die lat. PN: »Renatus« (m)/»Renata« (w) (der, die Wiedergeborene), »Restitut« (m) von ähnlichem Sinne. – Anastasius: T: Wassermann – N: 22. Januar –; Anastasia: T: Steinbock – N: 25. Dezember – Zahlwert: 318 – Blume: das Immergrün – Stein: der Smaragd. – »Anastasija« war Modename in Russland vor der Revolution. Durch die Tochter des letzten Zaren Nicolaus II bekannt gemacht (20. Jh.).

Anatol Männlich: Anatol, Anatolius (lat. F), Erw. Anatolon. Frz. Anatole. Russ. Anatolij. – Weiblich: Anatolia. Ital. Anatolia.
Griech. PN: »Anatolios« (m) = der aus dem Osten, aus dem Morgenland, aus dem griech. Wort: »anatolê«, zsgs. aus dem Präfix: »ana« = nach oben + »tellô« = schaffen, sich ereignen, d. h. Aufgang, Sonnenaufgang, Osten. – Für die Griechen hat lange Zeit »Anatolien« Kleinasien (und zuweilen die gesamte asiatische Türkei) bezeichnet. Eine türk. Provinz heißt immer noch »Anadolu«. –

T: Krebs – N: 3. Juli – Zahlwert: 149 – Blume: Dotterblume – Stein: der Türkis. – In Russland, seit 1917 einer der ersten zehn Männernamen (bes. auf dem Land). In Frankreich ist »Anatole« (m) nicht selten: Anatole France (= Anatole Thibault), berühmter frz. Schriftsteller (N21).

Andreas Männlich: Andreas (auch: Andre[e]s, Andries, Anders, Enders, André, Endris); KoF: Andi, Dreis, Dress, Rees, Dries, Drew(es), Anderle, fries. Ainers, Dese. Engl. Andrew; KoF: Andy. Frz. André. Ungar. Andor. Ital. Andrea. – Weiblich: Andrea. Frz. Andrée. Engl., dän., schwed. Andrea. Ital. Andreina.

In der deutschsprachigen Schweiz kann »Andrea« als männl. oder weibl. Vornamen benutzt werden, aber *nur* in Verbindung mit einem anderen eindeutig männl. oder weibl. Vornamen. – »Andreas«/»Andreios« (m) ist ein griech. PN, aus dem Wort: »Aner«/ »Genitiv »andros« = Mann. Bedeutung: der Mannhafte, der Tapfere. Wie der bibl. hebr. PN: »Geber« (m), der griech. »Arsen« (m), der pers. »Narses« (m). – T: Schütze – N: 30. November – Zahlwert: 361 – Pflanzenreich: die Eiche – Stein: der Smaragd. – »Andreas« war schon ein verbreiteter Männername in den östlichen Mittelmeerländern z. Z. Christi Geburt. Um 1400 gehörte schon »Andreas« zu den 20 häufigsten dt. Männernamen und behielt diesen Rang bis Anfang des 19. Jh. Nach dem 1. WK äußerst selten geworden, erlebte »Andreas« in den 50er Jahren eine neue Blüte. Zwischen 1960 und 1975 war »Andreas« in vielen Städten des dt. Sprachraumes der häufigste Männername (1978: BRD = 5., 1979: 4.). »Andrea« war ebenfalls ein beliebter Frauenname im selben Zeitabschnitt. – In Frankreich waren »André« (m) und »Andrée (w) recht beliebt (1946–1966, Paris, »André« = 8. der Männernamen). – In England erfreut sich »Andrew« (m) einer großen und steten Beliebtheit seit dem 12. Jh. (637 Kirchen des Landes sind dem hl. Andreas gewidmet). In Schottland auch bes. beliebt. Fischart (16. Jh.) dichtete:

Flemming heißen Baldwin,
Schotten heißen Andres,
Engelländer heißen Richard und Edward,
Kölner heißen Gerhard,
Pommern heißen Ott(o),
Lothringer heißen Claudi,
Holländer heißen Florentz,
Polen heißen Stenzel,
Franken heißen Kilian,
Böhmen heißen Wenzel,
Nürnberger heißen Sebald …

Eine schott. KoF von »Andrew«: »Dandy« ist im engl., frz. und deutschen Synonym von »Elegant«, »Beau« geworden. – In den USA, Skandinavien, UdSSR (1967 = 4. der Männernamen) auch verbreitet. – Der ital. Bildhauer Andrea Pisano (14. Jh.), der ital. Architekt Andrea Orcagna (14. Jh.), der russ. Maler Andrej Rubljow (14./15. Jh.), der ital. Maler Andrea Mantegna (15./16. Jh.), der ital. Maler Andrea del Sarto (16. Jh.), der niederl. Schriftsteller Andreas Pels (17. Jh.), der fläm. Anatom Andreas Vesal(ius) (15./16. Jh. so bekannt, dass die Adresse »Herrn Vesl(ius), Europa« ausreichte!), der ital. Architekt Andrea Palladio (16. Jh.), der ital. Seefahrer Andrea Doria (16. Jh.), der frz. Gartenarchitekt André Lenôtre (17. Jh.), der Dichter Andreas Gryphius (17. Jh.), der engl. Dichter Andrew Marvell (17. Jh.), der Bildhauer Andreas Schlüter (17./18. Jh.), der ital. Maler Andrea Pozzo (17./18. Jh.), der schwed. Phys. Celsius (18. Jh.), der frz. Dichter André-Marie Chénier (18. Jh.), der frz. Phys. André-Marie Ampère (18./19. Jh.), der Chem. Andreas Marggraf (18. Jh.), der tirolische Freiheitskämpfer Andreas Hofer (18./19. Jh.), der niederl. Maler Andries Schelhout (18./19. Jh.), der frz. GFM André Massena (18./19. Jh.), der südafrik. Pol. Andries Pretorius (19. Jh.), der amerik. Industrielle und Philanthrop Andrew

Carnegie (19./20. Jh.), der frz. Pol. André Maginot (die »Linie«, 19./20. Jh.), der frz. Philos. André Lalande (19./20. Jh.), der ungar. Dichter Endre Ady (19./20. Jh.), der schwed. Phys. Anders Angstrom (19. Jh.), der frz. Komponist André Messager (19./20. Jh.), der frz. Industrielle Michelin (Reifen, 19./20. Jh.), der niederl. Industrielle Andries Philips (19./20. Jh.), die frz. Schriftsteller André Chamson, André Salmon, André Maurois, André Gide, André Breton, André Dhotel, André Suarès, André de Mandiargues (20. Jh.), der Dramatiker André Roussin (20. Jh.), der russ. Mikrobiologe Andrej Lwoff (N65), der russ. Pol. Andrej Gromyko (20. Jh.), der russ. Bürgerrechtskämpfer Andrej Sacharow (20. Jh.), die FReg. André Cayatte und André Hunebelle (20. Jh.), der frz. Komponist André Joliver (20. Jh.), der russ. Flugzeugbauer Andrej Tupolew (20. Jh.), der frz. Schriftsteller André Thérive, der frz. Autobauer André Citroën (20. Jh.), die frz. Schausp. André Bourvil u. Darry Cowl (20. Jh.).

»Andrée« hieß die Mutter des großen frz. Dichters u. Schriftstellers François Rabelais (16. Jh.), die frz. Schausp. Andrée Parisy u. Andrée Ferréol (20. Jh.). – FN: Andreas, Andrea(e), Andre(i)s, Andrieste, Andras(sy), Andreani, Andreoli, Andreossi, Andreotti, Anderson (in Schweden der zweitmeistverbreitete Familienname kurz nach »Johansson« und weit vor »Karlsson«, Nilsson, Eriksson, Karlsson, Olsson, Svenson – s. auch den wichtigen Vermerk im Vorwort!), André, Andrey, Andrez, Andreix, Andreu, Andrieux, Landrieu, Drieu, Ander(le), Anderl, Ender(s), Endras(s), Drees(s)en, Dressel, Driese, Dreyse, Andral, Andraud, Andrat, Andrin, Andrèas, Andreucci, Andreani, Dre(e)w, Drewing, Treb(e)s, Drewermann, Ondrak, Jandrig, Vondrak, Jendr, Andrion, Andriot, Andrinel, Andrejewitsch, Andrejewna.

Angelika Weiblich: Angela, Angelia; Erw. Angelina, Angelika; KoF: Angel(i), Engel(i), Gela, Geli. Engl. Angela, Erw. Angelica; KoF: Angie. Frz. Angéla, Angèla, Erw. Angélique, Angeline. Ital. Angela, Erw. Angelica, Angiola. – Männlich: Angelus, Erw. Angelikus. Frz. Ange. Ital. Angelo, Erw. Angiolo (Verklein.), Angelico, auch: Arcangelo (= Erzengel).

»Angelika« ist ein lat. Adjektiv = die Engelhafte, Engelgleiche. »Angelina« (und »Angiola«) eine Verkleinerung = Engelchen, alle aus dem lat. Wort: »angelus« (m) = Engel, selber aus dem griech. Wort: »aggelos« = Engel (urspr. »Bote«, »Sendbote«, wie in »Ev*angel*ium« zsgs. aus »eu« + »angelion« = frohe Botschaft). – Angelus: T: Stier – N: 5. Mai –; Angela: T: Steinbock – N: 4. Januar und T: Zwillinge – N: 31. Mai –; Angelina: T: Krebs – N: 15. Juli –; Angelika: T: Krebs – N: 17. Juli – Zahlwert: 101 – Gewächs: die Engelwurzel – Stein: der Azurit. – Im dt. Sprachraum sind PN wie: »Angilo« (m – 4. Jh.), »Angelin« (m), Engelin (m), »Angila« (w – 8. Jh.) KoF von germ. PN auf »Angil-« (s.). Die ital. Schriftsteller Angelo Pandolfini (14./15. Jh.) und Angelo Poliziano (15. Jh.), der Dichter Angelus Silesius (17. Jh.), der ital. Komponist Arcangelo (= Erzengel) Corelli (17./18. Jh.), der span. Schriftsteller Ángel Ganivet (19. Jh.), der ital. Bildhauer Angelo Benvenuto (19. Jh.), der ital. Maler Angelo Quarenghi (19./20. Jh.), der katalonische Dichter Ángel Guimera (19./20. Jh.), die schweiz. Malerin Angelika Kauffmann (18./19. Jh.), die Schriftstellerin. Angelika Mechtel (20. Jh.), die amerik. Bürgerrechtlerin Angela Davis (20. Jh.), die Pol. Angela Merkel (20. Jh.). – Die kalif. (USA) Stadt: »Los Angeles« wurde von den Spaniern gegründet (16. Jh.) und genannt: »pueblo de Nuestra Señora de los Ángeles = Ortschaft der Herrin der Engel (gewidmet).

Angil- auch: Angel-, Angal-, Engil-, Engel-, Engl-, Engal-, Egil- usw.
Völkername: die Angeln (lat. »Anglii«) in den ersten nachchrist. Jh. in Schleswig, zwischen der Schlei und der Flensburger Förde, beheimatet, die später (5./6. Jh.) nach England (= Land der Angeln, Russisch: Anglija) übersiedelten. – Dieser Name entspringt einem germ. Wort, ahd. »angul«, altn. »öngull« = Angel, Winkel, Meeresbucht. – In den PN hat sich das Gliedwort »Angel« mit »Ingel« (s. »Ingo«) und vor allem mit dem griech. (bibl.) Wort »Engel« undurchdringlich vermischt. – In den PN immer als erstes Glied.

Angus Männlich: Angus. Engl. Angus. Irisch Aonghus.
Altir. PN: »Oingus«, aus zwei Elementen zsgs. »*oino« = eins, 1 + »*gustus« = Wahl. Bedeutung: erstklassige Wahl – N: 11. März. – »Angus«, Name eines Helden der kelt. Sagen ist noch in Schottland und Irland verbreitet. Der engl. Schriftsteller Angus Wilson (20. Jh.).

Anna Weiblich: Anna, Anne, Hanna(h), (auch KoF zu »Johanna«), Var. und KoF (oft selbstst. Vornamen): Annette, Anni, Anni(c)k, An(n)ouk, Anja, Netta, Netti, Nettchen, Anka; nddt. Annchen, Antje, Nannchen; fries. Anke, Ancke, Anine – auch als Doppelname. Frz. Anne; KoF: Annette, Nanette, Ninon, Annie, An(n)ouk, Nanny. Engl. Ann, Anne, Anna; KoF: Nan(n)y, Nancy. Span. Ana; KoF: Anita. Dän. Anna; KoF: Ane, Anine. Russ. Anna; KoF: Annuschka, Anja, Anka. Ung. Anna; KoF: Aniko. Ital. Anna. – Männlich: Annae. Frz. (bis zum 17. Jh. häufiger Männername!) Anne; KoF: Annet. Engl. Ann.
»Anna« (griech. »Anna«) ist die Kurzform eines der vielen mit dem Gliedwort »hanan«/»chanan« gebildeten hebr. (bibl.) PN. Bedeutung: »Huld«, »Gnade«, »Gunst«. Vollformen sind z. B. »Jochanan« = Gottes Gnade (s. »Johann[es]«), »El-chanan« (m = Gnade des Herrn), Umkehrung: »Hananiel« (m). – Dasselbe Gliedwort »hanan« erscheint im (semit. Namen des karthag. Feldherrn: »Hannibal« (= Gnade von Baal, Baal sei ihm gnädig – »Baal« war eine Gottheit im Vorderen Orient). Ital. »Annibale« (m). – Im dt. Sprachraum ist »Anna« im ausgehenden MA mit gleichlautenden germ. PN zusammengeflossen (s. »Anno«). – T: Löwe – N: 26. Juli – Zahlwert: 63 – Blume: die (blutrote) Nelke – Stein: Pyrop. – Der Taufname »Anna« wurde im ersten nachchrist. Jahrtausend aus ehrfürchtiger Scheu (als Name »Marias Mutter«) (wie auch der Taufname »Maria« – s. »Carmen«) eher gemieden. Im dt. Sprachraum erschien »Anna« im 13. Jh. und belegte schon im 17. Jh. den 2. Platz der Frauennamen. Nach dem Zweiten Weltkrieg wurde »Anna« allmählich von Doppelnamen (»Annerose«, »Annegret«, »Annemarie«), Var. (»Annette«, »Anita«) oder KoF (Anja, Antje, Anke, Anka) verdrängt. – »Anna« kannte einen ähnlichen Erfolg in fast allen europ. Ländern und in den USA, wo »Anna«/»Ann«/»Nancy«-/»Annie« 1950 den 2. Platz der Mädchennamen besetzte. – Ggw. noch sehr verbreitet als Anna, Ann, Anne oder als KoF wie: Annett(e), Annica, Annika, Anja, Anje, Anke, Anet oder als Doppelname: Annekat(h)rin, Annelise, Annemarie; belegt in vielen Städten einen sehr guten Platz unter den Frauennamen. – Zahlreiche Königinnen und Kaiserinnen (Russland, Frankreich, Bretagne, Österreich, England): Anne Boleyn (16. Jh.), Anne Stuart (16./17. Jh.), »Mutter Anna« (16. Jh.), die Dichterin Annette von Droste-Hülshoff (18./19. Jh.), die engl. Schriftstellerin Ann Radcliffe (19. Jh.), die niederl. Schriftstellerin Annie Salomons (19. Jh.), die frz. Schriftstellerin Anne (genannt: Ninon) de Lenclos (16./17. Jh.), die frz. Dichterin Anna de Noailles (19./20. Jh.), die Schriftstellerin Annette Kolb (19./20. Jh.), die russ. Schriftstellerin Anna Karawagena (20. Jh.), die

Schriftstellerin Anna Seghers (20. Jh.), die frz. FSchau. Annie Girardot, Anne Chancel, Anouk Aimée, Anne Vernon, die ital. FSchau. Anna Magnani (alle 20. Jh.), die schwed. FSchau. Anita Ekberg (20. Jh.), die russ. Tänzerin Anna Pawlowa (20. Jh.). – Die frz. Marschälle Anne de Montmorency (16. Jh.), Anne de Noailles (17. Jh.), die Admiräle Anne de Joyeuse (16. Jh.) und Anne de Tourville (17. Jh.), Anne de Turgot (18. Jh.), Minister Ludwigs XVI., der Polizeiminister Napoléons Anne Savary, der Präsident von Haiti Anne Petion (18. Jh.). usw. – FN: An(n)et, Anne, Anné, Annequin, Aanke.

Anno Männlich: Anno (eine männl. u. weibl. F »Anna« ist im 5. Jh. belegt).
»Anno« ist eine KoF von germ. Männernamen auf: »An-« (= Ahn, ahd. »ano«), oder auch eine Gemination (Art Verschleifung) von germ. PN auf »Arn-« (s. das Gliedwort: »Arn-«), in erster Linie von »Arnold« (s.). – T: Schütze – N: 4. Dezember. – Der hl. Anno, Bischof v. Köln (11. Jh.), im »Annolied« (um 1100) verewigt.

Gliedwort

Ans- auch: Ens und, nach dem (häufigen) Schwund des »N«: As-, Es-, angels. »ôs-«, schwed. »Ås-«
Wort = die Aspen (urspr. »Ansen«), Gottheiten der nordgerm. Mythologie. – Germ. »*ans/»*ansuz«, got. »*anseis« (Mehrzahl), ahd. »ans«. – Aus einem idg. Stamm »*ane« = Lebenshauch, wie im sanskrit. »*an*iti« = Atem, im griech. »*an*emos« (= Wind), im lat. »*an*ima« (= Seele) und »*an*imus« (= Inbegriff des Denkens), vgl. »*an*imieren« und »*An*imismus« (= Glaube an Erdgeister als belebende Kräfte der Natur). – In den germ. PN immer als erstes Glied.

Anselm Männlich: Anselm, Anshelm; KoF: Ansel, Anso, Anzo, Enselin. Niederl. Anselm(us); KoF: Selm(us). Musl., frz. Anselme. Ital., span. Anselmo. – Weiblich: Anselma; KoF: Selma (s. auch »Selma«), Erw. Anselmina. Germ. PN (von den Langobarden bes. beliebt), zsgs. aus »Ans-« (s. das Gliedwort: »Ans-«) + »helm« (s. das Gliedwort: »helm«) = unter dem Schutz der Asen stehend. – T: Stier – N: 21. April. – »Anselm« hieß einer der Paladine Karls d. Gr., der 778 mit Roland im Pass von Roncevalles gekämpft hat. Der Maler Anselm Feuerbach (19. Jh.).

Anthea Weiblich: Anthea. Engl. Anthea. – Männlich: Ital. Anteo – »Anthes« ist eine westf. KoF von »Anton«.
»Anthea« (w) kommt vom griech. Adj. »antheios« (m)/»anthê« (w), aus »anthos« (= Blume – vgl. »*Antho*logie = Blumenlese) und bedeutet: die Blühende. – Vgl. den lat. PN: »Flora« (w), den frz. »Fleur« (w), den kornischen »Blejan« (w), den niederl. »Bloeme« (w), den schwed. »Blomma« (w), den aztek. »Xóchitl« (w), die alle »Blume« bedeuten. – T: Widdder – N: 18. April.

Anton Männlich: Anton, Antonius (lat. F); KoF (viele selbstst. Vornamen): Toni, Tonio, Tone, Dönges; nddt. Tonies, Tönnies, Tönjes, Dönjes, Thön(e), Tönis; rheinl. Tones, Tonis, Tünnes, Thünn; preuß. Antusch, Tonke. Engl. Antony, Anthony (das überflüssige »S« wurde z. Z. der Renaissance unter griech. Einfluss eingeführt); KoF: Toni; schott. KoF: Nanty. Frz. Antoine, moderne F: Ant(h)ony; KoF: Tony, Tonio, Toinon, Togniel. Ital. Antonio; KoF: Tonio, Erw. Antonello. Finnisch: Antti. – Weiblich: Antonia, Antonie; KoF: Tone, T(h)ona, Tonja, Tonele, Ton(n)eli, Erw. Antoinette (frz. Erw.), auch: Antonetta, Natonette; KoF: Netta, Nettchen. Russ. Antonja; KoF: Tonja. Ital. Antonia; Erw. Antonietta.
»Antonius«, Name eines berühmten röm. Geschlechtes (Marcus Antonius – 1. Jh. v. Chr.) entspringt vielleicht dem Namen eines etrusk. Gottes: »Anidune«, zsgs. aus: »ani«, altetrusk. Entsprechung

des lat. »Janus« + »dune« = doppelt, Zwilling (der röm. Gott Janus, Beschützer der Stadttore ist immer mit einem Doppelkopf abgebildet). – »Anton« wäre dann ein etrusk. Helden- oder Göttername, wie: »Mars« (s. »Martin«), »Neptunus« (m), »Tarquinius« (m), usw. – T: Steinbock – N: (nach dem hl. Anton d. Gr. [2./3. Jh.]: 17. Januar –; T: Zwillinge: nach dem hl. Anton von Padua (13. Jh.): 13. Juni –; Antoinette: T: Fische; 28. Februar – Zahlwert: 19 – Blume: die (rote) Lilie – Stein: Der Phenazit. – Der Taufname »Anton(ius)« erreichte Westeuropa z. Z. der Kreuzzüge, nach der Gründung des Antoniterordens (1095), dessen Abzeichen das sog. Antoniuskreuz (auch: »Taukreuz«: T) war. Im 17./18. Jh. zählte »Anton« zu den häufigsten 30 dt. Männernamen. Die weibl. KoF »Tonja« und »Antoinette« sind ggw. nicht selten. – »Antoine« (m) (bes. »Ant[h]ony« ist seit den 50er Jahren Modename in Frankreich. In England ebenfalls verbreitet. – Die ital. Maler Antonio Pisanello (14. Jh.) und Antonio Pollaiolo (15. Jh.), der Baumeister Anton Pilgram (15./16. Jh.), der Händler Anton Fugger (16. Jh.), der niederl. Maler Mor (16. Jh.), der fläm. Maler Anthonis Vandyck (17. Jh.), der span. Maler Antonio Pereda (17. Jh.), der ital. Komponist Antonio Cesti (17. Jh.), der frz. Maler Pesne (17./18. Jh.), der frz. Bildhauer Antoine Coysevox (17./18. Jh.), der niederl. Wissenschaftler Anthoni van Leeuwenhoek (17./18. Jh.), der ital. Geigenbauer Antonio Stradivarius (17./18. Jh.), der frz. Math. Antoine Condorcet (18. Jh.), der frz. Chem. Antoine Lavoisier (18. Jh.), der ital. Maler Antonio Canaletto (18. Jh.), der frz. Maler Antoine Watteau (18. Jh.), der ital. Komponist Antonio Salieri (18./19. Jh.), der frz. Schriftsteller Antoine de Rivarol (18./19. Jh.), der frz. Phys. Antoine Cournot (19. Jh.), der frz. Gen. Antoine Drouot (18./19. Jh.), der österr. Komponist Anton Bruckner (19. Jh.), der rumänische Schriftsteller Anton Pann (19. Jh.), der russ. Anton Tschekow (19. Jh.), der span. Dichter Machado (19./20. Jh.), der ital. Dichter Fogazzaro (19./20. Jh.), der niederl. Unternehmer Philips (19./20. Jh.), der ital. Schriftsteller Gramsci (20. Jh.), der engl. Schriftsteller Anthony Powell (20. Jh.), der estnische Schriftsteller Anton Tammsaare (20. Jh.), der österr. Mus. Anton Webern (20. Jh.), der frz. Schriftsteller Antonin Artaud (20. Jh.), der tschechische Komponist Anton Dvorak (20. Jh.), der engl. Pol. Anthony Eden (20. Jh.), der Mus. Anton Rubinstein (19. Jh.), der ital. Flieger Antonio Locatelli, s. Antoinette Poisson, Marquise de Pompadour (Geliebte Ludwigs XV., 18. Jh.), die frz. Schriftstellerin Antonine Maillet (20. Jh.).

FN: Anton, Antonat, Antonius, Antoine, Ant(h)onis(sen), Ant(h)oine, Anthonne, Antony, Ant(h)onioz, Antoinet, Antonat, Antonelli, Antonetti, Antonello, Antos(ch)ek, Toni, Tony, Toinet, T(h)oinet, T(h)oinot, T(h)oin, Anten, Anteunis, Theuns, T(h)onne, Thonse, Thonet, Thunissen, Thuns, Tonk(e), Tonna(e)r, Tonnoir, Tonne, Tonke, Thön(ges), T(h)ön(n)es, Thönissen, Thonett, Tünnes, Tenge(s), Teun, Tengelmann, Antonescu, Antosch(ek), Antonat, Lanthoine, Ton(n)(ius), T(h)eunis(sen), Dong(e)s, Dahn (auch KoF von »Daniel«), Dünn(es).

Apollonia Männlich: Apoll(o), Erw. Aponnonius; KoF: Löns, Polle, Lönies, Plönes, Erw. Apollinarius; KoF: Pollin, Nohr, Neres. Ital. Apollinare. – Weiblich: Apollonia, Apolline; KoF: Ap(p)el, Polleyn, Plön. Engl. Apolline; KoF: Polly. Ital. Apollonia.

»Apollonius«, »Apollonia« und »Apollinarius« bedeuten: dem Gott Apollo geweiht. Bei den Griechen Gott der Künste und der Wissenschaften. »Apollo«, aus einem früheren »Apello«, dürfte einem idg. Stamm »apel« entspringen = aufregen, beschwingen (vgl. das griech. »*pol*emos« = Krieg, und »*Pol*emik«, das lat. »*pel*lere« = treiben, wie in »Im*puls*«).

»Apollo« wäre also der Aufreger, der Antreiber (zur Schaffung). – Apollonia: T: Wassermann – N: 9. Februar –; Apollinarius: T: Löwe – N: 23. Juli –; Apollo: T: Stier – N. 21. April –; Apollonius: T: Widder – N: 18. April – Zahlwert: 1072. – FN: Narius, Narjes, Nohr, Nö(h)res, Apol(l)de, Plömmi(e)s, Plonnes, Plohn, Lönnies, Löhns, Lönne.

Aram Männlich: Bibl. hebr. PN, aus dem hebr. »Aram« = griech: »Syria«, bezeichnet die Völker Nordpalästinas, die »Aramäer«. »Aram« ist ein Eponym (= PN als Gattungsbezeichnung) für einen Vorfahren von Sem. Auch ein Vorfahre Christi (Mt 1,4). – Der russ. Komponist Aram Khatchaturian (20. Jh.).

Arbogast Männlich: Arbogast, elsäss. Arbgast; KoF: Argast, Arbo, Erbo, Arp, Eppo.
Germ. PN, zsgs. aus: »Arb-« = Erbgut (ahd: »arpi«/»arbi«) + »gast« = Fremdling. Bedeutung: von seinem Erbgut enteignet. Vgl. den altgriech. PN: »Apodemos« (m) = fern von seiner Heimat oder den lat. PN: »Proculus« (m) = in Abwesenheit des Vaters geboren. – T: Krebs – N: 21. Juli.

Archibald Männlich: Archibald, auch: Erkenbald, Erchanbald, Erkembald. Engl. Archibald; KoF: Arch, Baldie. USA: Archy, Archie. Frz. Archibald. Ital. Arcibaldo.
Germ. PN, zsgs. aus: »erkan« = echt, ausgezeichnet + »bald« (s. das Gliedwort: »bald-«) = tollkühn, vor nichts zurückschreckend. – T: Stier – N: 30. April. – Der engl. Marschall Archibald Wavell (20. Jh.).

Ariadne Weiblich: Ariadne. Engl. Ariadne, Arian(n)e. Frz. Ariane. Ital. Arianna. – Die dt. (und niederl. »Ariane« ist meistens eine KoF von »Adriana«/»Adriane« (s. dort).
Jener Name, vielleicht der einer kret. Göttin, besteht aus: »ari« = Präfix des Superlativs = sehr, äußerst + »adne« = kret. Adj., entspricht dem griech. »hagne«/»agne« (s. Agnes) = rein, keusch. Bedeutung: die sehr Reine. – T: Jungfrau – N: 18. September – Zahlwert: 37. – »Ariadne« war die Tochter des (sagenhaften) kret. Königs Minos. Alle europ. Sprachen kennen, nach der griech. Sage: den Ariadnefaden (= Leitfaden durch Wirrnisse).

Ariella Weiblich: Ariella, Arielle, Ariela. Frz. Arielle. Ital. Ariela. – Männlich: Ariel. Ital. Ariele.
Bibl. hebr. Männername: »'ariel«, zsgs. aus: »ara« = Löwe, Held + »el« = Gott, der Herr. Bedeutung: Löwe, Held Gottes. – Die rabbinische und kabbalistische Tradition machte aus »Ariel« eine der 10 Kategorien Engel. – »Ariel« ist ein bei den Mormonen beliebter Männername.

Aristid Männlich: Arist. – Aristid(es). Ital. Aristeo. – Aristide. Frz. Aristide. – Weiblich: Arista.
Das griech. Adj.: »aristos« (m) bedeutet: der Beste, der Edelste. Vgl. den griech. PN: »Evarist« (m = der Wohlgefällige). – Das Suffix »-ides« heißt: »Sohn«. »Aristid(es)« ist also: der Sohn des Besten, des Vornehmsten. – T: Jungfrau – N: 31. August. – Der griech. Staatsmann Aristeides (6./5. Jh. v. Chr.). Der frz. Chansonnier Aristide Bruant (19./20. Jh.), der frz. Bildhauer Aristide Maillol (19./20. Jh.), der frz. Staatsmann Aristide Briand (FriedensN26).

Aristarch Männlich: Aristarch. Ital. Aristarco.
Griech. PN, zsgs. aus »aristos« = der Beste + »arkhos« = Gebieter (wie in: »Mon*arch*ie«, »Hier*arch*ie«). Bedeutung: der beste, gescheiteste Gebieter. – N: 4. August. – Aristarchos v. Samos (4./3. Jh. v. Chr.), erster Entdecker des heliozentrischen Systems.

Aristoteles Männlich: Aristoteles. Frz. Aristote. Ital. Aristotile.

Griech. PN, zsgs. aus »aristos« = der Beste + »telos« = Ziel, Verwirklichung. Bedeutung: der am besten ans Ziel kommt. – Aristoteles (4. Jh. v. Chr.) war mit Plato (griech. = der Breitstirnige) – dessen eigentl. Name »Aristoklês« (= vom besten Ruf) war – der berühmteste griech. Philos. In Griechenland heute noch als Vorname gebraucht. – Der ital. Baumeister Aristotile Fieravanti (15. Jh.). Der griech. Reeder Onassis (20. Jh.).

Arlette Weiblich: Arlette. Frz. Arlette.
Jener normannische Frauenname kann eine Ableitung vom germ. Stamm: »*erlaz« = Held, sein (s. »Earl«), oder die KoF eines germ. Frauennamens auf: »Her-« (s. das Gliedwort: »Her-«). – Harlette (Hervela) hieß Wilhelms d. Er. Mutter (11. Jh.).

Armin Männlich: Armin, Arminius. Ital.: Arminio.
»Arminius« ist der latinisierte Name des Cheruskerfürsten, der im Teutoburgerwald (9 n. Chr.) die drei röm. Legionen des Varus (lat. = der Grätschbeinige) aufrieb. Im 18. Jh. fälschlich mit »Hermann«, die übliche Latinisierung der Humanistenzeit, verglichen, scheint »Armin« eine westfränk.-roman. Ableitung vom germ. Stamm: »Ermin-« (Kriegsgott der Hermionen – s. »Ermin-«) zu sein. – T: Krebs – N: 2. Juli. – Der Komponist Armin Knab (20. Jh.), der Sportler Armin Hary (20. Jh.).

Gliedwort

Arn- auch: Ara(m)-, Arni-, Aro-, Ar(r)e, Arna-, Earn- usw.
Wort = der Aar, der Adler, der mächtigste Vogel der germ. Wälder. – Germ. »*aran«, got. »ara«, ahd. «arn(e)«, angels. »earn«, altn. »are«/»orn«, schwed. »örn« (= Adler), dän. »orn«, mhd. (12. Jh.) »adelare« (edler Aar). – Aus einem idg. Stamm: »*or«, im griech. »*or*nis«/»ornkthos« = Vogel, wie in »Ornithologie«, altruss. »orl«, russ. »orel« (= orël) = Adler, armenisch: »oror« = Weihe, Hühnergeier, litauisch: »arêlis« (= Adler), breton. »er« (= Adler), lat. »orior« (= aufsteigen). – In den germ. PN immer als erstes Glied.

Arno Männlich: Arno, auch: Arnd, Arnt, Arend; KoF: Arnke. S. auch »Anno«. Dän. Arne. Niederl. A(e)rn(t), Arend. Schwed. Arno, Arne. – Weiblich: Arna. Schwed. Arna.
»Arno« ist eine KoF von den (vielen) mit dem Gliedwort: »Arn-« (s.) zsgs. germ. PN, in erster Linie von »Arnold« (s.) und »Arnulf« (s.) – T: Schütze – N: 4. Dezember – Zahlwert: 300. – Von der Romantik wieder belebt, gilt als »modern«. Der Dichter Arno Holz (19./20. Jh.), der Bildhauer Arno Breker (20. Jh.), der dän. Zeichner Arne Ungermann (20. Jh.), der niederl. Logiker Arend Heyting (20. Jh.).

Arnold Männlich: Arnold (auch: Arnolt); KoF: Arnd, Arnt, Arno, Arne, Anno (s.), Arnke, Noll, Nolde, Nolte. Dän. Arild. Frz. Arnau(l)d, Arnold. Schwed. Arnold. Ital. Arnaldo, Arnoldo. – Weiblich: Arnolda, Arnolde, Arnalde, Erw. Arnoldine.
Germ. PN, zsgs. aus »Arn-« = Adler (s. das Gliedwort: »Arn-«) + »wald« = gebieten, herrschen (s. das Gliedwort: »Wald-«). Bedeutung mächtig wie der Adler. – T: Krebs – N: 18. Juli – Zahlwert: 312 – Blume: die Akelei – Stein: der Mikroklin. – Im MA im dt. Sprachraum beliebt. In Frankreich ggw. Modename. Der schweiz. Freiheitsheld Arnold Winkelried (14. Jh.), der dän. Hist. Arild Huitfeldt (16. Jh.), der schweiz. Maler Arnold Böcklin (19. Jh.), der österr. Komponist Arnold Schönberg (19./20. Jh.), der Phys. Arnold Sommerfeld (19./20. Jh.), der engl. Hist. Arnold Toynbee (20. Jh.).

Arnulf Männlich: Arnulf. Frz. Arnoul, Arnolphe. Ital. Arnolfo. Schwed. Arnolf, Arnulf, Ornulf.

Germ. Männername, zsgs. aus »Arn-« = Adler (s. das Gliedwort: »Arn-«) + »wolf« (s. das Gliedwort: »wolf-«) = mit den Eigenschaften der beiden heiligen Tiere: schnell, scharfsichtig wie der Adler und mutig, zäh wie der Wolf. – Vgl. die germ. PN: »Wolfram« (m), »Perolf« (= Bär + Wolf, m), Arnbjörn (m – schwed. = Aar + Bär) oder den altgriech. »Lykoleon« (m = Wolf + Löwe). – T: Löwe – N: 19. August.

Arsen Männlich: Arsen(ius). Frz. Arsène. Ital. Arsenio.
Griech. Männername: »Arsenios«, aus dem griech. Adj.: »arsen« = der Männliche. Vgl. »Andreas« (m). – Das chem. Element »Arsen« – u. U. auch als Arznei benutzt – erhielt diesen Namen aufgrund seiner »Männlichkeit« (Wirksamkeit). – Der frz. Phys. Arsène d'Arsonval (19./20. Jh.). Die berühmte Romangestalt: »Arsène Lupin« (1907 – vom frz. Schriftsteller Maurice Leblanc). Der span. Marsch. und Pol. Arsenio Martinez de Campos (19. Jh.).

Artemis Weiblich: Artemis, Erw. Artemisia. – Männlich: Artemus. Frz. Art(h)ème. Ital. Artemio.
»Artemis«, Zwillingsschwester Apollons, war eine griech. Fruchtbarkeitsgöttin. Ihr Name entspringt einem griech. Adj.: »aetios« = gesund, frisch, unversehrt. Vgl. die lat. PN: »Salv(i)us (m) oder »Valens« (m) von gleicher Bedeutung. – Artemisia II (4. Jh. v. Chr.), Königin v. Karien, ließ für ihren Mann Mausolos ein prunkvolles Grab bauen (eines der 7 Weltwunder) – daher das Gattungswort: »Mausoleum«.

Arthur Männlich: Arthur, Artur, auch (viel seltener): Arthus, Artus; KoF: Art, berl. Atze. Engl. Arthur, Arther; KoF: Art, Arty. Dän., frz., niederl. Arthur. Ital., span. Arturo. – Weiblich: Arthura, Artura.
»Artur« (689), lat. »Arturius« (796), »Artuir« (Irland und Schottland, 9. Jh.), ist ein kelt. PN, vom Stamm: »arth« = der Bär, abgeleitet. Wie auch: »Arzhel« (eine KoF), Name eines kelt. Hl. des 5. Jh., »Art« (schott. König des 7. Jh.), »Artos« (gall. 2. Jh. v. Chr. = der Bär), »Arctogenos« (gall. = vom Geschlecht der Bären). – Das kelt. Wort »arth« = der Bär, entspringt einem ig Stamm »*ar(k)t« = der Bär, wie z. B. im griech. Wort: »*arktos*«, das zugleich »Bär« und »der Große Bär«, Sternbild, das stets den Norden zeigt, bedeutete. Daher das europ. Adj.: »arktisch«. – T: Waage – N: 15. November (auch: 20. Okt. und 12. Feb.) – Zahlwert: 32 – Gewächs: die Sandbeere. – Die Gestalt König Arthurs (oder: Arthus), ein mehr oder weniger sagenhafter ir. Fürst, der 569 im Kampf gegen die Sachsen fiel, tauchte in Europa im 12. Jh. auf, im »Roman von Brut« (1155) des Briten Wace. – Bis zum Ausbruch des 19. Jh. wurde der Taufname »Arthur« in England fast ausschließlich in den am kelt. Sprachraum angrenzenden Grafschaften benutzt. »Arthur« war Wellesleys TN, Herzog von Wellington, der gemeinsam mit Blücher bei Waterloo (germ. Ortsname = wässerige, sumpfige Niederung) am 18. Juni 1815 Napoleon entscheidend schlug. – In England ein sehr beliebter Vorname (1900: 7., 1925: 13. der Männernamen). In den USA unter den ersten 20 Männernamen. »Art(h)ur« verbreitete sich in Deutschland erst seit Ende des 18. Jh. Um 1900, einer der 25 häufigsten dt. Männernamen. – Der Phil. Schopenhauer (19. Jh.), die Schriftsteller: Schnitzler (Österr. 19./20. Jh.), Conan Doyle (Engl. 20. Jh. »Vater« von »Sherlock Holmes«), Koestler (Engl. 20. Jh.), Miller (Amerik. Dramatiker 20. Jh.), der Dichter Rimbaud (frz. 19. Jh.), Van Schendel (Niederl. Roman. 20. Jh.), die Marschälle (Artus) de Cossé (16. Jh. Frankreich), Wellington (England 18./19. Jh.), der Dirigent Toscanini (Italien 20. Jh.), der Mus. Honegger (Schweiz 20. Jh.), der Astronom Eddington (England 20. Jh.), der Math. Cayley (England 19. Jh.), Balfour (England,

Polen 20. Jh.), amerik. FSchau. Arthur Stanley Jefferson = »Stan« Laurel (der »Doof« von »Dick u. Doof«), der fläm. Komponist Meulemans (20. Jh.), der engl. Phys. Arthur Eddington (20. Jh.), der engl. Chem. Arthur Harden (N29), der amerik. Biochem. Arthur Kornberg (N59), der span. Schriftsteller Arturo Barea (20. Jh.), der argentinische Dichter Arturo Capdevila (20. Jh.), der schwed. Dichter Artur Lundkvist (20. Jh.), der norw. Schriftsteller Arthur Ombre (20. Jh.), der venezulanische Schriftsteller Arturo Pietri (20. Jh.).

Arwed Männlich: Arwed, auch: Arved, Arvid. Dän. Arvid; KoF: Arv. Schwed. Arvid, Arved; KoF: Arve. Finn.: Arvi, Arvo.
Altnord. Männername (altschwed. »Ar(n)vidh«), aus zwei Elementen zusammengesetzt: ARN = Aar, Adler (s. das Gliedwort: »Arn-«) – VIDH = groß, stark, kräftig (altn. »vidhr«, ahd. »wit« = weit, altfries. »wid«) – Bedeutung: kräftig, stark wie der Adler. Vgl. den angels. PN »Earnfast« (m. »fast« = fest). – T: Jungfrau – N: 31. August. – Seit einigen Jahrzehnten aus Skandinavien eingeführt. – Der schwedische Staatsmann Arvid Bernhard Horn († 1742). Der dän. Liederdichter Arvid Müller (20. Jh.).

Asis Männlich: Asis, Aziz. – Weiblich: Asisa, türk.: aziza.
Arab. PN; aus dem arab. = geliebt, geliebte.

Gliedwort

Ask auch: Asc, Asca, Eski, Esch usw. Baumname: die Esche, auch: Gegenstände aus jenem Holz, vor allem: Lanze – im altn. sogar: Schiff – Kriegsschiff. – germ.: »*askiz«, ahd: »ask«, niederl. »esce«, dann »es«, as. »aesc«, engl. »ash«, altn. »askr«, schwed. und dän.: »ask«, lit. »úsis«, poln. »jasién«. – In den germ. PN immer als erstes Glied.

Asmus Seit dem 16. Jh. als selbstst. Vorname gebraucht, ist eine Koseform vom Männernamen: »Erasmus« (s. allda).

Aspasia Weiblich: Aspasia. Frz. Aspasie. Aus dem griech. Adj.: »'aspasios« = erwünscht, gern gesehen, willkommen. Vgl. den ital. Männernamen: »Benvenuto« = willkommen. – T: Steinbock – N: 2. Januar. – Eine Aspasia war die Gemahlin des Perikles (5. Jh. v. Chr.). Eine andere, Gemahlin Cyrus (Kyros) d. Jüng. (5. Jh. v. Chr.).

Aster Männlich: Lat. Asterius. Span. Astero, Asterio. Ital. Asterio. – Weiblich: Frz. Aster, Astérie, die Erw: Astérine. Niederl. Aster, Asteria. Span. Asteria. Russ. Astra.
Der lat. Männername »Asterius« (nicht selten bei den Römern) kommt vom griech. Adjektiv: »asterios« = glänzend wie ein Stern, griech. »aster«/»astros« (wie in *Astro*logie und *Astro*nomie), aus einem Stamm »*ster«/»*stel«, der fast allen europ. Sprachen das Wort für »Stern« lieferte. – Vgl. den lat. PN: »Stella« (w = Stern), den altfrz. »Estelle« (w) oder den aztekischen Mädchennamen: »Citlalli« (= Stern). – T: Löwe – N: 10. August. – Blume: die Aster (so genannt um 1550 nach der Form der Blume). – Nicht selten in den Niederlanden (Süd) und in Belgien.

Astrid Weiblich: Astrid, Estrid (auch: Astri – ehem. DDR); KoF: Asta. Engl., span., frz., niederl. Astrid. Schwed. Astrid, Estrid (auch: Astri, vor allem im NO des Landes); KoF: Asta, Assa, Assi, Atti. Dän. Astrid, Estrid (altd. Estrith); KoF: Asta.
»Asfripr« auf den Runensteinen von Vedelspang (Schleswig), »Asfrip«/»Asfripr« runenaltschwed., ist ein alter nordgerm. Frauenname, aus zwei Elementen zusammengesetzt: ÅS = die Asen (s. das Gliedwort: »Ans-«) Frid = schön (ursprünglich: »geliebt«), altschwed. »fridh«, altisl. »fripr«, as.: »frid« (= präch-

tig), ahd. »fritlih« (= angenehm, anmutig), verwandt mit dem sanskrit. »prita« (= geliebt). – Bedeutung: schön und von den Asen geschützt. Ein Wunschname. – T: Schütze – N: 27. November – Zahlwert: 716 – Blume: die Wasserschwertlilie – Stein: der (hellgelbe) Damburit. – »Astrid«/»Estrid« hießen: die Mutter von Olaf Trygvesøn (norw. König, † 1000); die Gemahlin des hl. Olaf (11. Jh.); die Schwester v. Knud d. Gr. (König v. Dänemark und England † 1035); sowie viele skand. Fürstinnen. – Asta Nielsen (für die Dänen: »die Asta«), geb. 1881, FSchau. des Stummkinos. Die schwed. Opernsängerin Astrid Varney (20. Jh.). Die Königin Astrid von Belgien (Tochter des schwed. Prinzen Karl), geb. 1905 in Stockholm, 1935 in einem Autounfall tödlich verunglückt. – Verbreitet. In Belgien besonders beliebt.

Atahualpa Männlich.
Name des letzten Kaisers der Inkas († 1533), zuweilen in Peru als Vorname benutzt. – Aus dem Ketschua (Indianersprache) zsgs. aus: »atau« = Glück + »huallpa« = Vogel = Vogel des Glückes, Glücksvogel.

Athalia Weiblich: Athalia, Athalja. Frz. Athalie.
Bibl. Frauenname hebr. Herkunft: »'athal-jah(u)« = Jah(we) hat sich erhaben gezeigt. – »Athalia« war die Frau des Königs Joram (hebr. = der Herr ist erhaben). Das A.T. (2 Kön. 8–18) lieferte J. Racine das Thema zu seiner letzten Tragödie: »Athalie« (1691).

Athanasia Weiblich: Athanasia. Russ. Afanassija. – Männlich: Athanasius. Rum. Tanase. Niederl. Athanaas, Athanasis; KoF: Naas. Russ. Afanassij. Aus dem griech. Adj.: »athanasios« (aus: »a« = nicht, ohne, + »thanatos« = Tod = ohne Tod): unsterblich. Vgl. den Männernamen: »Ambros(ius)«. – Athanasia: T: Löwe – N: 14. August –; Athanasius: T: Stier – N: 2. Mai – Blume: Immergrün – Stein: Diamant. – Der Frauenname »Athanasia« ist in Osteuropa (vor allem in Russland) nicht selten.

Attila Männlich: Attila. Ital. Attil(i)o. Aus einem idg. Stamm: »*ate« = Vater, germ. »atha«/»ata«, got. »atta«; KoF: »atillo« = Väterchen, altfries. »atha«, nhd. »(V)ate(r)«, lat. »(p)ate(r)«. Vgl. den Beinamen: »*Ata*türk« (Vater der Türkei), s. auch »Abner« und die vertraute russische Anrede: »Batiuschka« = Väterchen! – T: Waage – N: 5. Oktober. – Hunnenkönig Attila (432–453) (mhd. = Etzel). FSchau. Hörbiger (Österreich 20. Jh.), der ungar. Dichter Jószef (20. Jh.).

Atzimba Weiblich: Atzimba.
Ab und zu im östlichen Mexiko als weibl. Vorname benutzt, aus dem Maya, zsgs. aus »ats-« = Chef, Häuptling, König + »mba« = zeigt eine weitläufige Verwandtschaft; Bedeutung: mit dem König, mit dem Chef (ziemlich weitläufig) verwandt. – Name einer mythologischen Prinzessin. Vgl. »Erendira« (w).

Audrey Weiblich: Audrey.
»Audrey« ist eine kontr. Form des angels. Frauennamens: »Aethelthryth«/»Etheldreda«, Entsprechung des dt. Frauennamens: »Adeltrud« (s. allda) = edel und stark. – T: Krebs – N: 23. Juni. – Modename in England in den 30er Jahren (1929 = 5.). In Frankreich nicht selten in den 70er Jahren. – Die amerik. FSchau. Audrey Hepburn (geb. 1929).

August Männlich: Augustus (die lat. Form), August; KoF: Gust(el), Au(g)st, und die Erw.: Augustin (lat. Augustinus); rhein. KoF: Stinnes. Engl. August; KoF: Gus(sy), Augie, und: Augustin (sehr oft als »Austin«, »Austen« kontr.). Frz. Auguste. Ital. Agosto. Span. Augusto. – Weiblich: Augusta, Auguste, sowie die Erw. Augustina, Augustine; KoF: Asta, Gusti, Gustel.

»Augustus« ist das lat. Adj.: »augustus« (m)/»augusta« (w), aus einem früheren: »agustus« (übliche Schreibweise noch unter Nero – 1. Jh.), aus dem lat. Wort: »augurius« (= Augur) mit dem urspr. Sinne: »augurio consecratus« = vom Augur (röm. Priester) geweiht, dann: »autoritativ«, »tonangebend« und schließlich: »ehrwürdig«, »erhaben«, »hehr«. – Vgl. den griech. PN: »Sabastian« oder arab. »Ali« (m), die beide »verehrungswürdig« bedeuten. – Ab 26 v. Chr. wurde »Augustus« der ehrende Titel der röm. Kaiser und ab Livia (Augustus' Gemahlin † 29. n. Chr.) der ehrende Beiname »Augusta« der röm. Kaiserinnen. Die chinesischen Kaiser trugen den genau gleichbedeutenden Titel: »Hoang-ti«. – August – Augustin: T: Jungfrau – N: 28. August –; Augusta: T: Widder – N: 27. März – Zahlwert: 978 – Blume: Springkraut – Stein: der gelbe Sphene. – Der Männername »August« erschien im dt. Sprachraum erst im 16./17. Jh. Als Namensvorbilder galten »Vater« August, Kurfürst von Sachsen (16. Jh.) und König August von Sachsen/Polen (17. Jh.). Um die Jahrhundertwende gehörte »August« zu den häufigsten 25 dt. Männernamen. – Bekannt sind: Der Dichter August von Platten (16. Jh.), der Dramatiker August Kotzebue (18./19. Jh.), der Schriftsteller August Schlegel (18./19. Jh.), der frz. Philos. Auguste Conte (19. Jh.), der Industrielle August Borsig (19. Jh.)., der preuß. GFM von Mackensen (19./20. Jh.), der frz. Bildhauer Auguste Rodin (19./20. Jh.), der schwed. Schriftsteller August Strindberg (19./20. Jh.), der frz. Maler Auguste Renoir (19./20. Jh.), der frz. Phys. Auguste Lumière (19./20. Jh.), der Pol. August Bebel (19./20. Jh.), der schweiz. Phys. Auguste Piccard (20. Jh.), der Math. u. Astronom August Möbius (19. Jh.), der Industrielle August Thyssen (20. Jh.).

Augustin: der ital. Maler Agostino Caracci (16./17. Jh.), der ital. Komponist Agostino Steffani (17./18. Jh.), der frz. Phys. Augustin Fresnel (18./19. Jh.), der frz. Schriftsteller Augustin de Beaumarchais (18. Jh.), der frz. Hist. Augustin Thierry (19. Jh.), der mexikanische Staatschef Iturbide (19. Jh.). – Der Monat »Juli« (früher: »Quintilis« = der 5.) wurde so nach *Julius* Caesar genannt. Etwas später, Augustus (Caesars Nachfolger) zu Ehren, wurde der nächste Monat, bisher »Sextilis« (= der 6.) in »August« umgenannt. Und damit »August« dem »Juli« in nichts nachstehe, wurden ihm ebenfalls 31 Tage zugeschrieben. Den fehlenden Tag nahm man einfach dem Februar weg! – FN: (vor allem von »Augustin«): Augustin, Aoustin, Austen, Austin, Autin, Outin, August(i), Au(g)stein, Auxten, Stinus (auch KoF von »Konstantinus«), Stinnes, Augustat.

Aurelia Weiblich: Aurelia, Aurelia. Frz. Aurélie, Aurélia. – Männlich: Aurel, Aurelius, Orell (alem. Schweiz) und die Erw. Aurelian.

Die Aurelier waren ein berühmtes röm. Geschlecht, von welchem P. Festus (3. Jh.) in seinem Glossar (XXII-5) schrieb: »Aurelia gens ex Sabinis oriunda a Sole dicta.« Also ein etrusk. PN, aus einem etrusk. Wort: »ausel«/»auselii« (latinisiert: »aurelii« = Sonne), aus einem idg. Stamm »*ausel«, got. »ausil«, altn. »usli« (= Feuer). Vgl. den bibl. Männernamen: »Simson« (aus dem hebr. »schemesch« = die Sonne). – Später volksetymologisch durch das lat. Wort »aureum« = Gold erklärt, das den lat. PN: »Aureus« (m)/»Aurea« (w) erzeugte – sowie den heutigen rumänischen Mädchennamen: »Aurica«. – Aurelia: T: Waage – N: 15. Oktober –; Aurelian: T: Skorpion – N: 9. November – Zahlwert: 268 – Blume: Sonnenblume – Stein: der Heliodor. – »Aurelius« war ein sehr häufiger lat. Männername. »Aurélie« (w) ist seit mehreren Jahren Modename in Frankreich. – Die röm. Kaiser: Marcus Aurelius (2. Jh.), Aurelian (3. Jh.), der frz. Schriftsteller Scholl (19. Jh.), der schweiz. Ing. Milloss (20. Jh.), der ungar./ital. Choreograf Stodola (20. Jh.).

Aurora Weiblich: Aurora. Dän., engl., ital., niederl., schwed., span. Aurora. Frz. Aurore. Engl. (auch) Dawn. Russ. Awrora, auch (altslaw.) Dennitsa und Lutschesar. Arab. Zora. Walisisch Gwawr. Pers. Roxane.
»Aurora« ist das lat. Wort für »Morgenröte«. Bei den Römern war »Aurora« die Göttin der Morgenröte. Aus einem idg. Stamm: »*ausos« (= Morgenröte), griech. »aurios« (der Morgen). – Dieser Name wurde oft Mädchen gegeben, die gegen die Morgenröte hin geboren wurden. Vgl. den lat. Männernamen: »Crepereius« (gegen die Abenddämmerung geboren). – T: Waage – N: 4. Oktober – Zahlwert: 279 – Stein: der Heliotrop – Pflanze: der Sonnentau. – »Roxane« hieß die Frau Alexanders d. Gr. (4. Jh. v. Chr.). Aurora von Königsmark († 1728). Die frz. Schriftstellerin Aurore Dupin, Pseudonym: George Sand (19. Jh.). – »Aurore« wird noch in Frankreich gebraucht.

Avis Weiblich: Engl. Avis (seltener: Avice). Altfrz. Avoice. Fries. Auwe, Awa; KoF: Auwke, Auwina. – Männlich: Nordfries. Auk. Niederl. (fries): Au(w)e(n).
KoF zu »AWJA«, germ. Stamm, verwandt mit dem runenaltn. »auja« = Heil, Glück. – Der Mädchenname »Avis« wurde von den Normannen in England eingeführt und war dort im MA sehr beliebt. Er kommt noch in den englisch sprechenden Ländern vor.

Awiwa Weiblich: Awiwa. Englisch, frz. Aviva. Russ. Awiwa.
Aus dem hebr. Wort: »'abib« = Frühling. Vgl. den schwed. Mädchennamen: »Värna« (= Frühling) oder die engl. Mädchennamen: »April« und »June« (nach den Monaten). – Die israel. Stadt Tel-Aviv trägt einen hebr. Namen: »tel'-abib« = Hügel des Frühlings, eine Umdeutung des älteren akkadischen Namens jener Stadt: »Til Abubi« = Hügel der Sintflut.

Axel Männlich: Axel; KoF: Axi. Schwed. Axel; KoF: Acke. Dän., norw. Aksel. Finn. Akseli.
»Axel« ist eine skand. Umbildung des bibl. Männernamens: »Absalom« (s. allda), zunächst: »Apsilen«/»Apselen«, dann »Axilen«/»Axelen« und schließlich: »Axel«. – T: Widder – N: 23. März – Zahlwert: 379 – Blume: das Vergissmeinnicht. – Ein hl. Absalom, Bischof von Lund (gegen 1200) machte den Namen in seinem Bistum (Dänemark und Südschweden) überaus beliebt. Lange danach wurden noch die Dänen: Axelssönerna«, Axels Söhne, genannt – wie die Franzosen: »die Söhne des hl. Ludwig«. Ein Epos vom schwed. Dichter Tegnér: »Axel« (1822) belebte den Vornamen wieder. In Schweden 1900, der 7. der Männernamen. – Dieser Vorname kam in Deutschland (vor allem im Norden) um die Jahrhundertwende auf und verbreitet sich gegenwärtig über den ganzen dt. Sprachraum. – Graf Oxenstierna (17. Jh.), Staatsmann unter Gustav-Adolf, der schwed. Marschall Hans-Axel von Fersen († 1810), der treue Freund der frz. Königin Marie-Antoinette, der schwed. Arzt und Schriftsteller Munthe (20. Jh.), der schwed. Dichter Erik-Axel Karlfeldt (Nobelpreis), dt. Schauspieler von Ambesser (20. Jh.).

Azalea Weiblich: Azalea, Azalee. Englisch: Azalea.
Blumenname, aus dem bot. Neulat. »azalea« (1801), vom griech. Adj.: »'azaleos« abgeleitet = dürr, trocken, weil man der Ansicht war, dass jene Pflanze auf trockenen Gründen besonders gedeiht. – Ein Blumenname, der zum Mädchennamen wurde. Wie: »Anemone« (= die Buschwindrose), so von den Lateinern genannt, nach dem griech. Wort: »anemos« = Wind, weil sie (fälschlich) glaubten, dass jene Blume ohne Wind nicht aufbräche.

Azarias Männlich: Azarias.
Bibl. hebr. PN, lat. und griech. Transkription des hebr. »'Azaryah« = Yah(we) hat geholfen.

Azriel Männlich: Azriel.
Bibl. hebr. PN aus dem hebr. = Meine Hilfe ist Gott. Eine ähnliche Bedeutung hat der bibl. hebr. PN: »Azarias« (M), aus dem hebr. »'Azaryah, 'Azaryahu« = Yah(we), Gott hat geholfen.

Azzurra Weiblich: Azzurra (ital.) Schweiz. Azzurra.
Aus dem ital. Adj.: »azzurro« (m)/»azzurra« (w), spätlat. »azzurum«, aus dem pers. »lazura« (früher: »lazaward«) = der Lazulit, ein azurblauer Edelstein. – Bedeutung: blau, azurblau. Vgl. den altgriech. »Glaukos« (m) = blaugrün, die lat. PN: »Caesius« (m = bläulich-grau), »Fulvius« (m) = rotgelb, »Rutilla« (w) = rot, den ir.: »Odhrán« (m) = hellgrün.

B

Gliedwort

Bald auch: Balt, Baud, Bolt, Bold, Boud, Bout, Pold, Bolt.
Adj. = kühn, mutig, munter. – Germ.: »*balφa«. Engl. »bold« (= kühn). Schwed. »båld« (= kühn, Dichtersprache = hochgemut). Niederl. »boud« (= kühn). Ital. »baldo« (= schnell, kühn). Altfrz. »balt«, dann: »baut« (= kühn, lustig, keck). Frz. *»s'ébaudir«* (= sich ergötzen). – In den germ. PN als erstes sowohl als zweites Glied.

Bald Von den Vornamen auf »Bald-« spielen nur noch wenige eine (bescheidene) Rolle in der Namengebung: Bald. Männlich: Bald(o), Bold. Ital. Baldo. – Weiblich: Balda; KoF zu »Bald-«-Namen (s. das Gliedwort: »Bald-«).
N: 9. Dezember.

Baldebert Männlich: germ. PN, zsgs. aus »Bald-« (s.) + »bert« (s.) = durch seine Kühnheit berühmt, genau wie:

Baldefried Männlich: wie die Umkehrung: »Friedbald« (m), germ. PN, zsgs. aus »Bald-« (s.) + »Fried« (s.) = kühner Beschützer.

Baldegund Weiblich: germ. PN, zsgs. aus »Bald-« (s.) + »Gund« (s.) = kühne Streiterin.
N: 11. Februar.

Balderich Männlich: auch: Baldric. Frz. Baudry, wie die Umkehrung »Ricbald« (m), germ. PN, zsgs. aus »Bald-« (s.) + »rik« (s.) = mächtig und kühn.
N: 15. Oktober.

Baldomar Männlich: wie die Umkehrung »Marabaud« (m), germ. PN, zsgs. aus »Bald-« (s.) + »mar« (s.).
N: 27. Februar. – Der span. Gen. u. Staatsmann Baldomero Espartero (19. Jh.).

Baldung Männlich: germ. PN, zsgs. aus »Bald-« (s.) + das Suffix der Zugehörigkeit: »-ung«.

Baldwin Männlich: Baldwin, Balduin, auch: Baldewin, Baltwin; KoF: Baldo, Balko, Bolte, Balte. Niederl. Boudewijn, Baldewijn, Boldewijn. Frz. Baudouin. Ital. Baldovino, Balduino.
Germ. PN, zsgs. aus »Bald-« (s. das Gliedwort: »Bald-«) + »win« (s. das Gliedwort: »win«) = kühner Freund. Ein kühner Mann und ein treuer Freund. Vgl. die Umkehrung: »Winibald« (m). – T: Waage – N: 17. Oktober – Zahlwert: 377 – Blume: der Wiesen-Storchschnabel. – Dynast. Name der Grafen von Flandern (s. unter »Andreas« Fischarts Verse). Der ehemalige König Belgiens (20. Jh.), der Schriftsteller Baldwin Noll (20. Jh.).

Balthasar Männlich: Balthasar; KoF: Balz, Balzer (in der Schweiz selbstst. Vorname), Baltes, Balles, Balzel. Ital. Baldassare. Frz. Balthazar.
Bibl. PN, hebr. »Beltsha'zar«, kommt vom babyl.: »Balat-shar und -sur« und bedeutet: »Bel (babyl. Göttername) behüte den König!« – T: Steinbock – N: 6. (auch 11.) Januar – Zahlwert: 623. – »Balthasar«, Name eines der Hl. drei Könige, war bis zum 17. Jh. in ganz Europa ziemlich häufig. – Der ital. Schriftsteller Baldassare Castiglione (15./16.

Jh.), der ital. Bildhauer Baldassare Peruzzi (16. Jh.), der niederl. Maler Balthazar van der Ast (16./17. Jh.), der span. Dichter Baltasar del Alcazar (16./17. Jh.), der span. Schriftsteller Baltasar Gracián (17. Jh.), der Bildhauer Balthasar Permoser (17./18. Jh.), der ital. Maler Baldassare Franceschini (= il Volterrano, 17. Jh.), der russ. Bildhauer Rastrelli (17./18. Jh.), der Maler Balthasar Denner (17./18. Jh.), der Architekt Balthasar Neumann (18. Jh.), der ital. Opernschriftsteller Baldassare Galuzzi (18. Jh.), der ital. Math. Baldassare Boncompagni (19. Jh.), der dän. Pol. Balthasar Christensen (19. Jh.), der span. Komponist Baltasar Saldoni (19. Jh.), der südafrik. Pol. Balthasar Vorster (20. Jh.). – FN: Balthasar(d), Baltzar, Baltzer, Belzer, Baldes, Bolster, Balte, Baldassari.

Baptist Männlich: Baptist; KoF: schwäb. Bapper, alem. Bisch(le). Ital. Battista. Frz. Baptiste. – Weiblich: Baptista. Ital. Erw. Battistina.
Der lat. PN: »Baptistus« (m) geht auf das griech. »baptistês» zurück und bedeutet: der Täufer, aus dem griech. Zeitwort: »baptizein«, aus: »baptein« = eintauchen, denn in den ersten Zeiten des Christentums geschah die Taufe oft durch völliges Untertauchen. »Baptist« war urspr. der Beiname des Apostels Johannes. – T: Krebs – N: 24. Juni – Zahlwert: 126 – Blume: das Johanniskraut. – In Italien und Frankreich nicht selten, v. a. als Doppelname: Ital. »Giambattista« (m = Johann Baptist), frz. »Jean-Baptiste« (m). Der frz./ital. Komponist Jean-Baptiste Lully (17. Jh.), der frz. Komödienschreiber Jean-Baptiste Poquelin (= Molière – 17. Jh.), der frz. Maler Jean-Baptiste Chardin (18. Jh.), der frz. Mime Deburau (19. Jh.). – Das sehr feine *Batist*gewebe wurde nach dem nordfrz. Leinenweber Baptiste Chambray (13. Jh.) genannt.

Barbara Weiblich: Barbara; KoF: Barbel, Berbele, Bärbel(e), Babette (auch KoF zu »Elisabeth«), Bella, Bärb(chen). Frz., ital. Barbara. Span. Barbara. Engl. Barbara; KoF: Bab(s), Babbie. USA: Bobbie, Bonnie. Schwed. Barbro; KoF: Balba, Babe, Babsan. Dän. Barb(a)ra.
Die alten Griechen nannten: »Barbaroi« – und nach ihnen die Römer: »Barbari« – eigentlich: »Stammelnde« (vgl. das sanskrit. »balbalā-kṛ« = stammeln und das lat. »balbutire« = stammeln) – alle Nichtgriechen (bzw. Nichtrömer), alle Völker, die ihre Sprache nicht sprachen und verstanden und die nicht dieselbe Zivilisation wie sie hatten. Das beste Beispiel dafür liefert der hl. Apostel Paulus in seinem Brief an die Römer (1.14): »... bei euch ... wie bei den übrigen Völkern, Hellenen und Barbaren ... bin ich verpflichtet«. – »Barbara« ist also ein ethnischer Name: die Nichtgriechin (bzw. Nichtrömerin), die Ausländerin, ohne jeden geringschätzigen Nebensinn. – T: Schütze – N: 4. Dezember – Zahlwert: 476 – Gewächs: Kirschbaumblüte + Kirschenzweige – Stein: der Pyrop. – In der BRD in den 50er und den 60er Jahren sehr beliebt. In der Schweiz ebenfalls (1960–1975 = 3. der Frauennamen). In England (1939 = 3., 1950 = 9.) und in den USA (1950 = 3.) sehr häufig. Modename in Frankreich in den 70er Jahren. – Die russ. Schriftstellerin Barbara Krüdener (19. Jh.), die engl. Bildhauerin Barbara Hepworth (20. Jh.), die amerik. Barbara Hutton (die reichste Frau der Welt – 20. Jh.), die amerik. FSchau. Barbara Stanwyck, Barbra Streisand.

Barnabas Männlich: Barnabas; KoF: Barnes, Barnas. Frz., portug. Barnabé. Ital. Barnaba.
Bibl. PN aram. (Christi Sprache) Herkunft, zsgs. aus »bar« = Sohn + »naba« = Trost, dessen Bedeutung durch die Apostelgesch. (4.36) bestätigt wird: »... Josef, der von den Aposteln den Beinamen ›Barnabas‹, d. h. ›Sohn der Tröstung‹ erhielt ...« – T: Zwillinge – N: 11. Juni – Zahlwert: 357. Jener Wunschname wurde früher oft dem zweiten Kind gegeben,

wenn das erstgeborene verstorben war (wie damals »Erdmann« [m] im dt. Sprachraum). – Der ital. Astronom Barnaba Oriani (17./18. Jh.), der frz. Architekt Barnabé Guimard (18. Jh.), der Komponist Barnabas von Geczy (20. Jh.).

Barry Männlich: Barry. Engl. Barry. Ir.: Bearach.
Aus dem ir. Wort: »bear«/»barra« abgeleitet = Speer. Vgl. die germ. PN auf: »Ger-« oder die griech. auf »Dory-« oder den lat. PN: »Pliatus« (m) = mit Wurfpfeilen bewaffnet. – T: Wassermann – N: 15. Februar. – Bis zum 19. Jh. ausgesprochen ir. (5 ir. Hl. dieses Namens), dann in der ganzen (vor allem aber angels.) Welt. – Der engl. Leibarzt Napoleons Barry O'Meara (18./19. Jh.), der amerik. Pol. Goldwater (20. Jh.).

Bartholomäus Männlich: Bartholomäus; KoF: Barthel, Bartsch, Mewes, Mebs. Frz. Barthélémy. Ital. Bartolomeo. Span. Bartolomé – Weiblich: Bart(h)olomea.
Kirchenlat. »Bartholomaeus« (m), griech. »Bartholomaios« (m), ist ein bibl. Männername aram. (Christi Sprache) Herkunft, zsgs. aus: »bar« = Sohn + »thalmai = Furche – Beiname eines Landwirtes. Bedeutung: Sohn von Thalmai, Sohn des Bauern. – T: Jungfrau – N: 24. August – Zahlwert: 480. – Im 13./14./15. Jh. durch ganz Europa verbreitet (in England z. B. sind mehr als 160 Kirchen jenem hl. Apostel gewidmet). Nach dem frz. Gemetzel der Bartholomäusnacht (24. August 1572 = Mord v. ca. 100 000 »Hugenotten« – frz. Verstümmelung v. »Eidgenossen« unter Einfluss des PN: »Hugo(n)« – = frz. Protestanten) eher als Taufname gemieden. – Der ital. Maler Bartolomeo Neroni (14. Jh.), der port. Seefahrer Bartolomeu Diaz (15. Jh.), der ital. Condottieri Bartolomeo Colleoni (15. Jh.), der ital. Maler Bartolomeo Montagna (15. Jh.), der Maler Bartholomäus Beham (16. Jh.), der ital. Maler Bartolomeo Suardo (= »il Bramantino« – 15./16. Jh.), der niederl. Maler Bartolomeus Bruyn (16. Jh.), der ital. Maler Bartolomeo Bagnacavallo (16. Jh.), der fläm. Maler Bartolomeus Spanger (16./17. Jh.), der span. Maler Bartolomeo Murillo (17. Jh.), der ital. Bartolomeo Cristoferi (baute das erste »Pianoforte« = Klavier – 17./18. Jh.), der frz. Architekt Barthélémy Vignon (18./19. Jh.), der frz. Mechaniker Barthélémy Thimonnier (= die Nähmaschine – 19. Jh.), der amerik. Bartolomeo Vanzetti (»Sacco & Vanzetti«, hingerichtet 1927). – FN: Barthélémy, Barthelmy, Barté, Barthe, Bart(h)els, Bartholemy, Mees(en), Bartolomé, Meessen, Méeus, Meussen, Meus, Meeunis(sen), Mes(en)s, Mevis(se), Mys, Bartholomieu(x), Bartomieu(x), Bartholomé, Barthelet, Bartoli, Bartholomew, Bartlet(t), Bart(h)ol(o), Bart(h)olomaeus, mey, mai, Bart(h)el, Bart(h)el-mäy, meiss, metz, Barames, Bartol; Bertel(mann), Bertgen, Parthey, Perthel, Maus, Mevissen, Mövius, Möbius, Möbel, Meisen, Barton(ek), Bartsche.

Basil Männlich: Basil, Basilius (lat. F). Ital. Basilio. Russ. Wassili(j); KoF: Wasja. Rumän. Vasile. Griech. Basileos. – Weiblich: Basilea.
Aus dem griech. Adj.: »Basileios« (m)/»basileia« (w) = königlich, aus dem Wort: »basileus« = König. Vgl. die engl. Männernamen: »Rex« und »Royal«, den frz. »Réal« (m = der Königliche). Der Ortsname »Basel« (ital. Basilea) hat denselben Ursprung; 1374 dem röm. Kaiser Valentinianus zu Ehren umgenannt: »basileia« »Basilia« = königliche (Festung). – T: Steinbock – N: 14. Januar – Zahlwert: 90. – In Westeuropa (v. a. in Frankreich) wurde jener Taufname nach dem »Barbier von Sévilla« (1775), in welchem »Basil« keine glänzende Rolle spielt, eher gemieden. In den osteurop. Ländern dagegen immer noch sehr beliebt. In Russland (wo »Wassili« der Name des lieben Katers der Volkssagen ist) 1914 = 4., 1960 (v. a. auf dem Land) 10. der Männernamen. – Der rumän. Dichter Vasile Alecsandri (19. Jh.), die

russ. Schriftsteller Drumew (19. Jh.), Vassili Sleptzow (19. Jh.), der engl. Philologe Basil H. Chamberlain (19./20. Jh.), der frz./russ. Maler Kandinski (19./20. Jh.), der russ. Maler Vassili Weretschagin (19./20. Jh.).

Bastian Männlich: Bastian; KoF: Bast(i). Frz. Bastien. – Weiblich: Frz. Bastienne. Niederl. Bastiana.
Wie »Colette« (w) eine (frz.) Aphäresis (Weglassung einer Silbe am Anfang eines Wortes) von »Nicolette«, ist »Bastian« (m) eine Aphäresis von »Sebastian« (m) (= der Verehrungswürdige); seit dem 15. Jh. schon selbstst. Vorname. – In Frankreich recht häufig (sodass »Bastien«/»Bastienne« das typisch frz. Ehepaar verkörperte – wie etwa »Hänsel und Gretel« oder das engl. »Jack and Jill«.

Bathilde Weiblich: Bathilde. Frz. Bathilde. Ital. Batilde.
Germ. Frauenname, zsgs. aus »Badu-« = Kampf (altn. »bôdh«, ahd. »batu«) + »hilde« = Kampf (s. das Gliedwort: »Hilde-«) = die unermüdliche Kämpferin. Vgl. die Umkehrung: »Hildebad« (Gotenkönigin – 6. Jh.) oder: »Hildegunde« (w). – T: Wassermann – N: 30. Januar. – Die hl. Bathilde (Baduhilt), Gemahlin des Frankenkönigs Chlodwig II (7. Jh.).

Beate/Beatrix Weiblich: Beatrix (die lat. F), Beatrice; KoF: Bea(te), Trix(a), Trixi. Frz. Béatrice, Béatrix. Ital. Beatrice; KoF: Bice. Span. Beatriz; KoF: Biche. Dän., schwed., engl. Beatrice. – Weiblich: Beata, Beate; KoF: Bea, Beke. – Männlich: Beat, Beatus. Frz. (Schweiz): Béat.
»Beator« (m)/»Beatrix« (w) ist ein lat. PN, aus dem Wort: »beator«/»beatrix«, nomen agentis des Zeitwortes: »beare« = beglücken, mit Wohltaten überschütten. Bedeutung: die Beglückende, die Beseligende, die Glückbringerin. – »Beatus« (m) und »Beata« (w) ist das Partizip der Vergangenheit desselben lat. Zeitwortes: »beare« und bedeutet: »der (die) Glückliche«. Vgl. das »Beati possidentes!« = glücklich die Besitzenden! vom lat. Dichter Horaz (1. Jh. v. Chr.). – Beatrix: T: Löwe – N: 29. Juli –; Beat(us): T: Stier – N: 9. Mai –; Beata: T: Jungfrau – N: 6. September – Zahlwert: 105 – Blume: das Schöllkraut – Stein: der (gelbe) Saphir (Korund). »Beate« (w) war Modename im dt. Sprachraum in den Nachkriegsjahren. »Beatrix« (w) ist noch verbreitet, bes. im Süden. Ebenfalls in Frankreich und England nicht selten. – »Beatrix« hießen die Gemahlin v. Friedrich Barbarossa (12. Jh.), die Gem. Ludwigs d. Bayern (13./14. Jh.), die Gem. Ottos IV. (12./13. Jh.), die Gem. des norw. Königs Erik Magnusson (13. Jh.), Beatrice Portinari (13. Jh.), Dantes Jugendgeliebte, »Bice«, die »Beata Beatrice«, die Seelenführerin der »Göttlichen Komödie«.Beatriz Henriques (Geliebte v. Christoph Kolumbus – 15. Jh.), die ital. Dichterin Beatrice Bugelli (19. Jh.), die frz. Schriftstellerin Béatrice Beck (20. Jh.), die frz. Schauspielerin Béatrice Dussane (20. Jh.). Die amerik. Schausp. Beatrice Lillie (20. Jh.), die Königin Beatrix der Niederlande (20. Jh.).

Belinda Weiblich: Belinda, Belinde. Engl., frz., ital., niederl. Belinda.
Germ. Frauenname: »Betlindis«, zsgs. aus »Bert-« (im 7. Jh. findet man schon die Gleichung: »Betto« = »Bertramnus« (m) + »lind« = mild, freundlich. Bedeutung: strahlend und mild. Vgl. die Umkehrung: »Lindevertus« (männl. – 11. Jh.). – »Belinda« war in den Karlssagen des MA der Name der Gemahlin von Roland. – Die amerik. FSchau. Belinda Lee.

Benedikt Männlich: Benedikt(us), Benedict, auch: Bendicht (Schweiz); KoF: Bendix, Dix, Benz, Ben(e)ke). Engl. Benedict, Bennet(t). Dän. Ben(d)t. Frz. Benoît. Ital. Benedetto und Benito. Port. Bento. Schwed. Bengt. Span. Benedicto.

Ungar. Benedek. – Weiblich: Benedikta; KoF: Bent(j)e. Dän. Benta (Bente). Frz. Bénédicte. Ital. Benedetta, Benita. Schwed. Bengta.
»Benedictus« (m) ist das Partizip der Vergangenheit des lat. Zeitwortes: »benedicere«, zsgs. aus: »bene« = gut + »dictus« = was gesagt wurde, Spruch. Urspr. Bedeutung: »mit Worten und Gebeten um Gedeihen versehen«, dann: der Gesegnete. Ein Wunschname. Wie der ital. (lat.) Männername «Bonaventura« = ein gutes Schicksal, oder der griech. »Eutych(i)us (m). – Benedikt: T: Widder – N: 21. März –; Benedikta: T: Steinbock – N: 4. Januar – Zahlwert: 226 – Blume: der Weißdorn – Stein: der Amethyst. – Der Name des hl. Benedikt (6. Jh.), Gründer des abendländischen Mönchtums, war früher recht verbreitet und ist es heute noch in Frankreich (»Benoît« [m] u. »Bénédicte« [w]) und in Schweden (»Bengt« [m]). Seit 1964 Patron Europas. Fünfzehn Päpste. Der ital. Bildhauer Benedetto Maiano (15. Jh.), der bras. Dichter Bento Teixeira (16. Jh.), der Bildschnitzer Benedikt Dreyer (16. Jh.), der niederl. Philos. Spinoza (17. Jh.), der mit sakralem Vornamen »Baruch«/»Baruk« hieß und den er als »Benediktus« übersetzte, der schwed. Dichter Bengt Lidner (18. Jh.), der span. Schriftsteller Perez-Galdos (19./20. Jh.), der ital. Philos. Benedetto Croce (19./20. Jh.), Benito Mussolini (20. Jh.), der finn. Schriftsteller Pentti Haanpää (20. Jh.), die frz. Schriftstellerin Benoîte Groult (20. Jh.); der schwed. Komponist Bengt Hambraeus (20. Jh.), der dän. Schachmeister Bengt Larsen (20. Jh.). – FN: Benoî(s)t, Bénet, Bené, Beney, Benez, Bénézech, Bénéze(i)t, Benedetti, Bénédict, Bénédit, Beneteau, Benoi(d)t, Ben(n)edikt, Ben(e)dix, Bendit, Bene(c)ke, Diktes, Dix(ken), Benesch, Benek, Bennet(t), Benson.

Benigna Weiblich: Benigna; KoF: Binka, Binke, Hess. Bingela. – Männlich: Benignus. Frz. Bénigne. Ital. Benigno.
Aus dem lat. Adj.: »benignus« (m) / »benigna« (w), zsgs. aus: »bene« = gut + »genus« = Art, Wesen. Bedeutung: gutartig, gutmütig. Vgl. den frz. PN: »Bon« (m = der Gute) oder den walis. »Ceredig« (m = der Liebenswerte). – N: 20. Juni. – Der frz. Bischof und Prediger Jacques-Bénigne Bossuet (17. Jh.). Der frz. Marschall Bon Moncey (18./19. Jh.).

Benjamin Männlich: Benjamin; (schwäb.) KoF: Bi(e)nes. Engl. Benjamin; KoF: Ben(ny), Benjy. Franz. Benjamin. Ital. Beniamino. – Weiblich: Benjamina.
Bibl. hebr. Männername, zsgs. aus »ben« = Sohn + »Jamin« = Glück = Sohn des Glücks. Der letzte Sohn Jakobs hieß urspr. »Benoni« (= Sohn meiner Schmerzen), weil seine Mutter Rahel bei der Geburt starb. – T: Widder – N: 31. März – Zahlwert: 162 – Blume: das Vergissmeinnicht. – »Benjamin« war der zwölfte, letzte (und bevorzugte) Sohn Jakobs. Daher in fast allen europ. Sprachen die Bezeichnung: »Benjamin« für: das Schoßkind, das Nesthäkchen. – »Big Ben«, die große Turmuhr des engl. Parlaments, wurde nach Sir Benjamin Hall (19. Jh.), Vorsitzender des Bauausschusses, genannt. – Der engl. Dichter Benjamin Ben Jonson (17. Jh.), der amerik. Phys. und Staatsmann Benjamin Franklin (18. Jh.); der amerik. Phys. Rumford (18. Jh.), der amerik. Maler Benjamin West (18. Jh.), die frz. Schriftsteller Benjamin Constant de Rebecque, Constant V. Delessert (18./19. Jh.), der engl. Staatsmann und Schriftsteller Benjamin Disraeli (19. Jh.), der frz. Zeichner Benjamin Rabier (19./20. Jh.), der ital. Sänger Beniamino Gigli (20. Jh.), der engl. Maler Benjamin Nicholson (20. Jh.), die amerik. Jazz-Musik. Benny Goodman und Benny Carter (20. Jh.), der engl. Komponist Benjamin Britten (20. Jh.), der ital. Schriftsteller Beniamino Doppolo (20. Jh.), der niederl. Schriftsteller Ben van Eysselskin (20. Jh.), der frz. Schriftsteller Benjamin Péret (20. Jh.),

der niederl. Architekt Merkelbach (20. Jh.), der russ. Schriftsteller Veniamin Kawerin (20. Jh.), der israel. Pol. Netanyahu (20. Jh.)

Benno Männlich: Benno. Fries. Beno. Ital. Benno.
Wie »Anno« eine KoF von germ. »Arn-«-Namen, ist »Benno« die Kurzform zu germ. »Bern-«-Namen, in erster Linie von: »Bernhard«. S. das Gliedwort: »Bern-«. – T: Zwillinge – N: 16. Juni. – Selbst in München, dessen Stadtpatron der hl. Benno († 1106) ist, wird dieser Taufname selten gewählt. – Die Schriftsteller Benno Reifenberg (19./20. Jh.), Benno v. Wiese (20. Jh.).

Berenike Weiblich: Berenike. Frz. Bérénice. Engl. Bernice (viel häufiger als: Berenice); KoF: Berny. Ital. Berenice. S. auch »Veronika«.
Makedon. Frauenname, dessen althellenische Entsprechung: »Pherenike« aus zwei Elementen zsgs. ist: »phere« (aus einem Zeitwort: »pherein«) = tragen, bringen + »Nikê« = Sieg, Name der griech. Siegesgöttin, wie im ON: »Nikaia« (heute: Nizza). Bedeutung: die Siegbringerin. Vgl. die Umkehrung: »Nikephoros« (m). – T: Waage – N: 4. Oktober. – Name vieler Fürstinnen aus dem makedon. Ptolemäergeschlecht. – In den USA zählte man 1950 ca. 340 000 »Bernice«.

Gliedwort

Berb auch: Berga, Perg(a), Birc, Birg, Pirc usw.
Zeitwort: ahd.: »bergan« = schützen, bergen. – Das entsprechende Wort ist:

Burg auch: Borg, Byrg, Burk, Borch usw. = Ort zum Bergen, Schutzort (später: »Ritterburg«). – Selten als erstes Glied. Als zweites Glied erscheinen »Berg« und »Burg« fast ausschließlich in weibl. PN.

Gliedwort

Bern auch: Ber-, Bir-, Berin-, Birin-, Per-Pern- usw., skand. Björn.
Wort = der Bär, germ. »*beran«. Für die Germanen der König der Tiere, beinahe ein heiliges Wesen. – In den Sagas bedeutet dieses Wort schon: »rasender Kämpfer«. Vgl. das angels.: »beorn« = tapferer Krieger. – In den germ. PN enthält dieses Wort den Wunsch: »werde stark und mutig wie ein Bär!« Vgl. den alten Werwolfsglauben – und »Berserker« (altn. »Bär« + »sekr« = Kleid, Fell): ein Attribut des Tieres oder dessen Name verleiht seine Eigenschaften. – In den germ. PN fast ausschließlich als erstes Glied.

Bernhard Männlich: Bernhard; KoF: Bernd (oft als selbstst. Vorname), Bernt, Berend, Benno (s.) Berno, Bero, Benne, Benz, Betz, Hard, Nardes. Fries. Barnd. Erw. Bernhardin. Engl. Bernard; KoF: Barney, Berney, Bernie, Nardie. Frz. Bernard. Erw. Bernardin. Ital. Benardo; KoF: Benzo, Benso. Erw. Bernardino. Schwed. Bern(d)t, Bernhard. Dän. Berend, Berent, Bernhard. – Weiblich: Bernharda, Bern(h)arde, Barnarda; KoF: Berna, Berendina, Berendine. Fries. Bende, Bendine, Erw. Bernhardine, Bernardina. Frz. Bernadette; KoF: Nadette. Ital. Bernardina.
»Bernhard« ist ein germ. Männername, zsgs. aus »Bern-« (s. das Gliedwort: »Bern-«) + »hard« (s. das Gliedwort: »hard«) = stark, mutig, hart wie ein Bär. Ein Wunschname. Vgl. die germ. Männernamen: »Eberhard«, »Wolfhard«, »Urhard« oder Namen von kanad. Indianern, wie: »Mato-Berocka« (m = der männliche Bär), »Mato-Manochika« (m = der Bär, welcher ein Geist ist). – T: Löwe – N: 20. August – Zahlwert: 84 – Blume: das gemeine Heilkraut – Stein: der bunte Jaspis. – Vom 14. bis zum 18. Jh. in Norddeutschland bes. beliebt. Häufiger Fürstenname. In den 50er Jahren gehörte die F »Bernd« zu den häufigsten dt. Männernamen (BRD

– 1957/58 = 6.). – Der hl. Bernhard von Clairvaux (12. Jh.), der hl. Bernhard von Menthon (11. Jh. – Gründer der berühmten Alpenklosterherberge – die Hunde wurden nach ihm »Bernhardiner« genannt), der frz. Minnesänger Bernard de Ventadour (12. Jh.), der ital. Dichter Bernardo Bellincioni (14. Jh.), der fläm. Maler Barend van Orley (15./16. Jh.), die ital. Maler Betti, Luini (15./16. Jh.), der port. Dichter Bernardino Rubeiro (16. Jh.), der frz. Erfinder Bernard de Palissy (16. Jh.), der niederl. Geograph Varenius (17. Jh.), der frz. Schriftsteller Fontenelle (17./18. Jh.), der ital. Komponist Pasquini (17./18. Jh.), der Math. Riemann (19. Jh.), der frz. Chem. Courtois (19. Jh.), der Staatsmann von Bülow (19./20. Jh.), der Schriftsteller Kellermann (19./20. Jh.), der brit. GFM Montgomery (20. Jh.), der ir. Schriftsteller G.-B. Shaw (19./20. Jh.), der niederl. Schriftsteller van Meurs (19./20. Jh.), der niederl. Dichter Verhoeven (20. Jh.), der frz. Maler Bernard Buffet (20. Jh.), der ital. FReg. Bertolucci (20. Jh.), der frz. Verleger Bernard Grasset (20. Jh.), der frz. Schriftsteller Bernard Clavel (20. Jh.), der frz. FSchau. Bernard Blier (20. Jh.), der engl. Astronom Bernard Lovell (20. Jh.), der argentinische Arzt Houssay (N47). Die ir. Patriotin Bernadette Devlin (20. Jh.), die frz. Bernadette Soubirous (Lourdes 1858), die frz. Schauspielerin Bernadette Laffont (20. Jh.), die Frau des frz. Präsidenten Chirac, Bernadette (20. Jh.). – FN: Bernard, Bernaer(s), Bernoy, Debernardi, Bénard(eau), Bernardy, Bernardi, Bernadotte, Bernada, Barnadou, Bernhard, Nardeau, Nardet, Nardon, Nardou(x), Nardini, Bernardau(d), Bernard, Bernat(z), Börner, Benatz, Bennert, Be(h)rens, Benno, Benning(sen), Betz(el), Bertz, Biernat, Benadka, Berndt usw.

Gliedwort

Bert- auch: Berto, Bertr, Berat, Pert, Brecht, Precht, Breht, Preht, Brit usw. Adj. = glänzend, hell, ansehnlich, berühmt (daher auch: »*prächt*ig«) – Aus einem idg. Stamm: »*bhereg« = glänzen. Germ. »*berhta«, got. = »bairhts«, ahd. »beraht«, angels. »beorth«, engl. »bright« (= glänzend, strahlend), altn. »bjartr«, altschwed. »brikt«, schwed. »bjärt« (= grell, auffallend). – Jenes Gliedwort erscheint sehr häufig in den angels., langobard., fränk. und bayer. PN. Als erstes oder zweites Glied.

Berta Weiblich: Berta (die Schreibw. mit »H« gilt heute für veraltet); KoF: Bert, Bert(e)l, Bete, Bele; norddt. Beke. Engl. Bertha u. (häufiger) Berta; KoF: Bert(ie). Frz. Berthe, Bertha. Dän. Bertha. Ital., schwed., span. Berta.
»Berta« ist ein sehr alter germ. Frauenname, eine früh selbstst. gewordene KoF einer der vielen mit »Bert-« zsgs. Namen. Bedeutung: die Glänzende, die Strahlende (s. das Gliedwort: »bert-«). Vgl. den griech. PN: »Phöbe« (w) oder den lat. PN: »Fulgentius« (m), von derselben Bedeutung. – T: Löwe – N: 6. August – Zahlwert: 72 – Stein: der Diamant – Gewächs: die Feld-Hainsimse. – Hinter diesem Namen steht eine ältere Gestalt des germ. Glaubens: Frau Ber(ch)t, Perchten, mit der »Perthenacht«, Entsprechung des nord. »Julfestes« (»Jul« = Monat der Winterstürme). – Durch Karls d. Gr. Mutter: »Berhta« (8. Jh., B. die Spinnerin) in ganz Europa und vor allem im dt. Sprachraum sehr beliebt gemacht. So häufig, dass Dante (13./14. Jh.) vom volkstümlichen Ehepaar »Berta und Martin« sprach. Manche europ. Sprache kennt die Redensart: »Die Zeiten, wo Berta spann« (= zu Olims Zeiten). – Die österr. Schriftstellerin Bertha von Suttner (Friedensnobelpr. 1905), der dän. Bildhauer Bertel Thorvaldsen (18./19. Jh.), der Maler Bert Heller (20. Jh.), der schwed. Wirtschaftspol. Bertil Ohlin (N80), der niederl. Schriftsteller Bertus Aafjes (20. Jh.), die frz. Malerin (u. Schwägerin v. Manet) Berthe

Morisot (19. Jh.), die frz. Schauspielerin Berthe Bovy (20. Jh.).

Berthold Männlich: Bert(h)old, Bert(h)olt, Barthold; KoF: Bert(o), Betto, Bert(e)l, Bartel, Dold. Frz. Berthold. Ital. Bertoldo. Schwed. Berthold; KoF: Bertil, Bertel. Dän. Bertel. – Weiblich: Bert(h)olda, Bart(h)olda.
Germ. PN, zsgs. aus: »Bert« (s. das Gliedwort: »Bert-«) + »wald« (s. das Gliedwort: »wald-«) = glänzend Waltender, berühmter Herrscher. Vgl. die Umkehrung: »Wald(e)bert« (m) und den altgriech. PN: »Aglaiarkhos« (m) von derselben Bedeutung. – T: Löwe – N: 27 Juli – Zahlwert: 307 – Blume: der Klettenkörbel. – Vom 16. bis zum Ende des 19. Jh. sehr beliebt, bes. im Südwesten und in Österreich. – Der Dichter Berthold von Holle (13. Jh.), der Mönch Berthold Schwarz (14. Jh. »Erfinder des Pulvers), der dän. Bildhauer Bertel Thorvaldsen (18./19. Jh.), die Dichter und Schriftsteller: Barthold H. Brockes (18. Jh.), Berthold Auerbach (19. Jh.), Bertolt Brecht (20. Jh.). – FN: Berchtold, Bergold, Perthold, Barthold, Bertelsmann, Ben(t)z, Bertou(l), Berthou(x), Bert(h)oulat, Bertoulet; s. auch Benedikt, Bernhard.

Bertram Männlich: Bertram, auch: Bartram (bes. norddt.) Engl., schwed. Bertram. Ital. Beltrame. Span. Beltrán.
Germ. PN, zsgs. aus »Bert-« (s. das Gliedwort: »bert-«) + »ram« (s. das Gliedwort: »raban«) = berühmt und alles überschauend. Vgl. die Umkehrung: »Rambert« (m). – T: Zwilling – N: 6. Juni, auch: 3. November – Zahlwert: 292 – Blume: der Dorant. – Der Maler Meister Bertram (14./15. Jh.). In Frankreich hat sich dieser Vorname oft mit »Bertrand« (m), ital. Bertrando, engl. Bertrand (zsgs. aus »Bert-« + »Rand« = berühmter Schildträger, Krieger) vermischt: der frz. Minnesänger Bertran de Born (12./13. Jh.) der frz. Ritter Bertrand Du Guesclin (14. Jh.), der frz. Pol. Bertrand Barère de Vieuzac (18./19. Jh.), der frz. Schriftsteller Bertrand de Jouvenel (19./20. Jh.), der FReg. Bertrand Blier (20. Jh.)., der engl. Philos. Bertrand Russel (20. Jh.). – FN: Bertram, Bertrand, Bertrangt, Bartram, Bertran, Beltran(d), Beltram(i), Bertrandeau, -dot, -don.

Bettina Weiblich: Bettina. Frz., engl., ital., niederl., dän., schwed. Bettina.
»Bettina« ist eine ital. KoF von: »Elisabeth« (s.), wie »Betty« eine engl. KoF von »Elizabeth« ist. – Modename in der Mitte der 60er Jahre. – Die Dichterin Bettina von Arnim (19. Jh.).

Bibiane Weiblich: Bibiane, Bibiana. Engl., niederl., span. Bibiana.
Erw. des lat. PN: »Vivius«, aus dem Adj.: »vivus« (m)/»viva« (w) = lebenskräftig. »Bibiana« ist eine volkstümliche Entsprechung von »Viviana« (s.), denn im roman. Sprachraum wurden oft »B« und »V« verwechselt – und sind es heute noch in Spanien –, sodass Scaliger (16. Jh.) schreiben konnte: »Glückliche Leute, für welche ›bibere‹ (= trinken) und: ›vivere‹ (= leben) eines und dasselbe ist.« – T: Schütze – N: 2. Dezember.

Birke Weiblich: Birke.
Kann die weibl. Entsprechung von: »Birk« sein, eine alem. KoF von »Burkhard« (s.), wird jedoch heute viel mehr als Baumname: »die Birke« verstanden. Jener Baumname entstammt demselben idg. Stamm »*bhereg« wie »bert-« (s. das Gliedwort: »bert-«) und bedeutet: der glänzende (Baum), engl. »birch«, niederl. »berk«, dän. »birk«. – Vgl. den frz. Frauennamen: »Eglantine« (= Hagerose), schon im 11. Jh. beliebt, die engl. (modernen) Frauennamen: »Hazel« (Haselnussstaude), »Mapel« (= Ahorn), »Ivy« (= Efeu).

Björn Männlich: Björn, auch: Bjarne (norddt.). Dän. Bjørn. Isländ. Bjarni. Norw. Bjarne. Schwed. Björn(e).
Dieser in (West)skandinavien schon im

MA äußerst häufige PN ist das schwed. Wort für »Bär« (s. das Gliedwort: »Bern-«). Vgl. den (alt)frz. Männernamen: »Ours« (= Bär), den lat. Frauennamen: »Ursula«. – T: Zwillinge – N: 18. Juni – Zahlwert: 321 – Blume: Das kleine Immergrün. – »Björn«, Frit(h)jofs (= der Friedensdieb) Waffenbruder in der Frithjofs-Saga, ist einer der vorchrist. skand. PN, der sich am längsten erhalten hat. Im 20. Jh. aus Skand. übernommen.

Blandina Weiblich: Blandina, Blandine, auch: Blanda. Frz. Blandine.
Lat. PN, Erw. vom lat. Adj.: »blandus« (m)/»blanda« (w) = liebkosend, schmeichelnd. – Vgl. »Dulcinea« (aus dem span. Adj. »dulce« = süß), die Geliebte Cervantes' Don Quichotte. – T: Zwillinge – N: 2. Juni – Zahlwert: 1340 – Blume: Jasmin. – In Frankreich nicht ganz selten. Eine Tochter v. Liszt (19. Jh.), Cosimas Schwester.

Blanka Weiblich: Blanka, Blanca (die span. F), Bianka, Bianca (die ital. F), Blanche (die frz. F), Blanchette (frz. KoF). Engl. Blanch(e). Dän. Blanca. Schwed. Blanka, Blanche.
»Blanka« entstammt dem germ. Adj.: »*blanks« (altn. »blank«, ahd. »blanc«), das: »glänzend«, »blinkend« bedeutet. »Blanka« ist: die Glänzende. Vgl. »Berta« (w). – T: Schütze – N: 2. Dezember – Zahlwert: 82 – Pflanze: die Mondraute – Stein: der (gelbe) Orthose – Blanka von Kastilien (13. Jh.), als Hl. verehrt, verdankt ihren Taufnamen … zur frz. Königin und Mutter eines Hl. (Ludwig IX) geworden zu sein. Denn sie hatte eine ältere und viel schönere Schwester, die zunächst von dem frz. Gesandten König Philipp II-August, bevorzugt wurde, die sie aber bei ihrem Vater (König Alfons IX) ließen, weil sie … »Urraca« mit Taufnamen hieß, was auf Span. »die Elster« bedeutet (aus dem lat. »furax« = diebisch). – Auch als Doppelname (Biancamaria, Biancarose) beliebt. – Die frz. FSchau. Blanchette Brunoy (20. Jh.). »Blanche« war auch der richtige Vorname von Gabi Morlaix (20. Jh.). Die amerik. Pionier. der Luftschifffahrt Blanche Stuart Scott (19./20. Jh.), die fläm. Dichterin Blanka Gijselen (20. Jh.).

Blasius Männlich: Blasius; KoF: Blase, Bläse, Blasi. Frz. Blaise. Ital. Biagio. Span. Blas.
Etrusk. PN, aus einem Adj.: »Plesnas« (m) = derjenige, der die Buchstaben verwechselt, griech. »blaisos«, lat. »blaesus« (PN: Blaesius – m), frz. »bléser« (= weiche und harte Konsonanten beim Sprechen verwechseln). – Vgl. den etrusk. PN: »Palpe« (m), lat. »Balbus« (m) und dessen Erw. »Balbina« (w. Ital. Balbina) = der (die) Stammelnde. – T: Wassermann – N: 3. Februar – Zahlwert: 218. – Der ital. Baumeister Biagio Rossetti (15./16. Jh.), der frz. GFM Blaise de Montluc (16. Jh.), der frz Philos., Math. und Schriftsteller Blaise Pascal (17. Jh.), der frz. Schriftsteller Blaise Cendrars (20. Jh.). – FN: Blais(e), Blasi, Blazy, Biag(g)i, Blaison, Blaisot, Blaizot, Blazin, Blazot, Blasius, Bläsi, Blaes(e), Blaschke, Blaszkowitz.

Bodo Männlich: Bodo, Bod(e), Bot(h)o, Botto. Frz. Bodon. Niederl. Bodo, Bode.
»Bodo« (im 7./8. Jh. häufig) ist die KoF eines germ. Männernamens auf »Bod-« (wie: Bod[o]mar, Bodwald, Bodwin usw.) Jener Stamm »Bod-« bedeutet: »(ge)bieten, Gebieter. – T: Jungfrau – N: 11. September. – Durch die Romantik im 19. Jh. wieder belebt. Im norddt. Adelstand eine Zeit bes. beliebt.

Bogumil Männlich: Bogumil, Bogomil. Tschech.: Bohumil; KoF: Bohusch. – Weiblich: Tschech.: Bohumila.
Slaw. (russ.) PN, zsgs. aus »Bog« = Gott (aus einem idg. Stamm: »*bhag« = Eigentum, Vermögen) + »mil« = lieb, angenehm (russ. »milij« = lieb). Die slaw. Entsprechung der dt. PN: »Gottlieb« (m) »Christlieb« (m) oder das griech.

»Theopil « (m). – T: Zwillinge – N: 10. Juni – Zahlwert 894.

Boguslaw Männlich: Boguslaw, Bogoslaw, Bogislaw, Bohuslaw.
Slaw. (russ.) PN, zsgs. aus »Bog« = Gott + »slawa« = Ruhm. Bedeut. »Gottes Ruhm verkündend«. Wie die altgriech. PN: »Theokles« (m) und »Thekla« (w). – Der amerik.-tschech. Komp. Bohuslaw Martinu (20. Jh.).

Bonaventura Männlich: Bonaventura. Engl. Bonaventure. Frz. Bonaventure. Ital. Bonaventura. Lat. Bonaventura. Poln. Bonawentura. Span. Buenaventura. N: 15. Juli.
Aus dem Lat. »bona adventura« = ein gutes Schicksal, eine gute Zukunft, alles Gute für das Leben. Ein Wunschname par excellence. Vgl. den nigerianischen Vornamen »Fayola« (w), den amerind. »Halona« (w), den türk. (arab.) Talih (m)/Taliha (w) oder den japan. Kischi (w) von selber Bedeutung. – Der frz. Schriftsteller Bonaventure Despériers (15./16. Jh.), der niederl. Maler Bonaventura Peeters (17. Jh.), der ital. Math. Bonavantura Cavalierie (17. Jh.), der ital. Maler Bonaventura Genelli (19. Jh.).

Bonifazius Männlich: Bonifaz(ius), Bonifatius; KoF: Bone, Bonus, Fetz, Facius. Engl., frz. Boniface. Ital. Bonifacio, Bonifazio.
Lat. PN: »Bonifatius« (m), zsgs. aus »bonus« = gut + »fatus« = Schicksal, Los. Bedeutung: ein gutes Geschick! Ein Wunschname, wie der griech. »Procop(ius)« (m = mit einem glücklichen Fortgang). – T: Zwillinge – N: 5. Juni. – Der hl. Bonifatius (7./8. Jh. »Wynfrith« mit Taufnamen), Apostel der Deutschen. Acht Päpste.

Booz Männlich: Bibl. hebr. PN (im AT 25mal erwähnt), aus dem hebr. »Bo'az« = in ihm ist die Kraft. Vgl. die türk. Vornamen (m): Güz und Kuvvet = Kraft.

Boris Männlich: Boris. Bulg., engl., frz., ital., niederl., russ., schwed. Boris. (S. auch »Boris« evtl. KoF v. »Liborius«).
KoF des slaw. (russ.) Männernamens: »Borislaw«, zsgs. aus: »Bor« (= Kampf, altslaw. »boru«, vgl. die jugosl. »Borba« = »kampf«) + »slaw« (= Ruhm). Bedeutung: ruhmvoller Kämpfer. Die slaw. Entsprechung germ. PN wie: »Ludwig« (m) u. »Klothilde« (w). – T: Löwe – N: 24. Juli – Zahlwert: 470 – Gewächs: Wurzelfarn. – Der russ. Zar Boris Godunow († 1605) durch Mussorgskis Oper (1874) – nach einem Text von Puschkin – verewigt, der russ. Schriftsteller Boris Pasternak (N58), der russ. Schachmeister Boris Spasski (20. Jh.), der Komponist Boris Blacher (20. Jh.), der frz. Schriftsteller Boris Vian (20. Jh.), der russ. Schriftsteller Boris Polewoi (20. Jh.), der frz. Schausp. Boris Karlow (20. Jh.), der russ. Schriftsteller Boris Pilniak (20. Jh.), der dt. Tennisspieler Boris Becker (20. Jh.). Seit Ende des 19. Jh. in der ganzen Welt gebraucht.

Börries Männlich: Börris, Borries, Bor(r)is, Börre.
Selbstst. gewordene KoF vom Männernamen »Liborius« (s.).

Bosco Männlich: Bosco.
»Bosco« war der FN des ital. hl. Giovanni (= Johann) Bosco (19. Jh.). Bedeutung: Gehölz, Wäldchen, aus dem lat. »Boscus«, provenzalisch: »bosc«, deutsch: »Busch«/»Bosch«. – T: Wassermann – N: 31. Januar.

Brian Männlich: Brian. Engl. Brian, Bryan. Walisisch: Bryn.
Kelt. PN, aus einem Stamm: »bre« (Walis. »brun«) = Hügel. Vgl. die bibl. hebr. ON »Geba« und »Tel« (s. »Awiwa«) oder den dt. FN »Hüg(g)elmann. – T: Wassermann – N: 12. Februar – Zahlwert: 35. – König Brian Boru (9./10. Jh.) ist eine bekannte Gestalt der alten ir. Sagen.

Brigitta Weiblich: Brigitta, Brigitte, Brigida, Brigide, auch: Birgit, Birgitta, Birgitte; KoF: Brit(t), Brit(t)a, Birt(h)e, Brig(g)a, Git(t)a, Gitte, Birga. Frz. Brigitte. Engl. Bridget; KoF: Bride, Biddy. Schwed. Birgitta, Brigitta; KoF: Brit(t)a, Britt(en). Ital. Brigida, Brigitta. Irisch: Bríghid (spricht sich: »Bri-id« aus), auch: Bríd.

»Brigitta« und »Birgitta« sind grundverschiedene PN zweifachen Ursprungs: 1. Eine ir. F: »Brihid« (5. Jh.), aus einem kelt. Adj.: »briganti« = erhaben, hehr. »Bríghid« war auch der Name einer kelt. Göttin des Feuers, Tochter des Sonnengottes. – 2. Eine schwed. F, die erst 8 Jahrhunderte später erschien: »Birgitta«, die weibl. F des Männernamens: »Birger« = der Hilfreiche. Der Vater der schwed. Hl. hieß *Birger* Pederson. – Brigitta: T: Wassermann – N: 1. Februar –, Birgitta (schwed. Hl. † 1374): T: Waage – N: 8. Oktober –; Zahlwert: Brigitta: 115, Birgitta: 68 – Blume: die Primel – Stein: der (gelbe) Beryl. – Der Taufname »Brigitta«, nach der nationalen Hl. Irlands, die »Maria der Iren«, ist in Westeuropa seit dem MA und in Irland (jedoch erst seit dem 18. Jh.) überaus beliebt (ir. »Bríghid«) und häufig, sodass die KoF »Biddy« in der engl. Umgangssprache zunächst die »Irin« bezeichnete, dann die Frau im Allgemeinen. »Birgitta« ist seit dem ausgehenden MA ein beliebter schwed. Frauenname (1950 = 5.). Ggw. als »Britt«/»Britta« in Doppelnamen bes. häufig. Die Schweden nennen den Namenstag der Hl. (in Schwed. 7. Okt.) den »brittsommar« (eine Art »Altweibersommer«). – Die F »Brigitta« und »Birgitta« haben sich auf dem Festland undurchdringlich vermischt. Im dt. Sprachraum gehörten »Brigitta«/»Birgitta«/»Britta« usw. zwischen 1950 u. 1970 zu den beliebtesten Frauennamen (BRD: 1957/8 = 4., Schweiz: 1960–75 = 4.). In Frankreich in den Nachkriegsjahren auch sehr häufig. – Die FSchau. Brigitte Horney, die frz. FSchau. Brigitte Auber, Fossey, Bardot (20. Jh.), die schwed. Ballerina Birgit Cullberg (20. Jh.), die Opernsängerin Birgit Nilsson (20. Jh.), die Tänzerin Birgit Keil (20. Jh.), die Schriftstellerin Brigitte Reimann (20. Jh.).

Brunhild Weiblich: Brunhild(e), Brunhilda, Brünhild(e); KoF: Bruna, Bruni, Brünne, fries. Bruntje. Frz. Brunehaut. Ital. Brunilde. Schwed., dän. Brynhild.
Germ. Frauenname, zsgs. aus »brunja« = Brustschutz, Brünne + »hild« (s. das Gliedwort: »hild-«). Bedeutung: (wie eine Walküre) in der Brünne kämpfend. – In einigen germ. Sagen wird die Milchstraße »Brunhilden- oder Brunelstraße« genannt. Eine wichtige Gestalt der Nibelungensage. – Dieser Vorname wurde von der Romantik und bes. durch R. Wagner (1813–83) wieder beliebt gemacht.

Bruno Männlich: Bruno, auch: Brun, Brün. Fries. Bronno. Dän., engl., frz., ital., niederl., schwed. Bruno. – Weiblich: Bruna (oft KoF zu »Brunhild[e]«, s.). Ital. Bruna.
Sehr alter germ. PN, KoF von PN, die mit dem Gliedwort »Brun-« zsgs. sind, aus einem idg. Stamm: »*bhero« = braun, ahd. »brun« = der Braune. Ein Beiname Wotans und der Name des Bären. Bedeutung jenes Wunschnamens: der Bärenstarke. – T: Waage – N: 6. Oktober – Zahlwert: 1166 – Blume: die (gelbe) Georgine. – Um die Jahrhundertwende unter den häufigsten 25 dt. Männernamen. Auch Modename in Frankreich in den 70er Jahren. – Der hl. Bruno, Bruder Kaiser Ottos I (10. Jh.), der hl. Brun(o) von Querfurt, Apostel Preußens († 1009), der ital. Gelehrte Brunetto Latini (13. Jh.), die Schriftsteller Bruno Frank (19./20. Jh.), Bruno Apitz (20. Jh.), der amerik. Dirigent Bruno Walter (20. Jh.), der österr. Pol. Bruno Kreisky (20. Jh.), der ital. Komponist Bruno Maderna (20. Jh.), der frz. Komponist Bruno Coquatrix (20. Jh.), der Schriftsteller Bruno Schulz (20. Jh.), der frz. Chansonsänger Bruno Le Forestier (20. Jh.), der frz. Liedermacher Bruno

Coquatrix (20. Jh.). – FN: (auch von »braun« [braunhaarig] beeinflusst): Brun(o), Bruhn(s), Brunne, Brunone, Bruin, Brün(n)ing, Bruininckx, Bruneau, Bruynaert.

Bülent Männlich: aus dem Türk. = hoch, groß, erhaben, edelmütig. – Der türk. Premierminister Bülent Ecevit (20. Jh.).

Burkhard Männlich: Burkhard, Burchard, Burghard, Burkert, Burkart, Burkard; ndt. Borchard, Borchert; KoF: Busse, Bosse, Busso, Burk, Butz, Bork, Birk, Boso. Ital. Burcardo. Germ. PN, zsgs. aus »Burg-« (s. das Gliedwort: »Burg-«/»Berg«) + »hart« (s. das Gliedwort: »hard«) = starker, entschlossener Schützer. – T: Waage – N: 14. Oktober – Zahlwert: 505 – Gewächs: Wacholder. – In Franken, Schwaben, in der alem. Schweiz einst sehr beliebter TN. – Vgl. die Redensart: »Butz und Betz« = »Hinz und Kunz«. – Bischof Burkhard von Worms, Schriftsteller (11. Jh.). – FN: Burgard, Burgaud, Borcjard(t), Borgaerts, Borghart, Burg(h)ard(t), Burger, Borcher, Burk, Bür(h)ti, Burry, Borgart.

C

Cäcilie Weiblich: Cäcilia, Cäcilie, Cecilie (dt. Schreibw.: Zäzilie usw.); KoF: Cilli, Cilly, Cilia, Celia, Zilla, Zilg(e); nddt., fries. Silja, Silje. Silke. Engl. Cecilia, Cecily; KoF: Ciss, Celia. Ir. Sheila. Frz. Cécile. – Männlich: Cäcilius. Engl. (nicht selten) Cecil.
Aus dem Namen eines röm. Geschlechtes: die Cäcilier, lat.: »Caecilius«, durch »Caeculus« aus dem etrusk. Adj.: »ceice« = blind, latinisiert: »caecus« = blind. »Ceice« und »Caecus« sind beide als PN urkundlich belegt. – Bedeutung: der (die) Blinde. Ein Beiname. Wie der altgriech. »Strabo« (m = der Schieler), der lat. »Paetus« (m = Schieler). – T: Skorpion – N: 22. November – Zahlwert: 676 – Blume: der Alpranken – Stein: der (veilchenfarbige) Axinit. – Die ir. F »Sheila« war Modename in England in den Vorkriegsjahren. »Cécile« und »Shéila« sind in Frankreich nicht selten. Im dt. Sprachraum gilt die nddt./fries. F »Silke« für modern. – Die span. Schriftstellerin Fernán Caballero (= Caecilia Böhl von Faber – 19. Jh.), die frz. Schausp. Cécile Sorel (20. Jh.). – Der engl. Pol. Cecil Rhodes (19. Jh., Gründer Rhodesiens, so nach ihm genannt), der amerik. FReg. Cecil Blount de Mille, der engl./ir. Phys. Cecil Day-Lewis (N50), der brit. Phys. Cecil Powel (N50), der ital. Schriftsteller Cecilio Fabris (19. Jh.), die ungar. Schriftstellerin Cecile Tormay (19./20. Jh.).

Cäsar Männlich: Cäsar, Caesar, auch: Cäsarius. Rhein./westf. Serr(i)es. Frz. César, auch: Césaire (südfrz.). Ital. Cesare. – Weiblich: Cäsarina, Cäsarine. Frz. Césarine.
Beiname des röm. Geschlechts Iulia, wahrscheinlich aus *caesar = behaart, aus einem idg. Stamm »*kais« = Haar (altind. »kesarah« = behaart). Bedeutung: der Haarige. Vgl. den bibl. (hebr.) PN »Esau« (m = behaart) und den lat. PN: »Cincinnatus« (m = mit krausem Haar). – »Cäsar« ist einer der sehr seltenen PN, der zur Bezeichnung eines Berufs ward: »Kaiser«, niederl. »keizer«, schwed. »kejsare«, russ., bulg. »tsar«, frz. »césar« (= Diktator). T: Jungfrau – N: 27. August. – Zur Zeit der Renaissance nicht selten. – Julius Cäsar und 11 Kaiser, seine Nachfolger, Cesare Borgia (16. Jh.), der ital. Dichter Cesare Caporali (16./17. Jh.), der frz. Philologe César Richelet (17. Jh.), der ital. Strafrechtler Cesare Beccaria (18. Jh.), der frz. Komponist César Franck (19. Jh.), der russ. Komponist César Cui (19./20. Jh.), die ital. Maler Cesare Maccari und Dell' Aqua (19./20. Jh.), der ital. Kriminalist Cesare Lombroso (19./20. Jh.), der ital. Schriftsteller Cesare Pavese (20. Jh.), der frz. Bildhauer César Baldaccini (20. Jh.), der peruanische Schriftsteller César Vallejo (20. Jh.), der rumän. Schriftsteller Cezar Petrescu (20. Jh.), der ital. FReg. Cesare Zavattini (20. Jh.).

Cajus Männlich: Cajus, auch: Kajus, Gajus (urspr. röm. Schreibw.).
Lat. PN, aus »Gavius«, zu »gaudere« (Gavisus) = der Erfreuende. – T: Stier – N: 22. April. – Einer der ältesten 12 lat. Vornamen, dessen Häufigkeit durch die lat. Redensart: »Titus und Gaius« (= Hinz und Kunz) hervorgehoben ist.

Callistus Männlich: Callistus, Cal(l)ixtus.
Griechischer PN: »Kallistos«, Superlativ des Adj.: »kalos« = schön. – Bedeutung: der Schönste. Vgl. den lat. »Bellissima« (w = die Schönste) oder »Pulcheria« (w = die Schöne). – T: Waage – N: 14. Oktober. – Name dreier Päpste.

Calvin Männlich: Calvin. Engl., frz. Calvin.
Urspr. die pikardische Form des frz. FN »Cauvin», pikard. »Cauvin«, latinisiert: »Calvinus», aus dem lat. Adj.: »calvus« = kahl. Wie die dt. FN: Kahl(e), Kahler. – Name des frz. Begründers der reformierten Kirche (1509–1564). – Ein häufiges Namensvorbild in den USA der 20er Jahre war Präs. (von 1923 bis 1928) Calvin Coolidge. – Nicolaus Chauvin, ein leidenschaftlicher Napoleonverehrer, wurde (1831/35) die Hauptgestalt mehrerer frz. Lustspiele. Chauvin fiel durch einen übertriebenen, lächerlichen Nationalismus auf, daher in allen europ. Sprachen das Wort: »Chauvinismus«.

Camilla Weiblich: Camilla, Kamilla. Dän., ital., niederl., schwed. Camilla. Engl. Camilla; KoF: Milly. Frz. Camille. – Männlich: Camill(us), Kamill(us). Frz. Camille (kann in der frz. Schweiz wegen Unsicherheit über das Geschlecht des Namensträgers nur in Verbindung mit einem andern eindeutig männlichen Vornamen verwendet werden). Ital. Camillo. Span., port. Camilo.
In seinem Kommentar der Aeneis (II–588) erklärt Servius (4. Jh.): »Mercurius etrusca lingua Camillus dicitur, quasi minister deorum.« Also ein etrusk. PN mit der Bedeutung: ein edelgeborenes Kind (Junge oder Mädchen), das als Opferaltardiener(in) dem Priester half. – Vgl. die lat. PN: »Flaminius« (m, aus »Flamen« = Oberpriester), »Calatorius« (m, aus »Calator« = Diener des Flamines), »Fictor« (m = Bäcker von Opferkuchen). – Camill(us): T: Krebs – N: 18. Juli –; Camilla: T: Fische – N: 3. März – Zahlwert: 437 – Blume: die Levkoje – Stein: der braune Zirkon. Camille (w) war eine Königin der Volsken, die Schwester der Horazen, der ital. Camille Borghese (Papst Paul V = Camillo Borghese, 17. Jh.), der ital. Maler Camillo Procaccini (16./17. Jh.), der franz. Pol. Camille Desmoulins (18. Jh.), der ital. Staatsmann Camillo Cavour (19. Jh.), der port. Schriftsteller Camilo Castello Branco (19. Jh.), der fläm. Maler van Camp (19. Jh.), der frz. Komponist Camille Saint-Saëns (19./20. Jh.), die frz. Maler Camille Pissaro und Camille Corot (19./20. Jh.), die belg. Schriftsteller Camille Huysmans und Camille Lemonnier (19./20. Jh.), der frz. Math. Camille Jordan (19./20. Jh.), Camille Jenatzky (der erste Fahrer, der die 100 km/h erreichte – 1899), der frz. Astronom Camille Flammarion (19./20. Jh.), der ital. Arzt Camillo Golgi (N06), der frz. Pol. Camille Pelletan (20. Jh.), der rumän. Schriftsteller Camil Petrescu (20. Jh.), der span. Dichter Camilo Cela (20. Jh.), der frz. Tierarzt Camille Guérin (das »G« des Schutzimpfstoffes BCG), der frz. Hist. Camille Jullian, ohne den berühmten »Don Camillo« (1950) von G. Guareschi zu vergessen. – Camilla Carbone (die Amme Napoleons 18./19. Jh.), die norw. Schriftstellerin Camilla Colett (19. Jh.).

Candida Weiblich: Candida, Kandida. Engl., ital., niederl. Candida. – Männlich: Candid(us), Kandid(us). Frz. Candide.
Aus dem lat. Adj.: »candidus (m)/»candida« (w) = glänzend weiß, fleckenlos. – Der »Candidatus« (daher: »Kandidat«) wurde von den Römern so genannt, weil jeder, der sich um ein Amt bewarb, bei der öffentlichen Zeremonie zuvor eine unbefleckte, schneeweiße Toga (eine »toga candida«) tragen musste. – T: Jungfrau – N: 4. September – Zahlwert: 590 – Blume: die (weiße) Lilie. – »Candide« war die Hauptgestalt der

gleichnamigen philos. Erzählung (1759) von François-Marie Arouet (alias: Voltaire).

Canisius Männlich: Canisius. – Weiblich: Canisia.
»Canisius« ist die latinisierte F des FN des hl. Jacob de Hondt (Niederländer – 16. Jh.) = der Hund. Vgl. den bibl. (hebr.) PN: Kaleb (= der Hund) oder die FN: Hund, Hundt, Hündl. – T: Schütze – N: 21. Dezember.

Carina Weiblich: »Carina« kann eine Var. von »Karina« (s. allda) sein. Wer jedoch auf die C-Schreibung einen etymologischen Wert legt, darf den lat. Namen »Carina« (w), Erw. von »Cara« (w) (männlich: »Carinus« und »Carus«) in Betracht ziehen.
Aus dem lat. Adj.: »carus« (m)/»cara« (w) = lieb, geliebt. Vgl. das ital. Adj.: »carina« (w) = lieb, niedlich. – T: Skorpion – N: 7. November. – »Carus« war ein röm. Kaiser (3. Jh.), dessen Sohn »Carinus« hieß.

Carmen Weiblich: Carmen, auch: Carmela, Carmelia, Erw.: Carmina, Carmine, Carmelina. Männlich: ital.: Carmelo.
»Carmen« ist die span. F eines bibl. Landschaftsnamens: »Karmel«, hebr. Wort = Fruchtgarten, Baumgarten – eine fruchtbare Hügelkette von Palästina (südl. Haifas). – T: Krebs – N: 16. Juli – Zahlwert: 290 – Pflanze: der Wegerich – Stein: der Rubin –. Der Taufname wurde in Europa von einem Orden der Karmeliter (1155) beliebt gemacht, vor allem in Spanien und in den spanisch sprechenden Ländern, wo man bis vor wenigen Jahrzehnten aus religöser Ehrfurcht den Namen »Maria« mied. Um die Mädchen der hl. Jungfrau Maria zu weihen, benutzten (und benutzen immer noch) die spanisch sprechenden Völker einen sekundären Beinamen der Gottesmutter, wie hier: »Nuestra Señora del Carmen«. – Aus Spanien übernommen (vgl. Bizets Oper »Carmen« – 1875), ist »Carmen« z. Z. Modename in Deutschland. – Carmen Sylva (= Königin Elisabeth von Rumänien 19./20. Jh.), Carmen Cancino (= die amerik. FSchau. Rita Hayworth (20. Jh.). Der ital. Kriminologe Carmelo Lazzaro (19. Jh.).

Carola Weiblich: Carola, auch: Karola (die Schreibung mit »C« ist z. Z. häufiger), die Erw. Carlin(e), Carolina, Carolyn (auch mit »K« geschr.); KoF: Ina, Lina. Engl. Carol (in Deutschland als Frauenname nicht zugelassen), Carola, und: Caroline, Carolina; KoF: Carrie, Lina. Frz. Carole, Caroline, Carolyne. – Männlich: Carol, Carolus. Engl. Carol. Vgl. rumän.: Carol = Karl.
»Carola« (w)/»Carolus« (m) ist die lat. F von »Karl« (s. allda). – Wie »Cäsar« das Wort »Kaiser« hervorbrachte, hat der Name Karls d. Gr. lat. »Carolus« den Sinn von »König« in manchen europ. Sprachen angenommen: Russ. »korol«, bulg. »kral«, serb. »krajl«, ung. »kiraly«. – Carola: T: Skorpion – N: 4. November –; Carolina: T: Wassermann – N: 29. Januar – Zahlwert: 88 – Blume: gehörnter Schotenklee – Stein: der Blutjaspis. – »Carola« und »Carolina« sind z. Z. Modenamen in Deutschland, in Frankreich. In England erlebte »Carol« (w) eine Blütezeit von 1943 bis 1960 (unter den ersten 5 Mädchennamen).
Die Schriftstellerin Karoline von Schlegel (18./19. Jh.), Karoline von Wolzogen (18./19. Jh.), Karoline von Günderode (18./19. Jh.), Caroline Bonaparte (Schwester Napoleons). – Die FSchau. Carola Höhn, die amerik FSchau. Carole Lombard, Carol Lawrence, Caroll Baker, die Prinzessin Caroline de Monaco (20. Jh.). »Caroline« ist der Vorname der frz. FSchau. Edwige Feuillère (20. Jh.).

Cassius Männlich: Cassius; Erw. Cassian, Kassian. Engl. Cassius.
Lat. Geschlechtsname, aus einem griech. Stamm: »Kas« = glänzend, berühmt, wie

in den griech. PN: Ke*kas*menos (m), *Kas*tor (m = der Glänzende). – Bedeutung: der Ausgezeichnete. – T: Krebs – N: 20. Juli. – Der amerik. Pol. Cassius Clay (19. Jh.), überzeugter Abolitionist. Der amerik. Boxweltmeister Muhammed Ali (20. Jh.) wurde nach ihm genannt.

Castulus Männlich: Castulus.
Lat. PN »Castulus«, aus dem lat. Adj.: »castus« (m) = unbefleckt, unverdorben, rein. Wie der griech. Frauenname: Agnes. – Die Portugiesen nannten »casta« (aus demselben Stamm) die *rein*rassigen Klassen der Inder, daher unser Wort »Kaste« »*Kasten*geist«. – T: Widder – N: 26. März.

Cedric Männlich: Cedric. Engl. Cedric. Frz. Cédric.
»Cedric« ist ein von Walter Scott erfundener Name für eine Gestalt seines Romans: »Ivanhoe« (1820). Da es sich um einen sächs. Fürsten handelt, darf man evtl. an »Cerdic« (kelt. Herkunft, ungedeutet) denken. Oder an den walis. Flussnamen »Cedrych« (Carmarthenshire), heute noch dort als Männername belegt. – In den 50er Jahren von einer Fernsehreihe in England und Frankreich beliebt gemacht.

Chantal Weiblich: Chantal. Frz., niederl. Chantal.
FN der frz. Hl. Jeanne Frémyot de Chantal († 1641). Ein Ortsname, aus einem idg. Stamm »*kant« = Fels, wie im frz. Landschaftsnamen: »Cantal«. – Wie »Xaver« und »Loyola«, ein Ortsname, der zu FN und schließlich zu Vornamen ward. – T: Schütze – N: 12. Dezember – Zahlwert: 729 – Blume: der Steinbrech – Stein: der Hypersthen. – Die hl. J. de Chantal war ein Abkömmling des hl. Bernhard v. Clairvaux (12. Jh.) und die Großmutter der berühmten frz. Schriftstellerin Madame de Sévigné (= Marie de Rabutin-Chantal – 17. Jh.). – Modename in Frankreich in den Nachkriegsjahren (Paris – 1946–1966 = 13. der Mädchennamen).

Charis Weiblich: Charis, Charisma, Carisma; KoF: Crissel. Engl. Entsprechung: Grace; KoF: Gracie. Frz. Grâce. Ital. Grazia und die Erw. Graziella.
»Charis« ist das griech. Wort: »charis« = Huld, Gnade, Anmut »Charisma«, das griech. Wort für: »Begnadung«. Vgl. »Eucharistie« = Danksagung. – T: Löwe – N: 22. August. – Der Frauenname: Caritas, Charitas; KoF: Tässe, ist das lat. Wort »caritas« = Nächstenliebe, christliche Liebe. – Die amerik. FSchau. Grace Kelly (geb. 1929), Prinzessin von Monaco. Die »Graziella« (1849) von Lamartine. Die ital. Schriftstellerin Grazia Deledda (N26).

Charlotte Weiblich: Charlotte; KoF: Lotte, Lotti, Lottchen, Lola (auch KoF zu »Dolores«). Frz. Charlotte. Engl. Charlotte; KoF: Lotte, Lottie, Totty. Dän., schwed. Charlotte.
»Charlotte« ist eine frz. Weiterbildung von »Charles« (= Karl s. allda), im 17. Jh. aus dem Frz. übernommen und beliebt. – T: Krebs – N: 17. Juli – Zahlwert: 205 – Gewächs: die Zeder. – Kurfürstin Sophie Charlotte (17./18. Jh.), (Charlottenburg wurde nach ihr genannt), Charlotte Corday (Abkömmling von Corneille, die Marat erdolchte, † 1793), Charlotte Buff († 1820) Goethes »Lotte« im »Werther«, Goethes Freundin Charlotte von Stein († 1827), Schillers Gattin Charlotte von Lengefeldt († 1826), die engl. Schriftstellerin Charlotte Brontë (19. Jh.).

Che Männlich: Che (Aussprache: zwischen »tschä« und »tsche«).
»Che« ist das (volkstümliche) argent. Pronomen »du« (vgl. das Zeitwort: »chechear« = duzen). Ein volkstümlicher und häufiger Zuruf der Bewohner der Plata-Mündung, mit welchem sie einen Freund, einen Vertrauten bezeichnen oder anrufen, etwa wie unser: »Du,

hör mal!« / »Du, horch mal!« – In manchen Gegenden wurden die frz. Kriegsgefangenen des 2. Weltkrieges, aus ähnlichen Gründen »Didon« genannt (aus dem Zuruf: »Dis-donc! = sag mal!). – Spitzname des argent. Pol. Ernesto Guevara, 1928 in Rosario (Plata-Mündung, Argentinien) geb., 1967 in Bolivien gefallen.

Chloê Weiblich: Chloê. Engl. Chloe. Griech. Frauenname (in 1 Cor. I-11 erwähnt), aus dem griech. Wort: »chloé« = grünendes Gras, junger Spross. Vgl. das griech. Adj.: »chloros« = grün (daher der Name: »Chlor«). – »Chloê« war ein Beiname von Demeter, griech. Göttin der Fruchtbarkeit. – Vgl. den engl. Frauennamen »Blossom« und den ir.: »Blath« von ähnlicher Bedeutung. – Ein häufiger PN in den Hirtengedichten (18. Jh.).

Christ Männlich: Christ(us)
Bibl. hebr. »Meshiah« (griech. »Messias« = der Gesalbte. »Christus Jesus« = gesalbter Retter.
»Christ« wird in den westeurop. Ländern aus religiösen Tabu-Gründen nicht als Vornamen benutzt. Ganz anders in den osteurop. Ländern und in Lateinamerika, wo die Griechen oft den Vornamen »Cristo« (m) benutzen, jedoch nicht als Angleichung mit »Xpiocós« (Jesus Christus), sondern mit dem neugriech. Adj. »Xpñocós« = gern helfend, dienstbereit, verwandt.
Die dt. Standesämter verweigern jedoch formell »Gott« als Vorname. – Der bulg. Dichter Christó Botew (19. Jh.).

Christian Männlich: Christian, Kristian, auch: Christer und Krister (dän.-schwed. Neuformen). Nddt. Kersten, Karsten, Carsten. – Weiblich: Christin, Christine, Christina, Kristine, Kristina, auch: Christiane; KoF: Christel (nur als Mädchenname zugelassen), Christa, Kersti, Kirsti, Stina, Stine. Die F: Kirstine, Kerstin, Kerstina sind norddt. Var. durch Metathesis. Aus dem lat. Adj.: »c(h)ristianus« (m)/ »c(h)ristiana« (w) = christlich, zu Christus gehörend. »Christus« (lat.) = »Khristos« (griech.) ist die Übersetzung des hebr. »meschⁱıkhā« = Messias = durch die Salbung geweiht. – Seit dem 1. Jh. werden die Anhänger Christi »christiani« (Mehrz.) genannt (Apg 11–26). – Ein Glaubensbekenntnis. Vgl. »Dominik« (m), »Kyrill« oder »Jesus« (m, in Spanien nicht selten) von ähnlichem Sinne. – Christine: T: Löwe – N: 24. Juli –; Christiane: T: Schütze – N: 15. Dezember –; Christian: T: Skorpion – N: 12. November – Zahlwert: 1541 Blume: die (weiße) Rose – Stein: der Diamant. – »Christian« ist seit einigen Jahren in der BRD äußerst beliebt: 1977 und 1978 unbestritten der häufigste Männername. In Frankreich (1946–1970) auch beliebt. »Christine« ist in der BRD (1978) der häufigste Mädchenname. Auch Modename in Schweden, Frankreich. – »Christian« hießen 10 Könige von Dänemark und Norwegen, der ital. Maler Cristiano Buffalmacco (14. Jh.), der niederl. Phys. Christiaan Huygens (17. Jh.), der Math. Christian Wolff (17./18. Jh.) der Philosoph Christian Garve (18. Jh.), der Bildhauer Christian Wenzinger (18. Jh.), der litauische Schriftsteller Duonelaïtis (18. Jh.), der dän. Phys. Oersted (18. Jh.), der Jurist Christian Thomasius (17./18. Jh.), der Dichter Christian Schubart (18. Jh.), Doppler (Österreich 19. Jh.), die Dichter Hebbel (19. Jh.) und Morgenstern (19./20. Jh.), der amerik. Admiral Nimitz (20. Jh.), der südafrik. Herzchirurg Christiaan Barnard (20. Jh.), der frz. Modeschöpfer Dior (20. Jh.). – Die frz. Schriftstellerin Christine de Pisan (15. Jh.), die Königin von Schweden Christine (17. Jh.), Christiane Vulpius (Geliebte v. Goethe, 18./19. Jh.), die österr. Schausp. Christiane Hörbiger (20. Jh.), die norw. Sopranistin Kirsten Flagstad (20. Jh.), die frz. Schriftstellerin Christine Arnothy (20. Jh.), die fläm. Dichterin Christiane D'Haen (20. Jh.), die frz. Schausp. Christine Fabréga u.

Christine Carrère (20. Jh.), die Schriftstellerin Christa Wolf (20. Jh.), die schwed. FSchau. Kristina Söderbaum (20. Jh.), die slowak. Schriftstellerin Christine Roy (19./20. Jh.), die frz. Schriftstellerin Christine de Rivoyre (20. Jh.), die frz. Schriftstellerin Christiane Rochefort (20. Jh.). – FN: Christian(-s, -us, -sen), Christ(ie), Christa, Christ(i)ensen, Krystian(s), Kirst(en), Kerschstein(er), Karst(en), Karstien, Christie, Christin(e), Christmann, Christiné, Christey.

Christoph Männlich: Christoph(er), Christof(fer), auch: Kristof (nord. Schreibw.); KoF: Toff, Stoffel, Stoffer. Engl. Christopher; KoF: Chris, Kit. Schott. Chrystal. Frz. Christophe. Span. Cristóbal. – Weiblich: Christophora, Christophine.
»Christoph«, lat. »Christophorus«, ist ein griech. PN: »Christophoros«, aus zwei Elementen zsgs: »Christos« = Christus (s. »Christian«) + »-phoros« = tragend, aus dem Zeitwort: »pherein« = tragen. – Bedeutung: Derjenige, der Christus trägt, aber im Sinne: der Christus im Herzen trägt, ein echter Christ – der seit der Taufe das Zeichen des Kreuzes (auf der Stirn, in sich) trägt. Deshalb nannten sich oft die ersten Christen untereinander: »Christoph«: – Die spätere Volksetymologie »Träger Christi« förderte (7. Jh.) die Legende eines hl. Christoph (um 250?), ein Riese, der das Christkind auf seinen Schultern durch einen gefährlichen Strom übersetzte. – T: Löwe – N: 25. Juli – Zahlwert: 53 – Blume: das Schwarzkraut. – Im 16./17. Jh. unter den ersten 30 dt. Männernamen. Seit 1965 wieder Mode geworden. In England seit 1950 besonders beliebt. Ebenfalls in Frankreich seit Mitte der 60er Jahre. In den 80er und 90er Jahren immer noch Modename, in den West-Ländern unter den ersten 10. – 3 dän. Könige, der Herzog von Bayern Christoph der Kämpfer (15. Jh.), der Entdecker (?) Amerikas Cristóbal Columbus (15./16. Jh.), der ital. Bildhauer Cristoforo Solari (15./16. Jh.), der ital. Maler Cristoforo Gherardo (16. Jh.), der fläm. Drucker Christoffel Plantijn (16. Jh.), der span. Dichter Cristóbal Castillejo (16. Jh.), der span. Stratege Cristóbal Mondragón (16. Jh.), der engl. Dichter Christopher Marlowe (16. Jh.), der Maler Christopher Armberger (16. Jh.), der Bildhauer Delme (17. Jh.), der engl. Architekt Christopher Wren (17./18. Jh.), der Komponist Christoph Willibald Gluck (18. Jh.), der span. Komponist Cristóbal Morales (18. Jh.), der frz. Industrielle Christophe Oberkamp (18./19. Jh.), der Dichter Christoph Wieland (18./19. Jh.), der Dichter Christoph Grabbe (19. Jh.), der Philos. Christopher Sigwart (19./20. Jh.), der belg. Biochem. Christian Dove (N47), der frz. Fechter Christian Doriola (20. Jh.)., der norw. Dichter Kristofer Uppdal (20. Jh.), der engl. Philos. Christofer Dawson (20. Jh.), der engl. Dramatiker Christofer Fry (20. Jh.), der amerik. Schriftsteller Christopher Isherwood (20. Jh.), der amerik. Schriftsteller Christofer Morley (20. Jh.), der FSchau. Lee (20. Jh.), der Maler Drexel (20. Jh.). – FN: Christoph(l)e, Christofle, Christofory, Christophory, Stoff(l)er, Töffel, Kroff, Christopher(son).

Chrysanth Männlich: Chrysanth, Chrysanthus. – Weiblich: Chrysantha.
Griech. PN, aus zwei griech. Wörtern zsgs.: »chrysos« = Gold + »anthos« = Blume = Goldblume. Genau wie der (vorkolumbianische) dominikanische Mädchenname »Anacaona«. – T: Skorpion – N: 25. Oktober.

Chrysostom Männlich: Chrysostom, Chrysostomus.
Griech. Beiname, aus zwei Wörtern zsgs.: »Chrysos« = Gold + »stoma« = Mund. Bedeutung: Goldmund. Beiname eines hl. Johann († 407) aufgrund seiner vortrefflichen Beredsamkeit (vgl. »goldrichtig«). Vgl. den äthiopischen Männer-

namen: »Afework« vom selben Sinn. – T: Wassermann – N: 27. Januar. – In Griechenland und in den Ostländern nicht selten.

Clara Weiblich: Clara, auch: Klara, Kläre; KoF: Clärchen. Fries. Claartje, und die Erw. Clarin(a), Clarissa, Clarelia, Claretta. Frz. Claire; KoF: Clairette. Ital. Chiara. Span. Clara; KoF: Clarita. (S. auch den engl. Männernamen: »Sinclair«, eine Verstümmelung des frz. Ortsnamens: »Saint-Clair«.) »Clara« (w) entspringt dem lat. Adj.: »clarus« (m)/»clara« (w), das sich urspr. auf die Stimme bezog, im Sinne von: »geeignet aufzurufen«, dann auf Sehempfindungen (daher »klar«) und schließlich auf das Gebiet des Geistes: »clara concilia« = ein klarer, sinnvoller Rat. – Dieser Name ist in seinem roman. Sinne zu verstehen: mit der glänzenden Gesichtsfarbe der Jugend, hübsch von Gesicht. – T: Löwe – N: 12. August – Zahlwert: 305 – Blume: die (purpurrote) Eschwurz – Stein: der (rote) Spessartit. – Um die Jahrhundertwende, unter den 15 ersten Mädchennamen in Deutschland. Nicht selten in Frankreich in den 70er Jahren. Modename in England. – Die frz. Schriftstellerin Claire de Rémusat (18. Jh.), die frz. Schausp. Claire de La Tude, »*Clair*on« genannt – 18. Jh. Clara Schumann (19. Jh.), Clara Viebig (19./20. Jh.).

Clark Männlich: Clark. Engl. Clark, Clarke.
»Clark« ist das engl. Wort: »clerk« (immer noch »clark« ausgesprochen), das urspr. »der Geistliche« bedeutete, dann: der Gelehrte (und später: der Schreiber). – Aus dem lat. »clericus« (selber aus dem griech. »klerikos«) = Mitglied des Klerus (daher auch das dt. Wort »*Klerik*er«). – Vgl. andere Berufsbezeichnungen, die Vorname geworden sind: den biblischen (hebr.) »Sophereth« (m = Schreiber), den engl. »Stuart« (m = Hausverwalter). – William Clark Gable, bekannter amerik. FSchau.

Claudia Weiblich: Claudia, Klaudia (die C-Schreibung, modebedingt, ist häufiger). »Claude« darf in Deutschland allein als Mädchenname nicht benutzt werden. In der Schweiz darf »Claude« als Jungen- oder Mädchenname verwendet werden, aber *nur* in Verbindung mit einem anderen eindeutig männl. oder weibl. Vornamen; KoF: Klaudel, auch die Erw. Claudine, Klaudine, Claudiana. Frz. Claude. Erw. Claudine, Claudette. Dän., niederl., ital., schwed., span. Claudia. – Männlich: Claudius und die Erw. Claudianus. Frz. Claude.
»Claudius« (m) ist ein lat. Name = der aus dem Patriziergeschlecht der Claudier. Aus dem etrusk. Adj.: »Clute«, lat. »claudus« (m)/»clauda« (w) = gebrochen, lahm, hinkend. Ein Beiname nach einer körperlichen Eigenschaft. Genau wie der bibl. (hebr.) »Paseach« (m) oder der arab. PN: »el A'aresch«. – Claudia: T: Stier – N: 18. Mai –; Claudius: T: Zwillinge – N: 6. Juni – Zahlwert: Claudia 466 (Claudius 735) – Gewächs: Schlehenstrauch – Stein: der Tsavorit. – »Claude« ist von altersher (s. Fischarts Verse, unter »Andreas«) ein beliebter Männername in Frankreich gewesen (Paris 1946–66 = 6). – 2 röm. Kaiser, der ital. Dichter Claudio Tolomei (16. Jh.), der frz. Histor. Claude Fauchet (16. Jh.), der frz. Komponist Claude Goudimel (16. Jh.), der ital. Komponist Claudio Monteverdi (16./17. Jh.), der frz. Maler Claude Gelée (genannt: Claude le Lorrain, 17. Jh.), der frz. Grammatiker Vaugelas (17. Jh.), der span. Maler Claudio Coello (17. Jh.), der frz. Maler Claude Gillot (17./18. Jh.), der frz. Philosoph Claude Helvétius (18. Jh.), der ital. Komponist Claudio Merulo (18. Jh.), der frz. Schriftsteller Claude Saint-Simon (18./19. Jh.), der Phys. Jouffroy d'Abbans (Dampfschiff – 1776), Claude Chappe (optischer Telegraf, 18./19. Jh.), der Physiologe Claude Bernard (19. Jh.), der frz. Schriftsteller Claude Popelin (19. Jh.), der frz. Maler Claude Monnet (19./20. Jh.), der Flugzeugbauer Claude

Dornier, der ital. Dirigent Claudio Abbado, der chilen. Pianist Claudio Arrau (20. Jh.), der frz. Schriftsteller Claude Aveline (20. Jh.), die frz. FReg Claude Autan-Lara, Claude Chabrol und Claude Lelouch (20. Jh.), die Schausp. Claude Dauphin u. Claude Rich, der frz. Jazzmusiker Claude Luter (20. Jh.), der frz. ChansonS. Claude Nougaro (20. Jh.), der Schriftsteller Claude Farrère (= Frédéric Bargone, 19./20. Jh.), der frz. Komponist Claude Debussy (genannt: Claude de France, 19./20. Jh.). – Eine frz. Königin (Gemahlin Franz I, 16. Jh.), nach der eine Pflaumensorte »reine-Claude« (Reneklod) genannt wurde. Die ital. FSchau. Claudia Cardinale, die frz. FSchau. Claudine Auger, Clodette Colbert, die frz. Schriftstellerin Claudine Tencin (20. Jh.), die Tänzerin Claude Bessy (20. Jh.), die engl. ChansonS. Claude Wolff (= Petula Clarke) (20. Jh.)., die Hauptgestalt «Claudine« (1900–1903) der frz. Schriftstellerin Colette (1873–1954) nicht zu vergessen. – FN: Claud(e), Clot, Claux, Claudel, Claudet, Claudin, Claudon, Claudius, Klaudi, Gladis, Gladys, Klode, Kleudgen, Claudius, Klaudies, Kladen, Clodius.

Clemens Männlich: Clemens, Klemens. Engl. Clement, KoF: Clem, Clim. Frz. Clément, Erw. Clémentin. Ital., span. Clemente. Lat. Clemens. Niederl. Clemens, KoF: Mang. Poln. Klemens. Russ. Klemens, Kliment. Ungar. Kelemen. – Weiblich: Clementia, Klementia. Engl. Clementia und die Erw. Clementine. Frz. Clémence und die Erw. Clémentine. Lat. Clementia, Clementina. Niederl. Clementia und die Erw. Clementina. Poln. Klemencza.
»Clemens« entspricht dem lat. Adj. »clemens« = gütig, sanftmütig, mild, gnädig. – N: 23.11, Zw: 444, Sinnbild: Lamm und Anker, Gewächs der Ölbaum. – 14 Päpste, der frz. Komponist Clément Janequin (16. Jh.), der frz. Dichter Clément Marot (16. Jh.), der poln. Dichter Klemens Janicki (16. Jh.), die frz. Architekt Clément Métezeau (16./17. Jh.), der Schriftsteller Clemens Brentano (19. Jh.), der österr. Staatsmann Klemens Metternich (19. Jh.), der Chem. Clemens Winkler (Germanium – 1885), der frz. Pionier der Luftschifffahrt Clément Ader (19./20. Jh.), der Komponist Clemens Schmalstich (20. Jh.), der Dirigent Clemens Krauss (20. Jh.), der engl. Pol. Clement Atlee (20. Jh.), der tschech. Pol. Clement Gottwald (20. Jh.), der sowj. GFM Kliment Woroschilow (20. Jh.) – FN: Clément, Clementi, Clemo, Clenson, Clements, Clemmen, Clémenceau, Clementel, Clémont, Klems, Klemen(s), Klemmt, Klämbt, Klemp(s), Mens, Menz, Klimpt, Klemet(h), Kliemet, Klameth, Klemm, Klimend, Klima(t). – Die Mandarinensorte »Klementine« verdankt ihren Namen dem frz. Pater P. Clément, der 1902 diese Frucht durch Kreuzung züchtete.

Cölestin Männlich: Cölestin, Cölestinus (die lat. F), auch: Celestin, Zölestin(us) (die dt. Schreibw.). Frz. Célestin. – Weiblich: Cöleste und die Erw. Cölestina, Cölestine (auch mit »Z« geschr.). Frz. Célestine.
Aus dem lat. Adj.: »caelestis« = himmlisch, vom lat. Wort: »caelum« = der Himmel (aus einem idg. Stamm »*kai-d« = hell, leuchtend). Bedeutung: der Himmlische. Bei den Römern Beiname von Jupiter. Vgl. den hawaiischen PN: »Lani« (w = die Himmlische). – T: Stier – N: 19. Mai. – »Cölestin(us)» war der Name von fünf Päpsten. Der frz. Maler Célestin Nanteuil (19. Jh.).

Colette Weiblich: Colette, Coletta, auch: Koletta.
»Colette« ist eine frz. Aphäresis (Abkürzung) von: »Nicolette«; Erw. von »Nicole«, frz. weibl. F von »Nicolas« (= Nikolaus, s. allda). – T: Fische – N: 6. März – Zahlwert: 451 (s. »Nikolaus«). – In Frankreich ziemlich verbreitet (1960 = 21. der Frauennamen).

Columba Weiblich: Columba, Colomba und die Erw. Colombina (alle auch mit »K« geschrieben. Engl. Columba. Frz. Colombe.
Das lat. Wort: »columba« = die Taube. Seit Noah, das Sinnbild der Versöhnung, des Friedens. – Vgl. den lat. PN: »Tortora« (w = die Turteltaube), den span. »Paloma« (w = Taube), den alban. »Bitto« (m = die Taube) oder den niederl. »Duive«/Duif (m), »Duifje« (w) = die Taube. – T: Steinbock – N: 31. Dezember.

Conan Männlich: Conan. Engl. Conan. Ir. Conán.
Ir. PN, aus einem kelt. Stamm »*kuno« = hoch, erhaben, hehr. Vgl. den bibl. (hebr.) PN: »Eli« (m = hochgestellt), den arab.: »Ali« (m = hehr), den griech. »Hypatia« (w = die sehr Hohe). T: Waage – N: 28. September. – Der engl. Schriftsteller Arthur Conan Doyle (1859–1930), »Vater« v. Sherlock Holmes.

Concepción Weiblich: Span. Concepción; KoF: Concha, Conchita, Chita.
Nach einem span. Beinamen der Gottesmutter: »La Inmaculada *Concepción*« de la Virgen« = die Unbefleckte *Empfängnis* der Jungfrau. – Eine indirekte Bezeichnung (s. »Carmen«) Mariä, sehr häufig in allen spanisch sprechenden Ländern. – T: Schütze – N: 8. Dezember.

Concordia Weiblich: Concordia.
Das lat. Wort »concordia«, zsgs. aus: »cum« = mit + »cor«/»cordis« = Herz = von einem Herzen mit = Eintracht. – T: Löwe – N: 13. August.

Connor Männlich: Engl. Connor, Conor. Ir. Conchobhar.
Ir. PN kelt. Herkunft. Bedeutung: »starker Wille«. – Vgl. den altdt. Männernamen: »Willihard«.

Cora Weiblich: Cora, auch: Kora; KoF: Coretta, Corette und die Erw. Corinna, Corina, Corinne, Corine (auch mit »K« geschr.). Frz. Cora und Corinne.
»Cora« ist das griech. Wort: »korê« = Mädchen, Jungfrau. Genau wie ein anderer griech. PN: »Parthena« (w) oder der bibl. (hebr.) »Naara« (w). – »Cora«/»Kora« war ein Beiname einer von den Athenern sehr verehrten Göttin: Persephone, Tochter der Vegetationsgöttin Ceres. – Zahlwert: 325 – Blume: die Mimose – Materie: der Bernstein. – Seit Anfang der 70er Jahre sind »Cora«/»Corinne« Modenamen in der BRD und in Frankreich. – Die frz. Schausp. Cora Vaucaire (20. Jh.). Die griech. Dichterin Korinna (6. Jh. v. Chr.), »Corinne«, Hauptgestalt des gleichnamigen Romans (1807), der frz. Schriftstellerin Madame de Staël, die norw. Schriftstellerin Cora Sandel (20. Jh.). Die amerik. FSchau. Corinne Calvet.

Cordelia Weiblich: Cordula, Cordelia; KoF: Cordel, Corrie, Corry, auch: Cora (alle auch mit »K« geschr.). Engl. Cordelia (Shakespeare hat diesen PN für seinen »King Lear« [1606] von Holinshed übernommen, eigentl. »Cordeilla«, die cornwalis. Var. von »Cordula«.)
»Cordula« ist die weibl. F der lat. Verkleinerung: »cordulus«, von »cor«/»cordis« = Herz, Herzchen (aus einem idg. Stamm »*kerd«, griech. »*kard*ia«). – Schon für die Alten war das Herz der Sitz des Lebens und der Seele. In fast allen Sprachen ist »Herzchen« (»cordula«) ein Kosewort. Man pflegt immer noch den Ehering am »Ringfinger« der linken Hand zu tragen, weil die Römer schon wussten, dass ein kleiner Nerv jenen Finger direkt mit dem Herzen verbindet. – T: Waage – N: 22. Oktober.

Cornelius Männlich: Cornel(ius), auch mit »K« geschrieben; KoF: Niels, Nelles, Nelli(e)s. Niederl. Cornelis, Kees. Engl. Cornelius; KoF: Cornel(l). – Weiblich: Cornelia, Kornelia; KoF: Corrie, Nelli, Nahl. Engl. Cornelia; KoF: Corry. Dän., ital., niederl., schwed., span. Cornelia.
Die »Cornelier« waren eines der ältesten patrizischen Geschlechter Roms.

Nach Plutarch (1. Jh. n. Chr. – Quaestiones Romanae – IV) kommt dieser Name vom lat. Wort: »cornu« = Horn. Mit dem Sinne: der Gehörnte. – Cornelius: T: Jungfrau – N: 16. September –; Cornelia: T: Widder – N: 31. März – Zahlwert: 558 – Blume: gelber Hornstrauch – Stein: der Heliodor. – In den Niederlanden besonders beliebt (1960: Cornelis + Kees = 4. der Männernamen, Cornelia = 6. der Frauennamen). – Der niederl. Theologe Cornelis Jansen (17. Jh.), der niederl. Staatsmann Cornelis de Witte (17. Jh.), der frz. (niederl.) Maler Cornelius Van Dongen (20. Jh.), der rumän. Pol. Cornelio Codreanu (20. Jh.), der amerik. Schausp. Cornell Wilde. – Cornelia, Mutter der Gracchen (2. Jh. v. Chr.), die Schausp. Cornelia Froboess (20. Jh.), die FSchau. Cornell Borchers. – FN: Cornelis, Corneille, Cornelissen, Cornill(e), Cornil, Kornelius, Corneljes, Corell, Neel(s), Nélissen, Niles, Nilius, Niel(s)en, Neil, Cornilleau, Cornillet, Cornillot.

Corona Weiblich: Corona, auch: Korona.
Das lat. Wort »corona«, aus dem griech. »koroné«, Bedeutung: »Krone« – daher auch das dt. Wort (aus einem idg. Stamm »*kor« = krumm, gebogen). – S. »Stefan« und vgl. den bibl. (hebr.) PN: »Atara« (w) = Krone. – T: Stier – N: 14. Mai – Zahlwert: 284. – Die Schausp. und Sängerin Corona Schröter (18./19. Jh.) von Goethe verehrt (»Und schön Dein Name ziert, Corona, Dich!«).

Corvin Männlich: Corvin(us) und die Erw. Corbinian(us).
Lat. PN »Corvinus« aus dem lat. Wort: »corvus« = der Rabe. – Vgl. den bibl. (hebr.) PN: »Oreb« (m = Rabe), den griech. »Korax« (m = Rabe), den altdt. »Hraban« (m = Rabe), den altfrz. »corbo« (m = Rabe) oder den (modernen) ir. »Bran« (m = Rabe). – »Corvinus« war übrigens der Humanistenname für »Rabe«. – T: Jungfrau – N: 8. September.

Cosima Weiblich: Cosima, auch: Kosima. Ital. Cosima. – Männlich: Cosmas, auch: Kosmas. Ital. Cos(i)mo. Frz. Côme.
Aus dem griech. Wort: »kosmos«, urspr. »Ordnung«, dann »Zierde«/»Schmuck« und schließlich: »wohlgeordnetes Weltall«. – Vgl. den lat. PN: »Mundus«, zunächst die etrusk. Göttin der Schönheit, der Harmonie, dann »mundus« = die Welt. – T: Waage – T: 26. September – Zahlwert: 79. – Aus dem Ital. übernommen. Cosima Liszt (18./19. Jh.), die Gemahlin v. Richard Wagner.

Crescentia Weiblich: Crescentia, Kreszentia, Kreszenz; KoF: Kresel, Kredel, Zenzi, Senta. – Männlich: Crescentius, Creszenz.
Lat. PN, aus dem lat. Zeitwort: »crescere« = wachsen (aus einem idg. Stamm «*kre« = Same (keimen). – Bedeutung: stets wachsend (im Guten und an Gütern). Ein röm. Beiname vom Kind Jupiter und Diana. – T: Zwillinge – N: 15. Juni. – Die bayer. hl. Kreszenz Höss (18. Jh.) war ein häufiges Namensvorbild in Bayern.

Crispin Männlich: Crispin(us), die Erw. Crispinianus (beide auch mit »K« geschr.). Frz. Crépin.
Aus dem lat. PN und Adj.: »Crispus«/ »crispus« (m), (selber aus dem griech. »krispos«) = der Kraushaarige. Wie der dt. FN: Kraus(e). Vgl. den lat. PN »Cincinnatus« (m = der Lockhaarige). – T: Skorpion – N: 25. Oktober. – Der fläm. Maler Chrispijn van den Broek (16. Jh.) – FN: Crépinn, Crespin, Crispin, Crespi, Crespy, Crespet C(h)rispeels, Crespeigne, Krispin, Crispien.

Curtis Männlich: Engl. Curtis, zuweilen als »Curt« verkürzt.
Engl. Männername aus dem altfrz. Adj.: »corteis« (12. Jh.) = höflich. Vgl. den engl. PN: »Caradog« (m), walis.: »Ceredig« (m), latinisiert: »Caractacus«, aus einem kelt. Stamm = höflich, liebenswürdig.

Cynthia Weiblich: Cynthia. Engl. Cynthia.
Aus dem griech. »Kynthia« = die vom Berge Kynthos, auf der Insel Delos (Kykladen). Der Name »Kynthos« mit der Gruppe »-nth« ist wahrscheinlich minoischer Herkunft. – »Kynthia« war ein Beiname der Artemis, griech. Fruchtbarkeitsgöttin. – »Cynthia« ist in den angels. Ländern nicht selten.

Cyprianus Männlich: Cyprian(us), auch: Zyprian(us). Ital., span. Cipriano.
Lat. PN: »Cyprianus«, aus dem griech. »Kyprianos« = der aus der Insel Kypros Stammende. Ein Herkunftsname. Dieselbe Insel hat uns noch ein Metall: »aes cyprium« = Erz aus Kypros = Kupfer, und einen Baum: »kyparissos« = Zypresse, gegeben. – T: Waage – N: 26. September. – Der niederl. Komponist Cyprianus de Rore (16. Jh.), der fläm. Schriftsteller Cypriaan Mather (17./18. Jh.). – FN: Cyprien, Cyprian, Supprian, Sabria, Cipriani, Kuprian.

Cyriacus Männlich: Cyriac(us), auch: Zyriak(us).
Aus dem griech. Adj. der Zugehörigkeit: »kyriakos« = zum Herrn (s. »Cyrus«) gehörig. Wie der bibl. (hebr.) PN: »Lael« (m) und der lat. »Dominik(us)« (m). – T: Löwe – N: 8. August. – FN: Cyriakus, Cyriax, Cirax, Zi(e)riax, Siliax.

Cyrillus Männlich: Cyrill(us), auch: Kyrill(us). Engl. Cyril. Frz. Cyrille. – Weiblich: Cyrilla, auch: Kyrilla.
Lat. »Cyrillus« (m), griech. »Kyrillos« = dem Herrn (s. »Cyrus«) gehörig. – T: Krebs – N: 7. Juli – Zahlwert: 526. – Der hl. Kyrill(os) (9. Jh.) Apostel der Slawen, für die er die Bibel übersetzte und hierzu eine besondere Schrift erfand, heute noch nach ihm »kyrillische« Schrift (= das russ. Alphabet) genannt, der engl. Dramatiker Cyrill Tourneur (16./17. Jh.), der fläm. Schriftsteller Cyriel Meunier, der fläm. Schriftsteller Cyriel Buysse (19./20. Jh.), der engl. Hist. Cyril Parkinson (20. Jh.), der brit. Chem. Sir Cyril N. Hinshelwood (N56), der engl. Psychologe Cyrill Burt (20. Jh.), der jugosl. Schriftsteller Ciril Kosmač (20. Jh.). – FN: Kirileis, Cürlis, Zilkens, Zilliken(s), Zil(l)ius, Killirowitsch, Killirowna.

Cyrus Männlich: Cyrus. Engl. Cyrus; KoF: Cy. Franz. Cyr. – Weiblich: Cyra, auch: Kyra, Kira.
Lat. »Cyrus«, griech. »Kyros«, geht auf das altpersische Wort: »kurusch« zurück, der Titel der ehemaligen Perserkönige (6. Jh. v. Chr.). Bedeutung: Herr, Gebieter. Vgl. den griech. Gebetsruf: »kyrie eleison« (= Herr, erbarme Dich!). – T: Zwillinge – N: 16. Juni. – Der amerik. Maschinenbauer Cyrus MacCormik (19. Jh.), der ital. Phys. Ciro Chistoni (19./20. Jh.), der ital. Maler Ciro Denza (19./20. Jh.), der amerik. Ingenieur Cyrus Field (transatlantischer Telegraf, 19. Jh.), der peruanische Schriftsteller Ciro Alegria (20. Jh.). – FN: Cilius, Zill, Zilges, Cyrus.

D

Dag Männlich: Dag, Erw. Dagino, Tagino.
»Dag« ist eine KoF von früheren germ. PN auf »Dag-« (= der Tag) und evtl. von kelt. PN auf »Dag«/»Dago«/»Daco« (= der Gute). – T: Zwillinge – N: 9. Juni. – Dag Hammarskjöld (1905–61), Gen.-Sekretär der UNO.

Dagny Weiblich: Dagny. Dän., schwed. Dagny.
Skand. Frauenname, zsgs. aus »dag« = der Tag + »ny« = neu, Bedeutung: hell wie der neue Tag. – N: 11. September.

Dagmar Weiblich: Dagmar, Dagmara. Dän., schwed. Dagmar.
Dieser skand. Frauenname hat mit dem germ. Männernamen »Dag(o)mar« nichts Gemeinsames, ist aber eine dän. Verstümmelung des slaw. Frauennamens: »DRAGOMIRA« (= die Friedliebende). So hieß eine böhmische Prinzessin († 1212), die beliebte Gattin des dän. Königs Waldemar d. Siegreichen († 1241). – T: Waage – N: 27. September. – Um die Jahrhundertwende von Dänemark übernommen. – Die Schausp. Dagmar Altrichter (20. Jh.).

Dagobert Männlich: Dagobert; KoF: Dabbert. – Weiblich: Dagoberta.
Germ. PN, aus »Dag« = der Tag + »-bert« = glänzend (s. das Gliedwort »bert«). Bedeutung: hell, strahlend wie der Tag. – Der Frankenkönig Dagobert I (7. Jh.), dessen Enkel Dagobert II heilig gesprochen wurde († 679). – N: 23. Dezember.

Dagomar Männlich: Dagomar.
Kann ein germ. PN sein, aus »Dag« = der Tag + »mar« = berühmt, wie »Dagobert«, aber auch ein kelt. PN: »Dagomaro«, aus »dago« = gut + »maro« = groß, ansehnlich.

Daisy Weiblich: Daisy. Engl. Daisy.
Blumenname, aus dem angels. »daeges eage« = Tagesauge, weil jene Blume (Maßliebchen, Gänseblümchen), sich morgens aufschließt und abends zuschließt, wie ein Auge. – Vgl. den frz. Mädchennamen »Pâquerette« (= Maßliebchen), den cornwalischen »Caja« (= Maßliebchen). – Um die Jahrhundertwende in England erschienen.

Damaris Weiblich: Damaris. Engl. Damaris.
Griech. Frauenname: »Damaris«, aus dem griech. Wort »damar« = Gefährtin, Gattin. – T: Waage – N: 4. Oktober – Zahlwert: 356. – Jener Name des NT (Apg 17,34) war bei den engl. Puritanern beliebt und ist heute in den USA nicht selten.

Damian Männlich: Damian; KoF: Dami. Engl. Damian. Frz. Damien.
Lat. PN »Damianus«, aus dem griech. »Damios«, aus dem Namen »Damia«, Beiname der griech. Fruchtbarkeitsgöttin »Kybele«. – T: Waage – N: 26. September. – In den 70er Jahren, gelegentlich in Frankreich und in den angels. Ländern. – Der ital. Bildhauer Damiano Belcaro (11. Jh.), der port. Hist. Damiaõ de Goes (16. Jh.), der ital. Chem. Damiano Ghirgliano (19. Jh. = die Streichhölzer, 19. Jh.). – FN: Damien, Damia, Damian(i), Do(=h)mjan, Dam, Deman, Demianczuk, Demancik.

Dan Männlich: Dan. Engl., dän. Dan. Schwed. Dan; KoF: Danne. – Weiblich: Dana. Engl., schwed. Dana.
»Dan« kann der bibl. PN »Dan«, der fünfte Sohn Jakobs sein, aus dem hebr. Wort »dan« = Richter. – Aber in Skandinavien kann auch »Dan« (m)/»Dana« (w) ein Völkername sein = der Däne. Vgl. den Männernamen »Nore« (= der Norweger) oder den Mädchennamen: »Svea« (= die Schwedin, wie in »Sverige« = Schweden, aus einem älteren »Svearike« = Reich der Schweden).

Daniel Männlich: Daniel; KoF: Dan (s. allda), Dan(n)i, Dän(n)i. Engl. Daniel; KoF: Dan, Danny. Frz. Daniel. Ital. Daniele. Slaw. Danilo. – Weiblich: Daniel(l)a, auch: Danela; KoF: Dana (s. »Dan«), Dan(i)a, Danja. Engl. Daniella, Danielle. Frz. Danièle, Danielle; KoF: Dany, Danie. Russ. Danila; KoF: Danja, Nila.
»Daniel« ist ein bibl. Männername hebr. Herkunft, aus zwei Elementen zsgs.: »Dan« = Richter (s. »Dan«) + »El« = Gottesname (= der Mächtige). Bedeutung: Gott (ist mein) Richter, Gott (ist der) Richter. – T: Krebs – N: 21. Juli – Zahlwert: 95 – Blume: der Velar (erysimum) – Stein: der Achat. – Seit einigen Jahren sind »Daniel« und »Daniela« sehr beliebte Vornamen in Deutschland, Österr. und in der Schweiz: 1977, BRD, »Daniel« = 5. der Männernamen, »Daniela« = 10. der Mädchennamen; 1978, »Daniel« = 6., »Daniela« = 8. – »Daniel« war auch Modename in Frankreich (1946–1966 = 14.). In den USA recht verbreitet (1950 = 23.) »Daniel« und die NebenF »Danilo«, »Danny«, »Danielo« waren mancherorts der vierte der Jungennamen und die weib. F Dani(e)la«, »Dana«, »Danila«, »Danilla«, »Danny« nehmen einen beachtlichen Rang unter den Mädchennamen ein. – Der ital. Dichter Daniele Arnaldo (12. Jh.), der Ital. Maler Daniele Ricciarelli (16. Jh.), der niederl. Maler Daniël Seghers (17. Jh.), der niederl. Dichter Daniël Jonetijs (17. Jh.), der Philos. Daniel Sennert (17./18. Jh.), der frz. Architekt Daniel Marot (17./18. Jh.), der engl. Schriftsteller Daniel Defoe (18. Jh.), der öster. Maler Gran (18. Jh.), der schweiz. Daniel Bernoulli (18. Jh.), der irische Unabhängigkeitskämpfer Daniel O'Connell (18./19. Jh.), der engl. Phys. Fahrenheit (18. Jh.), der frz. Komponist Auber (19. Jh.), der frz. Schriftsteller Daniel Rops (= Henry Petiot, 20. Jh.), die frz. Schausp. Daniel Gélin, Daniel Ceccaldi u. Daniel Invernel (20. Jh.), der amerik. Humorist Danny Kaye (geb. 1913). – Die frz. Schausp. Danielle Darrieux (geb. 1917), Dany Saval, die Sängerin Dany Robin (20. Jh.), die Schauspielerin Danièle Delorme (20. Jh.) – FN: Daan(e), Daans, Daen(e), Daenen(s), Daniau, Deniau, Dagneau(x), Daniaux, Dannequin, Danielli, Danis, Dany, Daniellot, Daniélou, Danel(e), Dangeleit, Daniel(l), Daniels, Dan(i)gel, Daan, Danne(e)l, Daenkindt, Daeninck(x), Daniau, Danys, Da(i)gnaux, Daninck(sen), Dans(aert), Danieli(us), Danne(i)l, Daniela, Daneke, Dangel, Dengel.

Dankmar Männlich: Dankmar (früher: Thankmar); KoF: Danko, Dammo, Tammo.
Germ. PN, aus zwei Elem. zsgs.: »Dank« = Ge*danke*, denken, Denker + »-mar« = berühmt (s. das Gliedwort: »mar«). Bedeutung: berühmter Denker. Genau wie der altgriech. PN: »Boulakles« (m).

Dankrad Männlich: Dankrad, auch: Tankred, Tancrède (die normann. Form, s. allda); KoF: Danko. – Weiblich: Dankrade; KoF: Danka.
Germ. PN, aus zwei Elem. zsgs.: »Dank« = Gedanke, denken, Denker + »Rad« (s. das Gliedwort: »Rad-«) = Rat, Berater. Bedeutung: weiser, überlegter Berater.

Dankwart Männlich: Dankward, Dankwart; KoF: Danko, Tanko.
Germ. PN, aus zwei Elem. zsgs.: »Dank«

= Ge*danke*, denken, Denker + »wart« = Hüter, Schützer. Bedeutung: der weise Beschützer. – Hagens Bruder im Nibelungenlied.

Dante Männlich: Dante. Engl., frz., ital. Dante.
Kontr. F von »Durante«, Partizip der Gegenwart des lat. und ital. Zeitwortes »durare« = ausdauernd, widerstandsfähig. Vgl. den altfrz. PN »Durandus« (m). – T: Wassermann – N: 11. Februar. – In Italien noch glgtl. in Andenken an Dante Alighieri (= All[d]ighieri, aus dem germ. PN »Adelger« († 1321), wie Dante G. Rossetti (19. Jh., Maler u. Dichter).

Daphne Weiblich: Daphne, auch: Dafne, Daphna. Engl. Daphne; KoF: Daph, Daff, Daffy.
Aus dem griech. Wort: »daphnê« = Lorbeer, Lorbeerbaum. In der griech. Mythologie war »Daphne« eine Nymphe (griech. »nymphe« = junge Frau), die von Apollo in einen Lorbeerbaum verwandelt wurde. Daher der Name. – Eine Oper »Daphne« (1937) von R. Strauss. Die engl. Schriftstellerin Daphne Du Maurier (20. Jh.).

Darius Männlich: Darius. Engl., frz. Darius. Ital. Dario. Span. Darío. – Weiblich: Daria.
Die griech. F »Dareios« (m) geht auf den altpers. Männernamen: »Dâryâvusch« zurück = mächtig, groß durch seine Güte. – Darius: T: Schütze – N: 19. Dezember –; Daria: T: Skorpion – N: 25. Oktober – Zahlwert: 520. – Drei Perserkönige (Darius I, 6. Jh. v. Chr.), der frz. Komponist Darius Milhaud (20. Jh.).

David Männlich: David; KoF: Vid, Vidli, Vit, Dofele. Engl. David; KoF: Davy, Dave. Dän., frz., schwed., span., niederl. David. – Weiblich: Davida. Engl. Davida. Schott. Davina.
Unlängst entdeckte Tontafeln mit Keilschriften (in den Ruinen von Ebla/Syrien) erwähnen häufig einen Männernamen: »Da-u-dum«. Bei den Amoriten (Westsemiten des 3. Jahrt. v. Chr.) war ein »Dauidum» (Davidum) ein »Kriegsherr«. Die genaue Entsprechung des germ. Männernamens »Haderich«, des altgriech. »Stratarkhos« (oder umgekehrt: »Arkhestratos«), des gallischen »Vercingetorix« (= Chef der Elitekrieger) oder des kanad.-indianischen: »Wenemouet«. – T: Steinbock – N: 29. Dezember – Zahlwert: 24 – Blume: das Basilienkraut – Stein: der Chrysolit. – »David« war von 1940 bis 1965 sehr beliebt in England (meistens der 1. oder 2. der Männernamen). In den USA 1946–56 = 6. In Frankreich in den 70er Jahren in manchen Städten Nr. 1. – 2 schott. Könige, 2 byzantin. Kaiser, der Schutzheilige von Wales. Der südniederl. Messias Jorisz (16. Jh.), die beiden fläm. Maler (Vater u. Sohn) David Teniers (17. Jh.), der schott. Entdeckungsreisende David Livingstone (19. Jh.), der engl. Staatsmann Lloyd George (20. Jh.), der Math. David Hilbert (20. Jh.), der engl. Phys. David Hughes (das Mikrophon – 1877), der russ. Mus. David Oistrach (20. Jh.), der mexik. Maler Siquëiros (20. Jh.), der amerik. Jazzmus. Dave (David) Brabeh (20. Jh.), der amerik. FReg. Griffith (20. Jh.), der frz. Schriftsteller David Rousset (20. Jh.), die Hauptgestalt von Dickens »David Copperfield« (1849/50) nicht zu vergessen. – FN: David, Davis(on), Davidts, Daviès, Dhanens, D'Hanis, David(t), Davisius, Davidso(h)n, Tewele, Benda (Ben = Sohn von D.), Dofele, Davit, Davidek, Davison, Dav(e)y, Davidou, Davidou, Davin, Davier, Daviaud, Daviot, Davien, Davin(et), Davies, Daw(e), Dawson, Damkins, Dawson, Daykin, auch evtl.: Veit, Beit.

Dean Männlich: Dean. Engl. Dean.
Engl. Männername, aus dem lat. »decanus« (aus »decem« = zehn), urspr. Oberer von zehn Mönchen (daher auch unser »Dekan«). – In den angels. Ländern nicht selten (England 1971 = 35. der

Männernamen). Die amerik. Pol. Dean Dusk und Dean Acheson (20. Jh.).

Deborah Weiblich: Debora, Deborah. Engl. Deborah, auch: Debra (gilt als »modern«); KoF: Debby, Debbie. Frz. Deborah.
Bibl. Frauenname hebr. Ursprungs: »deborah« = die Biene. Wie der griech. Frauenname: »Melissa«/»Melitta«. – T: Jungfrau – N: 21. September – Zahlwert: 217 – Blume: der Dosten – Materie: Bernstein. – Modename in den USA (1946–1956 = 3.) und in England (1960–1970 unter den ersten fünf Mädchennamen). – Die amerik. FSchau. Deborah Kerr, Debby Reynolds, die israel. Schriftstellerin Deborah Baron (20. Jh.).

Delia Weiblich: Delia. Engl. Delia.
Griech. Frauenname: »Delia« = von der Insel Delos stammend. Delos (aus einem vorgriech. Stamm »diell« = Sonne) ist die kleinste der Kykladen, in der griech. Mythologie, Geburtsort der Fruchtbarkeitsgöttin Artemis und ihr Beiname. Vgl. »Cynthia«.

Delila Weiblich: Delila, Delilah. Engl. Delilah. Frz. Delila.
Bibl. Frauenname, hebr. Herkunft: »d'lilah« = die mit der herabfallenden Locke. – Zahlwert: 79. – Simsons Geliebte. In »Samson et Dalila« (1877) v. Saint-Saëns verewigt.

Delfine Weiblich: Delfine, Delphine. Frz. Delphine. Ital., span. Delfina. – Männlich: Frz. (früher): Dauphin. Ital. Delfino.
Lat. »Delphinus« (m), griech. »Delphinos« (m) kommt vom Namen der griech. Stadt: Delphis = der (die) aus Delphis stammend. »Delphinos« war ein Beiname Apollos. Dieser Name floss später mit dem des Delphins (Wal) zusammen, als christliches Sinnbild. – T: Schütze – N: 26. November. – »Delphine« war Modename in Frankreich in den 70er Jahren. – Die frz. FSchau. Delphine Seyrig.

Delizia Weiblich: Delizia. Ital. (ital. Schweiz): Delizia.
»Delizia« ist ein ital. Wort = Wonne, Entzücken, aus dem lat. »deliciae« (daher die Adj.: »deliziös« und »*delikat*«).

Demetrius Männlich: Demetrius. Ital. Demetrio. Russ. D(i)mitri, volkstümlich: Mitri; KoF: Mitja. – Weiblich: Demetria. Ital., span. Demetria.
Griech. PN: »Demetrios« (m) = der Erdgöttin »Demeter« gewidmet. Der Name dieser griech. Fruchtbarkeitsgöttin ist aus: »de« = attisch für das griech. »gê« = die Erde + »meter« = Mutter, zsgs. – T: Widder – N: 9. April. – »D(i)mitri« ist ein ziemlich häufiger Männername in den slaw. Ländern (UdSSR = 15./20. Jh.). – Der russ. Chemiker Dmitri Mendelejew (19. Jh.), der russ. Dichter Mereschkowski (19./20. Jh.). Der russ. Maler Dimitri Levizki (18./19. Jh.), der ungar. Schriftsteller Dmitri Dimow (20. Jh.), der sowj. Atomforscher Dimitri Blochinzew (20. Jh.), der russ. Kompon. Dmitrij Schostakowitsch (20. Jh.), der russ. Schriftsteller Dmitri Gugorowitsch (19. Jh.).

Denis Weiblich: Denise. Frz. Denise. – Männlich: Dionys(ius); KoF: Dion, Donnis, Donisi. Frz. Denis, Denys. Engl. Den(n)is; KoF: Denny. S. auch »Sidney«.
Griech. PN: »Dionysios« (m) = dem Dionysos geweiht. Dionysos war der griech. Gott des Weines. Sein Name bedeutet: der Zeus (= Gott) von Nysa (ein sagenhaftes Land der alten Griechen – in Asien oder in Afrika). – T: Waage – N: 9. Oktober – Zahlwert: 1014. – »Denis« ist lange der frz. Nationalheilige gewesen. Das frz. Kriegsgeschrei lautete damals: »Montjoie Saint-Denis!« (»Montjoie« ist eine Verstümmelung vom fränkischen »mund-gawi« = Landesverteidigung). – Der port. Seefahrer Dionisio Fernandez (15. Jh.), der fläm. Maler Denijs Calwaert (16./17. Jh.), der

frz. Erfinder Denis Papin (17./18. Jh.), der ital. Dichter Dionigi Strocchi (17./18. Jh.), der frz. Schriftsteller Denis Diderot (18. Jh.), der russ. Dramatiker Dionisij Fonwisin (18. Jh.), der frz. Math. Denis Poisson (19. Jh.), der russ. Dichter Dawidow (19. Jh.), der neugriech. Dichter Denys Solomos (19. Jh.), der Abt Denis Cochin (Gründer des Hospitals, 18. Jh.), der frz. Bildhauer Denis Foyatier (19. Jh.), der brit. Phys. Dennis Gabor (N71), der frz. Schriftsteller Denys Amiel (20. Jh.), der frz. Philos. Denis de Rougemont (20. Jh.), der frz. FReg. Denys de La Patellière (20. Jh.) – FN: Denis(en), Den(e)y(s), Deniset, Denisot, Denizet, Denizot, Nizet, Nizard, Niset, Nisot, Deni(e)(s), Denijs, Denissen, De Nys, Dionys(os), Dion(isius), Dinges, Dünneisen, Dynse, Dénes, Nisi(us), Nys(sen), Nieske, Sintenis, Denison, Dennes, Deniseau, Dion, Denie(s)sen, Donizeau, Diene(s)sen, Dens.

Deodat Männlich: Deodat(us). Frz. Déodat. Ital., span. Deodato. – Weiblich: Deodata.
Lat. PN, eigentl. »a Deo datus« (m) = von Gott gegeben. Vgl. den frz. »Dieudonné« (m), Beiname mancher fürstl. Kinder, die als ein Geschenk, eine Gnade Gottes betrachtet wurden. U. a. Ludwig XIV – 23 Jahre lang inbrünstig erbeten. – T: Zwillinge – N: 19. Juni. 2 Päpste, der frz. Geologe Déodat de Dolomieu (daher das Wort »Dolomit« – 18. Jh.), die ital. Dichterin Diodata Saluzzo (18./19. Jh.), der frz. Komponist Déodat de Séverac (19./20. Jh.).

Derk Männlich: Derk, Dirk, sind nddt. KoF von »Diederik« = Dietrich (s. allda), schon lange (Dirk = 10. Jh.), Derk (15. Jh.) als selbstst. Vorname gebraucht.

Desiderius Männlich: Desiderius; KoF: Desi. Frz. Désiré u. Didier. – Weiblich: Desideria. Frz. Désirée.
Lat. PN, Partizip der Vergangenheit: »desideratus« (m) des Zeitworts »desiderare« = der (die) Ersehnte, dessen (deren) Geburt mit Ungeduld erwartet wurde. Wie der bibl. (hebr.) »Saul« (m) oder den altruss. »Ždan« oder »Bažen« (m). – T: Stier – N: 8. Mai. – Désiré (m)/Désirée (w) sind nicht selten in Nordfrankreich. Der Männername »Didier« war beliebt in Frankreich in den 70er Jahren. – Der ital. Bildhauer Desiderio da Settignaro (15. Jh.), der Humanist Desiderius Erasmus (15./16. Jh.), der ungar. Dichter Dezrö Kostolany. – Désirée Clary (Frau Bernadottes, die schwed. Königin wurde), der frz. Dirigent Désiré Inghelbrecht (20. Jh.).

Detlef Männlich: Detlef, Detlev; KoF: Delf. Fries. Tjalf. Dän. Ditlev (Detlev). Schwed. Detlof.
»Detlef«/»Detlev« ist die niederdt. F des germ. Männernamens: »Dietleib«, aus zwei Elementen zsgs.: Diet = Volk (s. das Gliedwort: »Diet-«), Leib = Sprössling, Sohn, Nachkomme (germ.: »*laibo«). Bedeutung: Sei ein echter Sohn deines Volkes. – T: Löwe – N: 7. August – Zahlwert: 812 – Gewächs: der Efeu. – In der Dietrichsage einer der 12 Recken Dietrichs von Bern. Der Dichter Detlev von Liliencron († 1909), der dän. Staatsmann Ditlev Reventlow (18./19. Jh.). – FN: Detlev, Detlevsen, Tjadlef(fs), Tellefsen, Detlof.

Diana Weiblich: Diana, Diane. Engl. Diana, Diane; KoF: Di. Frz. Diane. Dän., ital., span., schwed. Diana.
»Diana«, Name einer ital. (1000 v. Chr.) Göttin des Mondes, ist von einem idg. Stamm »*diew« = glänzendes Licht (dann: der Himmel) hergeleitet. Bedeutung: die Glänzende. – T: Zwillinge – N: 9. Juni. – Von der Renaissance besonders geliebt. Diane de Poitiers (16. Jh.), Diane de France (16./17. Jh.), die amerik. Sängerinnen Diana Shore, Diana Ross (20. Jh.), die engl. FSchau. Diana Dors, Diana Rigg (20. Jh.) und die »Lady Di« von England (20. Jh.).

Gliedwort

Diet auch: Dit(t)-, Died-, Teut-, Theod-, The-, Det-.
Wort = Volk. Germ. »*theuda«, got. »thiuda«, ah. »diot(a)«. – In den PN immer als erstes Element. Mit »Gott-« und »Sieg-« das produktivste Gliedwort der dt. Namengebung. – Das entsprechende Adj., ahd. »diutisk« = zum Volk gehörend, volkstümlich, bezog sich urspr. auf die Sprache der nicht romanisierten Franken. Daher unser heutiges »deutsch«.

Die anderen Männernamen auf »Diet-« spielen nur noch eine bescheidene Rolle in der heutigen dt. Namengebung:

Dietbald S. die latinisierte F: Theobald.

Dietbert Frz. Thibert, zsgs. aus »Diet-« (s.) + »-bert« (s.) Dieselbe Bedeutung wie: Dietmar (s.).

Dietbrand zsgs. aus »Diet-« (s.) + »Brand« = Schwert.

Dieter Männlich: Dieter (ältere Schreibung: Diether).
»Dieter« kann aus einem älteren PN: »Diether« (m) entspringen, eine Zusammensetzung von »Diet-« = Volk (s. »Diet-«) + »her« = Heer, Kämpfer (s. »her-«) = des Volkes Kämpfer. Die Entsprechung vom altgriech. PN: »Demostratos«, umgekehrt »Stratodemos« (m). Aber »Dieter« ist meistens die oberdt. KurzF von »Diet-Namen«, in erster Linie: »Dietrich«. – T: Stier – N: 29. April – Zahlwert: 325 – Blume: die weiße Hyazinthe. – Kurfürst und Bischof Dieter von Isenburg (15. Jh.)., der Komponist Dieter Schnebel (20. Jh.), der Schriftsteller Dieter Kühn (20. Jh.). – FN: Detter, Ditter, Didier, Dizier, Didiot, Diderot, Didot, Jeandidier.

Dietger (Theodegar), zsgs. aus »Diet-« (s.) + »Ger« (s.) = Speer, den Sinn von »des Volkes Kämpfer«, der sich für sein Volk einsetzt.

Dietfried (auch: Theodefried), zsgs. aus »Diet-« (s.) + »Fried« (s.) = Schützer des Volkes. Wie:

Diethard auch Theodard, fries. KoF: Tjard, zsgs. aus »Diet-« (s.) + »hard« (s.) ist: »der Kühne im Volk«, eine germ. Entsprechung des altgr. PN: »Demosthenes« (m).

Diethelm zsgs. aus »Diet-« (s.) + »Helm« (s.).

Dietmar auch: Dittmar, Detmar, Detmer, Theodemar; KoF: Diemo, Thiemo, zsgs. aus »Diet-« = Volk (s. »Diet-«) + »mar« (s.) = berühmt, ist ein germ. Wunschname: verhalte dich so, dass du im Volk berühmt wirst. Vgl. den griech. »Damokles« (m). – T: Stier – N: 18. Mai – Zahlwert: 605. – Der Minnesänger Dietmar von Aist, der österr. Schausp. Dietmar Schönherr.

Dietolf s. Theodulf.

Dietram zsgs. aus »Diet-« = Volk + »ram« = Rabe (s. »ram-«).

Dietrich Männlich: Dietrich, Diederich, Diederik; KoF: Dieter (s.), Dieto, Dirk, Der(e)k, Derik, Dierk, Thi(e)lo. Fries. Tiark(e), Tetje, Tjark, Ded(d)o. Engl. Derek, Derrick, Dir(e)k; KoF: Derry, Rick. Frz. Thierry. Ital., span. Teodorico. S. auch »Theoderich«. – Weiblich: Diederike; KoF (auch von anderen Frauennamen auf »Diet-«): Didda, Didde, Dieta, Dit(t)a.
»Dietrich« ist die dt. lautliche Entsprechung des ostgot. Männernamens »Thiudarîks« (schon von Strabo – 1. Jh. v. Chr. erwähnt), gräzisiert: »Theoderikos«, mit einem überflüssigen »H«, unter Anlehnung an das griech. Wort »Theos« (= Gott), latinisiert: »Theodoricus« / »Theodericus«, aus zwei Elem.

zsgs: Theuda = Volk (s. das Gliedwort: »Diet-«) – Ricja = mächtig; auch: Fürst, König (s. das Gliedwort »Rik«). – Bedeutung: der Mächtige im Volk, der Volksfürst. Ein Spiegelbild des gall. »Toutiorix« (m), des griech. »Demostenes« (m), des bibl. (hebr.) Ortsnamens: »Helam«. – T: Krebs – N (u. a.): 1. Juli – Zahlwert: 406 – Blume: die (blaue) Hyazinthe. – Der Sagenheld Dietrich von Bern (= Verona), hinter welchem der Ostgotenkönig Theoderich († 526) steht, machte den Namen überaus beliebt im ganzen dt. Sprachraum. Desiderius Erasmus (15./16. Jh.), der evang. Theologe Bonhoeffer (20. Jh.), der Sänger Fischer-Dieskau (20. Jh.), der Komponist Dieter Schnebel (20. Jh.), der Schriftsteller Kühn (20. Jh.), der ungar. Dichter Dezrö Kostolany (20. Jh.), der amerik. FSchau. Dirk Bogarde. – FN: Di(e)trich(s), Dieterlen, Thier(r)y, Théry, Thierrard, Thierrart, Thérot, Thiriot, Derix, Derrick, Dick(ens), Dickinson, Dieden, Dielys, Diehl, Dielen, Dierk(x)(sen), Dierich(x), Dierkens(en), Dirckx, Dir(e)k, Diers(e), Tjarks, Dittmann, Tietke, Tre(c)ke, Terke, Dit(t)gens, Dieden, Dud(d)en, Thiem(e), Det(t)mann, T(h)iele(mann), Tiehl(e)mann, Dellmann, Deiter(le), Dietkerlin, Dielmann, Dietzen, Tetzel, Didier(e), Diettrich, Dierk(e), T(h)iedje(ns), T(h)ietke(n), Tittgen, Dickens, Thim, Tettmann, Dierges, Dieterl(e), Tetzel.

Dietwald aus »Diet-« + »wald-« (s.) = der Volksherrscher, wie der altgriech. »Leokrates« (m).

Von den Frauennamen auf »Diet-« seien hier nur erwähnt:

Dietberga auch: Dietburga, zsgs. aus »Diet-« = Volk + »berg-« (s.) = die Beschützerin des Volkes. Wie auch:

Dietgard

Dietgund zsgs. aus »Diet-« (s.) + »gund« (s.) = Kampf, Kämpferin, ist, wie: Diethild(e), zsgs. aus »Diet-« + »hild« (s.), diejenige, die für ihr Volk kämpft.

Dietlind Dietlinde; KoF: Dieta. Fries. Deetje, auch: Theodolind, aus »Diet-« (s.) = Volk + »lind« (s.) = die Weise (Kundige) im Volk. – T: Wassermann – N: 22. Januar – Zahlwert: 1216. – Beliebter Frauenname der Romantik.

Dietmut Dietmute, Demodis, aus »Diet-« (s.) = Volk + »mut« = Geist, Gemüt) = die Hochgesinnte aus dem Volk.

Dina(h) Weiblich: Dina, Dinah; KoF: Dienel. Engl. Dina, Dinah.
»Dina« kann die KoF eines Frauennamens aus »-dine«/»-dina« sein, wie: Amandine, Berendine, Claudine, Geraldine, Leopoldine usw., aber auch (vor allem mit »H« geschr.) ein bibl. Name hebr. Ursprungs: »dinah« = die zu ihrem Recht Verholfene. – Zahlwert: 69.

Dolores Weiblich: Dolores. Span. Dolores; KoF: Lola, Lolita, Dolorcita.
»dolores« ist das span. Wort für »Schmerzen« (Mehrzahl: los dolores, aus dem lat. »dolor« = Schmerz), eine indirekte Benennung (s. »Carmen«) der Jungfrau Maria, ungekürzt: Nuestra Señora de los Dolores = Unsere Frau der Schmerzen. – T: Jungfrau – N: 15. September. – Häufiger Frauenname in der spanisch sprechenden Welt und auch in den USA (1950 unter den ersten 20 Mädchennamen). – Die amerik. FSchau. Costello und Del Rio, die »Pasionaria« (Dolores Ibarruri) des span. Bürgerkrieges.

Dominikus Männlich: Dominik(us) Dominic (»Dominique« darf in Deutschland als Einzelname *nur* Mädchen gegeben werden. In der Schweiz kann »Dominique« männl. und weibl. gebraucht werden, aber nur in Verbindung mit einem anderen eindeutig männl.

oder weibl. Vornamen); KoF: Domini, Mini, Minkes, Minkus. Frz. Dominique. Ital. Domenico. Span. Domingo. – Weiblich: Dominika, Dominica, Dominique (auch: Domenica, Domnika). Frz. Dominique. Ital. Domenica.
Dieser Name ist das lat. Adj.: »dominicus« (m)/»dominica« (w) = dem Herrn (Dominus) gehörend. Wie der griech. PN »Cyriakus« (s.). Das lat. Wort »Dominus« (= Herr, Gott), früher: »domono-s« = Herr des Hauses (»domos« »domus« = Haus, *Domi*zil). – Dominikus: T: Löwe – N: 4. August –; Dominika: T: Stier – N: 8. Mai – Zahlwert: 713 – Blume: die Heckenrose – Stein: der Kunzit. – »Dominique (m. u. w.) war Modename in Frankreich in den Nachkriegsjahren. »Dominikus« u. »Dominika« sind ggw. in Deutschland beliebt. – Die dominikanische Republik wurde von Kolumbus an einem Sonntag (span. »domingo«) entdeckt. – Der hl. Dominikus († 1221), der ital. Maler Domenico Riccio (= il Brusasorzi 15. Jh.), der fläm. Drucker Dominik Maertens (15. Jh.), der niederl. Maler Dominik Bouds (15. Jh.), der ital. Maler Domenico Ghirlandaio (15. Jh.), der ital. Bildhauer Domenico da Settignano (15. Jh.), der niederl. Schriftsteller Dominicus Coornhert (16. Jh.), der niederl. Maler Dirk Barentsz (16. Jh.), der ital. Maler Domenico Campagnola (16. Jh.), der ital. Maler Domenico Theotocopuli (geb. in Kreta = El Greco, 16./17. Jh.), der ital. Archit. Domenico Fontana (17. Jh.), der ital. Maler Domenico Fetti (17. Jh.), der ital. Komponist Domenico Mazzocchi (17. Jh.), der Architekt Dominik Zimmermann (17./18. Jh.), der ital. Maler Domenico Scarlatti (17./18. Jh.), der frz. Phys. Dominique Arago (18./19. Jh.), der frz. Chirurg Dominique Larrey (18./19. Jh.), der frz. Maler Ingres (19. Jh.), der ital. Philos. Domenico Berti (19. Jh.), der ital. Schriftsteller Domenico Ciampoli (19./20. Jh.), der frz. Schausp. Dominique Paturel (20. Jh.), der chilen. Komponist Domingo Santa Cruz (20. Jh.), der Architekt Dominik Böhm (20. Jh.), der niederl. Maler Baksteen (20. Jh.), der frz. Schriftsteller Dominique Rolin (20. Jh.). – Die frz. Schausp. Dominique Blanchard, die frz. Schriftstellerin Dominique Aubier, Aury, Rollin (20. Jh.). – FN: Demange, Dom(e)(n), Domenech, Do(m)mange, Doom(st), Doumergue, Doumic, Demanche, Deman-geot, -geon, Mangin, Demonge, Monge, Mougeot(te), Domerc(q), Do(u)merc, Doumenc, Dominici, Maingeot, Mang(u)in, Domaigne, Domend, Domicent, Mangeon, Mongeot, Dominik, Domingo.

Donald Männlich: Donald; KoF: Don. Engl. Donald; KoF: Don, Donny. Ir. Dónal, Domhnall.
Kelt. Männername, aus zwei Elementen zsgs.: »Dumno« (früher »dubno«) = die Welt + »valo-s« = Herrscher. Bedeutung: der Weltherrscher. Wie der gall. Männername: »Dumnorix«: – T: Stier – N: 26. April. – Mehrere Schottenkönige. Der amerik. Flugzeugbauer Donald W. Douglas.

Donat Männlich: Donat(us). Frz. Donat. Ital., span. Donato. – Weiblich: Donata, Donate.
Lat. PN: Donatus (m), Partizip der Vergangenheit »donatus« des Zeitwortes: donare (= geben) = gegeben. Bedeutung: Gott gegeben, oder von Gott gegeben. – Vgl. den bibl. (hebr.): »Nathan« (m) oder den lat. »Deotat(us)« von ähnlicher Bedeutung. – T: Zwillinge – N: 24. Mai. – Der ital. Bildhauer Donato Donatelle (14./15. Jh.), der ital. Baumeister Donato Bramante (15./16. Jh.), der ital. Humanist Donato Gianotto (16. Jh.), der frz. Schriftsteller Donatien de Sade (18./19. Jh. – daher das Wort: »Sadismus«). – FN: Donatus, Donath, Do(n)nat, Donné, Donnet, Donnay, Donney, Donaty.

Doris Weiblich: Doris. Dän., engl., frz., niederl., schwed. Doris.

Oft als eine KoF von »Dorothea« betrachtet, kann auch »Doris«, wie »Lydia« oder »Sabine« ein Völkername sein: die Dorierin, die Frau aus Doris, eine altgriech. Landschaft südlich Thessaliens. Dieser Ländername kommt vielleicht vom Beinamen der Lokrer: »Dorismakhos« = Speerkämpfer, abgekürzt: Doris (= Speer). – T: Steinbock – N: 15. Januar – Zahlwert: 84 – Blume: das Heidekorn – Stein: der (rosenrote) Elbait. – In der griech. Mythologie war »Doris« die Tochter des Meeresgottes Okeanos. In England um 1925 einer der beliebtesten Mädchennamen. In den 60er Jahren Modename in der BRD, DDR und Österreich. – Die amerik. FSchau. Doris Day (geb. 1924).

Dorkas Weiblich: Dorkas. Engl., frz.: Dorcas. Niederl. Dorcas, Dorkas.
Dieser sehr seltene Vorname ist die griech. Übersetzung vom aram. (Die Sprache Christi) »Tabitha« (w) = die Gazelle. Wie der bibl. (hebr.) Männername »Ophra«. Vgl. die türk. Frauennamen: »Ceylan« und »Ahu« von selber Bedeutung. – Zahlwert: 395 – Apg 9/36-39.

Dorothea Weiblich: Dorothea, Dorothee; KoF: Dora, Dore(l), Erw. Dorina, Dorind(a), Dürte(n), Dorte(n), Dört(h)e, Dori(e)t. Engl. Dorothy (auch: Dorothea); KoF: Dolly, Doreen (ir. Dorrit). Dän. Dorothea, auch: Dort(h)ea, Dorthe.
Über das lat. »Dorotheus« (urspr. nur männlich!)/»Dorothea« (w) geht dieser Name auf das griech. »Dorotheos« (m) zurück, aus zwei Elem. zsgs.: »Dôron« = Gabe, Geschenk + »Theos« = Gott, also: Geschenk von Gott, Gottesgabe. Wie die Umkehrung: »Theodora« (w). Vgl. die bibl. (hebr.) »Nathanael« (m), umgekehrt: »Elnathan« (m) den engl. »Godiva« (w). S. auch: »Donat(us)«. – T: Wassermann – N: 6. Februar – Zahlwert: 891 – Blume: die (rote) Rose – Stein: der (rote) Spodumen. – In England im 16./17. Jh. derart verbreitet, dass die KoF »doll« zum Gattungsnamen für »Puppe« wurde (vgl. das frz. »marionette«, aus »Marion«/»Maria«). In England von 1920 bis 1929 unter den ersten fünf Frauennamen. In den USA um 1950 ebenfalls. In Deutschland, vom 15. bis zum 19. Jh., unter den 25 meistgebrauchten dt. Frauennamen. – Die sel. Dorothea von Montau (14. Jh.), Patronin Preußens, Dorothea von Brieg (17. Jh.), die »liebe Dorel«, Kurfürstin D. von Brandenburg (17. Jh.), die engl. Schriftstellerin Dorothy Richardson (19./20. Jh.), die amerik. Schriftstellerin Dorothy Parker (20. Jh.), die engl. Schriftstellerin Dorothy Sayers (20. Jh.), die Schausp. Malone, Lamour, Gish, Dandridge (20. Jh.), die FSchau. Dorothea Wieck.

Douglas Männlich: Douglas. Engl. Douglas; KoF: Doug, Duggie. Ir. Dubhghlas. Kelt. Fluss- und Ortsname, aus zwei Elem. zsgs.: »dubh« = dunkel + »glas« = Wasser, vgl. »Schwarzwasser«, »Schwarza«, dann PN. Nicht selten in Schottland, England und in den asiat. Ländern. – Die amerik. Schausp. Douglas Fairbanks, Campbell, der amerik. Gen. MacArthur (20. Jh.).

Duncan Männlich: Duncan. Engl. Duncan. Ir. Donnchadh.
Kelt. PN, aus zwei Elem. zsgs.: »donno« = braun, dunkel + »catu-s« = Krieger. Bedeutung: der dunkelhaarige Krieger. – T: Zwillinge – N: 25. Mai. – Mehrere Schottenkönige, darunter einer (11. Jh.) von MacBeth ermordet.

Duva Weiblich: Duva, Duyve; KoF: Du(i)fke, Dufina (hauptsächlich ost- u. westfries. F). Dän., schwed. Dyveke. – Männlich: Niederländisch (fries.): Duif, Duive.
Tiername: die Taube, niederl.: »duif«, schwed.: »duva«, dän.: »due«, aus einem idg. Stamm: »*dhumbos« = dunkel (wegen der Farbe des Gefieders). – Vgl.

den bibl. (hebr.) »Jemina« (w = die Taube), den lat. »Columba« (w, s.) oder das russ. Kosewort: »golubtschik« (= Täubchen).

E

Eamon Männlich: Eamon, Eamonn. Ir. Vorname, das ir. Pendant von »Edmond« (s.). – Der ir. Pol. Eamon de Valera (20. Jh.), der ir. Architekt Eamonn Roche (20. Jh.).

Earl Männlich: Earl. Engl. Earl. – Weiblich: Erla (KoF von Frauennamen auf »Erl-«).
Aus dem germ. Stamm »*erilaz« = freier Mann. Engl. »earl« = Graf. – Vgl. die engl. Männernamen: »King« (= König), »Duke« (= Herzog), »Prince« (= Fürst) usw.

Ebba Weiblich: Ebba, Eba, Erw. Ebbelina. Dän., schwed. Ebba. Niederl. Eppe, Ebelina. – Männlich: Ebbo, Ebo, Eppo. Dän., schwed. Ebbe.
»Ebba«/»Ebbo« sind (niederdt./fries.) KoF von PN auf »Eber-« (s. das Gliedwort: »Eber-«). – T: Jungfrau – N: 27. August – Zahlwert: 225 – Blume: die Hohlwurz – Stein: der Amethyst. – Ebba Brahe (17. Jh.), die Jugendliebe des Schwedenkönigs Gustav II, Adolf. Der dän. Schausp. Ebbe Rode (20. Jh.).

Eben-Haezer Männlich: Eben-Eser, engl.: Ebenezer. Bibl. hebr. Ortsname: »Eben-ha-Ezer« = der Stein der Hilfe. Ein Gedenkstein Samuels (1 Sam 7/12). – Der engl. Dichter Ebenezer Elliot (18./19. Jh.).

Gliedwort

Eber
Wort = der Eber. ahd. »ebur«, altn. »ýfurr« = Eber, junger Krieger, Fürst, alts. »eofor«. – In den PN bedeutet »Eber-« (immer als erstes Gliedwort): rüstig, feurig, ungestüm wie der (wilde) Eber.

Eberhard Männlich: Eberhard; KoF: Eber, Ebbo, Eppo, Epp. Fries. Jork, Jor(r)it. Franz. Ev(e)rard. – Weiblich: Eberharda, Eberharde; KoF: Ebba, und die Erw. Eberhardina, Eberhardine; KoF: Dina.
Alter germ. PN, aus zwei Elementen zsgs.: »Eber« = der Eber (s. das Gliedwort: »Eber-«) + »hart« (s. »hart-«) = stark, rüstig wie ein Eber. Vgl. den bibl. (hebr.) PN: »Hesir« (m = Eber), den lat. »Verrius« (= Eber). – T: Krebs – N: 22. Juni – Zahlwert: 705 – Blume: der (rote) Fingerhut. – FN: Everaerd, Everaerts, Everard, Evert(s), Ewert, Evrard, Euvrard, Ebrard.

Ebergard (w), zsgs. aus »Eber-« (s.) + »gard«, ist: die starke, feurige Beschützerin.

Ebergund(e) (w), zsgs. aus »Eber« + »gund« (s.) = die rüstige Kämpferin.

Eberhelm (m), zsgs. aus »Eber« + »Helm« (s.) = der starke, rüstige Beschützer.

Eberhild(e) (w), engl. Averil (w), zsgs. aus »Eber« + »hild« (s.) ist, wie »Ebergund(e)«: die rüstige Kämpferin.

Ebermund (m), zsgs. aus »Eber« + »mund« (s.). S. »Eberhelm«.

Eberwin (m), fries. KoF: Jorn, Jürn. Frz. Ebroin, zsgs. aus »Eber« + »win« (s.) = der starke, mutige Freund.

Eberwolf (m), Eberulf, Eberolf, aus »Eber« + »wolf« (s.) ist ein Wunschname: Sei stark wie der Eber und zäh wie der Wolf. Vgl. den sansk. PN: »Narasinha« = Mann + Löwe.

Eckehard Männlich: Eckehard, Eckehart, Eck(h)ard, Eck(h)art, Ekkehard. Fries. Edzard, Edsert; KoF: Eggo. Schwed. Eggert. Auch die Erw. Eginhard, Einhard.
Germ. PN, aus zwei Elementen zsgs.: EG = Schneide, Schwert(träger). S. das Gliedwort Agi- HARD = kühn, stark (s. das Gliedwort: »hard-«). – Bedeutung: der kühne Schwertkämpfer. Vgl. »Gerhard«, »Degenhard«/»Deinhard«. – T: Jungfrau – N: 15. September – Zahlwert: 573 – Blume: die (rote) Gladiole. – Der »getreue Eckart« der Wilkinasage, der Dichter Ekkehard von St. Gallen (10. Jh.), Meister Eckart († 1327), der Schriftsteller Edzard Schaper. – FN: Eckehard, Achard, Achart, Acard, Aicard, Eck(h)ar(d)(t), Eg(g)er(d)t, Agartz, Eck(h)er, Eg(g)ert(h), Eckermann, Erckman(n), Eckmann, Eggers, Ei(c)k(e).

Edda Weiblich: Edda, auch: Eda, Etta. Engl., schwed. Edda.
»Edda« ist die KoF von Frauennamen auf »Ed-«, wie: Edberta, Edwine, aber in erster Linie von: Edith. – Die »Edda-Lieder«, altnord. Sagen (8./11. Jh.), gehören nicht in diesen Zusammenhang. Das Wort »Edda« bedeutet: »Dichtkunst«.

Edel- s. unter »Adel-«.

Edgar Männlich: Edgar. Engl. Edgar; KoF: Ed. Frz. Edgar(d).
»Eadgar« ist die angels. Entsprechung des germ. PN. »Otger«/»Otker«, aus zwei Elem. zsgs.: OD = (Eigen)besitz, (Erb)gut (s. das Gliedwort: »OD-«) – GER = Speer(kämpfer) (s. das Gliedwort: »Ger-«). – Bedeutung: Der Kämpfer für (sein) Erbe. – T: Krebs – N: 8. Juli – Zahlwert: 500 – Blume: der Frühlings-Safran. – Mehrere engl. Könige (darunter ein Hl. – 10. Jh.), der amerik. Schriftsteller Edgar Allan Poe (19. Jh.), der frz. Maler Edgar Degas (20. Jh.), der frz. Pol. und Krimi-Autor Edgar Faure (20. Jh.), der frz. Komponist Edgar Varese (20. Jh.).

Edith Weiblich: Edith, Editha, Edit(e); KoF: Ed(d)a. Engl. Edith; KoF: Ede, Edda. Dän., frz., Edith. Schwed. Edith; KoF: Ditte.
»Eadgyth« ist die angelsächsische Entsprechung des germ. Frauennamens: »Otgund(e)«, aus zwei Elem. zsgs.: OD = (Eigen)besitz, (Erb)gut (s. das Gliedwort: »Gund«). – Bedeutung: Kämpferin für den angestammten Besitz, Kämpferin und Bewahrerin ihres Erbes. – T: Jungfrau – N: 16. September – Zahlwert: 520 – Blume: die Aster – Stein: der Amethyst. – Um die Jahrhundertwende Modename in England (= 6. der Frauennamen). In den USA, Frankreich und Deutschland vor dem 2. Weltkrieg verbreitet. – Die frz. Chansonsängerin Edith Gassion (= »Piaf« = der Spatz) (1915 bis 1963), Edith Södergran, finn./schwed. Lyrikerin (20. Jh.).

Edmund Männlich: Edmund. Engl. Edmund (früher: Edmond); KoF: Ed, Ned, Ted. Frz. Edmond, Edme. Ir. Éamon. – Weiblich: Edmunda, Edmunde. Frz. Edmée. Ital. Edmea.
»Eadmund« ist die angels. Entsprechung des germ. (ahd.) Männernamens: »Otmund«, aus zwei Elem. zsgs.: OD = (Eigen)besitz, (Erb)gut (s. das Gliedwort: »Od-«) – MUND = Schützer (s. das Gliedwort: »Mund-«). – Bedeutung: Schützer seines Erbes. – T: Skorpion – N: 20. November – Zahlwert: 727 – Gewächs: Wacholder. – Der Phil. Edmund Husserl († 1938), die frz. Schriftsteller Edmond de Goncourt (19. Jh.), Edmond Rostand (19./20. Jh.), der frz. Komponist Edmond Audran (19. Jh.), der ir. Staatsmann Éamon de Valera (20.

Jh.), Sir Edmund Hillary (Everest 1953), der Flugzeugbauer Edmund Rumpler (20. Jh.).

Edna Weiblich: Edna. Dän., engl., niederl., schwed. Edna.
Aus dem hebr. Wort: »ednah« = Verjüngung. Im apokryphen (griech. = geheim gehalten – weil zweifelhaft) Buch von Tobia, ist »Edna« die Mutter von Sara und die Schwiegermutter von Tobia. – Modename in England in den 20er Jahren. In den USA nicht selten. Dieser Name scheint gegen Ende des vorigen Jh. in England mit der engl. Schriftstellerin Edna Lyall (eigentlich: Ada E. Bayley) aufgekommen zu sein.

Eduard Männlich: Eduard; KoF: Ed, Ede, Edo, Edu, Eddy. Engl. Edward; KoF: Ed, Eddy, Teddy, Ted, Ned. Frz. Edouard. Port. Duarte. – Weiblich: Eduarde, und die Erw. Eduardina, Eduardine, Edwardina, -ine.
»Eadward« ist die angels. Entsprechung des germ. Männernamens: »Otward«, aus zwei Elem. zsgs.: OD = (Eigen)-besitz, (Erb)gut (s. das Gliedwort: »Od-«) – WARD = Hüter, Wächter (s. das Gliedwort: »Ward-«). – Bedeutung: Hüter seines Erbgutes, der Güter. Ordnungsverteidiger. – T: Waage – N: 13. Oktober – Zahlwert: 696 – Gewächs: der Lein. – Seit jeher in England Königsname (s. unter »Andreas« Fischarts Leier). Unter den ersten 10 Männernamen in den USA der 40er Jahre. – Der Dichter Mörike (19. Jh.), der frz. Komponist Lalo (19. Jh.), der norweg. Komponist Grieg († 1907), der frz. Maler Edouard Manet (19. Jh.), der Komponist Künneke (19./20. Jh.), die frz. Pol. Herriot u. Daladier (20. Jh.), der tschech. Pol. Benesch (20. Jh.), der poln. Marschall Rydz-Smigly (20. Jh.), der Radfahrer Eddy Merckx (geb. 1945), der Radfahrer des Jahrtausends; der pol. Schriftsteller Eduard Bernstein (20. Jh.), der amerik. Schriftsteller Edward Albee (20. Jh.), der amerik. Biochem. Edward Doisy (N43), der engl. Phys. Edward V. Appleton (N47), der kolumb. Schriftsteller Eduardo C. Calderon (20. Jh.), der poln. Pol. Edward Gierek (20. Jh.), der engl. Schriftsteller Edward Forster (20. Jh.), der amerik. Biochem. Edward Kendall (N50), der Komponist Eduard Künneke (20. Jh.), der engl. Schriftsteller Edward M. Mackenzie (20. Jh.), der amerik. Phys. Edward M. Purcell (N52).

Edvige Weiblich: frz. Schreibung für »Hedwig« s. da.

Edwin Männlich: Edwin, auch: Otwin, Odwin. Engl. Edwin, Edwyn. – Weiblich: Edwina, Edwine.
»Eadvine« ist die angels. Entsprechung des germ. Männernamens: »Odwin«, aus zwei Elem. zsgs.: OD = (Eigen)besitz, (Erb)gut (s. das Gliedwort: »Od-«) – WIN = Freund (s. das Gliedwort: »Win-«). – Bedeutung: der begüterte Freund. Vgl. den altgriech. »Philoktet« (m). – T: Stier – N: 18. Mai – Zahlwert: 1012. – So hieß der erste christ. König v. Northumbrien, Gründer (617) der Stadt: »Ed-(w)inburgh« = Edinburgh. – Der amerik. Schausp. Booth (19. Jh.), der Pianist Edwin Fischer (20. Jh.), der amerik. Phys. Edwin Hall (20. Jh.), der amerik. Phys. Edwin MacMillan (N51), der GFM Edwin von Manteuffel (20. Jh.), der amerik. Astronom Edwin Hubble (20. Jh.).

Egbert Männlich: Egbert, E(c)kbert, Eckbrecht, Egbrecht. Fries. KoF: Ebbert, die Erw. Egilbert, Agilbert, Eilbert, Eginbert. – Weiblich: Egberta, die Erw. Egbertina.
Germ. PN, aus zwei Elem. zsgs.: »EG-« = Schneide, Schwert + »bert« (s. das Gliedwort »bert«) = durch sein Schwert berühmt. – T: Stier – N: 24. April – Zahlwert: 302 – Blume: die (weiße) Gladiole. – Einer der ersten Könige von ganz England († 839).

Egid S. Agid.

Egilo S. Agilo.

Eginald Männlich: Eginald, Einald; KoF: Egino. Fries. Ayold; KoF: Aye, Ayko.
Germ. PN, zsgs. aus »Agin-« (s. das Gliedwort: »Agi-«) = Schwert + »walt-« (s. das Gliedwort: »wald«) = Herrscher.

Eginhard Männlich: Eginhard, Einhard; KoF: Egino.
Germ. PN, zsgs. aus »Agin-« (s. das Gliedwort: »Agi-«) = Schwert + »hart« (s. das Gliedwort: »hart«) = kühn.

Eginolf Männlich: Eginolf, Eglof(f), Egolf, Eklof; KoF: Egino, Eggo. S. unter »Agilolf«.

Egmont Männlich: Egmont, auch: Egmund, Egmond, Eckmund. Frz., niederl. Egmont, Egmond.
»Egmont« ist die niederl. (und nddt.) Form des germ. Männernamens: »Agimund«, zsgs. aus »Agi-« (s. das Gliedwort: »Agi-«) = Schwert + »mund« (s. das Gliedwort: »mund«) = Beschützer. Bedeutung: der Schützer mit dem Schwert. – Goethes »Egmont« (1787) verewigt den fläm. Freiheitskämpfer Lamoraal Graf von Egmond, 1568 hingerichtet.

Egon Männlich: Egon. Schweiz. Var.: Egli.
»Egeno« und »Egino«; KoF von germ. PN auf »Egin-«/»Eg-«/»Eck-« (s. das Gliedwort: »Agi-«) waren schon im 8./9. Jh. sehr verbreitet. Nach dem 14. Jh. wurden jene F von »Egon«, mit einer lat. Endung, verdrängt. – T: Krebs – N: 15. Juli – Zahlwert: 115 – Blume: Vergissmeinnicht. – Der Schriftsteller Hans-Egon Holthusen (20. Jh.), der dän. Zeichner Egon Mathiesen (20. Jh.), der Architekt Egon Eiermann (20. Jh.), der Schriftsteller Egon E. Kisch (20. Jh.), der österr. Maler Egon Schiele (20. Jh.), der Schausp. Egon Jordan, der tschech. Schriftsteller Egon Hostowisky (20. Jh.).

Ehrenfried Männlich: Ehrenfried.
Erst seit Anfang des 17. Jh. belegt. Als ein Resümee des Satzes des NT (Lk 2.14): »*Ehre* sei Gott in der Höhe und *Frieden* auf Erden bei den Menschen seines Wohlgefallens.« – Aber vielleicht auch eine Fortsetzung des alten germ. PN: »Arnfried« (m)/»Ernfriede« (w), zsgs. aus »Arn-« (s.) = Adler + Fried (s.) = (adler)starker Beschützer.

Ehrengard Weiblich: Ehrengard.
Wahrscheinlich eine Umdeutung des alten germ. Frauennamens »Arengard« zsgs. aus »Arn-« = Adler (s.) + »gard« (s.), die weibl. Entsprechung von »Ehrenfried«.

Ehrentraud Weiblich: Ehrentr(a)ud, Ehrentraut.
Wahrscheinlich eine Umdeutung des alten germ. Frauennamens: Arentrudis (aus »Arn-« = Adler [s.] + »trud« = Kraft, kräftig, mächtig wie der Adler), mit dem ersten Glied als »Ehre« empfunden. – T: Krebs – N: 30. Juni.

Einar Männlich: Einar. Dän. Einar, Einer, Ejnar, Ejner. Schwed. Einar, Ejnar, Enar. Finn. Einari, Eino.
Isländ. Männername, früher: »*aina-herjar«, zsgs. aus: »ein« = ein, allein + »herjar« = Krieger (s. das Gliedwort: »Her-«). Bedeutung: der (vor den anderen) allein kämpft. – T: Skorpion – N: 17. November. – Durch die nord. Literatur (Ibsen, Hamsun) beliebt gemacht. – Der isländ. Dichter Einar Gilsson (14. Jh.), der dän. Astronom Ejnar Hertzsprung (19./20. Jh.), der schwed. Flieger Lundberg (20. Jh.).

Eitel Männlich.
Ahd. »îtal« = nur, bloß, ungefälscht, »eitel Freude« = nichts als Freude, reine Freude. Jener adverbiale Zusatz bedeutete, dass der Betreffende nur einen Rufnamen

oder keinen Doppelnamen trug, dass »Eitelfriedrich« z. B. nur »Friedrich« hieß und nicht etwa »Friedrich-Wilhelm« oder »Friedrich-August«. – Als der Sinn jener Partikel verloren ging, wurden sie als selbstst. Vornamen gebraucht! Heute noch in »Eitelfriedrich«, »Eitelfritz«, Eiteljörg«, »Eitelwolf«.

Eleonore Weiblich: Eleonora, Eleonore, Leonore, Lenore; KoF: Lore, Lora, Lorchen, Nora, Nore. Engl. Eleanor (die geläufigste F), auch: Eleanora; KoF: Ellie, Ella, Nell(ie), Nora. Frz. Eléonore. Ital. Eleonora.
Seit dem 11. Jh. (Aliénor), provenzalische Weiterbildung von »Helene« (s.). – T: Krebs – N: 25. Juni, auch: 1. Juli – Zahlwert: 265 – Blume: die Mimose – Stein: der Heliodor. – In der angels. Welt gehört »Eleanor« immer noch zu den 30 meistgebrauchten Frauennamen. In Deutschland ist die F »Lore« (oft als Doppelname: HeideL., HanneL., Inge L., L.-Marie usw.) noch beliebt. – Viele europ. Fürstinnen (u. a. die Mutter v. Richard Löwenherz), die ital. Schausp. Eleonora Duse (19./20. Jh.), die amerik. Eleanor Roosevelt (20. Jh.).

Elfriede Weiblich: Elfriede, Elfrieda; KoF: Elfi(e), Effi, Frida, Friedel. Engl. Elfreda.
Dieser germ. Frauenname erschien in Deutschland (wahrscheinlich aus England übernommen) gegen 1770. Vielleicht aus dem angels. »AElfritha« (Gattin König Edgars – 8. Jh.). Es ist sehr schwer zu sagen, ob das erste Glied: »Alf-« (s. das Gliedw. »Alb-«) oder »Adel-« (s.) und das zweite: »Fried-«, (s.), »Rad-« (s.) oder das an. »fridr« (= schön) ist. – T: Stier – N: 20. Mai – Zahlwert: 286 – Blume: die Wunderblume – Stein: der (rosenrote) Elbait. – Im 19. Jh. und Anfang des 20. Jh. bes. beliebt. Die österr. Sängerin Elfie Mayerhofer (20. Jh.).

Eliane Weiblich: Eliane. Frz. Eliane. Ital. Eliana.
Ital. Frauenname, aus dem griech. »helios« = die Sonne. »Eliane« wird oft als die weibl. Form von »Elias« empfunden.

Elias Männlich: Elias; KoF: Leies. Frz. Elie. Engl. Elias, Elijah. Russ. Ilja.
»Elias« ist die griech. Form des bibl. (hebr.) Männernamens: »Elia« ('elijjah) = (mein) Gott ist Jah(we). – T: Krebs – N: 20. Juli – Zahlwert: 52. – Der Baumeister Elias Holl (16./17. Jh.), der russ. Zoologe Ilja Metchnikow (N80), der finn. Schriftsteller Elias Lönrot (19. Jh.), der frz. Schriftsteller Elias Canetti (20. Jh.).

Eligius Männlich: Eligius, Elogius; KoF: Eloy, Loy, Lei. Frz. Eloi.
Partizip der Vergangenheit »electus« des lat. Zeitwortes: »eligere« = der Auserwählte. – T: Schütze – N: 1. Dezember. – Der hl. Eligius, Schatzmeister des merow. Königs Dagobert (6./7. Jh.).

Elisabeth Weiblich: Elisabeth(a); KoF: Else, Elsa, Elsi, Elsina, Elisa, Elsbeth, Ella, Elli, Elly, Lisa, Lise, Lisbeth, Lisette, Lieschen, Betti, Bettina, Elsche, Elsbe, Ilse. Port. Isabel (s.). Span. Isabel(a).
»Elisabeth«, altgriech. »Elisabet«, kommt aus dem Hebräischen: »Elisheba«, aus zwei Elem. zsgs.: »El« = Gott (= der Mächtige, der vorn ist) + »sheba« = Eidschwur). Bedeutung: Gott ist (mein) Eid, der Mächtige ist derjenige, dem ich Treue schwor. – T: Skorpion – N: 19. November – Zahlwert: 553 – Blume: der Enzian – Stein: der Indikolit (blauer Turmalin). – Seit dem 14. Jh. einer der 4 oder 5 meistgebrauchten dt. Frauennamen. Die unzähligen KoF, längst als selbstst. Vornamen, auch als Doppelnamen (Liselotte) gebraucht, weisen auf die Beliebtheit des Namens hin. »Elizabeth« ist heute noch Modename in England und in den USA. – Viele Königinnen, Kaiserinnen, Fürstinnen. Die hl. Elisabeth von Thüringen (13. Jh.),

die niederl. Schriftstellerin Betje Wolff (18./19. Jh.), die engl. Dichterin Elizabeth Browning (19. Jh.), die Schriftstellerin Elisabeth Langgässer und Elisabeth Heyking (19./20. Jh.), die engl. Erzählerin Elizabeth Bowen (20. Jh.), die Schausp. Elisabeth Flickenschildt (20. Jh.), die Sängerin Elisabeth Schwarzkopf (20. Jh.), die Demoskopin Elisabeth Noelle-Neumann (20. Jh.), die amerik. Schriftstellerin Elizabeth Roberts (20. Jh.), die bulg. Dichterin Elisaweta Bagriana (20. Jh.), die Pianistin Elsa Kraus (20. Jh.), die Schriftstellerin Elisa Polko (19. Jh.), die frz. Schausp. Elisée Félix (= Rachel) (19. Jh.), die poln. Schriftstellerin Eliza Orzeszkowa (19./20. Jh.), die amerik. FSchau. Bette Davis (20. Jh.), die frz. Malerin Elisabeth Vigée-Lebrun (18./19. Jh.), die amerik. Schausp. Liz Taylor (20. Jh.), die Schriftstellerin Else Lasker-Schüler (19./20. Jh.), die ital. Schriftstellerin Elsa Morante (20. Jh.), die amerik. Jazzsängerin Ella Fitzgerald (20. Jh.).

Elvira Weiblich: Elvira. Engl., ital., span. Elvira. Frz. Elvire.
Span. Frauenname, dessen älteste Form: »Geloyra« (eine span. Königin des 9. Jh.) auf einen westgot. PN hindeutet, wahrscheinlich eine Zusammensetzung aus »gail« = lebhaft + »wera« = wahr, sicher. Bedeutung: Quicklebendig und zuverlässig. – T: Krebs – N: 16. Juli – Zahlwert: 259 – Blume: das Schöllkraut – Stein: der (gelbe) Sphen. – Außer Spanien durch die Legende von »Don Juan« (Don Giovanni) beliebt gemacht. – Die FSchau. Elvire Popesco.

Emanuel Männlich: Emanuel, auch: Emmanuel, Immanuel; KoF: Manu, Manuel (s.), Mendel. Engl. Emanuel. Frz. Emmanuel. – Weiblich: Emanuela; KoF. Manuela (s.).
»Emanuel« ist die griech.-lat. F des bibl. (hebr.) Männernamens: »Immanuel«: »'immanu'el«. Matthäus I–23 deutet den Namen: »...die Jungfrau wird schwanger werden und einen Sohn gebären, und sie werden ihn Immanuel nennen, das bedeutet: ›Gott mit uns‹.« – T: Widder – N: 26. März – Zahlwert: 197 – Blume: das (gelbe) Stiefmütterchen – Stein: der (gelbe) Spodumen. – »Emmanuel« (m) war Modename in Frankreich in den Nachkriegsjahren. – 2 port. Könige, der niederl. Maler Emmanuel De Witte (Vitti, 17. Jh.), der Philos. Emmanuel Kant (18./19. Jh.), der span. Dichter Manuel Quintana (18./19. Jh.), der port. Dichter Manoel Barbon du Bocage (18./19. Jh.), der frz. Pol. Emmanuel Sieyès (18./19. Jh.), der frz. Komponist Emmanuel Chabrier (19. Jh.), der frz. Schriftsteller Emmanuel Miel (19. Jh.), der frz. GFM Emmanuel Grouchy (18./19. Jh.), der niederl. Schriftsteller Emmanuel Querido (19./20. Jh.), der frz. Bildhauer Emmanuel Frémiot (19./20. Jh.), der frz. Geograf Emmanuel de Martonne (19./20. Jh.), der amerik. Schausp. Emanuel Robinson (20. Jh.), der frz. Philos. Emmanuel Mounier (20. Jh.), die frz Schriftsteller Emmanuel Berl, Emmanuel Bove, Emmanuel Robles (20. Jh.), der Zeichner Emmanuel Poiré (= Caran d'Ache, 20. Jh.), der argent. Schriftsteller Manuel Gálvez (20. Jh.), der span. Komponist Manuel de Falla (19./20. Jh.), Manuel Quintana (= El Cordobes, 20. Jh.), Emmanuel Grouchy frz. GFM (19. Jh.) – Die frz. Schausp. Emmanuelle Riva (20. Jh.), die frz. Schriftstellerin Emanuelle Arsan (20. Jh.). – FN: Emmanuel, Emanuelli, Manuel(le), Manuelli, Manuau, Mandel, Mendel, Maan.

Emerentia Weiblich: Emerentia, Emerenz; KoF: Meret, Renzi, Erw. Emerentiana.
Aus »emerens«, Partizip der Gegenwart des lat. Zeitwortes: »emereri« (aus »ex« = völlig + »mereri« = verdienen, daher: *Merit*) = die sich (Gottes Gnade) völlig würdig erweist. – T: Wassermann – N: 23. Januar.

Emil Männlich: Emil, Emile (die frz. Schreibw.), Ämilius, die Erw. Emilian. Ital., span. Emilio, Emiliano. – Weiblich: Emilia, Emilie; KoF: Mil(l)i, Mil(l)a, Emmi, Emi, Emele, Migeli und die Erw. Emiliane; KoF: Miliane, Liane. Engl. Emily.

Aemilius war der lat. Name des röm. Patriziergeschlechtes: die Aemilier. Ein etrusk. PN, zsgs. aus »Aia« = Bronze (lat. »aes«/»aeris« = Kupfer), germ. »*ajiz«, dt. *»ehern«* + »mule« = Schläger, Legierer (lat. mal-t-los = der Hammer). Bedeutung: der Erz-, Bronzegießer. – Emil: T: Zwillinge – N: 22. Mai –; Emilia: T: Wassermann – N: 17. Februar – Zahlwert: 808 – Pflanze: der Klee – Stein: der (grüne) Chrysokol. – »Emil« war im dt. Sprachraum um die Jahrhundertwende verbreitet. – Der frz. Dramatiker Emile Augier (19. Jh.), der Physiologe Emil Dubois-Reymond (19. Jh.), der Psychologe Emil Kraepelin (19./20. Jh.), der frz. Schriftsteller Emile Zola (19./20. Jh.), der frz./belg. Schriftsteller Emile Verhaeren (19./20. Jh.), der Serologe Emil von Behring (N01), der Physiologe Emil Abderhalden (20. Jh.), der frz. Bildhauer Emile Bourdelle (19./20. Jh.), der frz. Soziologe Emile Durkheim (19./20. Jh.), der schweiz. evangelische Theologe Emil Brunner (20. Jh.), der Schausp. Emil Jannings (20. Jh.), der frz. Kunsthändler Emile Gallée (20. Jh.), der frz. Math. Emile Borel (20. Jh.), der ital. Schriftsteller Emilio Cecchi (20. Jh.), der ital./amerik. Phys. Emilio Segré (N59), der frz. Lexikograf Emile Littré (19. Jh.), der frz. Bakteriologe Emile Roux (19./20. Jh.), der frz. Publizist Emile de Girardin (19. Jh.), der frz. Philos. Emile Chartier (= Alain, 20. Jh.), der frz. Kunstschriftsteller Emile Mâle (20. Jh.), der tschech. Athlet Emil Zatopek (20. Jh.). – Die engl. Schriftstellerin Emily Brontë (19. Jh.), die span. Schriftstellerin Emilia Pardo-Bazan (19./20. Jh.), die amerik. Lyrikerin Emilie Dickinson (19. Jh.), die frz. Komponistin Emilie Candeille (20. Jh.).

Emma Weiblich: Emma, Imma (s. auch »Irma«); KoF: Emmi, Emmy, Emi; Erw. Emmeline. Engl. Emma, Imma; KoF: Em, Emmie. Ital. Emma, Emmelina. Frz. Emma, Emmeline. – Männlich: Emmo, Immo.

Sehr alte – schon im 9. Jh. häufige – KoF von den mehr als 60 mit »Irmin« (= allumfassend, gewaltig groß, s. das Gliedwort: »Irmin-«) zsgs. germ. PN, jeder mit vielen Var. Zunächst: »Erma«/»Ermo«, dann »Emma«/»Emmo« (vgl. »Anno« aus »Arno«). – Emma: T: Widder, Krebs – N: 19. April, 29. Juni – Zahlwert: 314 – Blume: die (weiße) Seerose – Stein: der Morganit. – Um 1900 einer der ersten 20 dt. Frauennamen. Heute Modename in England. – Lady Hamilton (18./19. Jh.), Geliebte des engl. Admirals Nelson. Die niederl. Königin Emma (Großmutter von Juliana).

Emmerich Männlich: Amalrich, Amelrich, Em(m)elrich, Emmerich, Emerich; KoF: Emich, Emel. Ital. früher Amalrico, daher: Americo (und »Amerika«). Ung. Imre.

Germ. PN, aus zwei Elem. zsgs.: »Amal« (s. das Gliedwort: »Amal-«) = eifrig + »Rik« (s. das Gliedwort: »Rik«) = mächtig. Bedeutung: eifriger und mächtiger Kämpfer. – T: Skorpion – N: 4. November – Zahlwert: 406. – Der »ungar. Prinz« Imre Tököly (17./18. Jh.), der ung. Komponist Kálmán (19./20. Jh.), der ungar. Pol. Imre Nagy (20. Jh.).

Engelbert Männlich: Engelbert, Engelbrecht; KoF: Engel, Bert, Brecht. – Weiblich: Engelberta.

Germ. PN, aus zwei Elem. zsgs.: »Angil«, Völkername der Angeln, der sich dann mit dem ahd. »engil« = Engel, deckte + »Bert« (s. das Gliedwort »Bert«) = glänzend, berühmt. Bedeutung: berühmt bei den Angeln, oder: engelgleich glänzend. Genau wie: »Engelmar«. Während »Engelhard« = der Starke, Kühne wie ein Engel, war. – Engelbert: T: Skorpion – N: 7. November –; Engelmar: T: Steinbock –

N: 14. Januar. – Der Komponist Engelbert Humperdinck (19./20. Jh.). – Von den anderen »Engel«-Namen seien noch erwähnt die Frauennamen:

Engelberga – Engelburg, der, wie der Männername »Engelfried« die Bedeutung hat von: die (der) wie ein Engel schirmt.

Ephraim Männlich: Ephraim.
Bibl. (hebr.) PN (auch ON), aus einem hebr. Stamm: »pharah« = Frucht bringen, tragen. Bedeutung: doppelt (sehr) fruchtbar. Ein Wunschname, wie der griech. »Polykarp« (m = der viele Frucht bringt) oder der lat. »Fructuosus« (m = Frucht tragend). – T: Zwillinge – N: 9. Juni – Zahlwert: 351. – Der Dichter Gotthold Ephraim Lessing (18. Jh.).

Erasmus Männlich: Erasmus; KoF: Asmus, Asam, Rasmus. Frz. Erasme. Ital. Erasmo, volkst. Elmo (vgl. die »Elmsfeuer«!).
Aus dem griech. »Erasmios« (m) = begehrenswert, liebenswert (aus dem griech. Zeitwort: »eran« = wünschen, begehren). Eine Entsprechung des lat. »Amabel«. – T: Schütze – N: 25. November. – Desiderius Erasmus, der »Voltaire des 16. Jh.« soll seinen niederl. Namen: Gerrit Gerritszoon (= Gerhard, Sohn v. Gerhard) falsch übersetzt haben, in dem Glauben, dass »Gerrit« (oder »Geert«) aus »beg*eerd*« – begehrt, entspränge.

Erdmann Männlich: Erdmann.
Oft eine Var. von »Hartmann« (s.), aber seit dem 17. Jh. nachreformatorische Neubildung, als Übersetzung von »Adam« = Mann aus Erde, empfunden.

Erdmut(h)e Weiblich: Erdmut(h)e.
Var. des germ. Frauennamens »Hartmute« (s.), ebenfalls seit dem 17. Jh. als eine neudt. Entsprechung von »Erdmann« betrachtet. Beide Vornamen wurden oft zum Schutz gegen böse Erdgeister, die das erstgeborene Kind dahingerafft hatten, gegeben.

Erhard Männlich: Erhard, auch: Ehrhard, Erhart; KoF: Ehrle, Hard. Fries. Errit.
Germ. PN, aus zwei Elem. zsgs.: »Era« = Ehre (vielleicht auch eine Verwechslung mit dem Gliedwort »Her-« (s.) + »hard-« = kühn, stark (s. das Gliedwort: »hard«). Bedeutung: der durch Ehren Starke. – T: Steinbock – N: 8. Januar – Zahlwert: 685 – Blume: die (gelbe) Tulpe. – Noch in Bayern, Baden und Österr. verbreitet. – Der Maler Erhard Reuwich (15. Jh.).

Erich Männlich: Erich, Erik, Eric(k). Engl. Eric; KoF: Air, Erie, Rickie. Dän. Erik, Jerik. Norw. Eirik. Schwed. Erik, Erk(en). Finn. Erkki. Frz. Eric. Ital. Erico. – Weiblich: Erika, Erica; KoF: Eri. Frz., ital. Erica. Schwed. Erika; KoF: Rika, Riken.
Uralter skand. PN: »Airik(i)s« (schon auf Runeninschriften), aus zwei Elem. zsgs.: »Aina« = eins, einsam + »rikijaR« (s. das Gliedwort: »Rik«) = Herrscher. Bedeutung: alleiniger Machthaber, Alleinherrscher. Genau wie das griech. Wort: »Monarch« (aus: »monos« = einsam + »arkhos« = Herrscher). – T: Stier – N: 18. Mai – Zahlwert: 112 – Blume: die Erika (aus dem griech. »ereike«, aus »ereiken« = brechen, weil jene Pflanze sehr leicht zerbricht) – Stein: der hellblaue Saphir. – Der Name des Schutzpatrons von Schweden ist seit jeher in Skandinavien überaus beliebt. »Erich« war Modename im dt. Sprachraum von 1900 bis 1930, »Eric« in England in den 20er Jahren, »Eric« in Frankreich in den 50er und 60er Jahren. »Erika« war bis 1945 ein sehr häufiger dt. Frauenname. – Der niederl. Maler Erik Wichman (19./20. Jh.), der frz. Komp. Erik Satie (19./20. Jh.), der Gen. u. Pol. Erich Ludendorff (19./20. Jh.), der Schriftsteller Erich-Maria Remarque (= Umkehrung vom FN: Kramer, 19./20. Jh.), der

Gen. von Falkenhayn (WK 1.), GFM Erich von Manstein (20. Jh.), Großadm. Erich Raeder (20. Jh.), der FReg. Erich von Stroheim (20. Jh.), der Zool. Erich von Holst (20. Jh.), der FReg. Erich Rommer (20. Jh.), der schwed. Lyrik. Erik Klarfeldt (20. Jh.), der Maler Erich Heckel (20. Jh.), der Pol. Erich Honecker (20. Jh.), der Schriftsteller Erich Däniken (20. Jh.), der schwed. Erik Lindegren (20. Jh.), der Philos. Erich Rothacker (20. Jh.), der schwed. Dichter Erik Blomberg (20. Jh.), der belg. Dichter Erich Haulleville (20. Jh.), der schott. Schriftsteller Erich Linklater (20. Jh.), der frz. Segler Erich Tabarly (20. Jh.), der frz. ChansonS. Erich Charden (20. Jh.). – Die FSchau. Erika von Thellmann (20. Jh.), die Sängerin Köth (20. Jh.). – FN: Erikson (in Schweden der 5. der FN), Eriksen (norweg.), Island: Erikson.

Erkenbald Männlich: S. »Archibald«.

Erkenbert Männlich: germ. PN, aus zwei Elem. zsgs.: »Erken« = echt, ausgezeichnet, sehr + »bert« (s. das Gliedwort: »bert-«) = sehr berühmt.

Erkenfried Männlich: germ. PN, aus »Erken« + »Fried-« (s. das Gliedwort »Fried-«) zsgs.: der hervorragende Beschirmer, wie der Frauenname:

Erkengard/Erkenhild Weiblich: aus »Erken-« + »Hild« (s. das Gliedwort »Hild«) = die echte Kriegerin.

Erkentr(a)ud Weiblich: aus »Erken-« + »Traud« (s. das Gliedwort: »Traud«) = die sehr Starke.

Erkenwald Männlich: aus »Erken« + »Wald« (s. das Gliedwort: »Wald-«) = der tüchtige Walter.

Erlfried Männlich: Erl(e)fried. – Weiblich: Erlfriede; KoF: Erla.
Germ. PN, aus zwei Elem. zsgs.: »Erl-« = freier Mann, edel (s. »earl«) + »Fried« (s. das Gliedwort: »Fried«) = der edle Beschützer.

Erltraud Weiblich: aus »Erl« = edel + »Traud« (s. das Gliedwort: »Traud«) ist »edel und kräftig«.

Erlwin Männlich: Erl(e)win, Erl(e)wein. – Weiblich: Erl(e)wine.
Germ. PN aus »Erl« = edel + »Win« (s. das Gliedwort »Win«) = Freund = der edle Freund.

Erma S. Irma.

Ermeline, Ermelinde S. Irmelin(d)e. Irmlinde.

Ermenfried S. Irmfried.

Ermengard S. Irmgard.

Ermenhard S. Irmhard.

Ermenhild S. Irmhild.

Ermenrich Männlich: Ermenrich, Ermanrich; KoF: Ermen, Emmon, Emle, Erm(o).
Alter germ. Männername, aus zwei Elem. zsgs.: »Irmo« (s. das Gliedwort »Irmo«) + »Rik« (s. das Gliedwort: »Rik«) = allumfassender Herrscher. – Ein ostgot. König (4. Jh.).

Ermentraud S. Irmentraud.

Erminold Männlich: Erminold, Ermold, Irmold.
Alter germ. PN, aus zwei Elem. zsgs.: »Irmo« (s. das Gliedwort »Irmo-«) + »Wald« (s. das Gliedwort: »Wald-«) = (wie »Ermenrich«) allumfassender Herrscher. – N: 6. Januar.

Erna Weiblich: Erna, auch: Erne, Erni. Schwed., span. Erna.
Wird jetzt hauptsächlich als eine KoF von »Ernesta« (s.) empfunden, aber kann auch die KoF eines (der vielen)

Frauennamen auf »Arn-« / »Ern-« (s. das Gliedwort: »Arn-«) wie: Arneberga, Arngard, Ernegildis, Arentrudis, Arnolda, Ernoildis, Arnhild usw. sein. – T: Jungfrau – N: 31. Juli – Zahlwert: 300 – Gewächs: Farnkraut – Stein: der hellgrüne Antigorit –. Um 1900 bes. beliebt. – Die Sängerinnen: Sack (20. Jh.), Berger (20. Jh.), die niederl. Spoorenberg (20. Jh.).

Ernst Männlich: Ernst, Ernestus (lat.); Erw. Ernestinus. Engl. E(a)rnest; KoF: Ern(ie). Frz. Ernest, Ernestin. Ital. Ernesto. – Weiblich: Ernesta; Erw. Ernestina; KoF: Erna, Erne, Erni, Tina, Tine, Stine. Engl. Ernestina, Ernestine. Frz. Ernestine.
»Ernst« ist einer der sehr wenigen uralten germ. PN, der nur aus einem einzigen Element besteht: »ernst« (wie in der Redewendung: »im Ernstfall«) = Streit, Kampf. Bedeutung: der entschlossene Kämpfer. – T: Skorpion – N: 7. November – Zahlwert: 257 – Gewächs: der Rainfarn – Stein: der gelbe Phenazit. – Bis zum Ersten Weltkrieg in Deutschland, England und Schweden sehr verbreitet. Auch als Doppelname (Ernstaugust, Ernstfried). – Herzog Ernst II von Schwaben (11. Jh.), Herzog E. der Fromme (17. Jh.), der Schriftsteller Arndt (18./19. Jh.), der Phys. Ernst Chladni (18./19. Jh.), der Schriftsteller Ernst T. A. Hoffmann (18./19. Jh.), der frz. Maler Ernest Meissonier (19. Jh.), der frz. Komponist Ernest Chausson (19. Jh.), der Zoologe Ernst Haeckel (19./20. Jh.), der Bildhauer Ernst Barlach (19./20. Jh.), der frz. Schriftsteller Ernest Legouvé (19./20. Jh.), der engl. Phys. Ernest Rutherford (19./20. Jh.), der Phys. Ernst Abbe (19./20. Jh.), der Philos. Ernst Cassirer (19./20. Jh.), der frz. Hist. Ernest Lavisse (19./20. Jh.), der frz. Schriftsteller Ernest Renan (19. Jh.), der ital. Schriftsteller Ernesto Psichari (19./20. Jh.), der belg. Industrielle Ernest Solvay (19./20. Jh.), die Schriftsteller Ernst von Salomon und Ernst Jünger (20. Jh.), der österr. Philos. Ernst Topitsch (20. Jh.), der amerik. Schriftsteller Ernest Hemingway (20. Jh.), der FReg. Ernst Lubitsch (20. Jh.), der ital. Friedensnobelpreisträger (N07), Ernesto Moneta, der engl. Arzt Ernest Walton (N51), der österr. Phys. Ernst Mach (19./20. Jh.), der schweiz. Dirigent Ernst Bloch, die Philos. Ernst Bloch und Ernst Benz (20. Jh.), der frz. Schriftsteller Ernest Pérochon (20. Jh.), der Schriftsteller Ernst Wiechert (20. Jh.), der Schriftsteller Ernst Lothar (20. Jh.), der argent. Schriftsteller Ernesto Sábato (20. Jh.), der Flugzeugbauer Ernst Heinkel (20. Jh.), der Flieger Ernst Udet (20. Jh.), der schweiz. Dirigent Ernest Ansermet (20. Jh.), der brit. Biochem. Ernest Chain (N45), der Schausp. Ernst Deutsch (20. Jh.), der brit. Pol. Ernest Bevin (20. Jh.), der kubanische Pol. Ernesto Guevara (s. »Che«) (20. Jh.), der fläm. Schriftsteller Ernest Claes (20. Jh.), der österr. Komponist Ernst Krenek (20. Jh.), der Schriftsteller Ernst Fischer (20. Jh.).

Erwin Männlich: Erwin (früher: Herwin), auch: Irwin. Ital. Ervino. – Weiblich: Erwine, Erwin(i)a. Ital. Ervina.
Alter germ. PN, aus zwei Elem. zsgs.: »Her« (s. das Gliedwort: »Herr«) = Krieger + »Win« (s. das Gliedwort: »Win«) = Freund. Bedeutung: der Freund des Kriegsvolkes. Heute auch als: Freund der Ehre empfunden. – T: Stier – N: 25. April – Zahlwert: 811 – Blume: der Oleander. – Erwin von Steinbach (13./14. Jh., Erbauer des Straßburger Doms), der österr. Phys. Schrödinger (20. Jh.), GFM. Rommel (20. Jh.), der Dichter Kolbenheyer (20. Jh.).

Esmeralda Weiblich: Esmeralda (auch: Esmiralda). Span. Esmeralda. Ital. Smeralda.
Spanischer Frauenname, aus dem span. Wort »esmeralda« = Smaragd (aus dem griech.: »smaragdos«, selber aus einem semit. Stamm: »maragdos« = der Glän-

zende). – Vgl. die engl. Frauennamen: »Garnet« (= Granat), »Opal«, »Ruby« (= Rubin).

Esra Männlich: Esra. Engl., niederl. Ezra. Frz. Esdras.
Bibl. hebr. PN aus »'ezra(h)« Hilfe (Gott ist Hilfe). Der männliche Vorname »Eser« hat die gleiche Bedeutung. Vgl. den bibl. (hebr.) Männernamen: »Eleazar« = Gott hilft. – T: Krebs – N: 13. Juli – Zahlwert: 282. – Der amerik. Dichter Ezra Pound (20. Jh.).

Estelle Frz. F von Stella (s. da).

Esther Weiblich: Esther, auch: Hester. Engl. Esther; KoF: Esta, Essie, Essa, Etty. Frz. Esther. Ital. Ester.
Lat. »(H)estera«, griech. »Esther« ist das pers. Wort für den bibl. (hebr.) Frauennamen »Hadassa« = die Myrthe. Jene Pflanze ist seit jeher ein Sinnbild der Reinheit gewesen. – T: Krebs – N: 1. Juli – Zahlwert: 661 – Blume: die Myrthe – Stein: Obsidiane. – Modename in England gegen Mitte des 19. Jh. Nicht selten in den USA. – Die niederl. Schausp. de Boer-van Rijn (20. Jh.), die amerik. FSchau. Williams, die israel. Sängerin Ofarim (20. Jh.).

Ethel Weiblich: Ethel. Engl. Ethel; KoF: Eth.
»Ethel« ist die KoF einer der vielen engl. Frauennamen auf »AEthel«(»Ethel« (= Adel-), der erst im 20. Jh. aufkam. Man zählt etwa 20 angels. Hl. mit »Ethel«-Namen. Eine Entsprechung des dt. »Adela«/»Adele«. – Die amerik. FSchau. Ethel Merman (20. Jh.).

EU-
Außer »Eugen« spielen die anderen (vielen) griech. PN auf »Eu-« nur noch eine geringere Rolle in der dt. Namensgebung. Ab und zu trifft man:

Euboulos (m) = von gutem Rat, genau wie der germ. »Adelrad«.

Eudoxia (w) = die in gutem Ruf Stehende.
N: 1. März. – Russ. Entsprechung: Dobroslaw (m) / Dobroslawa (w).

Eulalia (w) KoF: Alea = die Wohlredende.
N: 12. Februar.

Eulogius (m) = der Wohlredende.
N: 11. März.

Euphemia (w) = die Glück bringende Worte Sprechende.
N: 3. September.

Euphrasia (w) = die gute Beraterin.
N: 13. März.

Euphrosina (w) KoF: Rosine = die Fröhliche.
N: 11. Februar.

Euryanthe (w) sowie: Euthalia = in voller Blüte.

Eusebius (m) KoF: Seb, Sebes = der Fromme.
N: 2. August und Eusebia (w) = die Fromme (vgl. den lat. PN »Pia«).

Eustachius (m) KoF: Stach(es) = der Fruchtbringende.
N: 20. September.

Eustathius (m) KoF: Statz = der Standhafte (= Constans).
N: 16. Juli.

Eutychius (m) = mit einem guten Geschick.
N: 6. April.

Evarist (m) = der Wohlgefällige.
N: 26. Dezember.

Eugen Männlich: Eugen; KoF (Schweiz): Jenni. Engl. Eugen; KoF: Gene. Frz. Eugène. Ital., span. Eugenio. Russ. Evgenij. – Weiblich: Eugenia, Eu-

genie; KoF: Genia. Frz. Eugénie. Ital. Eugenia.
Griech. PN: »Eugenios« (m), zsgs. aus: »Eu« = gut, edel + »genos« = Geschlecht. Bedeutung: der Wohlgeborene, der von edlem Geschlecht. Vgl. den altgriech. »Gennadios« (m), den lat. »Benenatus« (m). – »Eugenik« (selbe Etym.) nannte 1869 Galton (Ch. Darwins Vetter) die Lehre der Rassenhygiene. – Eugen: T: Krebs – N: 13. Juli. – Eugenie: T: Steinbock – N: 24. Dezember – Zahlwert: 149 – Gewächs: das Geißblatt – Stein: der Rhodonit. – Vier Päpste. Der österr. Staatsmann und Marschall Prinz Eugen von Savoyen (17./18. Jh. – der edle Ritter), der frz. Schriftsteller und Maler Eugène Fromentin (19. Jh.), der frz. Chem. Eugène Chevreul (19. Jh.), die frz. Maler Eugène Delacroix und Eugène Boudin (19. Jh.), der frz. Architekt Viollet-Leduc (19. Jh.), der frz. Schriftsteller Eugène Sue (19. Jh.), der frz. Dramatiker Eugène Scribe (19. Jh.), der Biolog. Eugen Steinach (19./20. Jh.), der frz. Dramatiker Eugène Brieux (19./20. Jh.), der Franzose Eugène Pottier (»Die Internationale«, 1875), der frz. Dramatiker Eugène Ionesco (20. Jh.), der ungar./amerik. Phys. Wigner (N63), der ital. Lyriker Eugenio Montale (20. Jh.), der schweiz. Psychologe Eugen Bleuler (19./20. Jh.), der amerik. Dramatiker Eugen O'Neil (20. Jh.), der Schriftsteller Eugen Roth (20. Jh.), der frz. Schriftsteller Eugène Dabit (20. Jh.), der engl. Komponist Eugen Gossens (20. Jh.), der russ. Dichter Evgenji Ewtuschenko (20. Jh.). – Die frz. Kaiserin Eugénie de Montijo († 1920), die ChansonS. Eugénie Buffet (19./20. Jh.), die Schriftstellerin Eugenie Marlitt (19. Jh.), die bekannte Gestalt von Balzac: Eugénie Grandet (1833) nicht zu vergessen!

Europa Weiblich: Europa. Frz. Europe.
Wahrscheinlich aus einem assyr.-babyl. Wort: »ereb« = Dunkel, Abend, im Gegensatz zu »asu« (= Asien) = Morgen. »Europa« war urspr. die balkanische Halbinsel, im Gegensatz zum Peloponnes und zu den griech. Inseln.

Eva Weiblich: Eva (auch: Eve, Ewa, Ewe); KoF: Evi, Evchen. Engl. Eva, Eve; KoF: Evie. Frz. Eve. Ital., schwed. Eva. Span. Eva; KoF: Evita.
Aus dem hebr. Wort: »havvāh« = Leben, Lebensquelle. Das AT (1. Mos. 3.20) bestätigt jene Deutung: »... und sie erhielt den Namen ›Eva‹, der ›Leben‹ bedeutet, weil sie die Stammmutter aller Lebendigen ist«. – T: Steinbock – N: 24. Dezember – Zahlwert: 19 – Blume: Apfelbaumblüte – Stein: der (hellgrüne) Antigorit. – Seit dem frühen MA häufig. Einer alten Überlieferung nach sollen die auf diesen Namen getauften Mädchen sich eines sehr langen und glücklichen Lebens erfreuen. Oft auch als Doppelname: E.Maria, E.Linde, E.Liese, E.Rose, Maria-E. – Die FSchau. dt. Eva Renzi, ungar. Eva Bartok, österr. Evi Kent. Die argent. Pol. Maria Eva de Duarte = Evita Perón (20. Jh.).

Eveline Männlich: Engl. Evelyn. Ital. (Schweiz) Evelino. – Weiblich: Eveline, Evelina, Evelyn. Engl. Evelyn.
»Eveline« kann als eine Erw. von »Eva« betrachtet werden, aber auch als eine KoF von germ. PN auf »Awja« (= Dankbarkeit). In England hat sich dieser Name mit einem kelt. Adj.: »eiblin« = angenehm, liebenswürdig, vermischt. – T: Wassermann – N: 12. Februar – Zahlwert: 102 – Gewächs: der Feldrüster – Stein: der Sardonyx. – Die engl. Schriftstellerin Evelyn Waugh (20. Jh.). – Die Sängerin Evelyn Künneke (20. Jh.).

Ewald Männlich: Ewald; KoF: Wald, Wolt. Niederl. Ewoud, Ewout. – Weiblich: Ewalda.
Alter germ. PN, aus zwei Elem. zsgs.: »Aiwa« = ewige Ordnung, Gesetz + »Wald« (s. das Gliedwort: »Wald-«) = der nach dem ewigen Recht Wal-

tende. – T: Waage – N: 3. Oktober – Zahlwert: 365. – Der Dichter Ewald Chr. von Kleist (1715–59), der Bildhauer Mataré (20. Jh.), der FSchau. Balser, der niederl. Schriftsteller Ewout Speelmann.

F

Fabian Männlich: Fabius; Erw. Fabian(us). Frz. Fabien. Ital. Fabio, Fabiano. – Weibl: Fabia, Fabiana, Weiterbildung: Fabiola. Frz. Fabienne, Fabiola.
Name eines röm. Patriziergeschlechtes: die Fabier, aus dem lat. Wort: »faba« = Bohne (Beiname eines Bohnenbauers) – wie der FN: Bohn(e), Bohner. Vgl. den lat. PN »Lentulus« (m) = Linsenbauer. – Fabian: T: Steinbock – N: 20. Januar –; Fabiola: T: Steinbock – N: 27. Dezember – Zahlwert: 24 – Pflanze: Bohnenbaum. – »Fabien« (m) und »Fabienne« (w) sind Modenamen in Frankreich in den Nachkriegsjahren gewesen. – Fabius Cunctator (= der Zauderer) (3. Jh. v. Chr.), der Hannibal besiegte. Die belg. Königin Fabiola (geb. de Mora y Aragón, Madrid – 1928).

Fabricius Männlich: Fabricius. Frz. Fabrice. Ital. Fabrizio. – Weiblich: Ital. Fabrizia.
Lat. Name: »Fabricius« (m), aus dem lat. Wort: »faber« = Metallarbeiter, Schmied. Vgl. den bibl. (hebr.) PN »Kain« (m = Schmied), den gall.: »gobannito« (m = der kleine Schmied), den ital. »Ferruccio« (m = der Eisenarbeiter). – T: Löwe – N: 22. August – Zahlwert: 160. – Fabrice del Dongo, Hauptgestalt in Stendhals Roman »La Chartreuse de Parme« (1839).

Falko Männlich: Falko, Falk(e), Falco.
Urspr. nach dem Völkernamen der Falen (West- u. Ostfalen), lat. »Falco-varii« = die Bewohner der Ebene, später mit dem Namen des Vogels »der Falke« zusammengeflossen. – T: Fische – N: 20. Februar.

Fanni Weiblich: Fanni, Fanny, KoF: Fan. Engl., frz. Fanny.
»Fanny« ist eine engl. KoF des Frauennamens: »Frances« (w = Franziska), urspr. »Franny« und nach dem Schwund des »R«: »Fanny«. Vgl. »Biddy«, KoF v. »Bridget« oder »Kit«, KoF v. »Christopher«. Für die Etymologie, s. »Franz«. – T: Fische – N: 9. März – Zahlwert: 346 – Blume: die (blaue) Kornblume – Stein: der Lazurit. – Verbreitete sich in Deutschland im 18. Jh. mit der Mode der aus dem Engl. übersetzten Romane. Die engl. Schriftstellerin Fanny Burney (19. Jh.), die dt. Schriftstellerin Fanny Lewald (19. Jh.), die österr. Balletttänzerin Fanny Elssler, die niederl. Leichtathletin Fanny Blankers-Koen.

Fatima Weiblich: Fatima. Port., span., ital. Fatima.
Nach dem port. Ortsnamen »Fatima« (ca. 100 km nördl. Lissabons), berühmter Wallfahrtsort seit der Marienerscheinung (1917). – Dieser Name hat sich mit dem arab. Frauennamen »Fatima« / »Fatma« (= die Prachtvolle) der jüngsten Tochter des Propheten Mohammed (7. Jh.) gekreuzt.

Faust Männlich: Faust(us), Erw. Faustinus. Ital., span. Fausto, Faustino. – Weiblich: Fausta, Erw. Faustina. Ital. Faustina.
Aus dem lat. Adj.: »faustus« (m) = günstig, Glück bringend, aus einem Stamm »fav-« (wie in »*fav*orisieren«, »*Fav*orit«). – Faust(us): T: Jungfrau – N: 6. September –; Fausta, -ina: T: Schütze – N: 19. Dezember. – »Fausta« war die Gattin des röm. Kaisers Konstantin d. Gr. (4.

Jh.). Zwei röm. Kaiserinnen hießen »Faustina« (2. Jh.). Der ital. Radfahrer Fausto Coppi († 1960). – Der Anklang mit Goethes »Faust« ist zufällig. Der dt. FN »Faust« (aus: »Faust« [Körperglied], früher: »vust«) ist ein Beiname, wie der gall. Männername »Durnacus« = der Mann, dessen große Faust zu fürchten ist.

Fedor(a). Fedor(a), Feodor(a): russ. F von »Theodor(a)« S. allda.

Felix Männlich: Felix; KoF: Lix(el). Frz. Félix, Erw. Félicien. Ital. Felice, Feliciano. – Weiblich: Felicia, Felizia, Felizitas. Ital. Felicita.
Das lat. Adj. »felix« (m) bedeutete urspr.: durch seinen Fleiß erfolgreich, dessen Anstrengungen Frucht bringend waren. »Felix« war (neben »invictus« = unbesiegt) ein Beiname der röm. Kaiser. – »Felicita« war die röm. Göttin der Emsigkeit, der Fruchtbarkeit (Attribut: Füllhorn = Segen der Arbeit). – Felix: T: Jungfrau – N: 11. September –; Felizitas: T: Schütze – N: 23. November – Zahlwert: 608 – Gewächs: der Klee – Stein: der gelbgrüne Hyacinth. – »Felix« sowie »Feliks« gehören zu den ersten Jungennamen. »Felix« hießen mehr als 230 Hl., vier Päpste. Der span. Dramaturg Felix Lope de Vega (16./17. Jh.), der span. Schriftsteller Felix Samaniego (18./19. Jh.), der ital. Pol. Felici Orsini (19. Jh.), der frz. Dramatiker Pyat (19. Jh.), der frz. Liedermacher Félix Nadaud (19. Jh.), der frz. Präsident Félix Faure (19. Jh.), der frz. Schausp. Félix Mayol (19./20. Jh.), der dt. Komponist Felix Mendelssohn Bartholdy (19. Jh.), der österr. Schriftsteller Felix Salten (19./20. Jh.), der frz. Maler Félix Vallotton (19./20. Jh.), der Math. Felix Klein (19./20. Jh.), der Philos. Felix Krüger (19./20. Jh.), der frz. Biolog. Félix Le Dantec (19./20. Jh.), der Hist. Felix Rachfahl (19./20. Jh.), der Fotograf Félix Nadar (19./20. Jh.), der ital. Philos. Felice Tocco (19./20. Jh.), der Unternehmer Félix Potin (20. Jh.), der Schriftsteller Felix Dahn (19./20. Jh.), der frz./kanad. Liedersänger Félix Leclerc (20. Jh.), der Dirigent Felix Weingartner (20. Jh.), der fläm. Schriftsteller Felix Timmermans (20. Jh.), der Komponist Felix Draeseke (20. Jh.), der schweiz./amerik. Phys. Felix Bloch (N52), der Pol. der Elfenbeinküste Félix Houphouet-Boigny (20. Jh.), der belg./frz. Schriftsteller Félicien Marceau (20. Jh.), der belg. Maler Felix Rops (20. Jh.), der frz. Philos. Félicien Lamennais (19. Jh.), der Ingenieur Felix Wankel (Motor, 20. Jh.). – FN: Félix, de Felice, Feliu, Félize, Feliz, Feliz-on, -ot, Félissot, Lix.

Fenella Weiblich: Fenella. Engl. Fenella, Finella. Ir. Fionnuala; KoF: Finola, Nuala.
Kelt. Frauenname, aus zwei Elem. zsgs.: »fionn-« = weiß + »guala« = die Schultern. Bedeutung: die mit den weißen Schultern. Vgl. den gall. Männernamen: »Argiotalus« = der mit der schneeweißen Stirn.

Ferdinand Männlich: Ferdinand; KoF: Ferdi, Ferdy, Ferd(l), Nante. Frz. Ferdinand und die kontr. F: Fernand. Ital. Fernando, auch: Ferrante. Span. Fernando, Hernando. Ungar. Nándor. – Weiblich: Ferdinanda, Ferdinande, Erw. Ferdinandina, Fernandine; KoF: Nanda. Frz. Fernande. Ital. Fernanda.
Westgot. PN: »Ferthunanths«, aus zwei Elem. zsgs.: »Ferth«: eine Metathese von »Fried« (s. das Gliedwort: »Fried-«) + »nant« = Kühnheit, Dreistigkeit. Bedeutung: wagemutiger Beschützer: – T: Zwillinge – N: 30. Mai – Zahlwert: 332 – Blume: die Anemone – Stein: der Zirkon. – Von den Westgoten in Spanien (5. Jh.) eingeführt, kam jener PN ein Jahrtausend später in den dt. Sprachraum zurück, als Spanien durch Heirat der österr. Krone zuteil ward. – Mehrere Kaiser, etwa 20 Könige und Fürsten. Der port. Schriftsteller Fernão Lopes (15. Jh.), der kastil. Schriftsteller Fernán

Perez de Guzmán (15. Jh.), der port. Seefahrer Fernão Magallanes (oder Magellan) (15./16. Jh.), die span. Schriftsteller Fernando de Rojas und Hernando de Pulgar (15./16. Jh.), der span. Konquistador Hernán Cortez /15./16. Jh.), der span. Dichter Fernando Herrera (16. Jh.), der span. Hist. Fernando Colomb (16. Jh.), der port. Seefahrer Fernão Pinto (Japan, 16. Jh.), der port. Schriftsteller Fernão Mendes Pinto (16. Jh.), der ital. Architekt Ferdinando Galli-Biliena (17./18. Jh.), der Maler Ferdinand Kobell (18. Jh.), der fläm. Maler Ferdinand van Braekeleer (18. Jh.), der ital. Schriftsteller Ferdinando Galiani (18. Jh.), der österr. Schausp. Ferdinand Raimund (18. Jh.), der schweiz. Uhrmacher Ferdinand Berthoud (18./19. Jh.), der Luftpionier Graf Zeppelin (19. Jh.), der Dichter Ferdinand Freiligrath (19. Jh.), der frz. Komponist Ferdinand Herold (19. Jh.), der Maler Ferdinand von Olivier (19. Jh.), der Maler Rayski (19. Jh.), der österr. Maler Ferdinand Waldmüller (19. Jh.), der Kfz-Bauer Ferdinand Porsche (19./20. Jh.), der Schriftsteller Ferdinand Avenarius (Neffe Richard Wagners, 19./20. Jh.), der frz. GFM Ferdinand Foch (1. WK), der Philos. Ferdinand Tönnies (19./20. Jh.), der frz. Dichter Fernand Gregh (19./20. Jh.), der Geograf Ferdinand von Richthofen (19./20. Jh.), der schweiz. Maler Ferdinand Hodler (19./20. Jh.), der schweiz. Sprachforscher de Saussure (19./20. Jh.), der ital. Schriftsteller Ferdinando Martini (19./20. Jh.), der belg. Dramatiker Fernand Crommelynck (20. Jh.), der frz. Philos. Ferdinand Alguier (20. Jh.), der frz. Maler Fernand Léger (20. Jh.), der österr. Dramatiker Ferdinand Brückner (20. Jh.), der tschech. Schriftsteller Ferdinand Peroutka (20. Jh.), der poln. Schriftsteller Ferdynand Goetel (20. Jh.), der GFM Ferdinand Schörner (20. Jh.), die frz. Schausp. Fernand Contendin Gravey (= Fernandel), Ledoux (20. Jh.), der »Weiss Ferdl« (20. Jh.). – Die span. Schriftstellerin Cecilia Böhl de Faber y Larres (genannt: Fernán Caballero, 19. Jh.). – FN: Fernand, Fernández, Hernández. Geschichtlich bedingt sind viele der meistverbreiteten span. und port. FN (mit dem iber. Suffix -ez = Sohn von) germ. Herkunft, wie Fernández, Hernández, Suárez, Gómez, González, Ramírez. S. auch die Rubrik »Roderich«.

Fergus Männlich: Fergus. Engl. Fergus; KoF: Fergie. Ir. Fearghus.
Kelt. PN, aus zwei Elem. zsgs.: »vergustu-s« = die beste Auswahl. Vgl. »Angus«. – T: Skorpion – N: 18. November. – Name von schott. Königen. 10 Hl. dieses Namens.

Ferenc(z) Ungar. von »Franz«. S. allda.

Fiametta Weiblich: Fiammetta. Ital. (Schweiz) Fiammetta.
Verkleinerung des ital. Wortes: »Fiamma« (die Flamme), aus dem lat. »flamma«. Bedeutung: kleine Flamme. Eine genaue Entsprechung des ir. Männernamens: »Lasairian« (Verkleinerung von »lasair« = Flamme). Vgl. den ir. PN »Aodh« (= Feuer) sowie den türk. Frauennamen: »Alev« = Flamme.

Fidelis Männlich: Fideli(u)s; KoF: Fidel. Ital. Fidelio (auch: Fedele), Erw. Fidenzio. Span. Fidel(io). – Weiblich: Fidelia (auch: Fidelis, als Mädchenname zugelassen). – Weiblich: Fides. Engl. Faith. Frz. Foi (früher: Foy).
»Fides« (auch Namen der röm. Göttin der Treue) ist das lat. Wort für »Vertrauen, Glaube (eine der drei Kardinaltugenden)«. »Fidelis« ist das abgeleitete lat. Adj.: seinem Glauben treu. – Fidelis: T: Stier – N: 24. April –; Fides T: Waage – N: 6. Oktober – Zahlwort: 147 – Gewächs: der Efeu – Stein: der Diamant. – Kubas Staatschef Fidel Castro (geb. 1927).

Filibert Männlich: Filibert (früher, nach dem griech. »Philibert«, wie *Ph*ilipp).

Frz. Philibert. Ital. Filiberto. – Weiblich: Filiberta.
Germ. PN, aus zwei Elem. zsgs.: »filu« (ahd.) = viel + »bert« (s. das Gliedwort: »bert«) = berühmt. Bedeutung: sehr berühmt. Ein Wunschname. Wie der germ. PN »Vilmar«, der altgriech. »Perikles« (m) oder der russ. »Pereswet« (m). – T: Löwe – N: 20. August.

Finja Männlich: Finn, Fynn. Schwed. Finn. – Weiblich: Fin(n)ja, Finne; KoF: Finni.
Völkername: der Finne (urspr. Sinn = der Wanderer). Vgl. den engl. Vornamen »Fleming« (m = der Flame) oder den ital. und span. »Getulio« (Name eines ehemaligen Volkes Nordafrikas). – T: Waage – N: 26. September.

Fiona Weiblich: Fiona. – Männlich: Ir.: Fionn, Fion(n)án.
Kelt. PN, aus dem Adj.: »finn« / »fionn« = weiß, ein häufiges Gliedwort in den kelt. PN. – Modename in England und in den angels. Ländern.

Firmin Männlich: Firmus, Erw. Firmin(us), auch: Fermin. Ital. Fermo, Firmino. – Weiblich: Firmina. Ital. Firmina.
Aus dem lat. Adjektiv: »firmus« (m) = der Standhafte, wie in »*Firm*ament« (= festes, standhaftes Himmelsgewölbe). Vgl. den bibl. (hebr.) PN: »Rezin« (m) von derselben Bedeutung. – T: Waage – N: 25. September.

Flavius Männlich: Flavius, Erw. Flavian. Ital., span. Flavio. – Weiblich: Flavia. Ital. Flavia.
Aus dem lat. Adj.: »flavus« (m) = goldgelb, nach der Farbe des Haares. Vgl. die lat. PN: »Fulvius« (m), (ital. »Fulvio«) [m], »Fulvia« [w], aus »fulvus« = rotgelb), oder »Fuscus« (m) (ital: »Fosca« w) aus »fuscus« = dunkel. – Flavius: T: Stier – N: 13. Mai –; Flavia: T: Waage – N: 5. Oktober.

Flora Weiblich: Flora, Floria, Erw. Floriane, Florina. Engl. Flora. Frz. Flora, Fleur, Erw. Fleurette. Ital. Flora, Erw. Florina, Floretta, Fiorella. – Männlich: Florus, Erw. Florinus. Frz. Fleury. Ital. Floro, Erw. Florino, Florido, Fiorello.
Vom lat. Wort: »flos« / »floris« = Blume (vgl. »im Flore sein«, »*flor*ieren«), aus einem idg. Stamm: »*bhel« / »*bhlo«, daher auch: Blume. Vgl. den griech. PN »Anthea« (w = Blume) oder den aztek. »Xochi(t)l« (w = Blume). – »Flora« war die röm. Göttin der blühenden Natur (daher ihr Fest: »floralia« genannt). – T: Waage – N: 5. Oktober – Zahlwert: 190.

Florens Männlich: Florens, Florenz, Florentius, Erw. Florentin(us). Frz. Florent, Florentin. Ital. Fiorenzo. – Weiblich: Florenze, Florentia, Florenzia, Erw. Florentina, Florentine. Engl., frz. Florence. Ital. Fiorenza, Florenza.
Aus dem lat. Partizip der Gegenwart: »florens« (Zeitwort: florere, aus »flos« / »floris« s. »Flora«) = blühend. Vgl. den bibl. (hebr.) PN: »Hezrai« (m = blühend). – Florens: T: Skorpion – N: 7. November –; Florenze: T: Schütze – N: 1. Dezember. – Über »Florens« s. Fischarts Verse (unter »Andreas«). »Florence« war Modename in England zwischen 1890 u. 1930 und ist es heute noch in den USA. – Der frz. Komponist Florent Schmitt (19./20. Jh.). Die engl. Schriftstellerin Florence Barclay (19./20. Jh.), die engl. Philanthropin Florence (weil in Florenz/Italien geboren) Nightingale (19./20. Jh.).

Florian Männlich: Florian, auch: Florin; KoF: Flor(i), Flur(i), Erw. Florestan. Frz. Florian. Ital. Floriano. – Weiblich: Floriane.
Lat. PN: »Florianus« (m), aus dem Zeitwort: »florere« = blühend, der Blühende, der Prächtige. Vgl. den ahd. PN: »Blumarit«. – T: Stier – N: 4. Mai – Zahlwert: 190 – Blume: die Feuerlilie. – Der hl. Florian (3. Jh.) wird oft bei Feuersgefahr angerufen (vgl. das sprichwört-

liche »St.-Floriansprinzip«). Noch in Bayern u. Österr. beliebt. Der Bauernführer Florian Geyer (15./16. Jh.).

Folke Männlich: Folke, Folko, Volko, Focke, Focko, Fokke, Fulke. Frz. Foulques. Ital. Folco. – Weiblich: Fokka.
KoF von germ. PN auf »Volk« = Volk, Entsprechung des griech. Gliedwortes »laos« oder »demos«. – T: Skorpion – N: 26. Oktober. – Einst häufig in ganz Europa, sind nun jene Vornamen hauptsächlich nddt./fries.

Fortunat Männlich: Fortunat(us); KoF: Nates. Ital. Fortunato. – Weiblich: Fortunata, auch: Fortuna. Ital. Fortunata.
Das lat. Adj.: »fortunatus« (m) = von der Fortuna begünstigt. »Fortuna« (aus einem lat. Stamm »fors« = Schicksal) war die röm. Göttin des glücklichen Gelingens. Ein Wunschname. – T: Stier – N: 23. April.

Frank Männlich: Frank, Franc(k), Franko. Engl. Frank; KoF: Frankie, Erw. Franklin. Frz. Franc(k), Fran(c)kie. Ital. Franco. – Weiblich: Franka, Franca. Frz. France, Erw. Francine. Ital. Franca.
Völkername der Franken. Zum ersten Mal 242 erwähnt: »frank«. Wahrscheinlich aus einem germ. Wort: »frank« = Einfriedung, eine von Wällen umzäunte Festung, wie die Franken zu bauen pflegten, um ihre Siedlungen zu schützen. Aus jenem Wort entsprang (9./10. Jh.) der Name des Landes: France (Frankreich) und dessen Einwohner (1360: »francorum« = der Franzosen). – In der engl. Sprache des 14. Jh. bezeichnete »franklin« einen freien, aber nicht adligen Grundbesitzer. – Frank: T: Zwillinge – N: 5. Juni –; Franka: T: Waage – N: 1. Oktober – Zahlwert: 211 – Gewächs: die Esparsette. – »Frank« war von 1870 bis 1930 ein beliebter Männername in England, in den 50er in den USA, in Frankreich in den 50er und 60er Jahren. In Deutschland von 1963 bis 1975 gehörte »Frank« zu den zehn, wenn nicht fünf häufigsten Männernamen. – Der Dramatiker Frank Wedekind (19./20. Jh.), der Schriftsteller Thiess (19./20. Jh.), der amerik. Baumeister Wright (19./20. Jh.), der amerik. Sänger Frank Sinatra (geb. 1917), der amerik. FSchau. Frank (= Gary) Cooper. Der amerik. Präsident Franklin D. Roosevelt (20. Jh.).

Franziskus Männlich: Franziskus; KoF: Franz, Franzel, Fränzchen, Zisk(us). Frz. François, auch: Francis (ebenfalls südfrz. und engl. F), Francisque (auch arab. F). Ungar. Ferenc. Span. Francisco; KoF: Frasquito, Pancho, Paco, Curro. Ital. Francesco. – Weiblich: Franziska; KoF: Fränzel, Ziska, Zissi. Engl. Frances; KoF: Fanny, Fannie (s.). Frz. Françoise; KoF: Fanchon. Ital. Francesca. Span. Francisca; KoF: Frasquita.
Franz von Assisi (13. Jh.), der Gründer des Ordens – nach ihm der »*Franzis*kaner« genannt –, hieß urspr. Giovanni (= Johann) Bernardone. Sein Vater soll ihm den Beinamen »Francesco« (= Franzose, kleiner Franzose – s. »Frank«) gegeben haben, weil der Knabe französisch redete, die Sprache, die er von seiner Mutter gelernt hatte, die wahrscheinlich provenzalischen Ursprungs war. – Franz(iskus): T: Waage – N: 4. Oktober –; Franziska: T: Fische – N: 9. März – Zahlwert: 346 – Blume: die (blaue) Kornblume – Stein: der Lazurit. – In Österreich vor dem Ersten Weltkrieg, der häufigste Männername. »François« war seit jeher in Frankreich beliebt und bleibt verbreitet. In Deutschland, vom 18. Jh. bis zum Ersten Weltkrieg, unter den 20 meistgebrauchten Männernamen. Auch als Doppelname (Franz-Josef, Franz-Karl, Franz-Xaver) beliebt. – Name vieler Kaiser, Könige, Hl. Der frz. Dichter François Villon (15. Jh.), der ital. Maler Francesco Del Coassa (15. Jh.), der span. Konquistador Francisco Pizarro (15./16. Jh.), der port. Dichter Francisco de Sa de Miranda (15./16. Jh.), der frz. Schriftsteller François Rabelais

(16. Jh.), der engl. Seefahrer Francis Drake (16. Jh.), die port. Maler Francisco (Vater u. Sohn) Herrera (16./17. Jh.), der engl. Philos. Francis Bacon (16./17. Jh.), der engl. Dramatiker Francis Beaumont (17. Jh.), der frz. Schriftsteller François Malherbe (16./17. Jh.), der frz. Schriftsteller François de La Rochefoucauld (17. Jh.), der frz. Architekt François Mansart (17. Jh.), der niederl. Maler Frans Hals (17. Jh.), der Jesuit François La Chaize (Pariser Friedhof »Père-Lachaise« 17./18. Jh.), François Leclerc du Tremblay (die »graue Eminenz«, 17. Jh.), der frz. Schriftsteller François Fénelon (17./18. Jh.), der frz. Bildhauer François Girardon (17./18. Jh.), der frz. Maler François Boucher (18. Jh.), der Philos. François-Martie Arrouet (= Voltaire, 18. Jh.), der frz. Architekt François de Cuvillès (18. Jh.), der engl. Philos. Francis Hutchinson (18. Jh.), der frz. Bildhauer François Rude (18./19. Jh.), der frz. Schriftsteller François-René de Chateaubriand (17./19. Jh.), der frz. Phys. u. Astronom François Arago (18./19. Jh.), der Chem. Franz-Carl Achard (18./19. Jh.), der span. Maler Francisco Goya (18./19. Jh.), der frz. Schriftsteller François Coppée (18./19. Jh.), der frz. Arzt François Mesmer (18./19. Jh.), der frz. Volkswirtschaftler François Quesnay (18. Jh.), der Komponist Franz-Joseph Haydn (18./19. Jh.), der österr. Dichter Franz Grillparzer (19. Jh.), der brit. Naturforscher Francis Galton (19. Jh.), der Komponist Franz Liszt (19. Jh.), der Komponist Franz Schubert (19. Jh.), der Maler Franz Lenbach (19./20. Jh.), der österr. Komponist Franz Lehar (19./20. Jh.), der tschech. Maler František Kupka (20. Jh.), der frz. Genetiker François Jacob (N65), der Schriftsteller Frank Wedekind (20. Jh.), der Pol. Franz von Papen (20. Jh.), der schweiz. Komponist Frank Martin (20. Jh.), der belg. Maler Frans Masereel (20. Jh.), der ungar. Schriftsteller Ferenc Molnár (20. Jh.), der span. Staatschef Francisco B. Franco (20. Jh.), der frz. Schriftsteller François Mauriac, der frz. Staatschef François Mitterrand (20. Jh.), der amerik. Pathologe Francis P. Rous (N66), der Schriftsteller Franz Werfel (20. Jh.), der frz. Schriftsteller Francis de Croisset (20. Jh.), der frz. Dirigent Franck Pourcel (20. Jh.), der frz. Schriftsteller Francis Carco (20. Jh.), die frz. FReg. François Reichenbach und Truffaut (20. Jh.), der frz. Schausp. François Perrier (20. Jh.), François Silly (= Gilbert Bécaud, 20. Jh.), der frz. Modeschöpfer Paco Rabane (20. Jh.), der amerik. FReg. Francis Ford Coppola (20. Jh.), der frz. Schausp. Francis Blanche (20. Jh.), der frz. Schriftsteller Francis James Ponge (20. Jh.), der australische Virologe F. Burnet (N60), der amerik. Sänger Frank Sinatra (20. Jh.), der frz. Komponist Francis Poulenc (20. Jh.), der tschech. Schriftsteller Franz Kafka (20. Jh.), der frz. Schriftsteller Francis Ambrière (20. Jh.). – Die ital. Francesca Da Rimini (12. Jh. von Dante besungen), die frz. Françoise de Maintenon (18. Jh.), die frz. Schriftstellerin Françoise Quoirez (= Fr. Sagan), Françoise Parturier (20. Jh.), die belg. Schriftstellerin Françoise Mallet-Joris (20. Jh.), die frz. Schausp. Françoise Fabian, Dorleac, Rosay, Arnoul, die ChansonS. Françoise Hardy (20. Jh.), die Fantine von Victor Hugo nicht zu vergessen. – FN = François, Français, Lefrançois, Francès, Frances(co), Franchi(ni), Fanchon, Franc(k), Lefranc, Franchi, Franchet, Franchini, Francart, Franck, Frankel, Franket, Francq(uenne), Frenkel, Francé, Fran(t)zen, Frentzen, Franck, Fränkel, Frankaert(s), Franklin, Franklyn.

Frauke Weiblich: Frauke, auch: Fraukea, Erw. Fraukeline.
Seit dem 16. Jh. als Taufname belegt. »Frauke« ist eine norddt. Verkleinerung von »Frau«. Vgl. die altdt. PN: »Jungmann« (m), »Mennikin« (m), den fries. »Sönke« (m), den engl. Mädchennamen »Donna« (aus dem ital. »donna« = Frau) oder den Tupi: »Yara« (w = Frau). –

»Frauke« gilt auch als KoF zu »Veronika« (s. dort). – Seit den 60er Jahren Modename.

Fred Männlich: Fred, Fred(d)i, Fred(d)o. Frz. Fred(d)y. Engl. Freddy, Freddie.
Hauptsächlich eine KoF von »Friedrich« (s. dort), aber auch evtl. von »Alfred«, »Manfred« usw. – In den angels. Ländern selbstst. Vornamen geworden. – Der amerik. FSchau. und Tänzer Fred Astaire (= Frederik E. Austerlitz, geb. 1899).

Freya Weiblich: Freia, Freya, Freija. Engl. Freya. Schwed. Freja.
Altnord. Name (= Herrin) einer skand. Göttin der Fruchtbarkeit, Schutzherrin der Ehe (dessen Name in »Freitag« ahd.: »friatag«, engl. »Friday« erscheint), als Pendant des lat. Veneris dies. – T: Stier – N: 21. April. – Eine Weile nach Richard Wagners »Rheingold« (1869) Modename gewesen.

Fridolin Männlich: Fridolin, Friedolin; KoF: Friedel, Frily. – Weiblich: Fridoline.
»Fridolin« ist eine obd. Verkleinerung von »Friedel«, selber KoF von »Friedrich« (oder von anderen »Fried-«-Namen). S. das Gliedwort: »Fried-«. – T: Fische – N: 6. März. – Während des II. WK war »Fridolin« (nebst: »Fritz«) Gattungsname bzw. »Spitzname« für den dt. Soldaten in Frankreich.

Gliedwort

Fried- auch: Fred, Frid, Frit(h), Fret, Fredu, Ferd.
Wort = Schutz, Sicherheit, Zeit der Schonung, Be*friedung* (später Friede). Der »Friedhof« war zunächst ein eingehegter Platz, ein Zufluchtsort. Aus einem idg. Stamm »*fri« = lieben (daher auch: »freien« und »Freund«). – In den PN als erstes oder zweites Glied: Bertfried und Friedbert, Gundfried und Friedegund(e).

Frieda Weiblich: Frieda, Frida.
KoF von Frauennamen auf »Freid-« oder »-friede«, vor allem Friederike (s. »Friedrich«). – T: Waage – N: 19. Oktober. – Modename um die Jahrhundertwende. Die Schriftstellerin Frida Schanz (19./20. Jh.).

Friedrich Männlich: Friedrich, auch: Frerich, Freerik, Fre(e)rk; KoF: Fritz (s.), Fred (s.), Fred(d)i, Fred(d)o, Fried, Frieder, Rik. Fries. Feddo, Feiko. Frz. Frédéric (früher, in Ostfrankreich Ferry). Ital. Federico. Span. Federigo. – Weiblich: Friedrike; KoF: Fricka, Fri(e)da (s.), Fritza, Fritzi, Frigga, Frigge, Ri(c)ka, Ri(c)ke, Friedel.
Alter germ. PN, aus zwei Elem. zsgs.: »Fried« (s. das Gliedwort: »Fried-«) = Schutz, Friede +»rik« (s. das Gliedwort: »rik«) = mächtig, König. Bedeutung: der mächtige Beschirmer, auch als: »Friedensfürst« gedeutet. Vgl. die Umkehrung: »Richfried« (m). – T: Krebs – N: 18. Juli – Zahlwert: 780 – Gewächs: der Buchs – Stein: der Olivin. – Bis zum Ersten Weltkrieg einer der häufigsten dt. Männernamen. »Frédéric« ist gegenwärtig Modename in Frankreich. – Die Kaiser: Barbarossa (12. Jh.), Fr. II (12./13. Jh.); Fr. d. Gr. (18. Jh.) usw., viele Könige, Fürsten. Die Dichter Schiller (18./19. Jh.), Hölderlin (18./19. Jh.), Schlegel (18./19. Jh.), der frz. Dichter Frédéric Mistral (19./20. Jh.), der Span. Federico Garcia Lorca (19./20. Jh.), der Philos. Nietzsche (19. Jh.), die Pol. Engels (19. Jh.), Ebert (19./20. Jh.), Frédéric Chopin (19. Jh.), der tschech. Komponist Smetana (19. Jh.), der frz. Bildhauer Frédéric Bartholdi (19./20. Jh.). Der amerik. Bakteriologe Robbins (N54), der Chem. Friedrich Bergius (N31), der frz. Phys. Frédéric Joliot (N35), der brit. Biochem. Frederik Mopkins (N29), der brit. Math. Fred Hoyle (20. Jh.), der ital. FReg. Federico Fellini (20. Jh.), der schweiz. Schriftsteller Friedrich Dürrenmatt (20. Jh.), der frz. Schriftsteller Frédéric Dard (20. Jh.). – Friederike Brion (18./

19. Jh.), die Schausp. Friederike Neuber (19. Jh.), die frz. ChansonS. Frida Boccara (20. Jh.). – FN: Fried(e)rich(s), Fred(e)rich, Frédéric(i), Friedrich, Fréry, Frary, Ferry, Fidrech, Fydrich, Fried(mann), Fedderson, Frick(e), Fredircq, Friedl(e), Fritsen, Fritz.

Einige mit dem Gliedwort zsgs. Vornamen trifft man noch vereinzelt:

Fried(e)bald m, Umkehrung: Baldefried m = der kühne Schützer.

Fried(e)bert m, Umkehrung: Bertfried m, und:

Fried(e)gund(e) und: Fredegund(e) w. (Umkehrung: Guntfried m) und

Fried(e)mann m (so hieß ein Sohn Johann Sebastian Bachs), Art KoF zu »Friedrich«.

Friedhelm m, Umkehrung: Helmfried m, und:

Friedhild(e) w (Umkehrung: Hildefried, m) = für ihr Erbgut Kämpfende.

Friedmar m, Umkehrung: Marfried m = berühmter Beschirmer.

Frithjof Männlich: Frithjof. Dän., norw. Fridtjof. Schwed. Frithjof.
Ist, wie »Perceval« (m) und »Rodomont« (m), ein erfundener Name, aus dem isländ. »FriedΦiofr« = der Friedensdieb, vom isländ. Dichter (MA) der Frithjofsaga geprägt, der damit einen besonders tapferen Krieger bezeichnen wollte. – Im 19. Jh. von Tegnérs »Frithjofs Sage« (1820–25) wieder belebt. – Der norw. Polarforscher Fridtjof Nansen († 1930).

Fritz Männlich: Fritz. – Weiblich: Fritza, Fritzi, Frizzi.
»Fritz« ist eine obd. KoF zu »Friedrich« (s.), wie »Götz« eine zu »Gottfried« und »Kunz« eine zu »Konrad« sind. – Seit dem 15. Jh. schon als selbstst. Vornamen gebraucht. Anfang des 20. Jh. sehr verbreitet; dermaßen, dass im Ersten Weltkrieg »Fritz« von den Russen und den Alliierten als Gattungsname bzw. »Spitzname« für den dt. Soldaten benutzt (vgl. der »Tommy« = KoF zu »Thomas«) wurde. – Der Alte Fritz (Fr. d. Gr. 18. Jh.), der Schriftsteller Fritz Reuter (19. Jh.), der österr.-amerik. Komponist Fritz Kreisler (19./20. Jh.), der Schriftsteller Fritz von Unruh (19./20. Jh.), der Chem. Haber (N18). Die österr. Sängerin Fritzi Massary (19./20. Jh.).

Frodewin Männlich: Frodewin, auch: Frow(e)in; KoF: Froewi. – Weiblich: Frodewine, Frowine.
Germ. PN, aus zwei Elem. zsgs.: »frod(e)« = weise, klug + »win« (s. das Gliedwort: »win«) = (sei) ein kluger Freund. – T: Widder – N: 27. März. – Ein Wunschname. Wie andere Zusammensetzungen z. B.: – Frodebert (m), aus »frod(e)« = klug + »bert« (s. dort) = berühmt, – Frodemund (m) und die weibl. Entsprechung: Frodegard = weise Beschützer(in).

Fulbert Männlich: Fulbert, Volbert, Folbert, Volbrecht, Volkbert. Frz. Fulbert. Ital. Fulberto. – Weiblich: Fulberta.
Germ. PN, aus zwei Elem. zsgs.: »Volk« + »bert« (s. das Gliedwort: »bert«) = berühmt. Bedeutung: der im (Heer) Volk Berühmte. Vgl. den germ. Volkmar. Volkmer, Folkmar, den altgriech. PN »Demokleitos« (m) oder, umgekehrt: »Kleitodemos« (m). – T: Widder – N: 10. April.

Fulvia S. unter »Flavius«.

Fürchtegott Männlich: Fürchtegott.
Pietistische Neubildung (vgl. »Ehregott«). Eine Entsprechung des griech. PN »Timotheus« (m). Vgl. Psalm CX-10. – Der Dichter Christian Fürchtegott Gellert (18. Jh.).

G

Gabriele Weiblich: Gabriele (in der Schweiz nur mit einem anderen eindeutig weibl. Vornamen zugelassen), Gabriela, auch: Gabriele, Gabriella; KoF: Gabi, Gaby. Franz. Gabriel(l)e. Ital. Gabriella. – Männlich: Gabriel. Ital. Gabriele. Ung. Gábor. Russ. Gawrilo.
Biblischer PN hebr. Herkunft, aus zwei Elementen zsgs.: »Gabri«: Possessivform von »Geber« = Mann, starker Mann + »El«, Name Gottes. Bedeutung: Gottesstreiter, Held Gottes. – T: Widder – N: 24. März – Zahlwert: 154 – Blume: Siegwurz – Stein: der Diopsid (Violane). – Der Frauenname »Gabriele« kam in Deutschland erst im 19. Jh. auf und hatte zwischen 1950 und 1967 eine Blütezeit. – Der ital. Dichter Gabriello Chiabrera (16./17. Jh.), der span. Schriftsteller Tirso de Molina (= Gabriel Tellez, 16./17. Jh.), der russ. Dichter Gawrila Derschawin (18./19. Jh.), der schweiz. Math. Cramer (18. Jh.), die frz. Komponisten Gabriel Pierné und Gabriel Fauré (19./20. Jh.), der frz. GFM Molitor (19./20. Jh.), der frz. (einer der ersten) FSchau. Max Linder (20. Jh.), der frz. Phys. Gabriel Lippmann (Farbfoto N08), der kolumb. Schriftsteller Gabriel García Marquez (20. Jh.), der ital. Schriftsteller Gabriele d'Annunzio (20. Jh.). – Gabrielle d'Estrées (Geliebte des Franzosen Heinrich IV – 16. Jh.), die Malerin Gabriele Münter (19./20. Jh.), die frz. Schriftstellerin Colette (19./20. Jh.), die chilenische Schriftstellerin Gabriela Mistral (N45), die Modeschöpferin Chanel (= Coco, 20. Jh.), die frz. FSchau. Gaby Morlaix (20. Jh.). – FN: Gabriel, Kabriel, Gaber(le), Gawril, Gabrié, Gabor, Gawrilowitsch. Gabrielli, Gabriello.

Galatea Weiblich: Galatea, Galatee (Schweiz); auch: Galateia. Ital. Galatea.
Griech. PN: »Galateia«, aus dem griech. Wort: »gala(k)tos« = Milch. Bedeutung: (weiß wie die) Milch. Vgl. das verwandte Wort: »*Galax*ie« (= Milchstraßensystem).

Galina Weiblich: Galina. Russ. Galina; KoF: Gala, Galja.
Aus dem griech. Wort: »galēne« = Ungetrübtheit, Ruhe. Vgl. die lat. PN: »Quieta« (w), »Serenus« (m), »Tranquillus« (m) = friedlich. – T: Fische – N: 10. März. – In der UdSSR besonders verbreitet (1961: auf dem Land: 2., in den Städten: 7. der Frauennamen).

Gall Männlich: Gall, Gallus. Frz. Gaël. Poln. Gawel. Tschech. Havel. – Weiblich: Galla. Frz. Gaël, Gaëla, Gaëlle.
Völkername der Gallier, aus einem kelt. Stamm: »*gal« = Mut, Tapferkeit. Bedeutung: der Tapfere, der Wackere. Die Latinisierung des Völkernamens »Gallus« floss mit einem anderen Wort lat. Herkunft: »gallus« = der Hahn, der später das Sinnbild Frankreichs wurde, zusammen. – Gall: T: Waage – N: 16. Oktober –; Gaela: T: Schütze – N: 17. Dezember. – Früher in den slaw. Ländern sehr verbreitet, daher die Redensart: »Gawel und Pawel« = Hinz und Kunz, oder, wie die Franzosen heute noch sagen: »Pierre, Jacques, Paul«. – Der Frauenname »Gaela« / »Gaelle« ist z. Z. in Frankreich beliebt.

Gandolf Männlich: Gandolf. Ital. Gandolfo.
Germ. PN, aus zwei Elem. zsgs.:

»*gands« = (Zauber)stab + »Wolf« (s. das Gliedwort: »Wolf-«) = Zauberer für den Kampf, die Geheimnisse des Kampfes kündend. – T: Widder – N: 3. April. – Dieser Name erscheint im ON: »Castel Gandolfo« (Sommerresidenz der Päpste).

Gangolf Männlich: Gangolf; KoF: Gangl. Frz. Gengou(l).
Germ. PN, aus zwei Elem. zsgs.: »gang« = »*gangaz« = Ansturm zum Kampf + »Wolf« (s. das Gliedwort: »Wolf«) = der (wie ein Wolf) stürmende Krieger. Vgl. die Umkehrung: »Wolfgang«. – T: Stier – N: 11. Mai.

Gary ist eine engl. und amerik. KoF von Gerard (s.). – Der amerik. FSchau. Gary Cooper (20. Jh.), der amerik. TVSchau. Garry Moore (20. Jh.). – In Amerika ist auch »Gary« eine Abkürzung des ital. Vornamen »Garibaldi« (m), der in Italien eine Weile als »patriotischer« Vornamen galt. Vgl. die ital. Schausp. Garibalda Niccoli (19./20. Jh.).

Gaston Männlich: Gaston, Gast. Frz. Gaston. Ital. Gastone.
KoF von germ. PN auf »Gast-« oder »-gast« (wie: Gastold, Arbogast). Das Wort »Gast« = Fremdling, Gefolgsmann. – T: Wassermann – N: 6. Februar. – »Gaston« war noch Anfang des Jh. ein verbreiteter Männername in Frankreich und Belgien. – Der frz. Phys. Planté (19. Jh.), der Schriftsteller Leroux (19./20. Jh.), der frz. Philos. Bachelard (20. Jh.), der frz. Präsident Doumergue (20. Jh.), der belg. Pol. Eyskens (20. Jh.).

Gaudenz Männlich: Gaudenz, Gaudens, Gaudentius. Frz. Gaudence. Ital. Gaudenzio.
Lat. PN: »Gaudentius«, aus »gaudens«, Partizip der Gegenwart des Zeitwortes: »gaudere« (wie im »gaudeamus igitur« = also lasst uns fröhlich sein) = der Fröhliche. Vgl. den griech. PN: »Gelasius« m (= der Lachende), den lat. »Hilarius« (m) = der Heitere. – T: Wassermann – N: 12. Februar.

Gebhard Männlich: Gebhard; KoF: Gebbo. Nddt. Gebbert, Gevehard. – Weiblich: Gebharde; KoF (fries.) Geb(b)a, Gebine.
Germ. PN, aus zwei Elem. zsgs.: »Geb« = Gabe + »hard« (s. das Gliedwort »hard« = kühn, stark). Bedeutung: (sei) stark im Geben, wie der bibl. (hebr.) PN: »Nadab« (m) = freigebig, oder der lat. PN: »Generosus« (m). Ital. »Generoso« (m)/»Generosa« (w) = der (die) Freigebige. – T: Jungfrau – N: 27. August. – Gebhard L. Blücher (Marschall Vorwärts – 18./19. Jh.).

Gefion Weiblich: Gefion.
Name einer nord. Meeresgöttin, aus dem Stamm: »*gebo« = geben. Bedeutung: die Geberin, die Spenderin.

Gemma Weiblich: Gemma. Engl., ital. Gemma.
Aus dem Ital. »gemma« (lat. »gemma«) = Kleinod, Edelstein. Vgl. den angels. »Ethelstan« (w) oder den walis.: »Glain« (w), von gleicher Bedeutung. – T: Widder – N: 11. April. – Gemma Donati (13./14. Jh.) hieß Dantes Frau. Der Name kommt in der angels. Welt vereinzelt vor.

Genesius Männlich: Genesius (auch: Genest, mit einem überflüssigen »t«). Frz. Genès. Ital. Genesio.
Griech. PN: »Genesios«, aus dem griech. Wort: »genos« = Geburt, Geschlecht. Bedeutung: wohlgeboren, von edlem Geschlecht. Wie der russ. Männername (griech. Herkunft): »Gennadi« oder der türkische: »Nedschip« (m). – T: Jungfrau – N: 25. August.

Genoveva Weiblich: Genovefa, Genoveva; KoF: Veva, Eva. Frz. Geneviève; KoF: Ginette. Ital. Genoveffa. – Männlich: hauptsächlich in den lat. amerik. Ländern: Genovevo.

»Genoveva« ist ein kelt. Frauenname, aus zwei Elem. zsgs.: »geno« (wie in »Gintu*gena*« w oder: »Matu*genos*« m), aus einem Stamm »gen« = zeugen + »vefa« (wie in »Edo*veifa*« w oder: Sunno*veifa*, w) = gut, rechtschaffen. Bedeutung: von rechtschaffenem Stamm. – T: Steinbock – N: 3. Januar – Zahlwert: 437 – Blume: der Mohn – Stein: der Rubin. – Genoveva von Brabant (8. Jh.). Die vielen frz. »Ginette«.

Georg Männlich: Georg, Georgius (lat.); KoF: Geo. Nddt.: Jürgen; KoF: Jürg, Jürn, Jörn; Jörgen (dänisch); KoF: Jorg, Jörg; Göran, Jöran (schwed.); fries. Joris. Engl. George. Frz. Georges (daher die dt. volkstüml. F »Schorsch«). Ital. Giorgio. Span. Jorge. Russ. Juri. Tschech. Jiři. Finn. Yrjö. – Weiblich: Georgia, Erw. Georgina(e); KoF: Jörna. Frz. Georgette. »Geôrgios« ist ein griech. Männername, aus zwei Elem. zsgs.: »Gê« / »Geô« = Erde (wie in »*Geo*graphie«) + »ergo« = arbeiten (wie in: »En*erg*ie«). Bedeutung: der Landwirt. Wie lat. »Agricola« (m) aus: »ager« = Acker + »colere« = bebauen. Niederl.: »Boer(e)« (m), schwed.: »Bonde« (m). Vgl. Vergils (1. Jh. v. Chr.) Gedicht: »Georgica« (= Landbau). – Georg: T: Stier – N: 23. April –; Georgia: T: Wassermann – N: 15. Februar – Zahlwert: 468 – Blume: die Georgine (so nach dem sibir. Forscher: Georgi, gen.) – Stein: der Labradorit. – »Georg« gehörte vom 17. Jh. bis zum Ersten Weltkrieg zu den beliebtesten dt. Männernamen. Später durch die Varianten: »Jörg«, »Jürg«/»Jürgen« (auch als Doppelnamen) verdrängt – von 1960 bis 1975 unter den 10 häufigsten dt. Männernamen. »George« ist in England (Landespatron) und in den USA (1950 = 5.) sehr verbreitet. In den UdSSR war »Juri« (1970) der 5. der Männernamen. – Die Komponisten Händel und Telemann (17./18. Jh.), der frz. Maler Georges Quentin de La Tour (17. Jh.), der ir. Philos. George Berkeley (17./18. Jh.), der frz. Revolutionär Georges Danton (18. Jh.), der Dichter Novalis (18. Jh.), der russ. Pol. Potjomkin (18. Jh.), der Philos. Hegel (18./19. Jh.), der frz. Naturforscher Georges Cuvier (18./19. Jh.), der amerik. Staatschef George Washington (19. Jh.), der schweiz. Schriftsteller Georg Büchner (19. Jh.), der engl. Dichter Byron (19. Jh.), der Phys. Georg Ohm (19. Jh.), der engl. Eisenbahningenieur George Stephenson (19. Jh.), die frz. Schriftstellerin George Sand (19. Jh.), der frz. Komponist Georges Bizet (19. Jh.), der amerik. Eisenbahningenieur George Pulman (19. Jh.), der brit./ir. Schriftsteller George Bernard Shaw (19./20. Jh.), der engl. Schriftsteller George Meredith (19./20. Jh.), der amerik. Erfinder George Eastman (Fotofilm) (19./20. Jh.), der frz. Maler Georges Rouault (19./20. Jh.), der Philos. Georg Simmel (19./20. Jh.), der dän. Schriftsteller Georg Brandès (19./20. Jh.), der belg./frz. Schriftsteller Georges Rodenbach (19. Jh.), der frz. Boxer Georges Carpentier (20. Jh.), der russ. Raumfahrer Juri Gagarin (20. Jh.), der frz. Dichter Georges Brassens (20. Jh.), die frz. Schriftsteller Georges Bernanos und Georges Duhamel (20. Jh.), der argent. Schriftsteller Jorge Borges (20. Jh.), der amerik. Komponist George Gershwin (20. Jh.), der ungar. Philos. György von Lukacs (20. Jh.), der Dichter Georg Trakl (20. Jh.), der neugriech. Lyriker Giorgos Seferis (N63), der russ. GFM Georgi Schukow (20. Jh.), der frz. Präsident Georges Pompidou (20. Jh.), der amerik. Pol. George Marshall (Plan) (20. Jh.), der ungar. Chem. G. v. Hevesy (N43), der engl. Biologe George Beadl (N58), der poln. Schriftsteller Jerzy Andrzejewski (20. Jh.), der equador. Dichter Jorge Andrade (20. Jh.), der frz. Komponist Georges Auric (20. Jh.), der span. Dichter Jorge Guillen, der tschech. Dramatiker Jori Voskovec (20. Jh.), der tschech. Dichter Jiri Wolker (20. Jh.). – Der Stoff Crèpe Georgette verdankt seinen Namen dem Fabrikanten. – FN: George(s), Georgin, Georis, Georissen,

Gheur, Goerres, Gorieckx, Gorris(sen), Gorssen, Jaures, Joris, Jeuris(sen), Joriet, Jooris, Joré, Jorens, Joret, Jurgen(s), Georg, Georgens, Schorse, Göhre, Görg, Genes, Gürgen, Girg, Jorgen, Jörgens(sen), Jorn(s), Joeres, Jörgens(sen), Jersch, Gorgas, Jürig, Yorck, Gerasch, Georgette, Joire, Jorris, Jorioz, Jorry, Geordy, Jordy, Jordic, Jore(au), Joret, Jorey, Jurgas, Giorgi, Gierzyk, Jurkat.

Gliedwort

Ger auch: Ga(i)r(e), Gir, Ker, Gher, Geir usw.
Wort. Urgerm. »*gaizas« (= spitzer Stab), ahd. »gêr« / »gêro« = Ger, Speer, wichtige Waffe seit der germ. Zeit. – Als erstes sowohl als zweites Glied: »Beringer« und »Gerbern«, »Gernot« und »Notker«, »Winiger« und »Gerwin« (alle männl.).

Gerald Männlich: Gerald, auch: Gerwald, Gerold. Fries. Garrelt. Engl. Gerald; KoF: Jerry, Gerry. Frz. Gérald, Géraud. Ital. Geraldo, Giraldo. – Weiblich: Geralde, Erw. Geraldine, auch: Gerolda, Gerolde, Erw. Geroldine. Ital. Giralda, Erw. Geraldina. Frz. Géraldine. Germ. PN: »Gerwald«, aus zwei Elem. zsgs.: »ger« = Speer (s. das Gliedwort: »ger-«) + »wald« (s. das Gliedwort: »wald-«) = der des Speeres Waltende. Vgl. die Umkehrung: Wal(d)ger (m). – Gerald: T: Fische – N: 13. März –; Gerold: T: Widder – N: 19. April – Zahlwert: 298 – Blume: das Berg-Maßliebchen. – Der amerik. Präsident Gerald Ford (20. Jh.).

Gerbald Männlich: Gerbald, Gerbold. Ital. Garibaldi (FN und auch Vorname). Germ. PN, aus »Ger« (s.) = Speer + »bald« (s.), Umkehrung: »Baldger« m = der kühne Speerkämpfer.
N: 7. Dezember.

Gerberga Gerburg weibl. Germ. PN, aus »Ger« (s.) = Speer + »berg« (s.) = mit dem Speer Schirmende, wie der männl.

Gerfried

Gerbert Männlich: Fries. Garbert, Garbit. Germ. PN, aus »Ger« (s.) Speer + »bert« (s.) = berühmt = berühmter Speerkämpfer, wie der altgriech. PN »Dorikles« (m).
N: 15. Mai.
Denselben Sinn hat:

Germar Männlich: Germ. PN, aus »Ger« (s.) = Speer + »mar« (s.) = berühmt.
N: 24. September.

Gerbrand Männlich: Fries. Garbrand, germ. PN, aus »Ger« (s.) = Speer + »brand« = Schwert = der unübertreffliche Krieger.

Gerda Weiblich: Gerda, Gerta, Erw. (fries.) Gerdina; KoF: Gerdi(e), Gerti. Dän., schwed. Gerd, Gerda. Engl. Gerda. Eine schon im MA benutzte F »Gerda« ist eine KoF zu »Gerdrud«/»Gertrud«. – Die seit Mitte des 19. Jh. in Skandinavien von den Dichtern Tegnér und Andersen verbreitete F »Gerda« (Gestalt der alten skand. Sagen) kommt vom altn. Stamm: »gerdr« (= einzäunen), in den PN = Beschirmerin, Schützerin. – T: Widder – N: 23. März.

Gereon Männlich: Gereon.
Aus dem griech. »gerôn« / »gerontos« (wie auch der Männername: »Gerontius«) = Greis, Ältester. Die »gerontes« des alten Spartas war ein Rat von Männern über 60 Jahren. – T: Waage – N: 10. Oktober.

Gerhard Männlich: Gerhard, Gerhart, Gerard (nach dem frz. Gérard); KoF: Gerd, Gert, Ge(h)rt, Grades. Fries. Ger(r)it, Garrit, Gard, Gerko. Ital. G(h)erardo. Ung. Gellért. – Weiblich: Ger(h)arda, Gerharde. Erw. Gerhardine; KoF: Geerta.

Alter germ. PN, aus: »Ger-« (s. das Gliedwort: »ger«) = Speer + »hard« (s. das Gliedwort: »hard«) = kühn. Bedeutung: der kühne Speerwerfer. Umkehrung: Hartger, Hartker (m). – T: Widder – N: 23. April – Zahlwert: 564 – Blume: die Osterluzei – Stein: der Heliodor. – S. unter »Andreas« Fischarts Verse. »Gerhard« war bis zum Ersten Weltkrieg ein beliebter dt. Männername. Um 1960 von der KoF »Gerd« (auch als Doppelname) verdrängt. – Meister Gerhard (Erbauer des Kölner Doms, 13./14. Jh.), der niederl. Humanist Gerrit Gerritszoon (s. »Erasmus«, 16. Jh.), der fläm. Kartograf Geraard Mercator (eig. Kremer) (16. Jh.), der fläm. Maler Geraard Harenbout (15./16. Jh.), der niederl. Maler Geraard van Houthorst (16./17. Jh.), die niederl. Maler Geraard Terboch (17. Jh.) und Hoot (17./18. Jh.), der fläm. Maler Geraard David (15./16. Jh.), der frz. Math. Gérard Desargues (17. Jh.), Scharnhorst (18./19. Jh.), der Bildhauer Marcks (19. Jh.), der frz. Schriftsteller Gérard de Nerval (19. Jh.), der Schriftsteller Gerhard Hauptmann (19./20. Jh.), die FSchau. Gérard Philippe (20. Jh.), Gérard Depardieu (20. Jh.), der Sänger Wendland (20. Jh.), der frz. FReg. Gérard Oury, dt. Pol. Gerhard Schröder (20. Jh.), die niederl. Schriftsteller Gerrit Kalff (19./20. Jh.) und Geraard Bruning (20. Jh.), der span. Dichter Gerardo Diego (20. Jh.). – Die niederl. Schriftstellerin Gerardine van Nes-Uilkens (19./20. Jh.), der frz. ChansonS. Gérard Lenormand (20. Jh.). – FN: Ge(h)r(h)art, Gerhar(t)z, Gerhaert, G(i)erhaert(s), Geraud, Jertz, Geertz, Gerdes, Gördes, Ge(e)rding, Gertjes, Gerrit(s)(en), Ger(ec)ke, Jerikke, Jehring, Gehr(e), Ge(e)rling(s), Gellert, Geerens, Geerinck(x), Gheers, Geeraerd, Gheeraert, Geraerds, Geerts(en), Gersten, Gérard und die Var. Girard, Gérardin, Gérard- oder Girard(-eau(x), dot, det, dey, Girardy.

Gerhild Weiblich: Gerhild(e).
Germ. Frauenname, aus »Ger« (s). + »Hild« (s.) = die Speerkämpferin. – T: Stier – N: 2. Mai.
Eine männl. Entsprechung:

Gerolf Männlich: auch: Gerulf, germ. PN, aus »Ger« (s.) + Wolf (s.) = der behende Speerkämpfer. – T: Jungfrau – N: 21. September.

Gerlach Männlich: einst im Rheinland beliebt, germ. PN aus: »Ger« (s.) + »laic« (= Kampfspiel) = der bewährte Speerkämpfer. Vgl. den altgriech. Namen »Aristaikhmos« (m) = der beste Gerkämpfer. – N: 5. Januar.

Gerlind Weiblich: Gerlind(e). Engl. Gerlinda.
Germ. Frauenname, aus »Ger« (s.) + »lind« = die Bezauberin der Speere. – T: Zwillinge – N: 22. Mai.

German Männlich: German(us). Franz. Germain. Ital. Germano. – Weiblich: Frz. Germaine. Ital. Germana.
»German« kann eine KoF von »Ger-«-Namen sein (vgl. »Friedemann«). Auch der Völkername der Germanen (kelt. Herkunft!) und in den roman. Ländern das lat. Wort: »germanus« = leiblicher Bruder (von den ersten Christen besonders beliebt) kann entsprechend entstanden sein. – T: Löwe – N: 31. Juli. – Die frz. Schriftstellerin Madame de Staël (18./19. Jh.), die frz. Sängerin Germaine Sablon (20. Jh.).

Gernot Männlich: Gernot.
Germ. PN, aus »Ger« (s. das Gliedwort: »Ger-«) = Speer + »Not« = Kampfgedränge, Vordrängen. Bedeutung: eifriger Speerkämpfer. Vgl. die Umkehrung: Notker/Notger (m). – T: Zwillinge – N: 24. Mai.

Gero Männlich: Gero. Nddt. Gerke, Gerko. – Weiblich: Gera. Nddt. Gerke. KoF eines PN auf »Ger-«, in erster Linie »Gerhard« (m) und »Gertrud« (w). – T: Fische – N: 19. März.

Gersom Männlich: Gersom, Gerson. Engl. Gerhsom.
Bibl. (hebr.) Männername. Vom AT (2. Mos. 2,22) erläutert als: »Ein Gast in fremdem Land«, »ein Verbannter«. Ein Sohn v. Moses (in Ägypten geb.).

Gertrud Weiblich: Gertr(a)ud(e), Gertraut, Gertrudis; KoF: Gerd(a), Gert(y), Gela, Tr(a)ud, Trudel. Nddt. Gesa, Geska, Ges(k)e, Erw. Gesine usw. Frz. Gertrude. Ital. Geltrude, Gertrude.
Alter germ. Frauenname, aus zwei Elem. zsgs.: »Ger« = Speer (s. das Gliedwort »Ger«) + Trud (s. das Gliedwort: »Trud«) = Macht, Kraft. Bedeutung: die Macht über die Speere (und ihren Flug) hat. Vgl. die Umkehrung: »Thrudger« (m). – T: Fische – N: 17. März – Zahlwert: 139 – Blume: das Vergissmeinnicht – Stein: der (blaue) Elbaït. – Vom 8. Jh. bis zum Ersten Weltkrieg, einer der häufigsten dt. Frauennamen. – Die Schriftstellerin Gertrud von le Fort (19./20. Jh.), die amerik. Schriftstellerin Gertrude Stein (19./20. Jh.).

Gervasius Männlich: Gervasius. Frz. Gervais. Engl. Gervase. Ital. Gervas(io) = Gervas(i)o. – Weiblich: Gervasia.
Der Name jenes nordital. Märtyrers des 1. Jh. (wie auch der seines Zwillingsbruders?) »Protasius« (s.) mag griech. Herkunft sein, aus einem Stamm: »geras« = Preis, Auszeichnung. – T: Zwillinge – N: 19. Juni.

Ghislain Männlich: Frz. G(h)islain, Guislain. Niederl. Gislenus. – Weiblich: Frz. G(h)islaine.
KoF eines der vielen germ. PN auf »Gisil« (s. »Gisela«). – N: 10. Oktober. – In Nordfrankreich, Belgien und den Niederlanden beliebt.

Gideon Männlich: Gideon, Gedeon. Frz. Gédéon. Ital. Gedeone.
Bibl. (hebr.) PN: »gideon« (aus einem hebr. Zeitwort: »gada« = zerstören) = der Zerstörer. Jener Richter zerstörte einst (daher sein Beiname) einen den Götzen gewidmeten Altar. – N: 1. September.

Gil Männlich: Gil, Gill, Gils, Gilles, Gillo. Engl. Giles. Frz. Gilles. – Weiblich: Gila, Gilla. Frz. (früher) Gillette.
Schon im 11. Jh. ist »Gilla« (w) in Urkunden für eine Var. von »Gisila« und Anfang des 12. Jh. »Gilo« für eine Var. von »Gislebertus« (m) angegeben. Eine (romantische) kontr. F von »Gisil« (s. unter »Gisela«). Bedeutung: der (die) Vornehme. Die traditionelle Deutung – eine Ableitung vom Männernamen »Ägidis« (s.) – ist um so zweifelhafter, da eine Urform »Ägidis« als PN nirgends urkundlich ausgewiesen ist. – T: Jungfrau – N: 1. September. – Der frz. Marschall Gilles de Rais (oder: de Retz) (15. Jh.) = Blaubart; der frz. Math. Gilles de Roberval (17. Jh.).

Gilbert Männlich: Giselbert, Giselbrecht, Gisbert, Gilbert, Gilbrecht; KoF: Giso. Frz., engl. Gilbert. Ital. Gilberto. – Weiblich: Giselberta, Gisberta. Frz. Gilberte. Ital. Gilberta.
»Gillebertus« (12. Jh.) ist eine kontr. F von: »Giselbert«, germ. PN, aus zwei Elem. zsgs.: »Gisel« (s. »Gisela«) + »bert« (s. das Gliedwort: »bert«) = durch seinen Edelmut berühmt. Ein Wunschname. Vgl. die Umkehrung: »Bertegisil« (m). – T: Wassermann – N: 4. Februar – Zahlwert: 365. – Der frz. GFM de la Fayette (14./15. Jh.), Gefährte von Jeanne d'Arc, der ital. Phys. Gilberto Govi (19. Jh.), der engl. Schriftsteller Gilbert Chesterton (19./20. Jh.), der engl. Schriftsteller Gilbert Chesterfield (20. Jh.), der frz. Schriftsteller Gilbert Cesbron (20. Jh.), der frz. ChansonS. Gilbert Bécaud (eigentlich François Silly) (20. Jh.).

Gina Weiblich: Gina, Gine. Frz. Gina, Ginette. Ital. Gina. – Männlich: Gino. Ital. Gino.
Im dt. Sprachraum wird »Gina«/»Gine«

als eine KoF von »Regina«/»Regine« betrachtet. In Italien aber sind »Gina« (w) und »Gino« (m) KoF von: »Luig*ina*/»Luigino« (= Luise, Ludwig, s. »Ludwig«), während in Frankreich »Gina« und vor allem »Ginette« die KoF von »Geneviève« (s. »Genoveva«) ist. – Die ital. FSchau. Gina Lollobrigida (geb. 1928). Der ital. Radfahrer Gino Bartali.

Gisela Weiblich: Gisela; KoF: Gi(e)sa, Gila, Gisa. Frz. Gisèle. Ital. Gisella.
»Gisela« ist die KoF eines der (vielen) germ. Frauennamen auf »Gisil« (germ. »*gisala«) = Sprössling, Jüngling aus edlem Geschlecht. Bedeutung: die Vornehme. – T: Stier – N: 7. Mai – Zahlwert: 272 – Blume: die Alpennelke – Stein: der Rhodonit. – Eine Schwester Karls d. Gr. (8./9. Jh.), Kaiserin Gisela, Gattin Konrads II (11. Jh.), Gisela, Gattin des ungar. Königs hl. Stephan (11. Jh.). Die FSchau. Gisela Uhlen, die frz. Schausp. Gisèle Pascal (20. Jh.).

Giselberga Weiblich: auch: Gisberga, und GISELBURGA, Gisburga.
Aus »Gisil« (s. »Gisela«) + »Berg« (s. das Gliedwort: »Berg-«) = die edle Schirmerin.
Wie auch:

Giselmunda Gismunda, weibl. (aus »Gisil« + »mund-« (s. das Gliedwort: »mund-«); und:

Giselmund Gismund männl.

Giselbrand Gisbrand, männl. aus »Gisil« (s. »Gisela«) + »brand« = Schwert, ist wie:

Giselher Männlich: aus »Gisil« (s. Gisela) + »her« = Krieger (s. das Gliedwort: »her«) = der edle und tüchtige Krieger.
N: 24. September. – Der Komponist Giselher Klebe (20. Jh.).

Giselmar Gismar, männl. Gismara weibl., aus »Gisil« (s. Gisela) + »mer«/»mar« (s. das Gliedwort: »mar«) = edel und berühmt.
N: 13. Mai.

Giseltr(a)ud Gistr(a)ud(e), weibl. aus »Gisil« (s. Gisela) + »traud« = Kraft (s. das Gliedwort: »trud«) = edel und kräftig.

Gislinde Weiblich: aus »Gisil« (s. Gisela) + »lind« = edel und weise.

Gladys Weiblich: Gladys. Engl. Gladys; KoF: Glad. Walis. Gwladus.
»Gladys« wird oft als die walis. (kymrische) F des lat. Frauennamens: »Claudia« betrachtet, ist jedoch wahrscheinlicher mit einem früheren walis. Frauennamen »Gwladys« (aus dem kelt.)= »Fürstin« zusammengeflossen. – Die amerik. FSchau. Gladys Smith (= Mary Pickford).

Glenn Männlich: Glen, Glenn. Engl. Glenn. – Weiblich: Glenna.
Aus einem kelt. Wort »glen« = Tal (Ortsname in Lincs./Engl.). Vgl. die FN »Thaler«, »Dahlmann« oder den griech. PN »Bessarion« (m russ.: »Wissarjon«), von ähnlichem Sinn. – Der amerik. Jazzmusiker Glenn Miller († 1944), der amerik. Chem. Glenn T. Seaborg (N51).

Gloria Weiblich: Gloria, Erw. Gloriana. Engl., frz., ital., span. Gloria.
Aus dem lat. Wort »gloria« = Ruhm, Ehre. Vgl. »Gloria in excelsis Deo« = Ehre sei Gott in der Höhe. – Die amerik. FSchau. Gloria Swanson, die amerik. FSchau. Gloria Grahame (20. Jh.).

Godelinde Weiblich: Godelinde, Godelindis, Got(t)linde.
Germ. Frauenname, aus »Gott« + »lind(e)« = weise. Bedeutung: die Weise in Gottes Schutz. – N: 15. September.

Gordana Weiblich: Gordana, Gordiana. – Männlich: Gordian(us).
Lat. PN (zwei röm. Kaiser hießen »Gor-

dian«), aus dem Adj.: »gordianus« (m) = der aus Gordion Stammende. Gordion ist die ehemalige Hauptstadt Phrygiens (Kleinasien). – T: Stier – N: 10. Mai – Zahlwert: 1014. – Den Ortsnamen »Gordion« findet man in der europ. Redensart: »den gordischen Knoten durchhauen« (= eine abstruse Aufgabe auf eine sehr einfache Weise lösen).

Gordon Männlich: Gordon. Engl. Gordon.
Schott. FN, aus einem ON: »Gordon« (Berwicks.), kelt. Herkunft, zsgs. aus »gor« = groß + »dun(um)« = Hügel. – Namensvorbild war in der angels. Welt: Gen. Gordon (gefallen 1885). Damalige dt. Vornamen: »Blücherine« (w), »Gneisenauette« (w); frz. Vornamen des Ersten Weltkrieges: »Joffre« (m), »Joffrette« (w). – Der engl. Dichter Lord George Gordon Byron (18./19. Jh.), der Amerikaner James Gordon Bennett (19. Jh.), Gründer der »New-York Herald«.

Gosbert Männlich: Gosbert.
Germ. PN, aus zwei Elem. zsgs.: »Gauta« Stammesname der Goten (vielleicht: die »Buchtleute« – Danziger Bucht) + »bert« = berühmt (s. das Gliedwort: »bert«). Bedeutung: berühmt unter den Goten. Wie der Männername: Gosmar.

Goswin Männlich: Goswin, Gautwin; KoF. Gose. Norddt. Gatzen.
Germ. PN, aus zwei Elem. zsgs.: »Gauta«, Stammesname der Goten (s. »Gosbert«) + »win« = Freund (s. das Gliedwort: »win-«). Bedeutung: beliebt unter den Goten. – N: 9. Oktober.

Gottfried Männlich: Gottfried; KoF: Götz (s. dort), Godo, Götje, Fried(el). Frz. Godefroy, Geoffroi, Geoffroy. Engl. Geoffrey (früher Jeff[e]ry). Ital. Goffredo. – Weiblich: Gottfriede.
Alter, im MA sehr beliebter germ. Männername, aus zwei Elem. zsgs.: »Gott« + »Fried« = Schutz (s. das Gliedwort »Fried-«). – Bedeutung: unter Gottes Schutz. Ein Wunschname, wie der altgriech. »Theophilaktos« (m) (= von Gott behütet). – T: Skorpion – N: 8. November – Zahlwert: 242 – Gewächs: Sennesblätterstrauch. – Der Kreuzfahrer G. von Bouillon († 1100), die Dichter und Schriftsteller G. von Straßburg (12./13. Jh.), der Frz. Geoffroi de Villehardouin (12./13. Jh.), der Engl. Geoffrey Chaucer (14. Jh.), Bürger (18. Jh.), Herder (18. Jh.), der Schweiz. Keller (19. Jh.), der Niederl. Godfried Bomans (20. Jh.), der Dichter Gottfried Benn (20. Jh.), der ital. Komponist Goffredo Petrassi (20. Jh.), der Tennisspieler von Cramm (20. Jh.), der österr. Komponist von Einem (20. Jh.). – FN: Gottfried(t), Got(t)fred(en), Jeff(eris), Jefferis, Jefferson, Jeffer(e)y, Jefree(s), Jeffrys, Gopfer, Govert(s), Gover, Geu(e)ert, Gödicke, Godtke, Gäthgens; Gode(r), Götze, Götzmann, Godefroi(d), Godefroy, Goed(e)vaert(s), Godfroy, Godfrey, Godefrain(t), Godfrin, Joffre, Joffré, Joffrin.

Gotthard Männlich: Gotthard, Godehard (in den ON: Goar); KoF: Gort, Gört. Engl. Goddard. Frz. Gathard. Godard. Ital. Godardo, Gottardo. – Weiblich: Gottharde.
Germ. PN, aus »Gott« + »hard« (s. das Gliedwort: »hard-«) = der durch Gott Starke. – T: Stier – N: 4. Mai.

Gotthelf Männlich: Gotthelf, Gotthilf. Pietistischer (17. Jh.) neugebildeter Vorname in WunschF: der in Gottes Hilfe Stehende. Auch die Umkehrung: Helfgott: Vgl. den arab. Männernamen »Nassreddin« = Hilfe des Glaubens. – T: Waage – N: 27. September.

Gotthold Männlich: Gotthold, Gottwald. »Gotthold« ist eine pietistische Neubildung, mit dem Sinn »dem Gott hold ist«, eine Art dt. Übersetzung des hebr. »Johannes« (s.), aber in Wirklichkeit aus einem älteren germ. PN: »Gottwald«, aus »Gott« + »wald« (s. das Gliedwort: »wald-«) = der in Gottes Hut Waltende, dann »Gottold«, mit einem späteren »H« in Anlehnung an das Adj. »hold« (s. auch »Rein*h*old«). – T: Zwillinge – N: 7. (u. 8.) Juni. – Der Dichter Gotthold Ephraim Lessing (18. Jh.).

Gottlieb Männlich: Gottlieb; KoF: Gottel. Russ. Gleb (kontr. F des skand. »Gudleifr«). – Weiblich: Godelieba, Godolewa; KoF: Goda.
»Gottlieb« und die Umkehrung »Liebegott« (m) sind pietistische Neubildungen: »liebe Gott!« (BefehlsF). Vgl. »Amadeus«, aber zugleich die Umdeutung eines alten germ. PN: »Gottleib« (m), aus »Gott« + »leib« = Sohn, Kind Gottes, genau wie im altgriech. Männernamen: »Theotekne« (m) = Kind Gottes. – Gottlieb: T: Krebs – N: 6. Juli –; Gleb: T: Löwe – N: 24. Juli. – Der Maler Gottlieb Schick (18./19. Jh.), der Industrielle Gottlieb Daimler (19./20. Jh.).

Gottlob Männlich: Gottlob; KoF: Lobel, Golo.
»Gottlob« und die Umkehrung »Lobegott« (m) sind pietistische Neubildungen = »Lobe Gott!«. Vgl. den engl. puritanischen (16./17. Jh.) PN: »Praise-God« (m) oder den slaw. »Bogislaw (m) / »Boguslaw« (m) von gleicher Bedeutung.

Gottschalk Männlich: Gottschalk; KoF: Gotsch. – Weiblich: (im MA, norddt.) Godestiu.
Germ. PN aus: »Gott« + »scalc« = Diener, Knecht = Gottesdiener, Gottesknecht. S. »Abdias«. – T: Zwillinge – N: 7. Juni.

Gottwin Männlich: Gottwin. Nddt. Godwin. Engl. Godwin. – Weiblich: Godewina, Godwina.
Germ. PN, aus »Gott« + »win« = Freund (s. das Gliedwort: »win-«) = Gottesfreund. Wie der altgriech. »Theophil(us) (m), umgekehrt: »Philotheus« (m) oder der slaw. »Bogumil« (m). – T: Skorpion – N: 28. Oktober.

Götz Männlich: Götz. Nddt. Götze. Oberdeutsche KoF von den vielen »Gott«-Namen, in erster Linie von »Gottfried« (s.). – Götz von Berlichingen (15./16. Jh.), der berühmte Ritter mit der eisernen Faust schrieb bekanntlich sich selbst: Gottfried. – Der FSchau. Götz George.

Grace Weiblich: Grazia. Engl. Grace, Gracie. Ital. Grazia. Erw.: Graziella, Grazielle. Niederl. Gratia, Gracia, Gratiana. Frz. Grâce.
Aus dem lat. »Gratia« = Anmut. (s. auch die Rubrik «Gratian«). – Die amerik. FSchau. Grace Fields (20. Jh.) und vor allem Grace Kelly (20. Jh.), später Grace von Monaco. »Graziella« ist die Hauptgestalt eines gleichnamigen Gedichtes des frz. Schriftstellers Lamartine (1849). Die ital. Sängerin Graziella Sciutti (20. Jh.).

Graham Männlich: Graham. Engl. Graham.
Name eines schott. Clans, aus einem ON: »Graham« bzw. »Grantham«, aus »grant« = groß + »ham« = Heim. – Der engl. Schriftsteller Graham Greene (20. Jh.).

Gratian Männlich: Gratian(us), Grazian. Ital. Graziano. – Weiblich: Gratiana.
Der lat. PN »Gratianus« (m) ist eine Erw. des Adj. »gratus« (m) = angenehm, anmutig, willkommen, wie in der Redensart: »persona grata« (= willkommene Person). – T: Waage – N: 23. Oktober. – Ein röm. Kaiser (4. Jh.). Der ital. Rechtsgelehrte Gratian (12. Jh.).

Grazia Weiblich: S. unter »Charis«, »C«.

Gregor Männlich: Gregor(ius); KoF. Gore(s), Görres, Gor(i)us. Frz. Grégoire, Grégory. Engl. Gregory; KoF. Greg, Grig, Greer. Ital. Gregorio, Erw. Gregoriano. Russ. Grigori; KoF: Grischa.
Über das lat. »Gregorius« (m), geht die-

ser PN auf das griech. »Gregorios« (m) zurück, aus einem Zeitwort: »egrêgorein« und bedeutet: der Wachsame. Wie der bibl. (hebr.) PN: »Er« (m), der germ. PN »Wacho«/»Wac(c)ar« (m) oder der lat. PN »Vigilantius« / m »Vigil« (ital. »Vigilio« m). – T: Fische – N: 12. März – Zahlwert: 108 – Blume: der Taubenkropf. – In Russland vor der Revolution einer der häufigsten Vornamen nichtruss. Herkunft. »Grégory« (m) war Modename in Frankr. in den 70er Jahren. – Sechzehn Päpste. Der Komponist Gregor Aichinger (16./17. Jh.), der ital. Komponist Gregorio Allegri (17. Jh.), der russ. Feldmarschall Grigori A. Potemkin (18. Jh.), der russ. Mönch Grigori J. Nowy (= Rasputin, † 1916), der amerik. Schausp. Gregory Peck (geb. 1916), der ungar. Schriftsteller Gergely Csiky (19. Jh.), der mexik. Schriftsteller Gregorio Lopez y Fuentes (20. Jh.), der span. Schriftsteller Gregorio Maranon (20. Jh.), der griech. Schriftsteller Gregorios Xenopulis (20. Jh.). – FN: Gregor(ius), Greger, Gregson, Gräger, Gör(es), Görres, Kröger, Grüger, Grigoleit, Grégoire, Gringoire, Gregoor, Grégory, Gregori, Gregh, Grigg(s), Greggs(on), Grigson.

Grete Weiblich: Grete(l), Greta, Greda, Grede, Griet, Gritt(a), fries. Gr(i)etje. Schw. Gritli. Engl., schwed. Greta. Niederl. Griet(e), Greet(je), Greta, Gryt.
KoF von »Margarete« (s.) seit Jahrhunderten selbstst. Vorname geworden. Sprichwörtlich ist das Pärchen »Hänsel und Gretel« geworden. Niederl. ist »griet« ein Wort der Umgangssprache für »Mädel«, »junge Frau« geworden und für die Franzosen der Gegenwart bleibt »Gretchen« der Typ des dt. Mädchens. – Auch als Doppelname (Annegret) beliebt. – Die schwed. FSchau. Greta Gustavson = Garbo, geb. 1905), die FSchau. Grethe Weiser, die Schausp. Grete Mosheim, Gritt Böttcher.

Griffith Männlich: Griffith. Engl. Griffith.
Name eines walis. Königs des 11. Jh. »Gruffudd«, aus dem walis. (kymr.) = kräftiger Krieger. Vgl. den altgerm. PN: »Craftheri« (m).

Grimbert Männlich: Grimbert.
Germ. PN, aus »Grim«, angels. »grīma« = Maske, Helm; u. »grīmnir« (= der Behelmte) ein Beiname Odins + »bert« (s. das Gliedwort: »bert«). Bedeutung: glänzender (Krieger) in Odins Hut.

Grimwald Männlich: Grimwald, Grimald, Grimold; KoF: Grimo, Greim. Ital. Grimoaldo.
Germ. PN aus »grim« (s. »Grimbert«) + »wald« (s. das Gliedwort: »wald«). Bedeutung: der mit Odins Hilfe Waltende. Vgl. den germ. PN: Gottwald. – N: 29. Sept.

Griselda Weiblich: Griselda, Griseldis. Schott. Grizelda; KoF: Grizzel, Griz(zie). Ital. Griselda.
Germ. Frauenname, zsgs. aus »grisja« = grau; sinnbildliche Farbe?) + »Hiltja« = Kampf (s. das Gliedwort: »hild«). – Bedeutung: die graue Kämpferin. – Vom ital. Dichter Boccaccio (14. Jh.) und vom engl. Dichter Chaucer (14. Jh.) beliebt gemacht.

Gudrun Weiblich: Gudrun; KoF: Gunda, Gunde(l). Dän., schwed. Gudrun.
Angels. Walkürenname, aus »Gund« = Kampf (s. das Gliedwort: »gund«) + »runa« = geheime Schrift, Weissagung. Bedeutung: die Geheimnisse der Schlacht Kündende. – T: Krebs – N: 21. Juli – Zahlwert: 505.

Gudula Weiblich: Guda. Fries. Güde, Erw. Gudula; KoF: Gul.
KoF von germ. Frauennamen auf »Gund-« (s. das Gliedwort: »Gund-«) und evtl. auch auf »gōda« (= gut, [vor]trefflich und: »gŭda« (= Gott). – N: 8. Januar.

Guido Männlich: Guido, Wido, Wito

(s. auch »Veit« / »Vit[us]«). Engl., frz. Guy. Ital. Guido, Vito.
Unter »Guido« / »Wido« / »Veit« haben sich mehrere PN verschiedener Herkunft undurchdringlich vermischt. U. a. der lat. »Vitus« (m), aus »vita« = Leben, und die KoF von germ. PN auf »Wid-« (ahd. wĭtu = Wald, Holz, wie der lat. PN: »Silvius« m). – T: Zwillinge – N: 15. Juni – Zahlwert: 280 – Blume: das Veilchen. – Der ital. Dichter Guido Cavalcanti (13. Jh.), die ital. Maler Guido di Pietro (= Fra Angelico – 15. Jh.), Guido Reni (16./17. Jh.), der fläm. Dichter Guido Gezelle (19. Jh.), der frz. Erzähler Guy de Maupassant (19. Jh.), der frz. Komponist Guy Ropartz (20. Jh.).

Gliedwort

Gund auch: Gond(e), Gont, Gun, Gunt, Cunt, Cund usw.
Wort = Kampf, Kämpfer, germ.: »*gunxo«, angels. »gunnar«, ahd. »gund«. – In den PN als erstes sowohl als zweites Glied (in diesem Fall fast immer weiblich): »Guntfried« (m) und »Friedegund(e)« (w), »Gunderich« (m) und »Radegund(e)« (w).

Gund(o)bald Männlich: Gumbold – N: 4. Mai.

Gundoberga Guntberga.

Gund(o)bert Männlich: auch: Guntbert, Guntbrecht, Gumbert, Gombert, Gumpert, Gumprecht. – Weiblich: Guntberta, Gundoberta.
Germ. PN, zsgs. aus »Gund« (s. das Gliedwort: »Gund«) + »bert« (s. das Gliedwort: »bert«), ein Wunschname: (sei) ein glänzender Kämpfer. Vgl. die Umkehrung »Bertgundis« (w). – N: 21. Januar.
Dieselbe Bedeutung hat:

Gundolf Männlich: zsgs. aus »Gund« (s.) + »wolf« (s. das Gliedwort: »wolf«) ist der (wie ein Wolf) zähe Kämpfer.

Gunhild Weiblich: Gun(n)hild(e), nordische Entsprechung von Gund(e)-hild / Gunthild; auch Gunilla. Schwed. Gun(n)hild, Gunnild, Gunnil(a); KoF: Gun, Gunni, Gulli.
Germ. Frauenname zsgs. aus »Gund« (s. das Gliedwort: »Gund-«) + »hild« (s. das Gliedwort: »hild«) = die unermüdliche, stets einsatzbereite Kämpferin. Vgl. die Umkehrung: »Hildegund« (w). – T: Wassermann – N: 30. Januar – Zahlwert: 571 – Blume: der Wald-Ziest – Stein: der Rhodonit. – In Skandinavien (besonders als »Gunilla«) verbreitet. Die KoF »Gun« des Namens eines engl. Geschützes: »Gunilda« (14. Jh.) ward zum engl. Gattungswort »gun« für »Kanone«.

Gunmar Männlich: auch: Guntmar, Gundomar, Gomer = (sei) ein berühmter Kämpfer. – N: 11. Oktober.

Gunnar Männlich: Dän., norw., schwed. Gunnar. Lat. Gunno.
Dieselbe Etymologie wie »Günter« (s.). – Der schwed. Schriftsteller Gunnar Ekelöf (20. Jh.), der finn. Dichter Gunnar Björling (20. Jh.), der isländ. Schriftsteller Gunnar Gunnarson (20. Jh.).

Gunter Männlich: Gunter, Günter (die jüngere Schreibw. ist ohne »h« – »Günter« mit Umlaut ist eine neuere Schreibw., seit Ende des 19. Jh.). KoF: (wie auch KoF von den »Gund« / »Gunt«-Namen): Gunzo, Günzel, Gunzilo. Dän., schwed. Gunnar. Frz. Gunt(h)er, Gont(h)ier, &Gont[h]ier).
Alter germ. Männername, zsgs. aus »Gund« (s. das Gliedwort: »Gund-«) + »Her« (s. das Gliedwort: »her-«) = der (eifriger) Kämpfer im Heer. Vgl. die Umkehrung: »Herigund« (w). – T: Waage – N: 9. Oktober – Zahlwert: 309 – Blume: das (gelbe) Stiefmütterchen. – Im MA bes. beliebt, nach »Gunther«, Held des Nibelungenliedes (13. Jh.). Nach dem Ersten Weltkrieg Modename im dt. Sprachraum. Die Schriftsteller Eich (20. Jh.) und Grass (20. Jh.). »Gun-

nar« ist in Skand. verbreitet. Der schwed. Dichter Gunnar Ekelöf (20. Jh.), der dt. FSchau. Gunnar Möller. – FN: Gontier, Gunt(h)er, Gunder, Günzel, Gunnar.

Guntfried Männlich: (Vgl. die Umkehrung: »Friedegund[e]« w) ist der Schirmer im Kampf. – N: 28. November.

Gunthard Männlich: bedeutet: (sei) ein kühner Kämpfer. – N: 25. Juni.
wie:

Guntmund Männlich: skand. Gudmund, wie auch die weibl. Entsprechung.

Guntram Männlich: Frz. Gontran, zsgs. aus »Gund« (s.) + »ram« (s. das Gliedwort: »ram« = Rabe), ist der Scharfblickende im Kampf. – N: 28. März.

Guntwin Männlich: zsgs. aus »Gund« (s.) + »win« (s. das Gliedwort: »win«) ist der Freund des Kampfes.

Gustav Männlich: Gustav, auch: Gustaf (die übliche schwed. Schreibw.); KoF: Gus, Gust(e)l, Gust(i). Engl. Gustave; KoF: Gus. Ital. Gustavo. – Weiblich: Gustava, Gustave; KoF: Gusta.
Nordgerm. PN, zsgs. aus »Gunnr« = Kampf (s. das Gliedwort: »gund«) + »stafr« = Stab, Rune (Buch*stabe*) = der Runenkundige; der für den Kampf Zaubernde. Eine männliche Entsprechung von »Gudrun« (w). – T: Skorpion – N: 6. November – Zahlwert: 1061 – Blume: die Weisenplatterbse – Stein: der (gelbe) Apatit. – In Schweden einer der häufigsten Männernamen (auch als Doppelname). – Der Schwedenkönig Gustav Adolf († 1632) sowie 5 andere schwed. Könige, der Chem. Kirchhoff (19. Jh.), der frz. Schriftsteller Gustave Flaubert (19. Jh.), die frz. Maler Gustave Courbet und Gustave Moreau (19. Jh.), der Zeichner Gustave Doré (19. Jh.), der Schriftsteller Gustav Freytag (19. Jh.), der Pol. Gustav Stresemann (19./20. Jh.), der Pionier der Luftschifffahrt Gustav Weisskopf (19./20. Jh.), der frz. Ingenieur Gustave Eiffel (Erbauer des Eiffel-Turmes – 1889, dt. Abstammung, hieß eigentlich: von Bönickhausen), der fläm. Maler Gustave van de Woestijn (20. Jh.), der Schausp. Gustav Knuth (20. Jh.), der poln. Schriftsteller Gustav Morcinek (20. Jh.), der jugoslaw. Schriftsteller Gustav Krklee(20. Jh.), der schweiz. Schriftsteller Gustave Roud (20. Jh.), der schwed. Schriftsteller Gustav-Hedenvind-Eriksson (20. Jh.). – Die schwed. Schauspielerin Gösta Ekman (20. Jh.), die schwed. Schriftstellerin Gösta Janson (20. Jh.).

Gwendolin Weiblich: Gwendolin, Gwendolyn; KoF: Gwen, Gwenda. Engl. Gwendolen, Gwendoline, Gwendolyn; KoF: Gwen(da). Ital. Guendalina.
Kelt. Frauenname = »weißer Kreis«: Beiname einer Mondgöttin (vgl. »Phöbe« [w], »Lucina« [w]). – T: Waage – N: 14. Oktober. – In der Sage der Tafelrunde Name einer vom König Artus (Arthur) geliebten Fee.

H

Hado Männlich: Hado, Hatto; KoF: Hattilo; KoF eines der vielen germ. PN auf »Had(u)« = Kampf. Streit.

Hadubert Männlich: – Hadeberta weibl. sowie: Hademar (m), Hadumar (m) zsgs. aus »Had(u)« = Kampf + »bert« bzw. »mar« (s. die Gliedwörter: »bert« und »mar«) = im Kampfe berühmt. – N: 9. August.

Hadebrand, Hadubrand Männlich: ist der Schwertkämpfer. – N: 30. Juli.

Hadeburg(a) Weiblich: ist die Schützerin im Kampf.

Had(e)mut(e) Weiblich: ist die Mutige im Kampf.

Had(e)win Männlich und Hadewine Weiblich: ist Freund des Kampfes. – N: 20. Januar.

Hadrian S. »Adrian«.

Hafiz Männlich: arab. PN = Schützer. Der syr. Pol. Hafiz al Assad (20. Jh.).

Hagar Weiblich: Hagar. Engl., niederl., schwed. Hagar. Frz., ital. Agar.
Bibl. Frauenname, hebr. Herkunft: »hāgār« = die Wandernde.

Hagen Männlich: Hagen. Isländ. Högni. Schwed. Högne. Fries. (auch KoF zu »Heinrich«) Haio, Hajo, Hayo, Heio, Haiko, Heiko.
»Hagen« ist die KoF eines germ. PN auf »Hagen-«, aus einem Stamm »hag« = umzäunter, ge*heg*ter Platz (daher das Wort »Hecke« und der ON Den Haag). – Högni war ein skand. Sternengott. Hagen von Tronje, der im Nibelungenlied Siegfried tötet.

Hakon Männlich: Hakon. Dän. Håkon, Hågen. Norw. Håkon. Schwed. Håkan. Skan. PN, aus zwei Elem. zsgs.: »haugr«, altwest-nord. Adj. = erhaben (daher auch »hoch« und »*Hüg*el«) + »konr« = Nachkomme, Sohn. Ein Wunschname: (sei) ein ehrwürdiger Sohn. Vgl. den altdt. PN: »Berahtleib« (m) = berühmter Sohn. – T: Zwillinge – N: 14. Juni. – Name vieler norw. Könige, über den ganzen Norden reichlich verbreitet.

Halldor Männlich: Dän., norw., schwed. Halldor, auch: Haldor.
Nordgerm. PN (Hallor/Haller) zsgs. aus »hall« = Stein (Wappen) + Tor = Thor. – Der isländ. Schriftsteller Halldor Laxness (N55).

Hanna(h) Weiblich: Hanna, Hanne, Hanni; KoF: Hannele, Hannchen, Hanja. Hanka (alle als KoF von »Johanna« [s.] empfunden), Hannah.
S. »Anna«, die griech. Form des bibl. (hebr.) PN: »Hanna« (= Huld, Gnade, Gunst). – Oft auch als Doppelname: Hannedore, Hannelore, Hannerose usw.). – Die Fliegerin Hanna Reitsch (20. Jh.), die Soziologin Hannah Arendt (20. Jh.).

Hannibal Männlich: Hannibal. Ital. Annibale. Span., port. Aníbal.
Semit. Name, zsgs. aus »Hanni« = gnädig + »Baal« = der Mächtige, der Herr. Bedeutung: gnädig (sei ihm) der Mäch-

tige. Vgl. die Umkehrung: »Baal-Hanan«, bibl. (hebr.) Männername (1. Mos. 36.38). – Karthagischer Feldherr (247–183), der das Römische Reich gefährdete (»Hannibal ante portas!«). Der Taufname »Hannibal« war Mode in Italien (und in Europa) z. Z. der Renaissance. Heute noch in Südamerika (und Italien) nicht selten. – Der ital. Schriftsteller Annibale Caro (16. Jh.), der ital. Maler Annibale Caracci (16./17. Jh.).

Hans Männlich: Hans, Hanns, Hannes, Hennes, Hanno, Henne, Henno, Hansen. Nddt. Hanke, Hanko, Henneke.
Seit dem 14. Jh. selbstst. gewordene Kürzung von »Johannes« (s. »Johann«): »Am Ufer des Jordans Johannes – an der Pegnitz hieß er Hans«. Bis zum Ersten Weltkrieg einer der verbreitetsten dt. Männernamen. In der Umgangssprache lange schon Synonym von »Mensch«, »Mann« (allein oder in Verbindung mit einem Adj. oder einer Beifügung). – Der fläm. Arzt Jan Yperman (13. Jh.), der ital. Maler Giovanni Cimabue (13. Jh.), der ital. Dichter Giovanni Bocaccio (14. Jh.), der frz. Chronist Jean Froissart (14./15. Jh.), der tschech. Reformator Jan Hus (15. Jh.), der ital. Humanist Pico della Mirandola (15. Jh.), der ital. Komponist Giovanni Palestrina (16. Jh.), der frz. Humanist Jean Dorat (16. Jh.), der Maler Hans Holbein (16. Jh.), der poln. Dichter Jan Koschanowski (16. Jh.), der Astronom Hans Kepler (16./17. Jh.), der niederl./ital. Maler Giovanni da Bologna (16./17. Jh.), der engl. Schriftsteller John Lyly (16./17. Jh.), die frz. Schriftsteller Jean Racine, Jean de La Bruyère und Jean de La Fontaine (17. Jh.), der niederl. Maler Jan Vermeer (17. Jh.), der ukrainische Kosak Iwan Masepa (17./18. Jh.), der engl. Feldherr und Staatsmann John Marlborough (17./18. Jh.), der frz. Maler Jean Greuze (18./19. Jh.), der frz. GFM Jean Jourdain (18./19. Jh.), der Schriftsteller Jean Paul (18./19. Jh.), der engl. Maler John Constable (18./19. Jh.), der ital. Maler Giovanni Canaletto (eig. Canale) (18. Jh.), die russ. Schriftsteller Iwan Bunin, Turgenjew (19. Jh.), der frz. Sozialist Jean Jaurès (19./20. Jh.), der russ. Physiologe Iwan Pawlow (19./20. Jh.), der ital. Dichter Giovanni Pascoli (19./20. Jh.), der russ. Schriftsteller Iwan Dunin (19./20. Jh.), der amerik. Unternehmer John Rockefeller (19./20. Jh.), der ungar. Dichter Janos Arany (19. Jh.), der schwed. Chem. Jöns Jakob Berzelius (19. Jh.), der ir. Dramatiker Sean O'Casey (19./20. Jh.), der finn. Komponist Juhani Sibelius (19./20. Jh.), der Schausp. Hans Moser (20. Jh.), die frz. Schriftsteller Jean Giono, Jean Giroudoux, Jean Cocteau, Jean Anouilh (20. Jh.), die frz. Schausp. Jean Marais und Jean Gabin (eig. Jean Moncorgé) (20. Jh.), einer der Väter Europas Jean Monnet (20. Jh.), der brit. Biochem. John Krebs, der Schriftsteller Hans Carossa (20. Jh.), der rumän. Pol. Antonescu (20. Jh.), der brit. Volkswirtschaftler John Keynes (20. Jh.), der australische Physiologe John Eccles (N63), der katalanische Maler Joan Miró (20. Jh.), der amerik. Schausp. Johnny Weissmüller (20. Jh.), der argentinische Pol. Juan Perón (20. Jh.), der Phys. Hans Geiger (der G-Zähler) (20. Jh.), der ital. Schriftsteller Giovanni Guareschi (Don Camillo) (20. Jh.), der ital. Philos. Giovanni Gentile (20. Jh.), der ital. Schriftsteller Giovanni Papini (20. Jh.), der griech. Dichter Yannis Ritsos (20. Jh.), der frz. FSchau. Jean Renoir (20. Jh.). – Auch als Doppelname häufig: H-Dieter, Hans-Dietrich, Hans-Joachim, Hans-Jörg, Hans-Jürgen, Hans-Josef, Hans-Karl, Hans-Klaus, Hans-Peter, Hans-Gert, Hans-Walter usw. wie: Jean-Antoine Watteau, frz. Maler (18. Jh.), Jean-Auguste Ingres, frz. Maler (19. Jh.), der frz. Komponist Jean-Baptiste Lulli (17. Jh.), der frz. Staatsmann Jean-Baptiste Colbert (17. Jh.), der frz. Maler Jean-Baptiste Chardin (17. Jh.), der frz. Schriftsteller Jean-Baptiste Molière (eigentl. Poquelin) (17. Jh.), der ital. Kupferstecher Gianbattista Piranesi (18. Jh.), der

frz. Bildhauer Jean-Baptiste Pigalle (18. Jh.), der Math. und Schriftsteller Jean-Baptiste d'Alembert (18. Jh.), der frz. Phys. Jean-Baptiste Biot (18./19. Jh.), der frz. Bildhauer Jean-Baptiste Carpeaux (19./20. Jh.), der ital. Komponist Giancarlo Menolte (20. Jh.), der frz. Maler Jean-François Millet (19. Jh.), der frz. Maler Jean-Honoré Fragonard (18./19. Jh.), der frz. Philos. Jean-Jacques Rousseau (18. Jh.), der amerik. Volkswirtschaftler John-Kenneth Galbraith (20. Jh.), der frz. Maler Jean-Louis Forain (19./20. Jh.), der frz. Schausp. und FReg. Jean-Louis Barrault (20. Jh.), der FReg. Jean Luc Godard (20. Jh.), der Schriftsteller Hans Magnus Enzensberger (20. Jh.), der frz. Revolutionär Jean-Paul Marat (17./18. Jh.), der frz. Schriftsteller Jean-Paul Sartre (20. Jh.), der frz. Schausp. Jean-Paul Belmondo (20. Jh.), der dän. Dichter Jens Peter Jacobsen (19. Jh.), der frz. Komponist Jean-Philippe Rameau (18. Jh.), der span. Lyriker Juan Ramón Jimenez (20. Jh.). – Giovanna (= Edith) Piaf (20. Jh.), die Modeschöpferin Jeanne Lanvin (20. Jh.), die Sängerin Joan Baez (20. Jh.), die frz. Variété-Künstlerin Jeanne-Marie Bourgeois (19./20. Jh.), die griech. Sängerin und Pol. Johanna (= Nana) Mouskouri, die ital. Schriftstellerin Gianna Manzini (20. Jh.), die »Dubarry« (= Jeanne Bécu) (18. Jh.), die FSchau. Jane Birkin, Jane Fonda, Jayne Mansfield und Jeanne Moreau (20. Jh.), die engl. Schriftstellerin Jane Austen (18./19. Jh.), die schwed. Sängerin Jenny Lind (19. Jh.), die uruguayische Lyrikerin Juana de Ibarburu (20. Jh.), die frz. Heldin Jeanne Laisnée (= Jeanne Hachette (15. Jh.), die Tänzerin Jeannine Charrat (20. Jh.), die span. Dichterin Juana L. de la Cruz (17. Jh.), die frz. Schriftstellerin Jeanne-Marie Le Prince de Beaumont (= »Die Schöne und das Biest«, 18. Jh.), nicht zu vergessen die frz. Heilige Jeanne d'Arc (15. Jh., Mai 1920 heilig gesprochen und seitdem als Nationalheilige verehrt). – FN: Jean, Jehan (ältere Schreibweise), Jeannet, Jean(n)in, Jeannot, Jeannenet, Jeanson, Johann(e)s, Johannessen, Johanning, John(s), Jeandel, Johnse(n), Jonsson, Jeandet, Jeandin, Jeandon, Jentel, Jouan, Joannet, Jouandon, Jouandet, Joauën, Jans, Janssen, Jantzen, Joontses, Joninger, Ja(h)n(s), Jaanissen, Jan(t)z, Jan(ske), Jansen(s), Janson, Janin, Janne, Jeanlin, Jeanson, Jenaert, Jenot, Jentgen, Jentges, Jähn, Jän, Jänning, Jen(n)y, Jennessen, Schang, Schan(e), Tschan(e), Hans(i), Jan(a)k, Jes, Jask, Vanek, Iban, Jan(k)e, Hann(e)s, Hänsel, Henz, Hennessen, Jones, Henschen, Hansing, Hahnemann, Hamman, Hannusch, Hönsch, Evan(s), Jeven, Giovanni.

Harald Männlich: Harald (die nord. F), auch: Herald, Harold, Herold. Schwed. Harald; KoF: Halle. Engl. Harold, Harald. Ital. Araldo.
Dieser germ. PN schon von Tacitus (1./2. Jh.) erwähnt, ist aus zwei Elem. zsgs.: »Harja« (s. das Gliedwort: »Her-«) = Heer + »wald« (s. das Gliedwort: »wald-«) = walten. Bedeutung: der im Heervolk Waltende, der Führer des Heeres. Vgl. die Umkehrung: »Walt(h)er« oder den altgriech. PN: »Stratarchos« (m) oder »Archestratos« (m). – T: Skorpion – N: 1. November – Zahlwert: 700 – Pflanze: der Rainfarn. – Beliebter skand. Königsname. In allen roman. Sprachen, der germ. Etymologie entsprechend, war der frz. »hérault«, der ital. »araldo«, der span. »heraldo« das »Sprachrohr« der Armee. – Modename im dt. Sprachraum in den 60er Jahren. – Die engl. Pol. Harold Wilson (20. Jh.) und Harold Macmillan (20. Jh.), der engl. Marschall Harold Alexander (20. Jh.), der amerik. Chem. Harold C. Urey (N34).

Gliedwort

Hard auch: hart-, art, ard, hert, erd usw. Adj. = kühn, unerschrocken, stark, germ. »*haru«, aus einem idg. Stamm: »*kartus«. Vgl. das engl., niederl., schwed. Adj.: »hard«, deutsch: »hart«, frz. »hardi«, ital.

»ardito«. – In den PN häufiger als zweites Element. »Gerhard«, »Richard« und »Wighard« sind die Regel, »Hartger«, »Harderich« und »Hartwig« die Ausnahme.

Hard Männlich: Hard, Hardo, Hardi, Hardy, Harder, Harto.
KoF eines der vielen germ. PN mit dem Bestandteil »hart-« (s. das Gliedwort: »hart-«). – Der FSchau. Hardy Krüger.

Harmen Männlich: Harm, Harmen, Harms, Herms, Hermes; Harro (auch KoF zu »Herbert«). – Weiblich: (fries.) Harmke.
»Harmen« ist eine fries. F von »Hermann« (s.), »Harm«, »Herms« sind KoF: – Der niederl. Maler Rembrandt (17. Jh.) hieß eigentlich: Rembrandt *Harmens*zoon van Rijn.

Harry Männlich: Harry, auch: Harri (nicht zu empfehlen). Engl. Harry.
Bis zum 17. Jh. war »Harry« die übliche engl. Aussprache (und Schreibw.) des aus dem Frz. übernommenen germ. PN. »Henry« (s. »Heinrich«). Heute ist die Schreibw. »Henry« viel häufiger und »Harry« wird als eine KoF von »Henry« empfunden. – Der urspr. Vorname von Heine (19. Jh.) war »Harry«. Der amerik. Präs. Harry S. Truman (20. Jh.), die amerik. Sänger Harry Belafonte (geb. 1926) und Harry (= Bing) Crosby (20. Jh.).

Hartmann Männlich: Hartmann, mögl. KoF: Hasse.
Germ. PN, zsgs. aus »hart« (s. das Gliedwort: »hart-«) = kühn, stark + Mann. Bedeutung: der Kühne, der Starke. Ein Wunschname. Vgl. den bibl. (hebr.) PN: »Boas« (m) oder den lat. »Robustianus« (m), von gleicher Bedeutung. – Der Epiker Hartmann von der Aue (12./13. Jh.), der Hist. Schedel (15./16. Jh.).

Hartmut Männlich: Hartmut, Hartmod (s. auch »Erdmut[h]«).
Germ. PN, zsgs. aus »hart« (s. das Gliedwort: »hard-«) + »mut« (s. das Gliedwort: »mut«) = (sei) starken Mutes! – Eine Gestalt der Gudrunsage (um 1230).

Hartwig Männlich: Hartwig, Hertwig. Germ. PN, zsgs. aus »Hart« (s. das Gliedwort: »hard-«) + »wig« (s. das Gliedwort: »wig-«) = (sei) ein starker Krieger! Vgl. die Umkehrung: Wighard/Wighart (m). – N: 14. Juni.

Hartwin Männlich: Hartwin, Hertw(e)in. Frz. Ardo(u)in, Hardo(u)in. Ital. Arduino.
Germ. PN, zsgs. aus »hart« (s. das Gliedwort: »hart/hard«) + »win« (s. das Gliedwort: »win«) = (sei) ein starker Freund! Vgl. die Umkehrung: Win(e)hart. – N: 20. April.

Hassan Männlich: Hassan.
Arab. PN = angenehm, der sich um die anderen kümmert.

Hasso Männlich: Hasso, Hesso, Hasse (auch als KoF zu »Hartmann« empfunden); KoF: Hasko, Hassilo, Haske (auch KoF zu »Johannes«).
»Hasso« / »Hesso« ist urspr. ein Völkername: der Hesse, wie: »Frank«, »Scott«, »Vasco« (m). Manchmal schwer zu trennen von KoF zu »Hart-« oder »Had-«Namen. – N: 27. Dezember.

Haug Männlich: Haug (obd. F), Hauk(e) (fries., nddt. F). – Weiblich: Hauke.
KoF von germ. PN auf »Hug-«, oder von »Hugo« (s. das Gliedwort: »Hug[u]«) = denkender Geist.

Hazel Weiblich: Hazel. Engl. Hazel.
Engl. Wort: »hazel« (oder: »hazeltree«) = die Hasel (Haselnuss). Im 19. Jh. nebst anderen Pflanzennamen in England als Frauenname aufgekommen; »Heather« (w = die Erika), »Fern« (w = das Farn), »Ivy« (w = der Efeu) usw. – In den USA ist der Frauenname »Hazel« nicht selten.

Hedwig Weiblich: Hedwig, Hadwig (eine ältere F, wie auch: Haduwig); KoF: Hed, Hede, Hed(d)a, Hedi, Hedy, Het(t)a, Hetti. Engl. Hedwig (oft mit »Avis« – s. – verwechselt); KoF: Hedy. Frz. Edwige (auch: Hedwige). Ital. Edvige. Schwed. Hedvig; KoF: Hedda.
Einer der wenigen germ. Frauennamen, die sich von Urzeiten an bis heute erhalten haben. Wie »Gun(t)hilde« (w) oder »Hiltwig« (m) besteht jener PN aus zwei gleichbedeutenden, sich verstärkenden Gliedwörtern: »Had« = Kampf + »wig« (s. das Gliedwort: »wig«) = Schlacht, Kampf. Bedeutung: die Kriegerin im wahrsten Sinne des Wortes, Krieg und Kampf liebend. – T: Waage – N: 16. Oktober – Zahlwert: 570 – Blume: die (rosa) Pfirsichblüte – Stein: der (hellrosa) Phenazit. – »Frau Hadwig« (10. Jh.), die gelehrte Tochter Heinrichs I von Bayern, die hl. Patronin von Schlesien (12./13. Jh.), die Schriftstellerin Hedwig Courths-Mahler (19./20. Jh.), die frz. Schausp. Edwige Feuillère (20. Jh.), die amerik. FSchau. Hedy Lamarr.

Heidi Weiblich: Heidi, Heide (auch als Doppelname beliebt: Heidegret, H.-lies, H.-linde, H.-Marie, H.-Rose), Heida, Heidje.
KoF von »Adelheid« (s.). Durch das Jugendbuch »Heidi« (1881) von Johanna Spyri bekannt, ist »Heidi« einer der beliebtesten Frauennamen der ersten Hälfte des 20. Jh. gewesen. – Die Schausp. Heidi Brühl und Heidi Kabel, die schweiz. FSchau. Heidemarie Hatheyer, die österr. FSchau. Heidelinde Weis.

Heidrun Weiblich: Heidrun.
Meistens als eine moderne Zusammensetzung aus »Heide« (s.) + »run« (s. das Gliedwort: »run-«), kann auch ein altnord. (eddischer) Frauenname sein, zsgs. aus »heid(r)« = Gestalt + »run« (s. das Gliedwort: »run-«) = die Geheimnisse Wahrende. – In den 60er Jahren Modename.

Heiko Männlich: Heiko (auch: Heike, vor allem in Friesland). – Weiblich: Heike (in der Schweiz nur als weibl. Vorname zugelassen).
Altfries. »Haico«. Eine KoF zu »Heinrich« (s.). – »Heiko« (m) und »Heike« (w) waren Modenamen im dt. Sprachraum in den 60er Jahren. – Der niederl. Phys. Heike Kamerlingh Onnes (N13).

Heilgard Weiblich: Heilgard, Helgard; KoF (auch zu allen »Heil«-Namen): Heila, Heile, Helke. Fries. Heilke, Heilka.
Germ. Frauenname, zsgs. aus »heil« (germ. Adj. »*haila« = heil, blühend, Heil – Körperl. und seelisch) + »gard-« = hegen, schützen = das Heil schützend.

Heilmar Männlich: Heilmar, Helmar, Helmer, Hilmar (evtl. kontr. F von »Hildemar«); KoF (auch KoF zu allen »Heil«-Namen): Heilo. Heilko. Germ. PN, zsgs. aus »Heil« (s. «Heilgard«) + »mar-« (s. das Gliedwort »mar«) = Heil und Ruhm. Ein Wunschname.

Heilmut Männlich: Heilmut, evtl. Helmut.
Germ. PN, zsgs. aus »Heil« (s. »Heilgard«) + »mut« = Heil und Mut, erfolgreich und mutig.

Heilwig Männlich: Helwig; KoF: s. »Heilmar«. – Weiblich: Heilwig; KoF: s. »Heilgard«.
Germ. PN, zsgs. aus »Heil« (s. »Heilgard«) + »wig« (s. das Gliedwort: »wig-«) = bringe im Kampf das Heil.

Heimbert Männlich: Heimbert. Heimbrecht, auch: Heimbrot.
Germ. PN, aus »Heim« (s. Heimo«) + »bert« (s. das Gliedwort: »-bert«) zsgs. Bedeutung: berühmt in seiner Heimat, in seinem Heim.

Heimeran Männlich: He(i)m(e)ram, Em(m)eran.
Germ. PN, aus »Heim« (s. »Heimo«) +

»Ram« (s. das Gliedwort: »Ram-«) = der kluge Schützer seines Gutes. – N: 22. September.

Heimfried Männlich: Heimfried.
Germ. PN, aus »Heim« (s. »Heimo«) + »Fried« (s. das Gliedwort: »Fried-«) = der Schützer seines Gutes.

Heimo Männlich: Heimo, auch: Haimo, Haymo; KoF: Heimito (eine dt. Entsprechung vom engl. »Hamlet«). Frz. Hamon, Aymon. Ital. Aimone. – Weiblich: Heima; KoF: Heimke.
KoF zu »Heim«-Namen (s. einige unten), aus einem Gliedwort: »Heim-«, germ. »*haimi« = Heimat, dann: Hof, Wohnort – wie in unzähligen europ. Ortsnamen (-heim, -hem, -ham usw.). – Der Komponist Heimo Erbse (20. Jh.), der österr. Schriftsteller Heimito von Doderer (20. Jh.).

Heimrich Männlich: Heimrich. S. »Heinrich«.

Heinrich Männlich: Heinrich. Nddt. Hen(d)rik; KoF: Hein, Heinar, Heiner, Heinz, Hinz, Heiko, Heino, Henne und Henno (auch KoF zu »Johannes«). Engl. Henry (s. auch »Harry«). Frz. Henri, Henry. Ital. Enrico, Arrigo; KoF: Enzio. – Weiblich: Heinrike. Nddt. Hen(d)rika, Hen(d)rike; KoF: Henna, Henni. Frz. Henriette.
Alter germ. PN, aus »Heim« (s. »Heimo«) + »Rik« = Herrscher zsgs. Bedeutung: Herrscher auf seinem Gut, in seinem Heim. Vgl. das griech. Wort: »Despot« (urspr. aus: »dem« = Haus + »pot« = Herr). – T: Krebs – N: 15. Juli – Zahlwert: 473 – Gewächs: die Zypresse – Stein: der Smaragd. – Vom 14. bis zu Beginn des 20. Jh. war »Heinrich« einer der häufigsten Männernamen. Seit 1920 abnehmend. In den USA (1950) war »Henry« der 6. der Männernamen. – Viele europ. Könige, der fläm. Theologe Hendrik Goethals (13. Jh.), der span. Architekt Enrique Egas (15./16. Jh.), der niederl. Maler Hendrik Goltzius (16./17. Jh.), der engl. Seefahrer Henry Hudson (16./17. Jh.), der niederl. Bildhauer Hendrik de Keyser (16./17. Jh.), der Komponist Heinrich Schütz (17. Jh.), der engl. Komponist Henry Purcell (17. Jh.), der frz. GFM Turenne (17. Jh.), der engl. Philos. Henry Fielding (18. Jh.), der schott. Philos. Henry Home (18. Jh.), der engl. Chem. Henry Cavendish (18. Jh.), der Schriftsteller Heinrich von Kleist (18./19. Jh.), der frz. Schriftsteller Henri Bernardin de Saint-Pierre (18./19. Jh.), der amerik. Schriftsteller Henry Longfellow (19. Jh.), der frz. Schriftsteller Henri Stendhal (= Beyle, 19. Jh.), der frz. Maler Henri Rousseau (19. Jh.), der Phys. Heinrich Hertz (19. Jh.), der frz. Dramatiker Henri Meilhac (19. Jh.), der schweiz. Schriftsteller Henri Amiel (19. Jh.), der Schriftsteller Heinrich (Harry) Heine (19. Jh.), der amerik. Historiker Henry Adams (19./20. Jh.), der frz. Archäologe Henri Breuil (19./20. Jh.), der frz. Naturforscher Henri Fabre (19./20. Jh.), der poln. Schriftsteller Henryk Sienkiewicz (19./20. Jh.), der dän. Schriftsteller Henrik Pontoppidan (19./20. Jh.), die frz. Maler Henri Matisse und Henri Toulouse-Lautrec (19./20. Jh.), der Sänger Enrico Caruso (19./20. Jh.), der ital. Komponist Arrigo Boito (19./20. Jh.), der frz. Maler Henri Fantin-Latour (19./20. Jh.), der Schriftsteller Heinrich Mann (19./20. Jh.), der schweiz. Gen. Henri Guisan (19./20. Jh.), der amerik. Schriftsteller Henry James (19./20. Jh.), der norw. Dichter Henrik Ibsen (20. Jh.), der frz. Math. Henri Poincaré (19./20. Jh.), der frz. Schriftsteller Henri Bordeaux (19./20. Jh.), der belg. Schriftsteller Hendrik Conscience (19./20. Jh.), der ital. Pol. Enrico Berlinguer (19./20. Jh.), der ital. Phys. Enrico Fermi (N38), der Flugzeugbauer Heinrich Focke (20. Jh.), der schweiz. Philanthrop Henri Dunant (20. Jh., N01), der frz. Schriftsteller Henri Montherlant (20. Jh.), der frz. Komponist Henri Sauguet (= H. Poupard, 20. Jh.), der amerik. Schriftsteller Henry Miller

(20. Jh.), der frz. Dichter Henri Michaux (20. Jh.), der Gründer der Frankreichradrundfahrt Henri Desgranges (20. Jh.), der ChansonS. Henry Salvador (20. Jh.), der niederl. Schriftsteller Hendrik van Eijk (20. Jh.), der uruguayische Schriftsteller Enrique Amorín (20. Jh.), der amerik. Industrielle Henry Ford (20. Jh.), der frz. Schausp. Henri Garat (20. Jh.), der Pol. Heinrich Lübke (20. Jh.), der engl. Bildhauer Henry Mare (20. Jh.), der schwed. Schriftsteller Harry Martinson (20. Jh.), der frz. Schriftsteller Henri Massip (20. Jh.), der amerik. Präsident Harry Truman (20. Jh.), der amerik. Pol. Henry Kissinger (20. Jh.), der niederl. Phys. Hendrik A. Lorentz (N02), der Schausp. Heinrich George (20. Jh.), der amerik. Komponist Henry Cowell (20. Jh.), der engl. Physiologe Henry Dale (N36), der frz. Philanthrop Henry Grouès (= L'Abbé Pierre). – Die Königin Henriette de France (17. Jh.), die amerik. Schriftstellerin Harriet Beecher-Stove (19. Jh.), die frz. ChansonS. Henriette Ragon (= Patachou, 20. Jh.). – FN: Henri, Henry, (H)enric, Enrico, Henriot, Henrion, Henriet, Henriquet, Riquet, Henrard, Henrick, Hendrick(x), Hendryck(s), Hen(d)rix, Hin(d)rich, Hintze, Heinle(n), Hain, He(i)nisch, Harry, Harri(e)s, Harrison, Hendrey, Hawkin(g)s, Hendrie, Ritz.

Hektor Männlich: Hektor. Engl., frz. Hector. Ital. Ettore.
Griech. PN »'Ektōr«, aus einem Zeitwort: »'ekō« = festhalten = der die Oberhand behält, der aufrecht erhält (wie etwa in der Devise der Niederlande: »Je maintiendrai«). – Der Name des berühmten Helden des Troischen Krieges ist seit der Renaissance in Italien und Frankreich nicht selten. – Der frz. Komponist Hector Berlioz (19. Jh.), der frz. Schriftsteller Hector Malot (19./20. Jh.), der ital. Autobauer Ettore Bugatti (19./20. Jh.), der niederl. Arzt Hector Treub (19./20. Jh.), die ital. Bildhauer Ettore Vallo (19./20. Jh.) und Ettore Ximenes (19./20. Jh.), der ital. Schriftsteller Ettore Schmitz (= Italo Svevo, 19./20. Jh.), der port. Komponist Heitor Villa-Lobos (20. Jh.), der argentinische Präsident Hector Camporra (20. Jh.), der ital. Schriftsteller Ettore Cozzani (20. Jh.).

Helene Weiblich: Helene, Helen, Ellen, Helena; KoF: Lena, Lene (auch als Doppelname: Lenelies, Lenelore, Annelen[e], Marl[e]ne[e] usw.), Leni, Nelly. Engl. Helen, Ellen; KoF: Lena, Nell(ie). Frz. Hélène; KoF: Léna, Nelly. Ital., span. Elena. Schwed. Helene; KoF: Lena, Elina. S. auch: »Eleonore«, provenzalische Weiterbildung von »Helene«.
Der berühmteste der griech. Frauennamen entspringt einem griech. Wort: »elenè« / »elanè« = Fackel, Glanz. Bedeutung: die Glänzende, die Strahlende. – T: der Löwe – N: 18. August – Zahlwert: 530 – Blume: die Levkoje – Stein: der (braune) Axinit. – In ganz Europa verbreitet, in vielen Ländern unter den ersten 20 bzw. 10 Frauennamen. In den USA, nach »Mary«, einer der verbreitetsten. – Die Schriftstellerin Helene Böhlau (19./20. Jh.), die amerik. Schriftstellerin Helen Keller (20. Jh.), die frz. Fliegerin Hélène Boucher, die Schausp. Helene Weigel, Ellen Schwiers.

Helga Weiblich: Helga (die weibl. F »Helge« ist nicht zu empfehlen, da »Helge« in Skand. ein ausgesprochener Männername ist); KoF: Hella, Hela (auch KoF zu »Helena«). Fries. Hel(le)ke. Dän., schwed. Helga; KoF: Helle. Russ. Olga (s.). – Männlich: Helgo, Helgi, Helge. Fries. Helko. Dän., schwed. Helge. Russ. Oleg (s. »Olga«). Skand. PN (altschwed. »Hälghe« [m], schwache substantivierte F des Adj. »hailaga« (altschwed. »helagher«), dessen urspr. Sinn: »Glück verkündend«, »glücklich«, war (vgl. das isländ. »heill« = Glück). – Helga (w): T: Skorpion – N: 21. November –; Helge (m): T: Schütze – N: 30. November – Zahlwert: 687 – Blume: der Eibisch – Stein: der Zirkon. – »Helga« (w) war von 1940 bis 1965 recht verbreitet im dt. Sprachraum. – Die FSchau. Helga Anders, die dän. FSchau. Helle Virkner Krag.

Gliedwort

Helm- auch: Halm-, Elm-, Elme- usw. Wort = Bedeckung, Schutz. In den PN: Schützer, Beschirmer. – Aus einem idg. Stamm »*kel« = verbergen. Germ. »*helma«. Deutsch »Helm«, niederl. »helm«, engl. »helmet«, frz. »heaume«, ital. »elmo«. – In den PN viel häufiger als erstes, denn als zweites Element.

Helmbert Männlich: Helmbert, Helmbrecht.
Germ. PN, zsgs. aus: »Helm« (s. das Gliedwort: »Helm-«) + »-bert« (s. das Gliedwort: »-bert«) = der glänzende Schützer. – Hauptgestalt von »Meier Helmbrecht« (1250), die älteste dt. Dorfgeschichte.

Helmfried Männlich: Helmfried, auch verkürzt: Helfried.
Germ. PN, zsgs. aus »Helm-« (s. das Gliedwort: »Helm«) + »fried« (s. das Gliedwort: »Fried«) = der entschlossene Schützer. Vgl. die Umkehrung: »Friedhelm« (m). – Eine ähnliche Bedeutung haben die PN: »Helmburg« (weibl.) und »Helmward« (männl.).

Helmold Männlich: Helmold.
Germ. PN, zsgs. aus »Helm« (s. das Gliedwort: »Helm-«) + »wald« (s. das Gliedwort: »wald«) = Schützer und Herrscher. – Pfarrer Helmold, dt. Hist. (12. Jh.).

Helmut Männlich: Helmut, Hel(l)mut(h); KoF; Hel(le), Helmke. Niederl. Helmoed.
Germ. PN, kann eine NebenF von »Helmmut« (= mutiger Schützer) oder von »Hildemut« (= der Kampfmutige) oder von »Heilmut« (blühend, heil und mutig) oder eine Ableitung von »Helmold« (s.) sein. – Zahlwert: 327 – Blume: die (rosa) Nelke. – Vor dem 19. Jh. selten, heute recht verbreitet. Der Feldherr Helmut von Moltke (19. Jh.), der Flugpionier Hellmuth Hirth, der Soziologe Helmut Schelsky (20. Jh.), Pol. Helmut Schmidt (20. Jh.), der Pol. Helmut Kohl (20. Jh.), der Schausp. Helmut Qualtinger (20. Jh.), der Soziologe Helmut Schelsk (20. Jh.), der evangelische Theologe Helmut Gollwitzer (20. Jh.), der Botaniker Helmut Gams, die Philos. Helmut Plessner und Kuhn (20. Jh.), der Romantiker Helmut Hatzfeld (20. Jh.).

Heloise Weiblich: Heloise. Frz. Héloïse. Ital. Eloisa.
Germ. Frauenname: »Helewidis«, aus »heil-« = blühend, heil + »wit« (ahd. »wît«) = stark, kräftig. – N: 11. Februar. – Die unglückliche Liebe von Héloïse und Abelard (12. Jh.) wurde in der Literatur häufig behandelt. Vgl. auch J. J. Rousseaus Roman: »Julie, ou: la nouvelle Héloïse« (1761).

Gliedwort

Her auch: Heri, Har, Ar(i), Eri, Gari. Wort = Heer, Kriegerschar, Krieger. Germ. »*harja«, aus einem idg. Stamm: »korios« = Herr. – In den PN als erstes sowohl als zweites Element.

Herbald Männlich: Herbald, Herbold.
Germ. PN, zsgs. aus »Harja-« (s. das Gliedwort: »Her-«) + »bald« (s. das Gliedwort: »bald«) = kühner Krieger. Vgl. die Umkehrung: »Baltherus« (m). – N: 25. April.

Herlinde Weiblich: Herlinde.
Germ. Frauenname (nicht selten in den alten Sagen), zsgs. aus »Harja-« (s. das Gliedwort: »Her-«) + »lind(e)« = die Bezauberin, die Weise im Kriegsvolk. – N: 22. März.

Herbert Männlich: Herbert (auch: Heribert, Haribert). Engl. Herbert. Frz. Herbert, Aribert. Ital. Erberto, Ariberto, Cariberto. – Weiblich: Her(i)berta; KoF: Herta.
Germ. PN, zsgs. aus »Harja« (s. das Gliedwort: »Her-«) + »bert« (s. das Gliedwort: »bert«) = berühmt im Heer, glänzender Kämpfer. Vgl. die Umkehrung: »Berthari« (m). – T: Fische – N: 16. März – Zahlwert: 298 – Blume: die Lobelia. – Seit 1900 im Aufkommen im dt. Sprachraum. In England und in den USA ziemlich verbreitet. – Der engl. Philos. Herbert Spencer (19./20. Jh.), der engl. Schriftsteller Herbert G. Wells (19./20. Jh.), der engl. Gen. Herbert Kitchener (19./20. Jh.), der amerik. Physiologe Herbert Gasser (N44), der österr. Dirigent Herbert von Karajan (20. Jh.).

Herkules Männlich: Herkules (auch: Herakles, die griech. F), engl. Hercules, ital. Ercole und die Erw. Ercolano, niederl. Hercules, auch: Herakles, Erw.: Erculanus, südafrik.: Hercules, Herklaas.
»Herkules« ist die lat. Form des griech. PN »Herakles«, zsgs. aus: »Hera« = Gemahlin des Zeus + »klēs« = Ruhm, Bedeutung: der durch Hera Berühmte. – N: 7. November. Zahlwert: 1000 – Blume: Bärenklau. – Z. Z. der Renaissance nicht selten und heute noch in Italien gebraucht. – Der Sohn Alexanders d. Gr. (4. Jh. v. Chr.), viele Kaiser des byzantinischen Reiches, der ital. Maler Ercole de Roberti (15. Jh.), der ital. Dichter Ercole Bentivoglio (16. Jh.), der ital. Ingenieur Ercole Bombelli (16. Jh.), der niederl. Maler Herkules Seghers (17. Jh.), der ital. Bildhauer Ercole Ferrata (17. Jh.), der frz. Kardinal und Staatsmann André-Hercule de Fleury (17./18. Jh.), der Minister des Papstes Pius VII Ercole Consalvi (18./19. Jh.), der ital. Hist. Ercole Ricotti (19. Jh.). – »Herkules« ist mit mehreren Seligen und Heiligen im römischen Märtyrerbuch vertreten.

Hermann Männlich: Herman(n). Nddt. Harmen; KoF: Herm, Harm. Fries. Hemmo, Haro, Hero. S. auch »Armin«. Engl. Hermann. Frz. Hermann. Ital. Ermanno. – Weiblich: Hermine; KoF: Herma, Mina. Ital. Erminia.
»Hermann« ist ein sehr alter germ. PN, zsgs. aus »Her« (s. das Gliedwort: »Har-«), + Mann = der Krieger. Wie der sansk. »Çrîshêna« (m) oder der bibl. hebr.: »Geber« (m). »Hermine« ist eine Neubildung des 19. Jh. – T: Widder – N: 7. April – Zahlwert: 205 – Blume: die Kornblume – Stein: der Benitoit. – Von den ersten Jh. bis zum 14. Jh. bes. beliebt. Ende des 18. Jh. wieder belebt, nach dem II. WK viel seltener geworden. – Der litauische Math. Herman Minkowski (19. Jh.), der amerik. Schriftsteller Herman Melville (19. Jh.), der Phys. Hermann von Helmholtz (19. Jh.), der Schriftsteller Hermann Kurz (19. Jh.), der Psychologe Hermann Ebbinghaus (19./20. Jh.), der Schriftsteller Hermann Sudermann (19./20. Jh.), der Philos. Hermann Lübbe (20. Jh.), der Schriftsteller Herman Kesten (20. Jh.), der Schriftsteller Hermann Hesse (20. Jh.), der Schriftsteller Broch (20. Jh.), der Chem. Hermann Staudinger (N53), der Philos. Hermann Krings (20. Jh.), die Bildhauer Blumenthal (20. Jh.) und der schweiz. Haller (20. Jh.), der Philos. Hermann Keyserling (20. Jh.), der Schriftsteller Hermann Kasack (20. Jh.), der norweg. Dichter Herman Wildenwaj (20. Jh.), der Reichsmarschall Hermann Goering (20. Jh.), der fläm. Schriftsteller Herman Teirlinck (20. Jh.). Die Schausp. Hermine Körner (19./20. Jh.). – FN: Herman(ne), Hermant, Her(r)mann(s), Heermann(s), Hartmann, Hermani, Herman, Erman(n), Haarmann(sen), Harms.

HertaWeiblich: Hert(h)a. Kann auch KoF zu »Hart-« / »Hert-«Namen sein. Schwed. Herta.
»Hert(h)a« ist eine falsche Lesung (durch B. Rhenanus – 1533) bei Tacitus (»Germania« – 40) für »Nerthus«, germ. Göt-

tin der Erde, Art germ. »Demeter«. – Vgl. den engl. Frauennamen: »Imogen«, ebenfalls eine falsche Lesung von Shakespeares (»Cymbeline«) »Innogen«! – Um die Jahrhundertwende im dt. Sprachraum ziemlich beliebt. Die österr. FSchau. Herta Staal, Herta Feiler.

Herwig Männlich: Herwig. – Weiblich: Herwiga.
Germ. PN zsgs. aus »Harja-« (s. das Gliedwort: »Her-«) + »Wig« (s. das Gliedwort: »wig«) = Krieger im Kampf. Vgl. die Umkehrung: »Wigger« (m KoF: Wiggo) oder den altgriech. PN: »Lamakhos« (m) von ähnlicher Bedeutung. – N: 30. November. – »Herwig von Seeland« war Gudruns Gemahl. – In Westfrankreich und England hat sich »Herwig« (lat. »Herveus« m.) mit einem kelt. PN: »Haerveu« (lat. F. m) vermengt (= kräftiger Krieger) und den frz. »Hervé« (m) sowie den engl. PN: »Harvey« (m) erzeugt. – N: 17. Juni. – Der frz. Schriftsteller Hervé Bazin (20. Jh.).

Herwin Männlich: S. »Erwin«.

Hieronymus Männlich: Hieronymus, Jeronimus; KoF: Romus, Ronimus, Onimus, Jero. Frz. Jérôme. Ital. Geronimo, Gerolamo. – Weiblich: Hieronyma.
Griech. PN: »Hieronymos«, aus »hieros« = heilig (wie in »*Hiero*glyphen = Heilige Schrift) + »onoma« = Name. Bedeutung: mit einem heiligen Namen. – T: Waage – N: 30. September. – »Jérôme« war Modename in Frankreich Anfang der 70er Jahre. – Der ital. Sittenprediger Girolamo Savonarola (15. Jh.), der niederl. Maler Hieronymus van Aeken = Jérôme Bosch (15./16. Jh.), der ital. Dichter Girolamo Fracastoro (16. Jh.), der ital. Geigenbauer Girolamo Amati (16./17. Jh.), der ital. Phys. und Math. Girolamo Cardano (16. Jh. – daher das Wort: *Kardan*antrieb), der ital. Bildhauer Gerolamo Campagna (16./17. Jh.), der ital. Komponist Gerolamo Frescobaldi (17. Jh.), der ital. Arzt Girolamo Barbato (17. Jh.), der ital. Dichter Girolamo Baruffaldi (17./18. Jh.), der Abenteurer Münchhausen (18. Jh.), der König v. Westfalen Jérôme Bonaparte, Napoléons Bruder (18./19. Jh.), der niederl. Dichter Hieronymus van Alphen (18./19. Jh.), der ital. Schriftsteller Gerolamo Rovetta (19./20. Jh.), der engl. Schriftsteller Jerome K. Jerome (19./20. Jh., K. = Kapka), der frz. Schriftsteller Jérôme Tharaud (19./20. Jh.), der frz. Hist. Jérôme Carcopino (20. Jh.), der amerik. Komponist Jerome Kern (20. Jh.).

Hilarius Männlich: Hilar(ius); KoF: (G)lares, (G)lary, Lari. Engl. Hilary. Ital. Ilario. – Weiblich: Hilaria. Engl. Hilary. Ital. Ilaria.
Lat. »Hilarius« (m), aus dem griech. »Hilaros«, aus dem Adj.: »hilaros« (lat. »hilaris«) = der Heitere. Vgl. die lat. PN: »Laetus« (m), »Gaudentius« (m) von selbem Sinn. – T: Steinbock – N: 14. Januar. – Der engl. Dichter Hilaire Belloc (19./20. Jh.).

Gliedwort

Hild- auch: Hilt(i), Hildi, Ilde, Eld(e), Child.
Wort = Kampf, Schlacht, Streben. – Germ. »*hildjō«, altwestn.: »hildr«, ahd. »hiltja« (= Kampf), alts.: »hilt«, angels.: »hild«. – Walkyrenname. – In den germ. PN als erstes Glied, aber viel häufiger als zweites Glied und dann nur in Frauennamen.

Hilda Weiblich: Hilda, Hilde, nddt: Hilla, Hille, Hilka, Hilke. Fries. Hilge, Hitlje. Ital. Ilada, Ilde. Schwed. Hild(a).
KoF einer der vielen (im MA über 300!) germ. Zusammensetzungen mit »Hild«, S. das Gliedwort: »Hild-«. Die Kämpferin, Streiterin. Ein Walkyrenname. – T: Skorpion – N: 17. November – Zahlwert: 470 – Gewächs: Eichenlaub – Stein: der Cordierit. – Die FSchau. Hilde Hildebrand, Hilde Körber.

Hildebert Männlich: Hil(de)bert; KoF: (fries.) Hidde. Ital. Ildeberto. Schwed. Hilbert. – Weiblich: Hilberta, Erw. Hilbertina.
Germ. PN, zsgs. aus »Hiltja« (s. »Hild-«) + »bert« (s). = glänzender Kämpfer. Ein Wunschname. Vgl. die Umkehrung: »Berthilde« (w). – N: 24. Mai.

Hildebrand Männlich: Hildebrand, Hil(le)brand. Ital. Ildebrando.
Germ. PN zsgs. aus »Hild-« (s.) + »brand« = Schwert = der Schwertkämpfer. Wie: »Hadubrand« (m) oder die Umkehrung: »Brandhildis« (w). – N: 11. April. – »Hildebrand« war der Waffenmeister Dietrichs von Bern. Ein Papst (Gregor VII – 11. Jh.).

Hildefons Männlich: Hildefons, Ildefons. Frz. Ildefonse. Ital., span. Ildefonso.
Germ. (westgot.) PN. zsgs. aus: »Hild-« (s.) + »funs« = bereit, willig. Bedeutung: kampfbereit. – Der hl. Erzbischof von Toledo (Spanien) (7. Jh.). – N: 23. Januar.

Hildegar Männlich: Hildegar, Hildeger.
Germ. PN zsgs. aus »Hild-« (s.) + »ger« (s.) = der Speerkämpfer. Vgl. die Umkehrung: »Gerhild« (w). – N: 8. August.

Hildegard Weiblich: Hildegard; KoF: Hilda, Hilde (s. »Hilda«). Frz. Hildegarde. Ital. Ildegarda.
Germ. Frauenname, zsgs. aus »Hiltja« (s. das Gliedwort: »Hild-«) + »gard« = Schutz. Bedeutung: die im Kampf Schützende. – T: Jungfrau – N: 17. September – Zahlwert: 532 – Blume: das (veilchenfarbige) Stiefmütterchen – Stein: der (veilchenfarbige) Jadeit. – Vom 8. bis zum 13. Jh. gehörte »Hiltigard« zu den beliebtesten dt. Frauennamen. Im 19. Jh. von der Ritterdichtung neu belebt. – Die Schausp. und Chansons. Hildegard Knef.

Einen ähnlichen Sinn haben:

Hildeburg Weiblich: nddt. Hilleborg. Schwed. Hildeborg, Hilleborg.
N: 3. Juni.

Hildwara Weiblich.

Hild(e)mund Männlich.

Hildegund Weiblich: Hild(e)gund(e); KoF: Hilda (s.), Hilla.
Germ. PN, zsgs. aus: »Hild-« (s.) + »gund« (s.) = unermüdliche Kämpferin. Wie die Umkehrung: »Gun(d)hild«. – N: 20. April.

Hildemar m auch: Hilmar. Zsgs. aus »Hild-« (s.) + »mar« (s.).
N: 13. Januar (s. a. Hildebert).

Hildemut Weiblich: Hild(e)mut. Hildemoda.
Germ. PN, zsgs. aus: »Hild-« (s.) + »mut« = im Kampf mutig.

Hilderich Männlich: Hild(e)rich, westfränk. Childeric (auch die frz. F).
Germ. PN, zsgs. aus »Hild-«) (s.) + »rik« (s.) = der mächtige Streiter. Wie die Umkehrung »Richhild(e)« (w). – Drei Frankenkönige (5./7. u. 9. Jh.).

Hilderun Weiblich: Hild(e)run.
Schwed. Hildrun.
Germ. PN, zsgs. aus »Hild-« (s.) + »run« = die Geheimnisse des Kampfes Kündende.

Hil(d)trud Weiblich: Hil(d)trud, Hiltraud, Hiltraut.
Germ. PN, zsgs. aus »Hild-« (s.) + »trud« (s.) = wie die Umkehrung »Trudhild« (w): die kräftige, rüstige Kämpferin. – N: 27. September.

Hildwin Männlich: Hild(e)win.
Germ. PN, zsgs. aus »Hild-« (s.) + »win« (s.) Ein Wunschname, sei ein (treuer) Freund im Kampf. – N: 13. April.

Hiob Männlich: Hiob, Job. Ital. Giobbe. Bibl. PN, hebr. Herkunft: »'ijjōb« = der Verfolgte. – N: 10. Mai. – Die Redensarten »arm wie Hiob«, »Hiobspost« sind vielen europ. Sprachen bekannt.

Hippolyt Männlich: Hippolyt(us); KoF: Polt(us), Polte, Litt. Frz. Hippolyte. Ital. Ippolito. – Weiblich: Hippolyta. Ital. Ippolita.
Griech. PN. »Hippolytos«, aus »hippos« = Pferd + »lytos« = lösen. – Bedeutung: der die Pferde ausspannt, löst. – N: 13 (u. 22.) August. – Dieser Name, von den Alten gemieden, bleibt selten. – Der frz. Hist. Hippolyte Taine (19. Jh.), der frz. Maler Hippolyte Delaroche (19. Jh.).

Hjalmar Männlich: Hjalmar. Schwed. Hjalmar; KoF: Hjalle. Dän. Hjalmar.
Isländ. PN, zsgs. aus: »Hjälm« = Helm (s. das Gliedwort: »helm-«) + »mar« = Träger. Bedeutung: Helmträger, Krieger. – N: 16. Januar. – Der schwed. Pol. Hjalmar Branting (FriedensN21), der Bankier Schacht (20. Jh.), der schwed. Schriftsteller Hjalmar Söderberg (19./20. Jh.), der schwed. Dramatiker Hjalmar Bergman (20. Jh.), der schwed. Lyriker Hjalmar Gullberg (20. Jh.).

Holger Männlich: Holger. Dän. Holger. Schwed. Holger; KoF: Holge, Hogge.
Früher: »Holmger« / »Holmgeirr«, skand. PN, zsgs. aus »Holm« = Insel (s. »Holm«) = »ger« = Speer(krieger) (s. das Gliedwort: »Ger«). – N: 30. März. – In Dänemark recht verbreitet. »Holger Danske« heißt der dän. Nationalheld. – Der dän. Dichter Holger Drachmann (19./20. Jh.).

Holm Männlich: Holm. Schwed. Holme. – Weiblich: Schwed. Holma.
»Holm« ist die KoF von skand. PN auf »Holm-«, wie: »Hol(m)ger«, »Hol(m)sten«, »Holmfrid«, »Holmbiorn« usw. – Das Gliedwort »Holm-« (an: »holmr«, schwed. »holme«, dän. »holm«, mnd. »holm«) bedeutet: Insel(chen), Hügel, Befestigung (auch in ON: Born*holm*, Stock*holm*).

Honorius Männlich: Honorius, Honoratus. Frz. Honoré. Ital. Onorio, Onorato. – Weiblich: Frz. Honorine; KoF: Norine. Ital. Onoria, Onorina.
Der lat. PN »Honorius (m) entspringt dem lat. Wort »honor« = Ehre, Ansehen. »Honoratus« (m) ist das Partizip der Vergangenheit des Zeitwortes: »honorare« = der Geehrte. – Honorius: N: 16. Mai –; Honoratus: N: 16. Januar. – Der frz. Schriftsteller Honoré d'Urfé (16./17. Jh.), der frz. Schriftsteller Honorat de Racan (17. Jh.), der frz. Maler Honoré Fragonard (17./18. Jh.), der frz. Pol. Honoré de Mirabeau (18. Jh.), der frz. Schriftsteller Honoré de Balzac (19. Jh.), der frz. Maler Honoré Daumier (19. Jh.). – Die ital. Malerin Onorata Rosiani (15. Jh.).

Horaz Männlich: Horaz, Horatio. Engl. Horace, Horatio. Frz. Horace. Ital. Orazio.
Lat. PN, wahrsch. etrusk. (und ungedeuteter) Herkunft. – Der röm. Held Horatius Cocles (= der Einäugige) (6. Jh. v. Chr.), der lat. Dichter Horatius (1. Jh. v. Chr.), der frz. Maler Horace Vernet (18. Jh.), der schweiz. Phys. Horace de Saussare (18. Jh.), der engl. Admiral Horace Nelson († 1805), der frz. Marschall Horace Sébastiani (19. Jh.), der brit. GFM Horatio Kitchener (19./20. Jh.), der amerik. Dichter Horatio Gregory (20. Jh.), der uruguayische Schriftsteller Horatio Quiroga (20. Jh.).

Horst Männlich: Horst.
Neud. Vorname, von Klopstocks »Hermanns Schlacht« (1769) verbreitet. Aus einem ahd. »hurst« = Gehölz, Gebüsch. Der schott. »Keith« (m) und der ital. »Bosco« (m) haben dieselbe Bedeutung. – Der Schriftsteller Geissler (20. Jh.), der FSchau. Buchholz.

Hortensia Weiblich: Hortensia. Frz. Hortense. Ital. Ortensia.
»Hortensius« (m) war der Name eines röm. Geschlechtes: die Hortensier, aus dem lat. »hortensis« = vom Garten (hortus). Der Urahn jener Sippe war Gärtner. Vgl. die FN: Gartner, Gärtner, Gartmann. – N: 11. Januar. – Die Blume »Hortensia« wurde nach Hortense Lepaute, Frau eines berühmten Pariser Uhrmachers (18. Jh.), genannt. – Die Königin Hortense, Mutter von Napoleon III (19. Jh.). Die frz. Schausp. Hortense Schneider (19./20. Jh.).

Hosea Männlich: Hosea.
Bibl. PN, aus dem hebr. »hōšēa« = »Rettung«. Vgl. den lat. PN: »Salvator« (m). »Hosea« war der ursprüngliche Name von Jonas. – N: 4. Juli.

Howard Männlich: Engl.: Howard, KoF: Howie.
Europ. Vorname aus einer frz. Berufsbezeichnung: »Houard« = derjenige, der mit einer »Haue« (germ. Wort: vgl. »Haue«) arbeitet. Holzarbeiter, Bauer, Bergmann. Zunächst der FN einer adeligen engl. Familie. Hat sich in England erst im 19. Jh. verbreitet. In den USA nicht selten. – Der brit. Pathologe Howard Florey (N45), der amerik. Forscher Howard Temin (N75), der amerik. Dirigent Howard Barlow, der amerik. Schausp. Howard Lindsay (20. Jh.), der amerik. Schriftsteller Howard Spring (20. Jh.). – FN: Houard, Hauer, Häuer, Hauwer, Howard.

Hubert Männlich: Hubertus, Hubert (aus einem älteren: Hugbert); KoF: Hüp(pe). Engl., frz. Hubert. Ital. Uberto, Oberto. – Weiblich: Huberta, Erw. Hubertina.
Germ. PN, aus »Hug-« (s. das Gliedwort: »Hug-«) = Verstand + »-bert« (s. das Gliedwort: »bert«) = durch seine Intelligenz glänzend. Wie der altgriech. »Synesios« (m) oder der russ. »Razumnik« (m). – T: Skorpion – N: 3. November – Zahlwert: 386 – Gewächs: die Engelwurz. – Der Name des Patrons der Jägerei war im MA im Rheinland, in den Niederlanden, Flandern und NO-Frankreich sehr beliebt. – Der fläm. Maler Hubert (Bruder von Jan) van Eyck (14./15. Jh.), der amerik. Vizepräs. (1965–69) Hubert Humphrey, der frz. Modeschöpfer Hubert de Givenchy (= James Taffin).

Gliedwort

Hug auch: Hugi-, Huc-, Hu-, U-, Ug-, Uc-, Hugu-.
Wort = Verstand, denkender Geist. – Germ. »*hu˘gu˘«, ahd. »hu˘gu« (= denkender Geist, Sinn, Gedanke), niederl. »heug«, wie in der Redensart: »tegen *heug* en meug« = unfreiwillig, und im Zeitwort: »*heug*en« = im Sinne haben, sich erinnern, schwed. »håg« = Sinn. – In den PN immer als erstes Element.

Hugbald Männlich: Hugbald, Hubald. Ital. Ubaldo; KoF: Baldo. – Weiblich: Hubalda.
Germ. PN, zsgs. aus »Hug-« = denkender Geist (s. das Gliedwort: »Hug-«) + »bald« = kühn (s. das Gliedwort: »bald«). Bedeutung: kühner Denker. Genau wie der altgriech. »Thrasyboulos« (m). – T: Stier – N: 16. Mai.

Hugo Männlich: Hugo, auch: Huck(o), obd. Haug. Fries. Hauk(e). Engl. Hugh. Frz. Hugues. Ital. Ugo; KoF: Ugolino. – Weiblich: (fries.) Hauke. Frz. Huguette.
»Hugo« ist eine KoF eines germ. PN auf »Hug-« (s. das Gliedwort: »Hug-« = denkender Geist). – T: Stier – N: 29. April – Zahlwert: 366 – Blume: Flieder. – Im MA sehr beliebt, dann abklingend und im 19. Jh. wieder belebt. In den USA gegenwärtig noch recht verbreitet (= Hugh). – Hugo Capet (= mit einer Kappe), Ahnherr des frz. Königshauses (10. Jh.). Der ital. Dichter Ugo Foscolo (19. Jh.), der niederl. Dichter Hugo de Vries (19./20. Jh.). Der österr. Lieder-

komponist Wolf (20. Jh.), der österr. Dichter von Hofmannsthal (19./20. Jh.), der Bildschnitzer Hugo Lederer (19./20. Jh.), der Flugzeugbauer Hugo Junkers (19./20. Jh.), der Luftfahrtpionier Hugo Eckener (19./20. Jh.), der Komponist Hugo Distler (20. Jh.), der schwed. Biochem. Hugo Theorell (N55).

Hugdietrich Männlich: Hugdietrich.
Germ. Doppelname, aus »Hug« (s. das Gliedwort: »Hug-« = denkender Geist) + »Dietrich« (s. »Dietrich« = der Volksfürst). – Sagengestalt des Wolfdietrich-Epos (13. Jh.).

Hulda Weiblich: Hulda, Holda, auch: Holle, Erw. Holdina. Schwed. Hulda.
Germ. Frauenname aus »hold« (ahd. »hold«) = geneigt, günstig. Bedeutung: die Holde, Wohlgeneigte. – T: Fische – N: 20. Februar. – Nicht zu verwechseln mit dem bibl. Frauennamen: »Hulda« (Prophetin des 7. Jh. v. Chr.), aus dem Hebr. = Maulwurf.

Huldreich Männlich: Huldreich.
»Hulderic« (7. Jh.) war ein germ. PN aus dem ahd. »holt« = treu + »rîc« (s. das Gliedwort: »rik«) = mächtig. – Mit dem Sinne »huldreich« zur Humanistenzeit beliebt, als »deutsche« Übersetzung von »Ulricus/»Uldricus« (lat. F von »Ulrich«)! – Der schweiz. Reformator Zwingli († 1531) hieß »Ulrich« mit Vornamen und unterschrieb oft: »Huldreich«/»Huldrych«.

Humbert Männlich: Humbert, Humbrecht. Frz. Humbert. Ital. Umberto. – Weiblich: Humberta. Ital. Umberta.
Germ. PN aus einem älteren »Hunbert«, zsgs. aus »Hun-« (s. Huno) = Sohn + »bert« = berühmt (s. das Gliedwort: »bert«). Bedeutung: ein berühmter Sohn. Ein Wunschname. – T: Widder – N: 25. März. – Traditionsname im Hause Savoyen und im ital. Königshause. Der ital. Flieger und Polarforscher Umberto Nobile (20. Jh.).

Hunfried Männlich: Hunfried, Humfried. Engl. Humphrey, Humphry.
Germ. PN, zsgs. aus »Hun-« = Sohn (s. »Huno«) + »Fried« = Schützer. – T: Fische – N:8. März. – Im MA ziemlich häufig. Der engl. Phys. Sir Humphry Davis (19. Jh.), der amerik. FSchau. Humphrey Bogart († 1957).

Huno Männlich: Huno, Hunno, Hune.
KoF eines germ. »Hun-«Namen. »Hun-«, angels. »hūn-n«, bedeutete: junger Bär, Sohn (vgl. das angels. »jöfurr« = Eber und auch: Fürst).

Hyazint(h) Männlich: Hyazint(h), Hyazinthus. Ital. Giacinto. – Weiblich: Ital. Giacinta.
Griech. »Gakinthos«, aus einem vorhellenischen, unerklärten »*Fakinthos«, vielleicht Name eines kret. Monats und Vegetationsgottes. – N: 11. September (auch: 17. August). – In der griech. Mythologie wurde Hyazinth, Liebling des Apollon von ihm versehentlich getötet, und aus seinem Blut entsprang die gleichnamige Blume. – Der frz. Maler Hyacinthe Rigaud (17./18. Jh.), der span. Dram. Jacinto Benavente (N22), der katalanische Dichter Jacinto Grau Delgado (19./20. Jh.), der katalanische Dramatiker Jacinto Verdaguer y Santalo (19./20. Jh.), der bras. Dramatiker Jacinto Benavente y Martinez (19./20. Jh.).

I

Ida Weiblich: Ida, Idda, It(t)a, It(t)e, Idis; KoF: Iken (nddt.)
Uralter germ. Frauenname, aus einem Stamm: »idh« = Schaffen, Arbeit. Bedeutung: die Arbeitsame. Der geläufigste »Id-»Name ist »Idaberga«. – T: Jungfrau – N: 4. September. – Im MA recht verbreitet, um 1900 wieder belebt. In Skand. ist »Ida« Modename (und entwickelte eine männl. Form: »Idars«). – Ida, Gattin Pippins (7. Jh.). Die FSchau. Ida Wüst. Die österr. Schausp. Ida Ehre (20. Jh.).

Iduna Weiblich: Iduna, Idun. Engl. Idonea.
Altnord. Frauenname = die Verjüngende. Vgl. das angels. »idhjar« = Grün. – Altnord. Göttin der ewigen Jugend und des Frühlings.

Ignaz Männlich: Ignaz, Ignatius (die lat. F). Frz. Ignace. Ital. Ignazio. Span. Íñigo. – Weiblich: Ignatia.
Über das lat. »Ignatius«/»Egnatius« geht dieser PN auf ein etrusk. Ethnikon zurück: »ecnate« = gebürtig (»-ate«) aus Ecna (eine unbekannte, vielleicht verschollene Ortschaft Etruriens). – T: Löwe – N: 31. Juli. – Ignatius von Loyola (15./16. Jh.), Gründer des Jesuitenordens. Der österr. Arzt Ignaz Semmelweis (18./19. Jh.), der österr. Komponist Ignaz Pleyel (18./19. Jh.), der poln. Staatschef und Mus. Paderewski (20. Jh.).

Igor Männlich: Igor, Ingvar, Ingwar. Schwed. Ingvar. Dän. Ingvar, Ingvor. Russ. Igor; KoF: Ika.
Altskand. PN: »*Inguhari^{R}«, zsgs. aus »Ingo« (s. das Gliedwort: »Ingo«, germ. Stammesgott + »varr« = Krieger), (vgl. »Wehr«) = Ingos Krieger. – T: Zwillinge – N: 5. Juni. – Dieser altnord. PN wurde von den Warägern (9. Jh.) in Russland eingeführt, dann im 19. Jh. durch Borodins Oper »Fürst Igor« (1890) bekannt und kam nach dem Westen zurück. – Der amerik. Komponist Strawinsky (19./20. Jh.), der russ. Geiger Oistrach (20. Jh.), der russ. Erfinder (Hubschrauber) Sikorsky.

Ikarus Männlich: Ikarus. Ital. Icaro.
Griech. mythologischer PN: »Ikaros« = dem Mond gewidmet. – Sohn des Daidalos (= der Kunstreiche). Einer der ersten, wenn nicht der erste Luftfahrtpionier, tödlich verunglückt (2. Jt. v. Chr.).

Ildiko Weiblich: Ildiko, Ildico; KoF: Ilda, Ildi. Ungar. Ildikó.
Ostgerm. KoF zu einem »Hild-«Namen (s. das Gliedwort: »Hild-« = Kampf). – Gattin des Hunnenkönigs Attila (5. Jh.). In Ungarn Modename gegen Ende der 60er Jahre.

Ilse Weiblich: Ilse, Ilsa, oft auch als Doppelname: Ilsebill (Ilse + Sibylle), Ilsedore, Ilsegard, Ilsegret, Ilsemaria, Ilsetraud usw.
»Ilse«ist eine KoF von »Elisabeth« (s.).

Immanuel S. »Emanuel«.

Imre Männlich: Imre.
Ungar. F von »Emmerich« (s.).

Ina Weiblich: Ina.
KoF eines der sehr vielen Frauennamen, die auf »-ina« enden. – Gegenwärtig nicht selten.

Ingbert Männlich: Ingbert, Ingobert.
Germ. PN, zsgs. aus »Ing(o)« (s. das Gliedwort: »Ing[o]-«) + »bert« (s. das Gliedwort: »bert«) = berühmt im Schutze von Ingo. – N: 21. Oktober. – Einen sehr ähnlichen Sinn hat: männlich: Ingmar, Ingomar, schwed. Ing(e)mar. – N: 5. März. – Der schwed. FReg. Ingmar Bergman.

Inge Weiblich: Inge (auch als Doppelname sehr häufig, z. b. Inge-Britt, -Lene, -Lies, -Lore, -Maria, -Rose, -Traud), Inga; KoF: Inka, Inke(n). Dän. Inge. Schwed. Inga (auch »Ing-« in vielen Doppelnamen). – Männlich: Ingo. Schwed. Inge (Königsname, 11. und 12. Jh.).
KoF eines der vielen PN auf »Ing(o)«, s. das Gliedwort: »Ing(o)«. – T: Zwillinge – N: 20. Juni – Zahlwert: 26 – Blume: die (himmelblaue) Passionsblume – Stein: der Disthene. – In Skand. seit Anfang des 20. Jh., in Deutschland seit den 30er Jahren beliebt. Die schwed. Schausp. Inga Tidblad (20. Jh.), die Schausp. Inge Meysel (20. Jh.), die Sängerin Inge Brück (20. Jh.).

Ingeborg Weiblich: Ingeborg, auch (selten): Ingeburg; KoF: Inge, Inga. Fries. Inke. Dän. Ingeborg. Schwed. Ingeborg; KoF: Inga, Bolla.
Alter skand. Frauenname, zsgs. aus »Yngvi« = Ingo (s. das Gliedwort: »Ing[o]«) + »bjorg« (dt. »Burg«, »bergen«) = unter dem Schutz des Gottes Ingo (stehend). – T: Zwillinge – N: 28. Mai – Zahlwert: 42 – Blume: die Lobelia – Mat.: der Bernstein. – Name mehrerer skand. Königinnen. In Schweden 1900 = 4. In den deutsch sprechenden Ländern nach dem Ersten Weltkrieg Modename. Die österr. Dichterin Ingeborg Bachmann (20. Jh.), die Schausp. Ingeborg Schöner (20. Jh.).

Gliedwort

Ing(o) auch: Ing-, Ingi-, Inga-, Inge-, Yng-, Erw. Ingal, Ingel- usw.
Ing(w)(e), angels. »yngvi«, germ. »*ingwaz« (ungedeutet), war der Stammgott einer germ. Völkergruppe (an der Ost- u. Nordsee), nach ihm die »Ingwäonen« genannt. Eine Fruchtbarkeitsgottheit, vielleicht dem Gotte »Frö« (angels. »Freyr«) gleichzusetzen. – Häufiges Gliedwort (als erstes Element) vieler Wunschnamen, die ihre Träger(innen) unter den Schutz dieser Gottheit stellen wollten.

Ingold Männlich: Ingold. – Weiblich: Ingwalde.
Germ. PN, zsgs. aus »Ing(o)« (s. das Gliedwort: »Ing[o]«) + »wald« (s. das Gliedwort: »wald«) = in Ingos Schutz waltend. – N: 26. August.

Ingrid Weiblich: Ingrid. Dän. Ingrid. Schwed. Ingrid; KoF: Inga.
Alter skand. Frauenname: »Ingi-fridh«, zsgs. aus »Ing(vi)« (s. das Gliedwort »Ing[o]«) + »fridh« = beliebt (später: schön). Bedeutung: bei Ingo beliebt. – T: Waage – N: 5. Oktober – Zahlwert: 43 – Blume: die (gelbe) Lilie – Stein: der Heliodor. – 1925 der 5. der schwed. Frauennamen. Seit Anfang des 20. Jh. in Deutschland beliebt. Die schwed. FSchau. Bergmann, Thulin (20. Jh.), die FSchau. Ingrid Andree.

Ingwin Männlich: Ingwin.
Germ. PN, zsgs. aus »Ing(o)« (s. das Gliedwort: »Ing[o]«) + »win« (s. das Gliedwort: »win«) = Freund Ingos.

Innozenz Männlich: Innozenz, Innocentius (die lat. F). Ital. Innocente, Innocenzo. – Weiblich: Innozentia, Innocentia; KoF: Senz, Zenz.
Lat. PN: »Innocentius« (m), aus dem lat. Adjektiv: »innocens«, zsgs. aus: »in« = nicht + »nocens« = schädlich. Bedeutung: der Unschuldige. Vgl. den bibl.

(hebr.) PN: »Zachäus« von gleicher Bedeutung. – T: Löwe – N: 28. Juli. Dreizehn Päpste.

Irene Weiblich: Irene, Irina (die slaw. F); KoF: Ira, Iri, Rene, Reni. Engl., ital. Irene. Frz. Irène. Russ. Irina; KoF: Ira, Irinka. – Männlich: Irenäus. Frz. Irénée. Ital. Ireneo.
Name der griech. Friedensgöttin, aus dem griech. Wort »eirēnē« = Friede. Vgl. den lat. PN: »Pacificus« (m) = der Friedliche. – T: Fische – N: 21. Februar – Zahlwert: 370 – Gewächs: der Ölbaum – Stein: der Peridot. – Nach dem Ersten Weltkrieg Modename in England, nach dem Zweiten Weltkrieg in den USA. In den 60er Jahren einer der beliebtesten Frauennamen in der UdSSR. – Die frz. Phys. Irène Joliot-Curie (Nobelpreis. 1933), die FSchau. Irene von Meyendorff, die griech. FSchau. Irene Papas, Ira Prinzessin von Fürstenberg (20. Jh.).

Iris Weiblich: Iris. Engl., frz. Iris. Ital. Iris, Iride.
Griech. Wort: »iris« = Regenbogen, aus einem idg. Stamm: »*ui-ris« = ununterbrochenes Band. Name der griech. Götterbotin, die auf dem Regenbogen zu den Menschen kam. – Der Blumenname (= Schwertlilie) erschien erst viel später (13. Jh.). – T: Jungfrau – N: 4. September. – In der englisch sprechenden Welt nach dem Ersten Weltkrieg nicht selten. Die engl. Schriftstellerin Iris Murdoch (20. Jh.).

Irma Männlich: Irmo. – Weiblich: Irma, NebenF: Erma; KoF: Irm, Irmela, Imma, Imme, Emma, Minka. Irmchen. Engl., frz., ital. Irma.
KoF einer der sehr vielen germ. Frauennamen auf »Irmin«/»Irm«, s. »Emma«. – T: Krebs – N: 9. Juli.
Von den mehr als 60 ahd. PN auf »Irmin-« spielen nur noch einige eine Rolle in der heutigen Namengebung:

Irmbert männl., der Glänzende in Irmins Schutz.

Irm(e)lind(e) Erm(e)linde, weibl. Frauenname, zsgs. aus »Irmin-« (s. »Irmin«) + »linde« (s. »Linda«) = sanft unter Irmins Schutz. – N: 13. Februar.

Irm(en)traud Irmintrud, Ermentrud; KoF: Irmel. Weibl. Frauenname, zsgs. aus »Irmin-« (s. »Irmin«) + »trud« (s. das Gliedwort: »trud«) = kräftig unter Irmins Schutz. – N: 14. September.

Irm(en)fried Erm(en)fried, männl., zsgs. aus »Irmin« (s. »Irmin«) + »fried« (s. das Gliedwort: »fried«) = unter Irmins Schutz. – N: 8. Februar. – Der weibl. Frauenname Irmberga hat einen ähnlichen Sinn.

Irmgard Weiblich: Irm(en)gard, Irmingard (ältere F), auch: Erm(en)gard; KoF: Irma, Irmela, Irmchen, Irmelin. Ital. Ermengarda.
Germ. Frauenname, zsgs. aus »Irmin« (s. »Irmin-«) + »gard« = unter Irmins Schutz, ein Wunschname. – T: Krebs – N: 17. Juli – Zahlwert: 328 – Gewächs: der Spindelbaum – Stein: der (gelbe) Spodumen. – Ein alter dt. Frauenname, der im 19. Jh. und nach dem Ersten Weltkrieg wieder belebt wurde. – Die Tochter Ludwigs des Deutschen (9. Jh.). Die Schriftstellerin Irmgard Keun (20. Jh.).

Irmhard (Erm(en)hart, männl. zsgs. aus »Irmin« (s. »Irmin«) + »hart« (s. das Gliedwort: »hart«) = kühn, stark unter Irmins Schutz. Ähnlich ist:

Irmhild weibl., zsgs. aus »Irmin« (s. »Irmin«) + »hild« (s. das Gliedwort: »Hild-«) = Kriegerin unter Irmins Schutz. – N: 13. Februar.

Gliedwort

Irmin auch: Ermen-, Ermin-, Irmen-, Erm-, Irm-, Emm-, Imm- usw.
Adj. = sehr groß, allumfassend. Germ. »ermana«/»irmina«/»ermena«, angels. »eormen«. – Urspr. ein Beiname des

Himmelsgottes Tiwaz (Tiu), auch von Wodan. Stammgott der »(H)erminonen«. – In den PN als erstes Gliedwort, verstärkt oft den Sinn des zweiten Gliedes.

Irving Männlich: Engl. Irving, auch: Irwin(g).
»Irvine« ist eine kleine schott. Stadt am gleichnamigen Flüsschen, die Irvine. Der Name ist kelt. und bedeutet: die Weiße. – »Irving« verbreitet durch den amerik. Schriftsteller Washington Irving (19. Jh.) und vor allem durch den engl. Schausp. Sir Henry Irving (19./20. Jh.) ist im 19. Jh. Vorname geworden. – Der amerik. Phys. und Chem. Irving Langmuir (N32), der amerik. Komponist Irving Berlin (20. Jh.), der amerik. Liedermacher Irving Caesar (20. Jh.).

Gliedwort

Is auch: Isen-, Isan-.
Wahrscheinlich Verkürzung von: »îsana« = das Eisen, germ. »*îsarna«, ahd. »īsan«. Bedeutung: Eisen, eiserne Waffe, Rüstung und im übertragenen Sinne: fest, hart, zäh. – In den PN immer als erstes Element. – »Iso« (m) und »Iska« (w fries.) sind KoF von PN aus »Is-«.

Isaak Männlich: Isaak. Engl., frz. Isaac. Ital. Isacco.
Bibl. PN hebr. Herkunft. Bedeutung: möge (dir Gott) zulächeln. Ein Wunschname. Die Deutung von Mos. 1,17–17 und 19 beruht auf einer Volksetymologie. – N: 3. Juni (auch 20. Dezember). – Wie viele alttestamentliche PN, wurde der Name von Abrahams Sohn von den engl. Reformierten besonders geliebt. – Der engl. Astronom Isaac Newton (17./18. Jh.), der span. Musik. Albeniz (19./20. Jh.), der amerik. Erfinder Singer (Nähmaschine, 19. Jh.), der amerik. Phys. Isaac J. Rabi (N44), der israel. Pol. Itzhak Rabin (20. Jh.).

Isabella Weiblich: Isabella, Isabel(l), Isabelle; KoF: Bella, Isa, Ilsa & Ilse (oft als Doppelnamen), Ilsabe. Frz. Isabelle (früher: Isabeau). Ital. Isabella.
Provenzalische und iberische Var. von »Elisabeth« (s.). Seit dem 12. Jh. waren »Isabel« und »Elisabeth« auswechselbar. Isabella (1566–1639), Tochter v. Philipp II von Spanien z. B. unterschrieb »Isabel« und hatte Münzen »Albert & Elisabet« und ein Siegel »Isabella«. – T: Fische – N: 22. Februar – Zahlwert: 553 – Blume: der Enzian – Stein: der Indikolit. – »Isabelle« war in den 70er Jahren Modename in Frankreich. – Name zahlreicher Fürstinnen und Königinnen, u. a. Isabella die Katholische (15./16. Jh.).

Isbert Männlich: Isbert, Isenbert, aus »Is-« (s. das Gliedwort: »Is-«) + »bert« (s. das Gliedwort: »bert«) = hart und glänzend.

Isfried Männlich: Isfried, Isenfried, aus »Is-« (s. das Gliedwort: »Is-«) + »fried« (s. das Gliedwort: »fried«) = der zähe, entschlossene Beschützer.
N: 15. Juni. – Einen ähnlichen Sinn haben die Frauennamen: Isberga, Isburga und Isgard.

Isger Männlich: Isger, Isenger, aus »Is-« (s. das Gliedwort: »Is-«) + »ger« (s. »ger«) = zäher, entschlossener Kämpfer, Krieger. – »Ishilde« ist eine weibliche Entsprechung.

Isidor Männlich: Isidor, Isidorus; KoF: Dories, Dörries. Ital. Isidoro. – Weiblich: Isidora. Engl. Isodora, Isadora. Ital. Isidora.
Griech. PN: »Isidoros« (m), zsgs. aus »Isis« eine ägyptische Göttin (von den Griechen und den Römern sehr verehrt) + »doros« = Gabe, Geschenk. Bedeutung: Geschenk von Isis. Vgl. die griech. PN: Apollodoros (m), Heliodoros (m = Geschenk des Sonnengottes »Helios«), Theodoros (m) usw. – T: Widder – N: 4. April. – In der spanisch sprechenden Welt nicht selten. Der frz. Schriftsteller Graf de Lautréamont (= Isidore Ducas-

se – 19. Jh.). Die amerik. Tänzerin: Isadora Duncan (20. Jh.), die Schriftstellerin Isidora Rosenthal-Kamarinea (20. Jh.).

Ismet Männlich: Türk.: Ismet.
Aus dem arab. = rein. – Der türk. Pol. Ismet Inonu (20. Jh.).

Isolde Weiblich: Isolde.
Deutsche Anpassung (unter dem Einfluss des Stammes: »Is-« – s. das Gliedwort: »Is-«) des kelt. Frauennamens: »Essyllt«, wahrscheinlich der Name einer kelt. Göttin. Bedeutung: angenehm anzusehen. – Durch Wagners »Tristan und Isolde« (1865) beliebt. – Die Schriftstellerin Isolde Kurz (19./20. Jh.).

Israel Männlich: Israel. Frz. Israël. Ital. Israele.
Bibl. PN (im AT, der vierthäufigste, 2760mal erwähnt) hebr. Herkunft, aus einem Zeitwort: »sarah« = herrschen + El = Gottesname. Bedeutung: Gott herrsche, Gott siege! – Der niederl. Kupferstecher Israhel van Meckenen (15./16. Jh.), der engl. Schriftsteller Israel Zangwill (19./20. Jh.)., der »jüdische Dickens« genannt.

Istraud Weiblich: Istraud, Isentraud, Isandrut, Istrude, aus »Is-« (s. das Gliedwort: »Is-«) + »traud« (s. das Gliedwort: »traud«) = Entschlossenheit und Kraft. – N: 22. Mai.

Italo Männlich: Ital. Italo. – Weiblich: Ital. Itala.
Lat. »Italus« = der Bewohner Italiens, griech. »Italia« = das Land der (wilden) Herden, das Rinderland. – Ein Völkername, der zu PN ward. Wie: »Frank« (m), »Lydia« (w), »Scott« (m). – Der ital. Marschall und Flieger Italo Balbo (20. Jh.). – Der ital. Schriftsteller Italo Svevo (19./20. Jh.).

Ivo Männlich: Ivo, Iwo. Frz. Yeves, Erw. Yvon. Ital. Ivo. – Weiblich: Ivette, Ivonne, auch: Yvette, Yvonne. Frz. Yvette, Yvonne. Ital. Iva, Ivona.
Aus einem uralten Stamm: »iw« = Eibe, germ. »*igwa«, angels. »ŷ«, gall. »ivos« = Eibenholz, Bogen (aus Eibenholz), Bogenschütze. Bedeutung: der Bogenschütze, wie der engl. PN: »Archer« (m). – T: Stier – N: 19. Mai – Zahlwert: 251 – Blume: die Dotterblume – Stein: der Labradorit. – »Yves«, »Yvon«, »Yvette«, »Yvonne« sind in Frankreich, bes. in der Bretagne, beliebt. – Die frz. ChansonS. Yvette Guilbert (19./20. Jh.), die frz. Schausp. Yvonne Printemps (19. /20. Jh.), der frz. FSchau. Yves Montand (geb. Ivo Livi – 1921), der frz. Modeschöpfer Yves Saint-Laurent (20. Jh.).

J

Jack Männlich: Jack. Engl. Jack, Jackie, Jacky. – Weiblich: Engl. Jackie, Jacky.
Urspr.: »Jan(e)kin«, dann: »Jackin«/ »Jack«, niederl. KoF von »Jan« = Johann (s.), in England durch die vielen holländischen Weber (13./14. Jh.) angesiedelt und später durch seine Ähnlichkeit mit dem frz. Männernamen »Jacques« (= Jakob, s.) verwechselt. – Der amerik. Schriftsteller Jack London (19./20. Jh.), die amerik. FSchau. Jackie Coogan (»The Kid«), Jack Lemmon.

Jakob Männlich: Jakob; KoF: Jackel, Jäckel, Köbi, Kobel, Kobes. S. auch »Jack«. Engl. James; KoF: Jim, Jimmy. Frz. Jacques. Ital. Iacopo, Giacomo, Giacobbe. Span. Jaime, Diego, Iago. – Weiblich: Jakoba, Erw. Jakobine. Frz. Jacqueline. Ital. Giacomina.
Bibl. PN aus dem hebr. »ja'aqob« = »der die Ferse festhält«, und im übertragenen Sinne: »der verdrängt, vertreibt«. S. die Namendeutung der Bibel: Mos. 1. 25,26. – Griech. »Jakobus«, lat. »Jaco*b*us«, volkslat. »Jaco*m*us«, daher die Verschiedenartigkeit der Formen. – T: Krebs – N: 25. Juli – Zahlwert: 182 – Blume: das Jakobskraut (Kreuz-Weidenkraut) – Mat.: die Koralle. – Viele schott., engl., span. Könige. Der fläm. Dichter Jacob van Maerlant (13. Jh.), der ital. Dichter Giacomo Lentini (13. Jh.), der fläm. Freiheitskämpfer van Artevelde (14. Jh.), der ital. Bildhauer Iacopo Quercia (14./15. Jh.), der ital. Bildhauer Iacopo Sannezaro (15./16. Jh.), der ital. Maler Iacopo Robusti (= Tintoretto = der kleine Färber, 16. Jh.), der frz. Architekt Jacques Lemercier (17. Jh.), die fläm. Maler Jacob Jordaens und Jacob Ruysdael (17. Jh.), der frz. Stecher Jacques Callot (17. Jh.), der ital. Maler Giacomo Courtois (17. Jh.), der frz. Schriftsteller Jacques-Bénigne Bossuet (17./18. Jh.), der ital. Abenteurer Giacomo Casanova (18. Jh.), der frz. Revolutionär Jacques-René Hébert (= le Père Duchesne, 18. Jh.), der amerik. Präsident James Monroe (18./19. Jh.), der engl. Erfinder James Watt (18./19. Jh.), der engl. Phys. James Maxwell (19. Jh.), der ital. Schriftsteller Giacomo Leopardi (19. Jh.), der engl. Phys. James Joule (19. Jh.), der Komponist Jakob Beer (= Giacomo Meyerbeer (19. Jh.), der frz. Komponist Jacques Offenbach (19. Jh.), der dän. Schriftsteller Jakob Knudsen (19./20. Jh.), der amerik. Pol. James Byrnes (20. Jh.), der frz. Physiologe Jacques Monod (N65), der brit. Nationalökonom James Meade (N77), der Schriftsteller Jakob Wassermann (19./20. Jh.), der amerik. Biologe James Watson (N62), der Arzt Santiago Ramon y Cajal (N06), Jacob Oppenheimer (Vater der A-Bombe, 20. Jh.), der frz. FReg. Jacques Tati (20. Jh.), der Schriftsteller Jakob Lenz (20. Jh.), der niederl. Chem. Jakobus van't Hoff (N01), der amerik. Phys. James Franck (N25), der FReg. Jacques Feyder (20. Jh.), der brit. Pol. James Callaghan (20. Jh.), der frz. Meeresforscher Jacques-Yves Cousteau (20. Jh.), der amerik. FSchau. James Dean (20. Jh.), der engl. Schriftsteller James Joyce (20. Jh.), der frz. Dichter Jacques Prévert (20. Jh.), der frz. Schriftsteller Jacques Audiberti (20. Jh.), der ChansonS Jacques Dutronc (20. Jh.), der frz. Schriftsteller Jacques Maritain (20. Jh.), die frz. ChansonS. (Jacque)Line Renaud (20. Jh.). – Die amerik. Präsidenten-Gat-

tin Jacqueline Kennedy/Onassis (20. Jh.), die frz. Schausp. Jacqueline Maillan (20. Jh.). – FN: Jacob, Jakob, Jack(h), Jä(c)kle, Jäggi, James, Jameson, Jamieson, Jakes, Jacobeus, Jacobsen, Jacobson, Jacoms, Jakobson, Ja(c)quem, Jac(q)main, Jacqmin, Jacquemain, Jacquem(r)t, Jacquem(e)in, Jacquemon, Jacquemont, Jacken, Jackes, Jagel, Ja(c)kelen, Jeck(e), Geck(le), Jeggi, Jecklin, Jegel, Jegli, Jacquart, Jacobi, Jacoby, Ja(c)quet, Jacquot, Jacquotot, Jacquotin, Jacquotel, Cotet, Cotin, Coton, Cotet, Ja(c)quier, Jacquel(s), Ja(c)quin, Jacquinot, Jogel, Joggi, Jopp, Ja(p)ping, Jaume, Jacquemey, Jakkers, Jeaques, Kobus, Kob(e)s, Köbi, Kobell, Kopp, Koppel, Coppel, Jacobowitz, Jacubowski, Coppée, Copus, Jaime, Jacqueminot, Jacmy, Ceappens, Copain, Jax, Giocomini, Giacometti, Jago, Jakobeit.

Jan, Jane, Janet, Janick usw. S. »Johannes«.

Januarius Männlich: Januarius. Frz. Janvier. Ital. Gennaro.
Lat. PN = dem Janus (röm. Gott, Beschützer der Stadttore) geweiht. Daher auch der Monatsname: Januar. – N: 19. September. – Vgl. die engl. Frauennamen: »May« (= Mai, auch engl. KoF von »Mary«), »June« (= Juni), »April«, den jug. »Vesna« (w = Frühling), die kornischen: »Metheven« (w = Juni) und »Hedra« (w= Oktober). – Der Maler Januarius Zick (18. Jh.).

Jared Männlich: Jared, Jered. Engl. Jared. Bibl. PN aus einem hebr. Adj. = herabsteigend.

Jarl Männlich: Jarl. Schwed. Jarl. – Weiblich: Jarla. Schwed. Jarla.
Nord. PN = freier Mann. S. »Earl«. – N: 24. Januar. – Der finnische Autor Jarl Hemmer (20. Jh.).

Jaromir Männlich: Jaromir; KoF: Jaro. Slaw. PN, zsgs. aus: »Jaro« = glänzend, russ. »jaryj« + »mir« = Friede (russ. »mir«) = eifriger, glänzender Verteidiger des Friedens. Vgl. den germ. »Friedbert«.

Jaropolk Männlich: Jaropolk. Slaw. PN, zsgs. aus »Jaro« (s. oben) + »polk« = Heer, Krieger (russ. »polk« = Truppe) = der glänzende Krieger. Vgl. den altgriech. »Stratokles« (m) und den germ. »Herbert« (m) von gleicher Bedeutung.

Jaroslaw Männlich: Jaroslaw; KoF: Jaro. – Weiblich: Jaroslawa.
Slaw. PN aus: »Jaro« (s. oben) + »slava« = Ruhm (russ. »slawa«) = durch seinen Ruhm glänzend. Wie der germ. »Robert«.

Jasmin Weiblich: Jasmin, Jasmina, Jasmine. Engl., frz. Jasmine. Ital. Gelsomina.
Pflanzenname, lat. »gelseminum«, geht auf das pers. »jazimin« zurück, Name der Blume, seit jeher Sinnbild der Liebe.

Jean, Jeannette, Jeannine, Jenny, Jens usw. S. »Johannes«.

Jennifer Weiblich: Jennifer. Engl. Jen(n)ifer, Jen(n)efer; KoF: Jen(ny). Ital. Ginevra.
»Jennifer« ist die kornische F (und »Gwenhwyfar« die walis.) des kelt. Frauennamens: »Guenevere«/»Guivenevere«, zsgs. aus »gwen« = weiß, schön + »Wange« = die mit weißen, schönen Wangen. Name König Arthurs Gemahlin. – Vgl. den gallischen Männernamen: »Argiotalus« = der mit der schneeweißen Stirn. – »Jennifer« ist ggw. Modenamen in England.

Jeremias Männlich: Jeremias. Engl. Jeremiah; volkstümlich: Jeremy; KoF: Jerry, Jere. Ital. Geremia. Frz. Jérémie.
Bibl. PN aus dem hebr. »jirme-jahu« = (den) Jah(we) erhöht, den Gott erhöht. – T: Stier – N: 1. Mai. – Der engl. Philos. Jeremy Bentham (18./19. Jh.), der Schweizer Schriftsteller Jeremias Gott-

helf (18./19. Jh.), der amerik. Sänger Jerry Lee Lewis (geb. 1935). – Die KoF: »Jerry« war für die Engländer und Amerikaner des Ersten Weltkriegs der Beiname der Deutschen. – Alle europ. Sprachen kennen das Wort »Jeremiade« (= Klagelied), nach dem Buch Jeremia.

Jessica Weiblich: Jessica. Engl. Jessica, KoF: Jessie, Jessy (auch die schott. und die schwed. KoF von »Janet« = Johanna).
Bibl. hebr. PN: »'Jisekāh« = Er (Gott) schaut. – Jiska war die Nichte von Abraham, Schwester von Lot und Milka (Gen. 11/29). An sich ist »Jessica« eine Gestalt von Shakespeares »Der Kaufmann von Venedig« (1597), die Tochter der Hauptgestalt, der Geldverleiher Shylock. Von Jessica schreibt der Verfasser:
For she is fair, if I can judge of her,
And fair she is, if but mine eyes be true,
And true she is, as she hath prov'd herself.
In England war schon »Jessica« Anfang der 70er Jahre einer der weit verbreiteten Mädchennamen (wie auch: Amanda, Alexandra, Anna, Emily, Emma; Georgina, Harriet, Rebecca, Sarah und Antonia).
In Deutschland damals noch selten hat sich der Vorname allmählich behauptet (1990 war »Jessica« der erste der Mädchennamen). Es scheint, als wetteiferten Gott und die Dichter oftmals um die Namengebung: Balzac, der »Riese der frz. Literatur«, hat 2472 PN erfunden.

Joachim Männlich: Joachim, auch: Jochem, Jochen; KoF: Chim, Achim (s. dort). Engl. Joachim; KoF: Kim. Dän. Jokum. Ital. Gioacchino. – Weiblich: Joachime.
Bibl. hebr. PN: »jojakim«, kontr. F von: »jeho-jakim« = Jah(w) + erheben, aufrichten = Möge Gott erheben, aufrichten (denjenigen, der gesündigt hat, gefallen ist). – T: Löwe – N: 16. August – Zahlwert: 181 – Blume: der Krokus. – »Joachim« begann sich mit den brandenburgischen Kurfürsten J. I und J. II (16. Jh.) in Deutschland zu verbreiten. Auch als Doppelname (Hans-J.) oder als selbst. KoF (Jochem, Jochen, Jochim) heute noch gut vertreten. – Der fläm. Maler Joachim Patinier (15./16. Jh.), der frz. Dichter Joachim Du Bellay (16. Jh.), der Math.und Phys. Joachim Jungius (17. Jh.), der niederl. Dichter Joachim Oudsen (17. Jh.), der Maler Joachim von Sandrart (17. Jh.), der ital. Schriftsteller Gioacchino Ventura (19. Jh.), der frz. GFM Joachim Murat (19. Jh.), der frz. Dichter Joachim Gasquet (19./20. Jh.), der port. Schriftsteller Joachim Téotilo Braga (19./20. Jh.), der ital. Komponist Gioacchino Rossini (19. Jh.), der Pol. Joachim von Ribbentrop, der span. Komponist Joaquin Turina (20. Jh.), der port. Schriftsteller Joaquim Paço d'Arcos (20. Jh.), der bras. Schriftsteller Joaquim Machado de Assis (19./20. Jh.), der Philos. Joachim Kopper (20. Jh.).

Jobst Männlich: Jobst.
MischF von »Job« (s. »Hiob«) und »Jost«; KoF von »Jodokus« (bzw. »Justus«). S. »Jodokus«. – Herzog Jobst von Mähren (14./15. Jh.).

Jodokus Männlich: Jodokus, Jodok, Judokus; KoF: Jo(o)st, Jod(el). Bretonisch: Yuzeg. Juzeg. Frz. Josse, Erw. Josselin (deckt sich mit dem germ. PN »Jocelyn«). Engl. Joyce (auch weibl., auch mit »Joy« gekreuzt).
Keltischer PN: »Judoc« = Krieger, Kämpfer. – T: Schütze – N: 13. Dezember. – Zur Humanistenzeit oft mit dem lat. PN »Justus« (s.) verwechselt. – Der fläm. Geograf Jodocus Hondius (16./17. Jh.), der Holzschnitzer Jost Amman (16. Jh.), der fläm. Komponist Josse Boutmy (18. Jh.).

Joel Männlich: Joel. Frz. Joël. – Weiblich: Frz. Joëlle.
Bibl. hebr. PN: »jeho-el« = Jah(we) ist Gott. Vgl. die Umkehrung: »Eli-yah« = Elias (m). – N: 13. Juli. – In Frankreich

nicht selten (m und w). – Der amerik. Schriftsteller Joel C. Harris (19./20. Jh.), der finn. Schriftsteller Joel Lehtonen (20. Jh.).

Johanna Weiblich: Johanna; KoF: Hansi (Erw. Hansine), Hanna(h), (s.), Hanne, Hanni, Hanka, Hanja, Janna, Janne, Jenni, Jenny. Engl. Jane, Joan, Joanna, Sheena, Janet, Jenny. Frz. Jeanne, Erw. und KoF: Jeannette, Jean(n)ine, auch: Jeanne d'Arc (bes. im frz. Kanada). Ital. Gianna, Giovanna, Giannina. Span. Juana; KoF: Juanita.
S. die Etymologie unter »Johannes«. – T: Wassermann, Zwillinge – N: 2. u. 4. Februar, 30. Mai – Zahlwert: 912 – Blume: die rote Rose – Stein: der Rubin (Var. »Taubenblut«). – In vielen roman. Ländern einer der beliebtesten Frauennamen. Auch in England und in den USA sehr verbreitet (in den USA fast 4 Mio. »Jean«, »Jane«, »Janet«, »Jeanne«, »Joan«, »Joanne« usw.) Mit zahlreichen dt. oder ausländischen F hat »Johanna« wieder einen Platz unter den ersten zehn der beliebtesten Mädchennamen errungen: Jana, Jane, Janet(t), Janette, Janina, Janine, Jannette, Jannine, Janny. Viele engl., frz., span. Königinnen, die frz. Nationalheldin (und Patronin) Jeanne d'Arc (1412–1431, die »Jungfrau von Orléans«), Jeanne Hachette (15. Jh.), eine andere frz. Nationalheldin, die frz. Schausp. Jeanne Moreau (geb. 1928), die engl. Schriftstellerin Jane Austen (18./19. Jh.), die australische Sängerin Joan Sutherland (20. Jh.), die amerikanische FSchau. Joan Crawford.

Johannes Männlich: Johannes, Johann, Hans (seit dem ausgehenden MA selbstst. gewordene KoF), alle auch als Doppelnamen sehr häufig, Jens, John, Jahn, Jan(n); KoF: Hanno, Hanke, Hanko, Jannes, Jannis, Henning (auch KoF zu »Heinrich«), Jenning, Hennes, Jo, Schani usw. Engl. John, Johnny; KoF: Jack (s.). Frz. Jean. Ital. Giovanni, Gianni (in Doppelnamen: Gian-). Dän. Jens. Niederl., poln. Jan. Span. Juan. Port. João. Ungar. János. Russ. Iwan.
Lat. u. griech. »Johannes«; der bibl. PN geht auf das hebr. »Jejohanan« zurück, zsgs. aus: »Jeho(wa)« = Gott + »hanan« = gnädig sein. Bedeutung dieses Wunschnamens, gedacht um ein Kind unter Gottes Schutz zu stellen: »Gott sei ihm gnädig«, »Gott erbarme sich seiner«. – Vgl. die Umkehrung: »Hananjah« = Ananias. – Von den mehr als 300 Hl. jenes Namens seien nur erwähnt: Johannes der Täufer: T: Krebs – N: 24. Juni – Zahlwert: 124 –; Johannes, Apostel und Evangelist. T: Steinbock – N: 27. Dezember – Zahlwert: 129 – Blume: das Johanniskraut. – Die Vornamen jener Gruppe sind heute noch die meistbenutzten in den westlichen Ländern (über 35 Mio. Träger, darunter 6 Mio. in den USA). Es gibt kaum eine europ. Sprache, wo diese Namen nicht allgemein für »Mensch, Mann« stehen. »Die großen Hansen«, der fläm. »Jan« (Jan Alleman) erscheint in mehr als 30 Redensarten, der frz. »Jean« in mehr als 50, der engl. »Johnny« oder »John« (Bull) und »Jack« in mehr als 100, der dän. Soldat »Jens«, der Don Juan von Spanien, der russ. »Iwan«, der »Yankee« (niederl. KoF!) usw., was nirgends die Beliebtheit des Vornamens beeinträchtigte. Mit den vielen Var. hat Johannes wieder einen Ehrenplatz unter den Jungennamen erreicht: Jan, Jens, Jean, Janek, Janko. In manchen Städten wieder unter den ersten zehn. – Unzählige Kaiser, Könige, Fürsten, der Erfinder des Buchdruckes Johannes Gutenberg (15. Jh.), der Astron. Johannes Kepler (16./17. Jh.), der Pädagoge Johannes Comenius (17. Jh.), der Komponist Johann Sebastian Bach (18. Jh.), der Bildhauer Johannes Dannecker (18. Jh.), der Erzieher Johann Pestalozzi (18./19. Jh.), der Komponist Johannes Brahms (19. Jh.), der österr. Komponist Johann Strauß (19. Jh.), der Schausp. Johann Nestroy (19. Jh.), der Satiriker Johann Fischart (18./19. Jh.), der Komponist Johann David (20. Jh.),

der Schriftsteller John Brinkmann (19. Jh.). Die frz. Schriftsteller Jean de La Fontaine, Molière (= Poquelin), Racine, La Bruyère (alle 17. Jh.), Anouilh, Giono, Giraudoux (alle 20. Jh.), der frz. Pol. Jaurès (19./20. Jh.), die Maler Hans Holbein (15. und 16. Jh.), der dän. Schriftsteller Hans Chr. Andersen (19. Jh.), der engl. Dichter John Milton (17. Jh.), der amerik. Präsident John F. Kennedy († 1963), der fläm. Maler Jan van Eyck (15. Jh.), der niederl. Maler Jan Vermeer (17. Jh.), der finn. Mus. Sibelius (19./20. Jh.), der ital. Dichter Giovanni Boccaccio (14. Jh.).

Jolanthe Weiblich: Jolanthe, Yolanthe, Jolenda, Jolanda; KoF: Jola, Yola. Frz. Yolande. Ital. Iolanda; KoF: Iola. Port. Iolanda, Var.: Vilante. Span. Yolanda. – Männlich: Frz. (Kanada): Yoland.
Ein kelt. PN, zsgs. aus dem kelt. Stamm: »Jol« (wie in den kelt. PN: »*Jol*ius« [m], »*Jol*imia« [w], im altfrz. »Iolente« [w]; im altengl. »Eolla« [w], ungedeutet + die häufige kelt. Endung: »-ant« (m) / »-anta« (w). – Zur Zeit der Renaissance in Frankreich, Italien, Spanien und Portugal beliebt. Heute noch in Amerika nicht selten.

Jonas Männlich: Jonas. Engl. Jonah, Jonas. Ital. Giona.
Bibl. hebr. PN: »jonah« = Taube. Vgl. den lat. PN »Columbus« (m) / »Columba« (w) und den span. »Tortora« (w), die ebenfalls »Taube« bedeuten. – N: 21. September. – Der isländ. Dichter Jonas Hallgrimsson (19. Jh.), der Philos. Jonas Cohn (19./20. Jh.), der norw. Schriftsteller Jonas Lie (19./20. Jh.), der amerik. Arzt Jonas Salk (Impfung gegen Kinderlähmung – 1954).

Jonathan Männlich: Jonathan; KoF: Nat. Engl. Jonathan; KoF: Jon. Ital. Gionata.
Bibl. hebr. PN: »jeho-nathân« = Gottesgabe. Vgl. die Umkehrung: »Nathanael« (m). – N: 12. November. – Der ir. Schriftsteller Jonathan Swift (17./18. Jh.), der engl. Schriftsteller Jonathan Richardson (17./18. Jh.), der amerik. Philos. Jonathan Edward (18. Jh.), der Phys. Jonathan Zenneck (20. Jh.).

Jordan Männlich: Jordan. Engl. Jordan. Frz. Jourdain. Ital. Giordano. – Weiblich: Frz. Jordane. Ital. Giordana.
Name des großen Flusses (260 km) Palästinas. Aus einem hebr. Wort = der herabspringende, herabfließende. – N: 13. Februar. – Durch die Kreuzzüge (nebst »Oliver«) beliebt gemacht. Häufiger europ. FN: Jordan, Jördens, Jourdain, Jordaens. – Der ital. Philos. Giordano Bruno (16. Jh.).

Jörg, Jörgen, Jörn S. »Georg«.

Josef Männlich: Josef (ältere Schreibw. Joseph); KoF: Sepp, Seppl, Sepperl, Seb(i), Jupp. Engl. Joseph; KoF: Joe. Frz. Joseph. Ital. Giuseppe; KoF: Beppe, Beppo, Peppo(ne). Span. José; KoF: Pepo, Pepito. Russ. Jossif, volkstümlich: Ossip. – Weiblich: Josefa, Erw. Josefina, Josefine; KoF: Josi, Sefa, Fina. Frz. Josette, Josée, Josiane, Erw. Joséphine. Ital. Giuseppa, Giuseppina; KoF: Peppina. Span. Josefina; KoF: Pepita.
Bibl. hebr. PN: »Jōph«, kontr. F von »Jo-siphjiah« = Gott füge hinzu! Bedeutung: Gott gebe Vermehrung (d. h. weitere Kinder zu den Geborenen). S. die Deutung der Bibel Mos. 1.30–24. – T: Fische – N: 19. März – Zahlwert: 156 – Blume: die Lilie – Stein: der Spodumen. – »Josef« gehörte schon zu den häufigsten Männernamen in Palästina z. Z. Christi Geburt. Überall sehr beliebt: In Italien heißt von 4 Ital. einer »Giuseppe«, Wien 1918 der zweithäufigste Männername, in Bayern recht verbreitet, in den USA so häufig, dass die KoF »Joe« in manchen europ. Ländern den amerik. Soldaten des II. WK bezeichnete. – Zwei österr. Kaiser (17./18. Jh.), der ital. Maler Giuseppe Arcimbaldo (16. Jh.), der span. Maler Jusepe de Ribera (17. Jh.), der niederl. Dichter Vondel (17. Jh.), der

span. Bildhauer José de Mora (17. Jh.), der ital. Abenteurer Giuseppe Balsamo (= Cagliostro) (18. Jh.), der österr. Komponist Haydn (18./19. Jh.), der Phys. Frauenhofer (18./19. Jh.), der frz. Phys. Joseph-Louis Gay-Lussac (18./19. Jh.), der Publizist Görres (18./19. Jh.), der frz. Math. Joseph Lagrange (18./19. Jh.), der Schriftsteller Josef Schreyvogel (18./19. Jh.), der frz. Pol. Joseph Fouché (18./19. Jh.), der österr. GFM Radetzki (18./19. Jh.), die ital. Pol. Giuseppe Mazzini und Garibaldi (19. Jh.), der Schriftsteller Josef von Eichendorff (19. Jh.), der frz. Math. Joseph Liouville (19. Jh.), der argent. Schriftsteller José Marmol (19. Jh.), der ungar. Pol. und Schriftsteller Eötvös (19. Jh.), der kuban. Schriftsteller José Marti (19. Jh.), der Schriftsteller Joseph von Scheffel (19. Jh.), der Komponist Josef Canner (19. Jh.), der ital. Komponist Giuseppe Verdi (19. Jh.), der port. Schriftsteller José Maria Eça de Queiros (19./20. Jh.), der engl. Schriftsteller Joseph Conrad (19./20. Jh.), der brit. Pol. Joseph Chamberlain (19./20. Jh.), der frz. Marschall Joseph Joffre (19./20. Jh.), der russ. Pol. Josef Vissiaranowitsch Dschougachwili (= Stalin) (19./20. Jh.), der poln. Pol. Josef Pilsudski (19./20. Jh.), der amerik. Verleger Joseph Pulitzer (19./20. Jh.), der jugosl. Pol. Josip Broz (= Tito) (20. Jh.), der Pol. Josef Goebbels (20. Jh.), der ungar. Kardinal Josef Mindsenty (20. Jh.), der span. Pol. José A. Primo de Rivera (20. Jh.), der österr. Schausp. Josef Meinrad (20. Jh.), der span. Schriftsteller José M. Ruiz (20. Jh.), der Schriftsteller Josef Roth (20. Jh.), der span. Philos. José Ortega y Gasset (20. Jh.), der bras. Schriftsteller José Lins de Rego (20. Jh.), der ägypt. Schriftsteller Yussuf Idris (20. Jh.), der frz. Schriftsteller Joseph Kessel (20. Jh.), der amerik. Schausp. Jerry (Joseph) Lewis (20. Jh.). – Die frz. Kaiserin Joséphine Tascher de la Pagerie (18./19. Jh.), die erste Gemahlin von Napoleon, die FSchau. Josette Day (20. Jh.), die amerik. Schausp. Joséphine Baker (20. Jh.), die frz. ChansonS. Marie-José Neuville (20. Jh.). – FN: Joseph(us), Josef(y), Josepeit, José(e), Joset, evtl.: Seff(e)ler.

Josua Männlich: Josua. Engl. Joshua; KoF: Josh. Frz. Josué. Ital. Giosué. Bibl. hebr. PN: »Jo«, der Herr hilft. Vgl. die pietistische Neubildung: »Gotthelf« / »Gotthilf« und den sinnverwandten Männernamen »Josia(s) = der Herr heilt. – N: 1. September. – Der engl. Maler Sir Joshua Reynolds (18. Jh.), der ital. Dichter Giosué Carducci (Nobelpr. 1906), der amerik. Vererbungsforscher Joshua Lederberg (N58), der bras. Soziologe Josua de Castro (20. Jh.).

Jucunda Weiblich: Jucunda, Jukunda. Ital. Gioconda. – Männlich: Ital. Giocondo.
Aus dem lat. Adj. »iucundus« (m) / »iucunda« (ital. »giocondo« / gioconda« = angenehm. – Weltberühmt ist die »Gioconda«, von Leonardo da Vinci (1503–06), Bildnis der Mona Lisa, Gemahlin von Francesco del Giocondo. »Mona« ist kein Vorname, sondern die Kontraktion des ital. Wortes: »Madonna« (= gnädige Frau, Madame).

Judith Weiblich: Judith, Juditha, auch: Judintha; KoF: Jutta, Jutte (s. dort). Engl. Judith; KoF: Judy. Frz. Judith. Ital. Giuditta. – Männlich: Jehudi.
Bibl. hebr. PN: »Jehudith« = die Frau aus Judäa (= Land der Gepriesenen), Gegend von Süd-Palästina, die Jüdin. Ein Völkername wie: »Lydia« (w) oder »Sabine« (w). – T: Stier – N: 6. (auch 5.) Mai. – Die ital. Sängerin Giuditta Grisi (19. Jh.), die amerik. FSchau. Judy Garland (geb. 1922), der amerik. Geiger Jehudi Menuhin (20. Jh.).

Jürg, Jürgen, Jürk, Jürn S. »Georg«.

Julius Männlich: Julius; KoF: Jul, Erw. Julian(us). Frz. Jules; Erw. Julien. Ital. Giulio; Erw. Giuliano. – Weiblich: Julia; KoF: Jula, Jule, Lil(l)i, Erw. Julitta, Juli-

ana, Juliane; KoF: Lia(ne). Frz. Julie, Erw. Juliette, Julienne. Engl. Juliana, Gillian; KoF: Gill, Jill. Ital. Giulia, Erw. Giuliana, Giuletta.
Name des altröm. Geschlechts der Julier, »Julius«, aus einem idg. Stamm: »*dei« / »*deiwo« = 1. Himmel (Göttliche), 2. glänzend (Tag). – Julia: T: Zwillinge – N: 22. Mai –; Julius: T: Widder – N: 12. April –; Juliana: T: Wassermann – N: 16. Februar –; Julianus: T: Wassermann – N: 12. Februar – Zahlwert: Julia: 521; Julius: 790 – Blume: die Nachtviole – Stein: der Amethyst. – »Julia« bzw. »Julie« ist z. Z. Modename in Frankreich, England. – Julius Cäsar (1. Jh. v. Chr. – von dem »Juli« seinen Namen hat), 3 Päpste, der ital. Arzt und Philos. Julius Caesar Scaliger (16. Jh.), der port. Schriftsteller Julio Diniz (19. Jh.), der frz. Schriftsteller Jules Janin (19. Jh.), der frz. Sozialist Jules Guesde (19./20. Jh.), der frz. Komponist Jules Massenet (19./20. Jh.), die frz. Schriftsteller Jules Verne, Jules Lemaître und Jules Renard (19./20. Jh.), der uruguayanische Dichter Julio Herrera y Reissig (19./20. Jh.), der belg. Bakteriologe Jules Bordet (20. Jh.), die frz. Schriftsteller Jules Roy, Jules Romains, Supervielle und Laforgue (20. Jh.), der österr. Arzt Julius Wagner von Jauregg (N27), der österr. Pol. Julius Raab (20. Jh.), der ital. Chem. Giulio Natta (N63), die frz. FSchau. Jules Simon, Jules Raimu (= Muraire), Jules Berry (20. Jh.), die niederl. Königin Juliana (20. Jh.), der fläm. Bildhauer Julien Dillens (19./20. Jh.), die frz. Schriftsteller Julien Gracq und Julien Green (20. Jh.), der poln. Dichter Julian Przybos (20. Jh.), der frz. FReg. Julien Duvivier (20. Jh.), der amerik. Phys. Julian Schwinger (N65), die frz. ChansonS. Juliette Gréco (20. Jh.). – In Deutschland gehört »Julia« gegenwärtig zu den beliebtesten Mädchennamen und liegt mit »Anna«/»Anne« und »Sophie« knapp hinter »Maria«.

Justus Männlich: Justus, Erw. Justin(us), Justinian(us). Frz. Juste, Justin. Ital. Giusto. – Weiblich: Justina, Justine; KoF: Juste(l). Ital. Giustina.
Lat. PN aus dem lat. Adj.: »justus« (m) / »justa« (w) = der (die) Gerechte, aus einem lat. Stamm »jus« / »juris« = Recht. – Vgl. den hebr. (bibl.) PN: »Zadok« (m), den altgriech. »Themistos« (m), den gallischen »Coveros« (m), den arab. »Raschid«, türk. »Adil« (m)/»Adile« (w), die alle denselben Sinn haben. – Justus: N: 28. September –; Justina: N: 26. September –; Justinus: N: 14. April. – Das röm. Märtyrerbuch zählt nicht weniger als 15 Hl. dieses Namens. Der fläm. Philologe Justus Lipsius (16. Jh.), der fläm. Maler Just Suttermans (17. Jh.), der Historiker Justus Möser (18. Jh.), der Chem. Justus Liebig (19. Jh.), der Dichter Justinus Kerner (19. Jh.). – FN: Just, Juste, Jutel, Juteau, Jutot, Ju(s)tin, Jüstel, Jüsten.

Jutta Weiblich: Jutta, Jutte, Jütte; KoF: nddt. Jütteke. Dän. Jutta, Jytte; KoF: Jiutel(in). Schwed. Jutta.
»Jutta« wird oft und nicht unlogisch als KoF von »Juditha« (s.) betrachtet. Aber schon im 8. Jh. beliebte PN wie »Judda« (w), »Judo« (m), »Joto« (m) und die damalige Seltenheit der bibl. PN lassen vielmehr auf eine KoF eines germ. Stammes: »eutha« schließen: altn. »iōth« = Kind, Nachkomme. Aus demselben Stamm wird der Völkername die »Jüten« (u. »*Jut*land«) hergeleitet. – T: Schütze – N: 17. Dezember – Zahlwert: 435 – Blume: die Heckenrose – Stein: der Morganit. – Vom 8. bis zum 15. Jh. unter den 30 häufigsten dt. Frauennamen. Dieser Name geriet dann in Vergessenheit – vgl. die niederl. Redensart »Jut en Jul« (= Jutta und Julius) = ein altmodisches Ehepaar – und wurde im 20. Jh. neu belebt.

K

Kai Männlich: Kai*, Kaj*, Kay*. Dän. Kaj. Ital. Caio. – Weiblich: Kai*, Kaj*, Kay* – Kaja, Kaya (fries. KoF von »Katharina«). Dän. Kaja, Caja (KoF von »Katharina«). Engl. Kay (fast nur KoF von »Catherine«). Schwed. Kaj. Kaja (KoF von »Karin«, schwed. F von »Katarina«).
* = nur in Verbindung mit einem anderen, eindeutig männl. oder weibl. Vornamen. – Je nach Verwendungsgebiet ist der Männername »Kai« / »Kay« von sehr verschiedener Herkunft. Im norddt. Küstengebiet ist »Kai« / »Kay« eine fries. KoF von »Nikolaus« (s.). In Westfriesland heißt heute noch St.-Nikolaus: »Kaije(man)« / »Kaeij(man). – Im kelt. Sprachraum ist »Kay« kelt. Ursprungs (Name König Arturs Hofmeister). In den roman. Ländern, fast immer auf den lat. PN »Caius« (s.) zurückzuführen. – T: Wassermann – N: 28. Januar – Zahlwert: 284 – Blume: die (gelbe) Hyazinthe. – In den 60er Jahren war der Männername »Kai« / »Kay« Modename in der BRD. – Kay Munk, dän. Schriftsteller (20. Jh.).

Kajetan Männlich: Kajetan, Cajetan. Frz. Gaétan. Ital. Gaetano. – Weiblich: Kajetane. Frz. Gaétane.
Lat. PN »Caietanus« (m) = der Mann aus Gaëta, eine der ältesten ital. Städte; lat: Caïeta, heute Gaeta, aus einem griech. Wort = Niederung. – Ein Ortsname, der zu Vornamen wurde, wie der lat. »Ostian« (m), die engl. »Neveille« (m), »Vernon« (m) usw. – T: Löwe – N: 7. August. – In Frankreich gegenwärtig nicht selten. – Der ital. Komponist Gaetano Donizetti (19. Jh.).

Karin Weiblich: Karin, Karina, Karine, Karen, Karena.
»Karin« ist seit dem 15. Jh. die schwedische Form von »Katerina« (s. dort): »Katrina«, »Katrin«, »Ka(dh)rin« und »Karin«. »Karen« ist die dänische Form von »Katharina«, »Kari« die norw. (und: »Kaarina« die finnische). – Die Schreibweise mit »K« gestattet jede Verwechslung mit dem lat. Frauennamen »Carina« (s. dort) zu vermeiden. – Zwischen 1920 und 1960 gehörte »Karin« zu den ersten 10 schwed. Frauennamen. Anfang der 70er Jahre Modename in der BRD und in Frankreich. – Die dän. Schriftstellerin Karin Michaelis (19./20. Jh.) und Karen Blixen (20. Jh.), die Schausp. Karin Baal und Karin Huebner.

Karl Männlich: Karl, Carl, Carlo; KoF: Kari, Kadel, Carletto (früher: Karlmann). Engl. Charles, Charlie. Frz. Charles. Ital. Carlo. Span. Carlos. Poln. Karol. Niederl., tschech. Karel. Schwed. Karl; KoF: Kalle. S. auch: »Carol«. – Weiblich: Karla, Carola (s. dort), Charlotte (s. dort).
»Carolus« ist die romanische Entsprechung der germ. KoF »Hariolus«, aus dem germ. Stamm »Harja« = Heer, Kriegerschar, Krieger (s. das Gliedwort: »Her-«). – T: Skorpion – N: 4. November – Zahlwert: 205 – Blume: der Roseneibisch. – Seit Ende des 19. Jh. in Deutschland sehr beliebt, oft auch als Doppelname (Karl-Heinz). Modename in Schweden, England, USA (1950 = 3.). – Viele Kaiser (Karl d. Gr. † 814; Karl V, 16.Jh.) zahlreiche Könige (12 frz., 15 schwed., engl., span. usw.), die dt. Maler Karl Wolgemut (14./15. Jh.) und Karl

Pacher (15. Jh.), der ital. Architekt Carlo Rainaldi (17. Jh.), der niederl. Maler Carel Fabritius (17. Jh.), der frz. Schriftsteller Charles Perrault (17./18. Jh.), der frz. Schriftsteller Montesquieu (18. Jh.), der frz. Staatsmann Charles Vergennes (18. Jh.), der frz. Math. Charles de Borda (18. Jh.), der ital. Dichter Carlo Goldoni (18. Jh.), der frz. Phys. Charles de Coulomb (18./19. Jh.), der Phys. Carl von Gauss (18./19. Jh.), der frz. Diplomat Charles d'Eon (18./19. Jh.), der schwed. Bot. Carl von Linné (19. Jh.), der frz. Schriftsteller Charles Nodier (19. Jh.), der Komponist Carl-Maria von Weber (18./19. Jh.), der engl. Naturwissenschaftler Charles Darwin (19. Jh.), der frz. Architekt Charles Garnier (19. Jh.), der frz. Kritiker Sainte-Beuve (19. Jh.), der engl. Architekt Charles Barry (19. Jh.), der Komponist Carl Loewe (19. Jh.), der amerik. Industrielle Charles Goodyear (19. Jh.), der frz. Dichter und Erfinder Charles Cros (Fonograf, 19. Jh.), der frz. Math. Charles Chasles (19. Jh.), der Historiker Karl Rotteck (19. Jh.), der belg. Schriftsteller Charles Decoster (19. Jh.), die frz. Schriftsteller Charles Baudelaire und Charles Leconte de l'Isle (19. Jh.), der frz. Komponist Charles Gounod (19. Jh.), der Chem. Karl von Linde (19./20. Jh.), der Schriftsteller Karl May (19./20. Jh.), der frz. Arzt Charles Richet (N02), der Schweiz. Psychologe Carl Jung (19./20. Jh.), der fläm. Komponist Carel Candael (19./20. Jh.), der frz. Bakteriologe Charles Nicolle (N28), der frz. Komponist Charles Lecocq (19./20. Jh.), der frz. Industrielle Charles Pathé (Schallplatte, 19./20. Jh.), der schweiz. Schriftsteller Carl Spitteler (19./20. Jh.), der österr. Biologe Karl Landsteiner (19./20. Jh.), der frz. Phys. Charles Tellier (Kälte, 19./20. Jh.), der frz. Philos. Charles Péguy (19./20. Jh.), der Ingenieur Karl Benz (19./20. Jh.), der schwed. Bildhauer CarlMiller (20. Jh.), der finn. GFM Mannerheim (20. Jh.), der GFM von Rundstedt (20. Jh.), der frz. Schriftsteller und Pol. Charles Maurras (20. Jh.), der ital. Schriftsteller Carlo Levi (20. Jh.), der schwed. Schriftsteller Carl Gyllenstein (20. Jh.), der frz.-schweiz. Architekt Charles Le Corbusier (20. Jh.), der Admiral Karl Dönitz (20. Jh.), Carlos Gardel (der Tango, 20. Jh.), der Philos. Karl Marx (19. Jh.), der amerik. Flieger Charles Lindbergh (20. Jh.), der frz. Gen. Charles de Gaulle (20. Jh.), der engl./amerik. FSchau. Charlie Chaplin (= Charles Spencer, 20. Jh.), der frz. FSchau. Charles Boyer (20. Jh.), der Reg. Charles Dullin (20. Jh.), der frz. ChansonS. Charles Aznavour (20. Jh.), der Pol. Carlo Schmid (20. Jh.), der dt. Bundespräsident Karl Carstens (20. Jh.), der Papst Karol Wojtyla (20. Jh.). – FN: Caerel(n)s, Carels, Carl(e), Caroli, Carolus, Karl(en), Charles, Siarl, Carl(e), Karel, Carel, Kärling, Kärel, Kardel, Karman(n), Krahl(isch), Kral, Krol(ik), Groll, Grell, Krell, Carlo, Carlos, Ke(e)rl, Korel, Kerdel, Karlowicz, Carle, Charlet, Charléty, Charlot, Charley, Chasle(s), Carle(s), Charlier, Charlin, Carly, Caeletti.

Karsten – Kersten (m): niederdeutsche F von »Christian« s. dort.

Kerstina – Kirsten – Kirstin (w) dän. / schwed. F von »Christine« s. dort.

Kasimir Männlich: Kasimir. Engl., frz. Casimir. Ital. Casimiro. Poln. Kazimierz. Ung. Kaszmér. – Weiblich: Kasimira.
Poln. PN, zsgs. aus: »Kasi« = stiften + »mir« = Frieden = der Friedensstifter. – T: Fische – N: 4. März. – Fünf poln. Könige (darunter der hl. Kasimir, Schutzhl. Polens – 15. Jh. – wo der Vorname sprichwörtlich verbreitet ist). – Der frz. Dichter Casimir Delavigne (19. Jh.), der frz. Pol. Casimir Perier (19. Jh.).

Kaspar Männlich: Kaspar, Caspar. Norddt. Jasper. Rhein. Käsper. Engl. Jasper, Gaspar. Frz. Gaspard. Ital. Gaspare. Dän. Jesper.

Aus dem pers. »Ghaz-par«, zsgs. aus »Ghaz« = Schatz + »bar« = verwalten = Schatzmeister. – Ein Berufsname, wie der hebr. (bibl.) »Sophereth« (m = Schreiber), der engl. »Spencer« (= Hofmeister) usw. – T: Steinbock – N: 6. Januar. – Der frz. Admiral Gaspard de Coligny († 1572), der Topograf Caspar Dankwerth (17. Jh.), der fläm. Maler Caspar de Crayer (17. Jh.), der niederl. Zeichner Caspar Luyken (17./18. Jh.), der frz. Math. Gaspard Monge (18./19. Jh.), der frz. Math. Gaspard Cariolis (19. Jh.), der Findling Kaspar Hauser (19. Jh.), der ital. Komponist Gaspare Spontini (19. Jh.). – FN: Kaspar, Caspar(ius), Gassbardt(h), Casper(s), Jasper(s), Jespers, Kaspare(c)k, Kaspereit, Gaspar(d), Casperman(s), Jaspar, Gasparo, Gasperi, Gasperin, Gasparini, Jaspaert, Jaspar(d).

Katharina Weiblich: Katharina, Katharine, Katherine, Katrin(a); KoF: Kat(he), Kät(h)a, Käthchen, Kat(h)i, Katia, Katja, Trine(li), s. auch »Karin«. Frz. Catherine; KoF: Cathy. Engl. Katherine, Katharine, Kathleen (auch mit »C« geschrieben); KoF: Kate, Kitty, Kay. Ital. Caterina; KoF: Catia. Span. Catalina. Russ. Jekaterina; KoF: Katinka, Katja.
Griech. »Aikaterine«, aus »Hekate«, Name einer sehr alten vorhellenischen (kleinasiatischen) unterirdischen Fruchtbarkeitsgöttin – die russ. F hat bis heute das urspr. »Ai-«/»E-« bzw. »Je-« am Anfang behalten. – Später volksetymologisch durch das griech. Adj. »katharos« (daher das »H« = die Reine, erklärt. – T: Schütze – N: 25. November – Zahlwert: 38 – Blume: der (weiße) Flieder – Stein: der Diamant. – Jahrhundertelang traditioneller Frauenname in ganz Europa. Heute noch sehr beliebt, unter der klassischen F (England, USA) oder als KoF oder fremde NebenF. Viele Königinnen (K. von Medici, Frankreich 16. Jh.), die Zarin K. d. Große (18. Jh.), Katharina von Bora (15./16. Jh.), Luthers Frau, die engl. Schriftstellerin Katherine Mansfield (20. Jh.), die amerik. FSchau. Katharina Hepburn (geb. 1909), die Schausp. Käthe Dorsch (19./20. Jh.), Käthe Haack (19./20. Jh.), die österr. Käthe Gold, Katinka Hoffmann (20. Jh.).

Keith Männlich: Keith. Engl. Keith. Schott. Ortsname, früher: »Keth«, aus einem kelt. Stamm = Wald, Gebüsch. Vgl. den lat. PN: »Silvanus« (m), den germ. »Veit« (m). – In England ziemlich verbreitet.

Kenneth Männlich: Kenneth. Engl. Kenneth; KoF: Ken(ny). Ir. Canice.
»Kenneth« ist die engl. F des altwalis. PN »Caionneach« = schön, angenehm. Vgl. »Jucunda«. – N: 11. Oktober. – Der erste König Schottlands (9. Jh.). Der amerik. Wirtschaftsexperte John Kenneth Galbraith (20. Jh.).

Kevin Männlich: Kevin. Engl. Kevin. Ir. Caoimhghin.
Ir. Männername, zsgs. aus zwei kelt. Gliedwörtern: »Caomh« = schön, hübsch (lat. »pulcher«) + »gen« (kelt. »genos«) = Geburt. Bedeutung: »schön von Geburt«. Ein Wunschname, wie »Eugen« (m). – T: Zwillinge – N: 3. Juni – Zahlwert: 342 – Blume: Karthäusernelke. – In Irland häufig, in England, Frankreich und Deutschland nicht selten. Der ir. Freiheitskämpfer Kevin Barry (1916 erschossen), der engl. Fußballstar Kevin Keegan, der australische Popsänger Kevin Johnson.

Kilian Männlich: Kilian; KoF: Kill. Ir. Cillian. – Weiblich: Kiliane.
Kelt. Hl-Name: »Cillian«, KoF eines einst in Irland sehr verbreiteten Männernamens: »Ceallach«, aus einem kelt. Stamm = Krieg, Kampf. Vgl. den germ. »Hado« / »Hatto« (m). – T: Krebs – N: 8. Juli. – Der hl. Kilian (7. Jh.), Bischof (und Patron) von Würzburg. In (Unter)Franken einst beliebter Taufname.

Kirk Männlich: Kirk. Engl. Kirk.
»Kirk« ist die schott. F des engl. »Church«, aus dem griech. »Kyriake« (=

dem Herrn – s. die Rubrik »Cyrus« – gehörig(e) Versammlung). – Der amerik. Schausp. Kirk Douglas.

Klara Klara (w). S. »Clara«.

Kleber Männlich: Frz. Kléber.
Deutscher Familienname = Maurer, der Lehmwände *klebt.* FN eines der beliebtesten Generäle der Frz. Revolution: Jean-Baptiste Kleber (in Straßburg 1753 geb.). Heute noch in (Nord)Frankreich als Vorname nicht selten. Vgl. »Marceau«, ein anderer Gen. der Frz. Rev.

Klaus Männlich: Klaus, auch: Claus, Kla(a)s, Claes, Clais, Clos, Klose usw. »Klaus« ist seit dem späten Mittelalter eine (niederdeutsche) Kurzform von »Nikolaus«, als selbstst. Vorname gebraucht. – Ausgesprochener Modename in der BRD zwischen 1955 und 1965. S. »Nikolaus«.

Knut Männlich: Knut, Knud, auch: Kanut. Dän. Knud. Schwed. Knut. Fin. Nuutti.
Urspr. ein skand. Beiname, aus einem Adj.: »khnut« = kühn, verwegen (vgl. das mhd. »knuss« = kühn, kampfeslustig). – Latinisiert: »Canutus«, aber hat mit dem lat. Adj. »canutus« = grauhaarig, nichts Gemeinsames! – N: 19. Januar (Schweden), 10. Juli (Dänemark). – Dän. (bzw. engl.) und schwed. Königsname. Der norw. Dichter Knut Hamsun (= Knut Pedersen) (19./20. Jh.), der dän. Polarforscher Knud Rasmussen (19./20. Jh.).

Konrad Männlich: Konrad (auch: Conrad), Kunrad, Erw. Konradin; KoF: Kurt (s.), Kuno, Kunz, Konz, Räde(l). Fries. Ken(ne), Keno. Engl., frz. Conrad. Ital. Corrado. – Weiblich: Konrada, Konrade, Erw. Konradine.
Alter dt. Name, aus zwei Gliedwörtern zsgs.: »kuoni« = kühn, dreist (s. das Gliedwort: »Kun«) + Rat (s. das Gliedwort: »Rat«) = Rat, Ratgeber. Bedeutung: kühn im Rat, kühner Ratgeber. Wie der altgriech. PN: »Thrasybulos« (m – aus »thrasys« = kühn + »bule« = Rat). – T: Schütze – N: 26. November – Zahlwert: 234 – Blume: die gelbe Feigbohne – Stein: der (gelbgrüne) Olivin. – Seit dem MA einer der verbreitetsten dt. Männernamen (vgl. die Redensart: »Hinz und Kunz« = Heinrich und Konrad = die frz. »Pierre, Jacques, Paul« oder die engl. »every Tom, Dick, and Harry«). Name vieler dt. Könige, Fürsten, Dichter, Künstler. – Die Maler Konrad von Soest (14./15. Jh.), Konrad Witz (15. Jh.), der schweiz. Dichter Conrad Ferdinand Meyer (19. Jh.), Konrad Korzeniowski = der engl. Schriftsteller Joseph Conrad (19./20. Jh.), Konrad Adenauer (19./20. Jh.), der Lexikograf Konrad Duden (19./20. Jh.), der österr. Verhaltensforscher Konrad Lorenz (N73). – FN: Conrad(i), Konrad(y), Conrard, Kunnart(h), Conradus, Kainrad, Kuhnt, Curtius, Gurth, Koortz, Körts, Körde(l), Condrette, Con(t)zen, Courar(d), Conard, Kueret, Keinrad(e), Konnert, Könn, Konde(rs), Coenen, Koenen, Cordel, Kordes.

Konstanze Weiblich: Konstanze, auch: Constanze, Constance, Constantia; KoF: Stanze, Stanzi. Frz. Constance. Engl. Constance; KoF: Connie. Ital. Costanza. – Männlich: Konstanz, Constans, Erw. Konstantin, Constantin(us); KoF: Kostin, Stanz. Frz. Constant, Erw. Constantin. Ital. Costante, Costanzo, Erw. Costantino.
»Constans« ist das lat. Partizip der Gegenwart des Zeitwortes: »constare« = standhalten. »Constantia« das lat. Wort für: »Standhaftigkeit« (im Glauben, eine der christlichen Tugenden.) Vgl. den lat. »Firmus« /»Firminus« (m). – Konstanze: T: Schütze – N: 12. Dezember; Konstantin: T: Fische – N: 11. März – Zahlwert: 249 – Blume: das Eisenkraut – Stein: der Diamant. – Der röm. Kaiser Constantius (3. Jh.), von welchem die Stadt Konstanz ihren Namen hat, Vater

von Konstantin, der erste röm. Kaiser, der sich (312) zum Christentum bekehrte. Der rumän. Dichter C. Negruzzi (19. Jh.), der russ. Ing. Konstantin Tsiolkowski (19./20. Jh.), der fläm. Maler Constantin Permeke. Konstanze von Aragonien (12./13. Jh.), erste Frau Kaiser Friedrichs II, Mozarts Frau.

Kosmas Männlich: Kosmas S. »Cosmas«.

Kriemhild Weiblich: Kriemhild(e), Krimhild(e).
Alter dt. Frauenname, früher: »Grimhild«, aus zwei Elem. zsgs.: »Grim« (s. »Grimbert«) + »Hild« (s. das Gliedwort: »Hild«) = Kämpferin in Odins Hut. – Bekannte Gestalt aus dem Nibelungenlied, von Richard Wagner und Friedrich Hebbel eine Weile aus der Vergessenheit geholt.

Gliedwort

Kun auch: Kuni-, Kuno-, Chon-, Chuon-, Con-, Kon-, Kun- usw.
Adj. = kühn. – germ. »*kōni« (= kühn), ahd. »kuoni«, niederl. »koen« (= kühn), ags. »cêne« / »cyne«, engl. »keen« (= eifrig, schnell, scharf), angels. »kin«. – In den PN immer als erstes Glied.

Kunibert Männlich: Kunibert. Ital. Cuniberto.
Germ. PN, aus »Kun-« (s. das Gliedwort: »Kun-«) + »Bert« (s. das Gliedwort: »Bert«) zsgs. Bedeutung: kühn und glänzend, berühmt. – Ein Hl. (7. Jh.), Bischof von Köln. – N: 12. November.

Kunigunde Weiblich: Kunigunde, Künnegonde; KoF: Kun(n)i, Kunna, Gunde(l). Ital. Cunegunda.
Germ. Frauenname, aus »Kun« (s. das Gliedwort: »Kun-«) und »Gunde« (s. das Gliedwort: »Gund«) zsgs. Bedeutung: die kühne Kämpferin. – T: Fische – N: 3. März. – Die hl. Kunigunde (11. Jh.), Gemahlin Kaiser Heinrichs II.

Kuno Männlich: Kuno. Norddt. Köne. Fries. Keno.
KoF von einem »Kun-«Namen, in erster Linie: »Kunrad« / »Konrad«, aber auch: Kunibald, Kunibert, Kunifried, Kunimund, Kunold usw. – T: Zwillinge – N: 1. Juni. – Mit alten dt. Namen wie »Benno«, »Hugo«, »Otto« von der Romantik wieder beliebt gemacht. Vgl. den fürstlichen Erbförster Kuno in Webers »Freischütz« (1821). – Der Philos.-Hist. Kuno Fischer (20. Jh.).

Kurt Männlich: Kurt (auch: Curt), Kurd, Curd, Kord(t). S. »Konrad«.
Seit dem 13. Jh. eine kontr. F von altdt. »Kunrat« = »Kurt« (wie »Cord« eine KurzF von »Conrad« ist). Oft als »Curtius« latinisiert, mit Anlehnung an den röm. Geschlechtsnamen »Curtius« (von einem lat. Adj.: »curtus« = kurz – daher der ital. Vorname: Curzio). – Zwischen den beiden Weltkriegen beliebt und verbreitet. – Der dän. Seeheld Cort Adeler (17. Jh.), der Pol. Kurt Schumacher (19./20. Jh.), der ital. Schriftsteller Curzio Malaparte (= Kurt Suckert – 20. Jh.), der Komponist Kurt Weill (20. Jh.), der amerik. Schriftsteller Kurt Vonnegut (20. Jh.), die Pol. Kurt von Schleicher (20. Jh.), der österr. Pol. Kurt Schuschnigg (20. Jh.), Kurt Kiesinger (20. Jh.), Kurt Biedenkopf (20. Jh.), die Schriftsteller Kurt Tucholsky (20. Jh.) und Kurt Kluge (20. Jh.), der FSchau. Curd Jürgens.

Kyrill S. »C« – »Cyrill«.

L

Ladislaus Männlich: Ladislaus. Poln. Władysław; KoF: Ładzio. Russ. Wladislaw. Ung. László. Frz. Ladislas. Ital. Ladislao.
Slaw. PN, zsgs. aus: »Wladi« = herrschen (russ. »wladjet'« = herrschen, poln. »władza« = Macht) + »slawa« = Ruhm (russ. »slawa«). Bedeutung: mit Ruhm herrschend. Genau wie der germ. PN »Luderich« (m), der gallische »Clotorix« (m), der altgriech. »Kleomedon« (m). – T: Krebs – N. 27. Juni. – Sechs Könige von Ungarn, wo der Vorname heute noch recht beliebt ist.
Der russ. Tänzer Waslaw Nijinski (20. Jh.).

Laetus Männlich: Laetus. – Weiblich: Lätitia. Engl., frz. Laetitia. Ital. Letizia.
»Laetus« (m)/»Laeta« (w) ist das lat. Adj.: »laetus« (m) / »laeta« (w) = der (die) Fröhliche; »Laetitia« ist das lat. (und »letizia« das ital.) Wort für »Freude«, »Fröhlichkeit«. – N: Laetus: 6. September, Laetitia: 22. März. – »Laetitia« ist in Frankreich in den 60er und Anfang der 70er Jahre Modename gewesen. Letizia (oder: Laetitia) Ramolino (= Ortsname in Ligurien) (1750–1836): Napoleons Mutter.

Lambert Männlich: Lambert, Lambrecht, Lamprecht;KoF: Lampe, Land, Lande, Lando, Lanz. Frz. Lambert. Ital. Lamberto. – Weiblich: Lamberta, Erw. Lambertina.
Germ. PN, früher: »Lantbert«, zsgs. aus: »Land« = Land, Heimat, + »bert« (s. das Gliedwort: »bert«). Bedeutung: glänzend, berühmt im Lande, in der Heimat. Vgl. die Umkehrung: »Bert(o)land« (m). – T: Jungfrau – N: 17. September. – Meister Lampe (aus: »Lamprecht«) in der Tierfabel. Der niederl. Maler Lambert Lombard (16. Jh.), der belg. Astronom Lambert Quételet (19. Jh.), der niederl. Philologe Lammerd A. te Winkel (19. Jh.).

Lando Männlich: Lando, Erw. u. KoF: Landolin, Landelin, Landino sowie die altfrz. Anpassung: Lancelot. Engl. Lancelot.
KoF eines »Land«-Namens, wie:

Land(e)rich (m), ital: Landerico = der Mächtige, Herrscher im Lande.

Landfried auch: Lantfried (Umkehrung: Friedland) = Beschützer des Landes, der Heimat (m).

Landolt (früher: Landwalt) = im Lande herrschend (m).

Landwin (Lantwin) (m) = Freund des Landes, der Heimat.
N: Lando: 16. Januar, Landolin: 22. September.

Larissa Weiblich: Larissa. Engl., frz., ital. Larissa.
»Larissa« heißt eine griech. Stadt (Thessalien). Der Name ist vorhellenisch (pelasgischer Herkunft) und bedeutet: »Burg«, »Festung«. – Vgl. die engl. Ortsnamen: »Lindsay«, »Beverl(e)y«, ebenfalls zu männl. und weibl. PN geworden. – »Larissa« war in den 60er Jahren Modename (10.) im westlichen Teil der Sowjetunion.

Laurentius Männlich: Laurentius, Laurenz, Lorenz (eingedeutschte F), auch: Lauritz, Lewerenz; KoF: Lenz, Renz, Lori(s), Enz(le), Laurus, Laurin. Engl. Laurence, Lawrence; KoF: Larry. Ir. Lanty. Frz. Laurent. Ital. Lauro, Lorenzo, Erw. Lorenzino; KoF: R(i)enzo. Dän. Laurids, Lauritz, La(u)rs. Schwed. Lars (aus: Laurens → Laures → Laurs → Lars); KoF: Lasse. Poln. Wawrin. Russ. Lawrentj. – Weiblich: Laura, Lauretta, Laurenzia, Laurine; KoF: Lenza. Frz. Laure, Laurence; KoF: Laurette. Engl. Erw. Lorena. Ital. Laura, Lauretta, Lorenza.
Lat. PN: »Laurentius« = der Lorbeergeschmückte, aus »laurus« = Lorbeer, Apollos Baum, Lorbeerkranz (des Siegers). Vgl. die griech. Entsprechung: »Daphne« (w). – Laurentius: T: Löwe – N: 10. August –; Laurenzia: T: Waage – N: 8. Oktober – Zahlwert: 251 – Gewächs: der Oleander – Stein: der Pyrop. – Seit dem Sieg von Otto d. Gr. über die Ungarn auf dem Lechfeld am 10. August 955 (d. h. am Laurentiustag) ein sehr beliebter Taufname. »Laurent« (m) und »Laurence« (w) sind frz. Modenamen in den 60er und 70er Jahren gewesen. In Italien auch recht verbreitet. – Der niederl. Laurens Coster (gilt in den Niederlanden als Erfinder der Druckkunst 1436), der ital. Bildhauer Lorenzo Ghiberti (14./15. Jh.), der ital. Humanist Lorenzo Valla (15. Jh.), der ital. Dichter und Mäzen Lorenzo de Medici (Gründer der Laurentinischen Bibliothek, 15. Jh.), der ital. Maler Lorenzo Lotto (16. Jh.), der engl. Schriftsteller Lawrence Sterne (18. Jh.), der fläm. Maler Laurens Delvaux (18. Jh.), der frz. GFM Laurent Gouvion-St-Cyr (18./19. Jh.), der norw./amerik. Chem. Lars Onsager (N68), der engl. Schausp. Sir Laurence Olivier (= Kerr, 20. Jh.), der ungar. Dichter Lörinc Szabó (20. Jh.). – Laura di Noves (14. Jh.), Petrarcas Geliebte. – FN: Laurent(ius), Laurens(sen), Lauranz, Lauritzen, Leverenz, Lawers, Laferenz, Liefrenz, Lorant, Lorans, Lorant, Lauf(f), Loratis, Lars(sen), Lawrance, Law(son), Lorenzi(ni).

Lazarus Männlich: Lazarus. Frz. Lazare. Ital. Lazzaro. – Weiblich: Ital. Erw. Lazzarina.
»Lazarus« ist die lat. (und »Lazaros« die griech.) F vom bibl. hebr. PN: »Eleasar« (m), zsgs. aus: »El« = Gott + »āzār« helfen = Gott hilft. Vgl. den dt. »Gotthelf« /» Gotthilf« (m). – N: 17. Dezember. – Der ital. Maler Lazzaro Tavarone (16./17. Jh.), der ital. Biologe Lazzaro Spallanzani (18. Jh.), der frz. Gen. Lazare Hoche (18. Jh.), der frz. Pol. und Phys. Lazare Carnot (18./19. Jh.), der poln. Sprachforscher Lejzer Zamenhof (Erfinder des »Esperantos« – 1886), der bras. Maler Lazaro Segall (20. Jh.), der mexik. Präsident Lazaro Cardenas (20. Jh.). – FN: Lazare, La(t)zarus, Lazzari(ni), Lazer, Latzar, Lasser, Lesar, Lieser, Lazoreit, Lazaref(f), Lazarek.

Lea Weiblich: Lea, auch: Lia. Engl. Leah. Ital. Lia. Frz. Léa.
Bibl. hebr. Frauenname: »Lē'ah«. Wahrscheinliche Bedeutung: die sich umsonst abmüht. – »Lea« wurde schon sehr früh als die weibl. Entsprechung von »Leo« (lat. = der Löwe) empfunden. – N: 22. März. – In Dantes »Göttlicher Komödie« (14. Jh.) ist »Lea« die Verkörperung der aktiven und fruchtbringenden Liebe.

Leberecht Männlich: Leberecht, Lebrecht.
Taufname pietistischer Prägung (17./18. Jh.). Ein imperativischer Wunschname. Wie: »Liebetreu« = sei treu in der Liebe zu Gott. Vgl. den engl. (puritanischen) PN: »Live-well« = lebe richtig! (um 1600). – Feldmarschall Gebhard Leberecht Blücher (18./19. Jh.).

Leif Männlich: Leif. Norw. Leif. Dän. Leif. Schwed. Leif; KoF: Leffe.
KoF eines der vielen skand. PN auf

»Leif-« = Hinterlassenes, Erbe, Nachkommenschaft, aus einem skand. Stamm »leifr« (früher: »laibaR«). – N: 30. Juni. – Der norw. Seefahrer Leif Erikkson (auch: Leif Lykkelige = L. der Glückliche, genannt), einer der ersten Entdecker Amerikas (um das Jahr 1000). Der dän. Schriftsteller Leif Panduro (20. Jh.).

Leigh Männlich: Engl. Leigh, auch: Lee (oft als KoF von »Leo« / »Leon« empfunden). – Weiblich: Engl. USA Leigh, Lee (oft als Var. von »Lea« / »Leah« empfunden).
»Leah« ist ein angels. ON (bes. in Lancashire) = Wiese, Aue. – »Lee« ist auch der FN des berühmten amerik. Gen. (19. Jh.), Befehlshaber der Südstaaten, heute noch in Amerika als Vorname gebraucht, wie auch »Grant«, der Name seines damaligen Gegners.

Leila Weiblich: Leila, Leilah. Engl. Leila(h), Lela.
Pers. Frauenname = »Dunkelheit«, »die Dunkele« bzw. »Die Dunkelhaarige«. Genau wie der bibl. hebr. »Ham« (m), der lat. »Fuscus« (m), der ir. »Cronan« (m), der armenische »Karajan« (m). – T: Fische – N: 5. März. – Nicht zu verwechseln mit dem finnischen Frauennamen: »Laila«, dortige Var. von »Aila« (= Helga) und mit dem lat. Frauennamen: »Lelia« (ital. »Lelia« [w] – »Lelio« [m]), aus »Laelius«, Name eines röm. Geschlechtes (etrusk. Herkunft – ungedeutet). – »Leila« ist eine Gestalt des engl. Dichters Byron »The Giaour« (1813) und aus Bizets »Perlenfischer« (1863). Die Schlagersängerin Leila Negra.

Lemuel Männlich: Lemuel. Engl. Lemuel; KoF: Lem, Lemmie.
Bibl. hebr. Männername: »Lemo-el« = Gott (El) geweiht. – Lemuel Gulliver, Hauptgestalt in Swifts »Gullivers Reisen« (1726).

Lena Weiblich: Lena, Lene, Leni.
KoF von »Helen« (s.), auch von »Magdalena« (s.). – Die Schriftst. Lena Christ (19./20. Jh.), die amerik. FSchau. Lena Horn, Die FSchau. und FReg. Leni Riefenstahl, die FSchau. Leny Marenbach.

Leo Männlich: Leo, Leon, Lion, Erw. Leonz. Engl. Leo; KoF: Lee. Frz. Léon, Erw. Léonce. Ital. Leo, Leone, Erw. Leonzio. Russ. Lew. S. auch »Lionel«. – Weiblich: Leonie; KoF: Loni. Frz. Léonie, Erw. Léontine. Ital. Leonia, Erw. Leontina, Leonzia.
Lat. »leo«, griech. »leôn« (schon von Homer – 9. Jh. v. Chr. – erwähnt) ist der Löwe, der König der Tiere und ein uraltes religiöses Sinnbild. – Vgl. den hebr. bibl. »Arjeh« (m – israel. »Ary«), den arab. (türk.) »Ars(s)lan«, den sanskrit: »sinha« (z. B. in »Narasinha« [m] = Mann-Löwe). – T: Widder – N: 11. April – Zahlwert: 340 – Gewächs: der Liguster – Stein: der Topas. – 13 Päpste, der ital. Humanist Leone Alberti (15. Jh.), der frz. Komponist Léo Delibes (19. Jh.), der frz. Pol. Léon Gambetta (19. Jh.), der frz. Astronom Léon Foucault (19. Jh.), der tschech. Komponist Leos Janacek (19./20. Jh.), der russ. Schriftsteller Lew Tolstoj (19./20. Jh.), der fläm. Dichter Leo de Bo (19./20. Jh.), der frz. Komponist Léon Vasseur (19./20. Jh.), der österr. Komponist Leo Fall (20. Jh.), der Schriftsteller Leo Feuchtwanger (20. Jh.), der frz. Schriftsteller Léon Bloy (20. Jh.), der frz. Dichter Léo Ferré (20. Jh.), der amerik. Phys. Leo Cooper (N72), der frz. Pol. Léon Jouhaux (N51), der russ. Revolutionär Lew Trotzkij (= Lew Bronstein, 20. Jh.), der Opernsänger Leo Slezak (20. Jh.), der schweiz. Schriftseller Leo Bopp (20. Jh.), der Franzose Leo Tarassow (= Henri Troyat, 20. Jh.), der frz. Dichter Léon Larguier (20. Jh.), der belg. Chem. Leo Baekeland (Erf. des »Bakelit«, 20. Jh.), der kolumb. Dichter Leo de Greiff (20. Jh.), der poln. Schriftsteller Leon Kruckowski (20. Jh.), der Ethnologe Leo Frobe-

nius (20. Jh.), der frz. Schriftsteller Léon Aimé (= Henri Chabrol, 20. Jh.). – Die amerik. Dichterin Leonie Adams, die frz. Schausp. Léonie Bathiat (= Arletty), die österr. Sängerin Leonie Rysanek (20. Jh.). »Leo« gilt oft irrtümlich als »jüdischer« Vorname. Oft haben Juden jenen Vornamen wegen seiner Ähnlichkeit mit dem jüdischen Vornamen: »Levi« bevorzugt (»Levi«, bibl. hebr. = anhänglich, ergeben – der urspr. Name des Apostels und Evangelisten Mattäus). Vgl.: der russ. Pol. Lew Trotzki (= Lew Bronstein – 19./20. Jh.), der israel. Pol. Levi Eschkol (20. Jh.). – FN: Léon, Leone, Leoni, Leonelli, Leonetti, Levald, Löwald.

Leokadia Weiblich: Leokadia, Leokadie (auch mit »C« geschrieben). Frz. Léocadie.
Griech. Frauenname: die Frau aus »Leukas«, griech. Insel des Ionischen Meeres, aus dem griech. Adj.: »leukos« = weiß – wie die felsige Westküste jener Insel. Vgl. den ital. »Leucosia« (w), vom selben Stamm »leukos« = weiß. – N: 23. November. – »Leocadia« ist in Spanien nicht selten.

Leonhard Männlich: Leonhard (früher, obd. schweiz. Lienhard, Lienhart), auch: Len(h)ard; KoF: Leo(n), Liendl, Lenel. Engl. Leonard; KoF: Len, Lennie, Lenny. Frz. Léonard. Ital. Leonardo. Schwed. Leonard u. vor allem: Lennart; KoF: Lelle, Lenne. Dän. Lennart. – Weiblich: Leonharda, Leonharde. Ital. Leonarda.
»Leonhard« ist eine unter frühchristlichem (5. Jh.) Einfluss entstandene MischF, aus: »lewo« (ahd. für das volkslat. »lewô« = lat. »leo« = der Löwe) + »hard« (s. das Gliedwort: »hart«). Bedeutung: der Löwenkühne – nach dem Muster: »Bernhard«, »Eberhard«, »Wolfhard«. – T: Skorpion – N: 6. November – Zahlwert: 820 – Blume: das Herzgespann. – Die Verehrung vom hl. Leonhard (der lebte zwischen dem 6.? und dem 9.? Jh.), wichtiger Schutzherr der Landwirtschaft (sogar »bayer. Herrgott«!) trug im MA zu einer ziemlichen Verbreitung des Namens in ganz Europa bei. – Der ital. Hist. Leonardo Bruni (14./15. Jh.), der geniale ital. Künstler Leonardo da Vinci (15./16. Jh.), der ital. Maler Leonardo Grazia (15./16. Jh.), der Botaniker Leonhard Fuchs (16. Jh.), der schweiz. Math. Leonhard Euler (18. Jh.), der fläm. Architekt Leonhard Blomme (19./20. Jh.), der schwed. Prinz Lennart Bernadotte (20. Jh.), der amerik. Komponist und Dirigent Leonard Bernstein (20. Jh.), der Schriftsteller Leonhard Frank, der japan. Maler Fushita (christ. TN, sonst: Tsuguharu, 20. Jh.). – FN: Léonard, Leen, Leenaer(t)s, Len(n)artz, Leynaert(s), Lénard, Liénard, Lévenard, Leonardi, Lyonard, Lönhard, Linné, Lenny.

Leonid Männlich: Leonid. Ital. Leonida. Russ. Leonid.
Griech. PN: »Leonidas«, zsgs. aus »leôn« = der Löwe + die Endung »-ides« = Art (in den griech. FN = Sohn von). Bedeutung: der Löwenartige, der Löwenstarke. – N: 22. April. – Der spartanische König Leonidas, der Held der Thermopylen (480 v. Chr.). Der sowjet. Partei- und Staatschef Leonid Iljitsch Breschnew (20. Jh.), der russ. Choreograf Leonid Lambrowski (20. Jh.), der russ. Math. Leonid Kantorowitsch (20. Jh., N75).

Leopold Männlich: Leopold. Bayer. Luitpold, auch: Luitbald, Le(o)bold, Lupold, Lippold; KoF: Poldi, Polli, Polde(s). Frz. Léopold. Ital. Leopoldo. – Weiblich: Leopolda, Leopolde, Erw. Leopoldine. Ital. Leopolda.
Früher: »Leodebald«, germ. PN, zsgs. aus: »Leut« (s. das Gliedwort: »Leudi-«) = Leute, Volk + »bald« (s. das Gliedwort: »bald«) = kühn. Bedeutung: der Kühne im Volk, durch seine Kühnheit im Volk bekannt. Vgl. die altgriech. PN: »Thrasilaos« (m) und »Thrasidemos«

(m), von gleicher Bedeutung. – T: Skorpion – N: 15. November – Zahlwert: 170. – Der hl. Markgraf Leopold von Österreich (12. Jh.), Landespatron Österr., wo der Name heute noch beliebt ist. In Bayern durch die Wittelsbacher (Luitpold) verbreitet. Mehrere Kaiser und Könige (u. a. v. Belgien). Mozarts Vater (18. Jh.), der Hist. Leopold von Ranke (19. Jh.), der österr. Schriftsteller Leopold von Sacher-Masoch (19. Jh.), der amerik. Dirigent Leopold Stokowski (19./20. Jh.), der österr. Kanzler Leopold Figl (20. Jh.), der senegalesische Dichter und Präsident Leopold Senghor (20. Jh.), der Hist. Leopold Ziegler (20. Jh.), der argent. FReg. Leopoldo Torre-Nilson (20. Jh.), der argent. Schriftsteller Leopoldo Marechal (20. Jh.), der österr. Pol. Leopold Figl (20. Jh.). – Léopoldine eine Tochter Victor Hugos (19. Jh.). – FN: Le(o)pold, Léopold, Leypold(t), Lippelt, Lütti, Leupelt, Liébaud, Liébau(l)t.

Leslie Weiblich: Leslie, Lesly(e), Lesley (zu empfehlen als einwandfreie weibl. F). – Männlich: Leslie; KoF: Les. Früher: »Lesslyn« / »Lescelin« ist ein schott. ON (Grafschaft von Aberdeen) = niedrige Wiese, Aue, dann zu FN und Anfang des Jh. zum Vornamen geworden. – Die engl. Schausp. Leslie Howard (20. Jh.), die frz. FSchau. Leslie Caron.

Lester Männlich: Lester. Engl. Lester. Kontr. F des engl. ON: »Leicester«, aus dem lat. »Legionis castra« = Lager der (röm.) Legion. – Der kanad. Pol. Lester Pearson (FriedensN 57).

Gliedwort

Leudi auch: Liud-, Liut-, Leu(d)-, Leut-, Luid-, Luit-, Leo(d)-, Liod- usw. Wort = Leute, Volk. – Germ. »*leudi« (= Volk, Leute) ahd. »liut« (= Leute), niederl. »lieden«, angels. »lêod«, poln. »lud«, russ. »ljudi«. – Aus einem idg. Stamm: »*leudh« = wachsen. – In den PN immer als erstes Glied.

Libentius Männlich: Libentius.
Aus dem lat. »libens« / »libentis« = der Willkommene, der Gerngesehene. Vgl. den altgriech. »Polyeukt« (m) = der Vielersehnte. N: 4. Januar.

Liberatus Männlich: Liberatus. Frz. Libéral. Ital. Liberato, Liber(i)o. – Weiblich: Ital. Liberata, Libera.
Lat. PN, aus dem Partizip der Vergangenheit: »liberatus« (m) / »liberata« (w) = befreit, aus einem Stamm: »liber« = frei. Vgl. den altgriech. »Eleuther(i)us (m = der Befreier, ein Beiname von Zeus und Bacchus), der russ. »Swoboda« (w = Freiheit). – N: 17. August. – Der frz. Baumeister Libéral Bruant (17. Jh.).

Liborius Männlich: Liborius; KoF: Bor(r)i(e)s, Börries, Boris, Bors.
Gall. PN. »Liborios« (ungedeutet, vielleicht aus einem gall. Stamm = beredt?) – N: 23. Juli. – Der Dichter Börries Frhr. von Münchhausen (19./20. Jh.).

Liebert Männlich: auch Liebrecht.
Dt. Wunschname, zsgs. aus: »lieb« (s. »Lioba«) + »bert« (s. das Gliedwort: »bert«) = sei freundlich und glänzend!

Liebhard Männlich: Dt. Name, zsgs. aus »Lieb« (s. »Lioba«) + »hart« (s. das Gliedwort: »hart«) = sei freundlich und stark! – N: 31. Dezember.

Liebfried Männlich: Dt. Name, zsgs. aus »lieb« (s. »Lioba«) + »Fried« (s. das Gliedwort: »Fried«) = sei ein freundlicher Beschützer. Die weibl. Entsprechung ist:

Liebgard aus »Lieb« + »gard« (= Beschützerin).

Liebtraud auch: Liebetraud, Liebtrud. Weibl. dt. Name, zsgs. aus »lieb« (s. »Lioba«) + »traud« (s. das Gliedwort: »trud«) = sei freundlich und kräftig!

Liebwin auch: Lewin, Levin; KoF: Lien. Frz. Liévin. Niederl. Lieven.
Dt. Name, zsgs. aus »lieb« (s. »Lioba«) + »win« (s. das Gliedwort: »win«) = sei ein lieber Freund. – N: 12. November. – Der Schriftsteller Levin Schücking (19. Jh.), der fläm. Industrielle Lieven Gevaert (19./20. Jh.).

Lilli Weiblich: Lilli, Lili, Lilly, Lill, Lil; Erw. Liliane; KoF: Liane. Engl. Lilly, Lily, Lilli, Erw. Lilian; KoF: Lil. »Lil(l)i« ist eine KoF (der Kindersprache) von »Elisabeth« (s.). In England ist »Lily« seit dem 13. Jh. eine selbstst. gewordene KoF von »Elizabeth«, und »Lilian« seit dem 16. Jh. eine Erw. Hier floss wahrscheinlich der Blumenname »Lily« (die Lilie) mit ein, wie im skand. Sprachraum das Adj.: »Lill(a)« / »Lill(e)« = klein (in skand. Doppelnamen häufig: Lill[e]britt, Lillemor). – Lili (= Elisabeth) Schönemann (18./19. Jh.), Goethes Jugendliebe, die amerik. Sängerin Lily Pons (20. Jh.), die Schausp. Lilli Palmer, Lil Dagover, Lilian Harvey, die Schlagersängerin Lill Babs (= Babro Svensson).

Lina Weiblich: Lina. Frz. Lina, Line. Ital. Lina.
KoF von dt. oder ausländischen Frauennamen auf »-lina«. – Die Schausp. Lina Lossen, Lina Carstens. Die frz. Schlagersängerin Line (= Madeleine) Renaud.

Linda Weiblich: Linda, Linde. Engl., frz., ital., schwed., span. Linda.
Im dt. Sprachraum ist »Linda« eine KoF von den vielen germ. Frauennamen auf »-linde« (germ. »*linPia« = biegsam, sanft, mild, verwandt mit dem germ. »*linpaz« = Biegsame, Schlange). Im span. und im ital. Sprachraum dagegen, gilt »Linda« als das Adj. »linda« (w) (aus dem lat. »legitima« = ausgezeichnet) = hübsch, nett, adrett. – T: Widder – N: 15. April. – In den USA, in den 50er Jahren, war »Linda« der beliebteste Frauenname (vor »Mary«, »Elizabeth«, »Ann« und »Margaret«). Die amerik. FSchau. Linda Darnell.

Linus Männlich: Linus. Engl. Linus. Ital. Lino.
Griech. PN: »Linos« = der Klagende. Vgl. das griech. Wort »ailinon« = Klagelied. – N: 23. September. – Ein Papst (1. Jh.) Nachfolger von Petrus. Der amerik. Chem. Linus Pauling (N54, FriedensN62).

Lioba Weiblich: Lioba, Leoba. Slaw. Ljuba; KoF: Ljubinka. Tschech. Libuša. Jugosl. Ljubica. Russ. Libussa, Ljubow, Ljubawa. Engl. Love.
»Lioba« ist eine KoF eines germ. Frauennamens auf: »Lieb(e)-« = Liebe, die Liebende. Aus einem idg. Stamm: »*leubh« = gefallen, begehren, germ. »*leuba« = lieb, geliebt, lat. »*lib*ere«, wie in »ad *lib*itum« (= nach Be*lieb*en), slaw. »*ljub*ow« (= Liebe), »Ljubawa« (= Geliebte), engl. »love« (= Liebe) usw. – N: 28. September.

Lionel Männlich: Lionel. Engl., frz. Lionel. Ital. Leonello. – Weiblich: Ital. Leonilla.
»Lion(n)el« ist eine altfrz. Verkleinerung von »lion« = der junge Löwe (s. »Leo«). – »Lionel« war in den 70er Jahren Modename in Frankreich, wo er »Léon« (Leo) fast völlig verdrängt hat. – Der ital. Schriftsteller und Pol. Leonello D'Este (15. Jh.), der amerik. Maler Lyonel Feininger (19./20. Jh.), der engl. Maler Lionel Willie (19./20. Jh.), der engl. Gen. Lionel Ismay (20. Jh.), der kanad. Hist. Lionel Groulx (20. Jh.), der amerik. Jazzmus. Lionel Hampton (20. Jh.), der frz. Pol. Lionel Jospin (20. Jh.).

Livia Weiblich: Livia. Frz. Livie. Ital. Livia. – Männlich: Livius. Ital. Livio.
Name des röm. Geschlechtes der Livier, vielleicht aus dem lat. Adj.: »lividus« (m) = bleigrau (Augenfarbe?). Vgl. »Lloyd«

(m). – Livia, Kaiser Augustus' Frau (1. Jh. v. Chr.). Der lat. Geschichtsschreiber Livius (1. Jh. v. Chr.).

Lisa Weiblich: Li(e)sa, Li(e)se, Liesel. Engl. Lisa, Liz, Lizzie, Liza. Frz. Lisa, Lise; KoF: Lisette. Ital. Lisa.
KoF v. »Eliabeth« (s.) (»Elisa« / »Elise« und »Lisa« / »Lise«), auch als Doppelname häufig: Li(e)selotte (= Elisabeth + Charlotte), »Lisanne« (Elisabeth + Anna) usw. – Die schweiz. Sängerin Lisa della Casa (20. Jh.), die österr.-schwed. Phys. Lise Meitner (20. Jh.), die dän. Schausp. Lise Ringheim (20. Jh.), die amerik. FSchau. Liz (Elizabeth) Taylor (geb. 1932), die frz. Schausp. Lise Delamarre (20. Jh.), die schweiz. FSchau. Liselotte Pulver, die amerik. Schausp. und Sängerin Liza Minelli (20. Jh.).

Lloyd Männlich: Lloyd. Engl. Lloyd, auch: Floyd.
Walis. (kelt.) PN, aus dem Adj.: »llwyd« = grau (Augenfarbe?). Vgl. den lat. PN: »Caesius« (m) = blau-grün. – Der engl. Staatsmann (David) Lloyd George (19./20. Jh.). Der amerik. Boxmeister Floyd Patterson.

Lola Weiblich: Lola; KoF: Lolita, Lolina. Engl. (USA) Lola; KoF: Lo, Lolette.
»Lola« ist eine span. KoF von »Dolores« (s.) und evtl. eine KoF vom dt. Frauennamen »Carola« / »Charlotte« (in Sizilien, KoF von »Lorenza«!). – In Deutschland durch die in England geborene Tänzerin Lola Montez (1818–1861) (für das Standesamt: Marie Dolores Eliza Rosanna Gilbert) bekannt gemacht. Die Schausp. Lola Müthel (20. Jh.).

Longinus Männlich: Longinus. Ital. Longino.
Lat. PN, aus dem Adj.: »longus« (m) = lang = der Lange. Vgl. den etrusk. PN: »Lunce« (m) = der Lange. – N: 15. März. – G. C. Longinus (1. Jh. v. Chr.), der »letzte Römer«.

Lore Weiblich: Lore. KoF von »Eleonore« (s.).

Loretta Weiblich: Loretta. Engl., ital. Loretta.
»Loretta« kann als eine Erw. von »Lore« betrachtet werden, aber auch als eine (provenzalische) KoF. »Lorette«, von »Laure« (Laurette). In Italien denkt man sofort an den ON »Loretto« (Mittelital., berühmter Pilgerort). – In den USA ist »Loretta« ziemlich verbreitet. Die amerik. FSchau. Loretta Young.

Lothar Männlich: Lothar, Lotar, Luther. Nddt. Lüder. Frz. Lothaire.
Früher: »Chlod-har«, germ. PN, zsgs. aus »(C)Hlod« = berühmt (s. das Gliedwort: »Loda-«) + »har« = Krieger (s. das Gliedwort: »Her«) = berühmter, ruhmvoller Krieger. Vgl. die altgriech. PN: »Kleostratos« (m), »Stratokles« (m) von ähnlichem Sinne. – N: 7. April. – Lothar I (9. Jh.) Nachfolger von Karl d. Gr., und sein Sohn Lothar II, dessen Erbteil (855) nach ihm »Lotharingen« (= Zugehörige Lothars) = Lothringen, genannt wurde. Franz. »Lorraine«, Frauenname (vor allem im frz. Kanada). – Der Fussballspieler Lothar Matthäus (20. Jh.), der Pol. Lothar Späth (20. Jh.), den Orkan »Lothar« nicht zu vergessen, der von Loth(a)ringen kam!

Lucius Männlich: Lucius, Luzius, Erw. Lucian(us), Luzian(us). Frz. Lucien. Ital. Lucio, Erw. Luciano, Lucillio. – Weiblich: Lucia, Luzia; KoF: Luz(i), Erw. Lucilla, Lucille, Lucinde, Luciana. Engl. Lucy, Lucia; KoF: Lucky (USA). Frz. Lucie, Erw. Lucienne. Ital. Luce, Lucia, Erw. Luciana, Lucilla, Lucina.
»Lucius« war ein häufiger lat. PN, eine Abkürzung von »prima luce natus« bei Tagesanbruch geboren, aus »lux«/»lucis« = (Tages)licht, Licht (aus einem idg. Stamm »*leuk« = leuchten, daher »Licht«, ital. »luce«, engl. »light«, span.: »luz«. Vgl. den Namen der röm. Geburtengöttin »Lucina«. Vgl. auch den lat.

PN.: »Manius« (m) = am Morgen geboren, den bibl. hebr. »Saharaîm« (m) = am Morgen geboren, den türk.: »Safak«. N= Lucia: 13. Dezember. Lucian (m): 8. Januar – Zahlwert: 800, Blume: der Dostel, Sinnbild: Füllhorn – Stein: der Rhodonit. – 3 Päpste, der griech. Schriftsteller Lukian (2. Jh. n. Chr.), Lucien Bonaparte (19. Jh.), der frz. Schriftsteller Lucien Prévôt-Paradol (19. Jh.), der frz. Mechaniker Lucien Vidie (das Aneroidbarometer, 19. Jh.), der frz. Lucien Guitry (Vater von Sascha G., 19./20. Jh.), die frz. Maler Lucien Fontanarosa (20. Jh.) und Lucien Coutaud, der Schriftsteller Lucien Descaves (20. Jh.), der rumän. Dichter Lucian Blaga (20. Jh.), die amerik. Gl Lucius Clay (20. Jh.). – Die frz. ChansonS. Lucienne Boyer (20. Jh.), die frz. Schriftstellerin Lucienne Favre (20. Jh.). – In vielen osteurop. Ländern in Anspielung auf den Namen »Lucia« (= die Lichtvolle) wird der Namenstag der Hl. (13. Dezember) gefeiert. In Schweden trägt ein weiß gekleidetes Mädchen (Lussibrud = die Lucienbraut) eine Lichterkrone durch Städte und Dörfer. In Zusammenhang mit der Verleihung des Nobelpreises (oft im Dezember) wird diese Tradition fortgestzt. – FN: Luce, Lucet(te), Lucius.

Ludmilla Weiblich: Ludmilla, Lidmilla; KoF: Lud, Mila, Milena. Frz., ital. Ludmilla.
Slaw. Frauenname, zsgs. aus: »Lud« (Ljudi) = Volk (s. das Gliedwort: »Leudi-«) + »mila« = lieb, geliebt. Bedeutung: vom Volke geliebt. Vgl. »Ludwina« (w). – T: Jungfrau – N: 16. September – Zahlwert: 1154. – Die hl. Patronin Böhmens (10. Jh.), wo der Name noch verbreitet ist. Die (russ. geb.) Schausp. Ludmilla Pitoëff (20. Jh.), die Tänzerin Ludmilla Tscherina (20. Jh.).

Ludwig Männlich: Ludwig, auch: Ladewig, Lodewig, Louis; KoF: Lutz, Lude, Ludi, Widel, Wiggerl, Lovis. Frz. Louis, Ludovic, Loïs. Engl. Lewis; KoF: Lou(ie). Ital. Ligi,Ludovico, Lodovico. Port., span. Lis. Ung. Lajos. – Weiblich: Lud(o)wika, Luise; KoF: Vik(e), Viki, Wise(le). Frz. Louise. Ital. Luigia, Lodovica.
Alter westfränk. Königsname, zsgs. aus: »Hlut« = berühmt (s. das Gliedwort: »Lōda-«) + »wig« = Kampf, Kämpfer (s. das Gliedwort: »wig«) = berühmter, ruhmvoller Kämpfer. Vgl. die altgriech. PN. »Stratokles« (m), und die Umkehrung: »Kleostratos« (m), von selbem Sinne. – Ludwig: T: Jungfrau – N: 25. August –; Luise: T: Löwe – N: 11. August – Zahlwert: 520 – Blume: die (weiße) Lilie – Stein: der Zirkon. – Viele Kaiser und Könige (u. a. 19. frz., darunter ein Hl.). – Der ital. Maler Lodovico Cigoli (15./16. Jh.), der ital. Dichter Ludovico Ariosto (16. Jh.), der port. Dichter Luis Camoes (16. Jh.), der frz. Architekt Louis Levau (17. Jh.), der ital. Komponist Luigi Cherubini (18./19. Jh.), der frz. Biologe Louis Pasteur (19. Jh.), der österr. Schriftsteller Ludwig Anzengruber (19. Jh.), der österr. Gen. Ludwig von Benek (19. Jh.), der südafrik. Pol. Louis Botha (19. Jh.), der frz. Erfinder der Blindenschrift Louis Braille (19. Jh.), der frz. Erfinder des Kinematographen Louis Lumière (19. Jh.), der Philos. Ludwig Feuerbach (19. Jh.), der ital. Erfinder Luigi Galvani (19. Jh.), der ungar. Held der Unabhängigkeit Lajos Kossuth (19. Jh.), der Schriftsteller Ludwig Tieck (19. Jh.), der Dichter Ludwig Uhland (19. Jh.), der Dirigent Louis Spohr (19. Jh.), der amerik. Phys. Luis W. Alvarez (N11), Louis D. Armstrong (»Satchmo«, 20. Jh.), der span. FReg. Louis Buñuel (20. Jh.), die frz. Schriftsteller Louis-F. Céline und Louis Aragon (20. Jh.), der ital. Komponist Luigi Dallapiccola (20. Jh.), der amerik. Schriftsteller Louis Bromfield (20. Jh.), die frz. Schausp. Louis Jouvet und Louis de Funès (20. Jh.), der ital. Komponist Luigi Nono (20. Jh.), der ital. Schriftsteller Luigi Pirandello (N34), der Physiologe Ludwig Prandtl (20. Jh.), der frz.

ChansonS. Lius Mariano (20. Jh.), der Pol. Ludwig Erhard (20. Jh.), der Schriftsteller Ludwig Renn (20. Jh.), der frz. Autohersteller Louis Renault (20. Jh.), die frz. Luftschiffpioniere Louis Bréguet und Louis Blériot (20. Jh.). – Die frz. Dichterin Louise Labé (16. Jh.), die Louise de La Vallière (Geliebte von Ludwig XIV, 17./18. Jh.), die Schriftstellerin Luise von François (19. Jh.), die Schriftstellerin Luise Rinser (20. Jh.). – FN: Louis, Louy, Louys, Luigi, Louiset, Louisot, Ludovicy. Lodewig, Lo(u)dewick(x), Louwinck, Lowies, Ludewig, Ludwig, Lui(t)z, Luttig, Lotz(e)mann, Lüdkens, Ludwigkeit, Lobes.

Ludwina Weiblich: Ludwina, Lidwina, Lidvina, Luitwina, Ledwina; KoF: Wina. Frz. Liduvine. – Männlich: Luitwin, Lidwin.
Germ. PN, zsgs. aus »Liut« = Volk (s. das Gliedwort: »Leudi-«) + »win« = Freund (s. das Gliedwort: »win-«) = Freund(in) des Volkes, vom Volke beliebt. Vgl. die altgriech. PN: »Demophilos« (m), »Philodemos« (m), von gleicher Bedeutung. – N: 14. April.

Lukas Männlich: Lukas, Lucas; KoF: Laux, Lux, L(a)uka. Frz. Lucas und vor allem: Luc. Engl. Luke. Ital. Luca. Lucano.
Griech. »Lukanos«, aus dem (lat.) Adj.: »Lucanus« = der Mann aus Lucania (Unteritalien). – T: Waage – N: 18. Oktober – Zahlwert: 721. – Lukas ist derzeit in Deutschland überaus beliebt und wurde in den letzten Jahren von Eltern am häufigsten für Jungen gewählt. Die Orthografie mit »k« scheint mehr als die Orthografie mit »c« vorzukommen. Viele Maler (deren Patron der hl. Evangelist Lukas ist): Lucas van Leyden (Niederlande, 15./16. Jh.), Lucas Cranach d. Ä. (15./16. Jh.) und Lucas Cranach d. J. (16. Jh.), Luca Giordano (Italien, (17./18. Jh.), der Baumeister Lukas von Hildebrandt (17./18. Jh.), der frz. Moralist Luc de Vauvenargues (18. Jh.), der ital. Maler Luca Signorelli (15./16. Jh.), der poln. Schriftsteller Lukasz Gornicki (16./17. Jh.), die fläm. Maler Lucas Faydherbe und Lucas van Uden (17. Jh.), der niederl. Stecher Lucas Vorsterman (17. Jh.), der kroatische Dichter Luka Botič (19. Jh.). – FN: Lucas, Luca(t), Lucaud, Lauritz(en), Leverenz, Lawers, Liefrenz, Lorant, Lorans, Loranz, Lauf(f), Loratis, Lawrance, Lars(sen), Lawrensen, Law(son), Lorenzi(ni).

Lukrezia Weiblich: Lukrezia, Lukretia (auch: Lucretia). Frz. Lucrèce. Ital. Lucrezia. – Männlich: Lucretius. Ital. Lucrezio.
Name eines röm. Geschlechts, aus dem Namen eines der ersten drei röm. Stämme: die »Luceres«. Etrusk. Herkunft, ungedeutet. – T: Fische – N: 15. März. – Modename z. Z. der Renaissance. In vielen europ. Sprachen gilt »Lukrezia« als Muster der ehelichen Treue. – Der lat. Dichter Lukrez (1. Jh. v. Chr.). Die berühmte Ital. Lucrezia Borgia (15./16. Jh.).

Lupus Männlich: Lupus. Frz. Loup (fast nur im Doppelnamen: »Jean-Loup«). Ital. Erw. Lupino.
Verbreiteter röm. PN »Lupus«, aus dem Wort: »lupus« = Wolf (aus einem idg. Stamm: »*wluk^{w}o« (s. das Gliedwort: »Wolf«). – N: 29. Juli. – Häufige Latinisierung vom germ. PN: »Wolf«.

Lydia Weiblich: Lydia. Engl. Lydia; KoF: Liddy. Frz. Lydie. Ital. Lidia.
Griech. Adj.: »lydios« (m) / »lydia« (w) = die aus Lydien Stammende, die Bewohnerin Lydiens, Landschaft im Westen Kleinasiens (Krösus war König Lydiens im 6. Jh. v. Chr.). – T: Löwe – N: 3. August – Zahlwert: 445. – Modename in Frankreich gegen Ende der 70er Jahre.

Lysander Männlich: Lysander. Ital. Lisandro.
Griech. PN: »Lysandros«, zsgs. aus:

»lysis« = lösen, befreien + »anēr« / »andros« = Mann. Bedeutung: Befreier der Menschen. – Lysandros, spartan. Feldherr († 395 v. Chr.). Er befreite tatsächlich das Volk vom Elend des peloponnesischen Krieges.

M

Mabel Weiblich: Mabel. Engl. Mabel; KoF: Mab(s).
Engl. Frauenname, Abkürzung des im 12. Jh. verbreiteten: »Amabel« / »Amabella«, aus dem lat. Adj.: »amabilis« = die Liebenswürdige. Vgl. »Amabilia« (w), »Aimée« (w), »Lioba« (w). – Die amerik. StummFSchau. Mabel Normand.

Magdalena Weiblich: Magdalena, Magdalene; KoF: Magda, Lena, Lene, Leni (s.), Madlen(e), Male(e)n, Malena, Malene, Madlon. Frz. Madeleine; KoF: Mado, Madelon. Engl. Magdalene; KoF: Maddie, Maddy. Ital. Maddalena; KoF: Magda. Schwed. Magdalena und vor allem: Malin(a), Malen(a). Dän. Magdalene und Magdelone; KoF: Magda, Lena, Lene.
Bibl. Frauenname hebr. Ursprungs, eigentlich »Maria Magdalené« – »magdalené« ist hier ein Adj. und bedeutet: »aus der Ortschaft ›Magdala‹...« – ein Fischerdorf (heute: Medjel) am W. Ufer des Sees Genezareth. »Magdala« ist ein hebr. ON, aus »Migdal« = Turm. – T: Krebs – N: 22. Juli – Zahlwert: 145 – Gewächs: die Weide – Stein: der Rubellit. – Die »büßende Magdalena« ist in fast allen europ. Sprachen bekannt. Bis 1900 war dieser Name sehr beliebt in Deutschland, Frankreich, Italien. Nach dem Ersten Weltkrieg abklingend. – Die frz. Schriftst. Marie-Madeleine de La Fayette (17. Jh.), Madeleine de Scudéry (17. Jh.). Madeleine Paulmier (Frz. 19. Jh.). Köchin, »Erfinderin« des gleichnamigen Kuchens, die »Madeleine«. Die Schausp. Magda Schneider.

Magnus Männlich: Magnus. Ital. Magno. Dän. Magnus und Mogens. Schwed. Magnus und Måns. Finn. Mauno. – Weiblich: Magna.
Lat. PN, aus dem lat. Adj.: »magnus« (m) / »magna« (w) = groß, edel, hehr, mächtig, aus einem idg. Stamm »*mag« / »*meg«, wie im griech. »megas« / »megalos« = groß, im sank. »maha«, der ind. »Maharadscha« = maha: großer + radscha: König, der große König. – N: 19. August. – In Anlehnung an Karl d. Gr. (lat. Carolus Magnus) (8./9. Jh.), Name mehrerer skand. Könige (11. Jh.). – Der Dichter Magnus G. Lichtwer (18. Jh.), der dän. Schriftsteller Mogens Lorentzen (20. Jh.), der dän. Schausp. Mogens Wieth (20. Jh.).

Maja Weiblich: Maja; KoF: Maj. Ital. Maia. Schwed. Maja, als Doppelname: »Maj-« (Maj-Britt, Maj-Gret, Maj-Gun usw.). Dän. Maja; KoF: Majse. Finn. Maija.
»Maja« (»Maj«) ist vor allem eine (der vielen) KoF von »Maria« (s.), wird aber auch als Name einer röm. Fruchtbarkeitsgöttin: »Maia« (= die Hehre), daher der Monatsname: »Mai« (engl. »May«, auch Frauenname), betrachtet und: nach W. Bonsels' viel gelesenem Roman: »Die Biene Maja und ihre Abenteuer« (1912): Name einer ind. Göttin: »Maja«/ »Maya« (aus einem sansk. Wort: »maya« = Traumbild). – T: Krebs – N: 2. Juli.

Malte Männlich: Malte. Dän. Malt(h)e, Molte. Schwed. Malte.
Ziemlich häufiger altdän. PN: »Malthe« (m). Umstellung des germ. Stammes: »Madal« (germ. »maΦla«) = Volksversammlung, Beratung. – N: 28. November. – Durch Rilkes »Malte Laurids Brig-

ge« (1909–11) bekannt gemacht. – Der dän. Schriftsteller Malthe C. Bruun (18./19. Jh.), der Schausp. Malte Jaeger (20. Jh.).

Malwina Weiblich: Malwina, Malwine, Malvina, Malvine. Engl. Malvina, Malvine. Ital. Malvina. – Männlich: Engl. Melvin, Melvyn, Malvin. Gael. Melfyn.
Dieser PN wurde vom schott. Dichter James Macpherson in seinem »Ossiansgedicht« (1760) geprägt. Insofern hat der Name einen Sinn; vielleicht zsgs. aus den gall. Stämmen: »maol« = lieblich, reizend + »wyn« = weiß, rein. – Der amerik. Schausp. Melvyn Douglas (20. Jh.).

Manfred Männlich: Manfred, Manfri(e)d. Frz. Manfred. Ital. Manfredo. – Weiblich: Manfreda.
»Manfred« ist die normannische F vom germ. PN »Manfried«, zsgs. aus: »Man-« = Mann + »Fried« (s. das Gliedwort: »Fried-«) = mannhafter Beschützer. Vgl. die Umkehrung: »Friedmann (m) und den griech. PN: »Alexander« (m). – T: Wassermann – N: 28. Januar – Zahlwert: 418 – Gewächs: der Efeu. – Um die Jahrhundertwende beliebter Adelsname. Von 1950 bis 1970 Modename in der BRD. – Manfred, König v. Sizilien (13. Jh.), dessen Schicksal oft von Dichtern, Dramaturgen und Komponisten behandelt wurde. Manfred Frhr. von Richthofen, Kampfflieger († 1918), der ital. Schriftsteller Manfredo da Passano (19./20. Jh.), der Chem. Manfred Eigen (N67), der Schriftsteller Manfred Hausmann (20. Jh.).

Manon Weiblich: Manon. Engl., frz. Manon.
»Manon« (bzw. »Mannon«) ist eine frz. KoF von »Marianne« (w) (s.). – Im 16. und 17. Jh. häufig in Frankreich. Durch Pfarrer Prévosts Roman »Manon Lescaut« (1731) und später durch die gleichnamigen Opern von Massenet (1884) und von Puccini (1893) bekannt gemacht. – Die frz. Schriftstellerin und Pol. Manon Roland (»Madame Roland«, geb. Phlipon, † 1793).

Manuel Männlich: Manuel; KoF: Manu. Frz., span. Manuel. Ital. Manuele. – Weiblich: Manuela. Ital. Manuela. Span. Manuela; KoF: Manolita.
Gekürzte F von »Em(m)anuel« (s. »Emanuel«). – T: Zwillinge – N: 17. Juni. – Im Aufkommen in der BRD. In der spanisch sprechenden Welt verbreitet. Der argent. Gen. und Pol. Manuel Belgrano (18./19. Jh.). Der span. Dichter und Pol. Manuel Quintana (18./19. Jh.), der span. Komponist Manuel de Falla (20. Jh.).

Gliedwort

Mar auch: Mer(o), Meri, Mir usw.
Adj.: germ. »*mēra« = urspr. hochwüchsig, dann: ansehnlich, hervorragend, berühmt. – Vgl. den häufigen gall. Stamm: »ma¯ro« (= groß), den altind. »maha« (= groß, der ind. *Maha*radscha ist (etym.) der »große König«. – In den PN viel häufiger als zweites Gliedwort.

Mara sansk. Tod, Satan, hebr. bitter, altgerm. Nachtgespenst. Mara heißt in der islamischen Legende die Mutter Mohammeds.

Marcell Männlich: Marcell, auch: Marzel(l), Erw.: Marcellinus. Frz. Marcel. Ital. Marcello. Lat. Marcellus. Niederl. Marcel(lus), Marselis, Erw.: Marcellien. Poln. Marceli. Span. Marcelo. Ungar. Maecell. – Weiblich: Marcelle, Marcella, KoF: Cella (Zella), Erw.: Marzelline. Engl. Marcella. Frz. Marcelle, Erw. Marcel(l)ine. Lat. Marcella. Poln., span.: Marcela. Ungar.: Marcella.
»Marcellus« ist eine Erw. von »Marcus« (s. »Markus«) sowie der Name einer berühmten römischen Familie. – N (Marcell): 16. Januar, Marcella: 31. Jan., Marcellinus: 6. Juni. Zahlwert: (Marcell): 117, Marcella (528) – Blume: das Goldglöckchen – Stein: der Olivin. – Der ital. Philos. Marsilio (Var. von »Mars«) Ficino (15.

Jh.), der ital. Maler Marcello Venusti (16. Jh.), der ital. Naturforscher Marcello Malpighi (17. Jh.), die frz. Schriftsteller Marcel Proust und Marcel Berger (19./ 20. Jh.), der span. Schriftsteller Marcelo Menendey y Pelago (19./20. Jh.), der niederl. Schriftsteller Marcellus Emants (19./20. Jh.), der frz. Maler Marcel Grommaire (19./20. Jh.), der Maler Marcell Slevogt (19./20. Jh.), der frz. Chem. Marcelin Berthelot (19./20. Jh.), die frz. Schriftsteller Marcel Arland, Marcel Jouhandeau, Marcel Achard, der schweiz. Schriftsteller Marcel Raymond (20. Jh.), die frz. Komponisten Marcel Dupré und Marcel Landowski (20. Jh.), die FReg. Marcel Carné und Marcel Lherbier (20. Jh.), der ModeschöpferMarcel Rochas (20. Jh.), die Boxer Marcel Thil und Marcel Cerdan (20. Jh.), die ChansonS. Marcel Amont und Mouloudji (20. Jh.), der Pantomime Marcel Marceau (20. Jh.), der ital. FSchau. Marcello Mastroianni (20.Jh.). – Die frz. Dichterin Marceline Desbordes-Valmore (19. Jh.), die frz. Schriftstellerinnen Marcelle Maurette und Marcelle Tinayre (20. Jh.). – FN: Marcel, Marceau(), Marcel-et, -ot, -on, -eau, Marcelier, Marcelin, Marseelis, Mas(s)elis, Marzolf.

Margareta Weiblich: Margareta, Margarete (die Schreibw. mit »h« »Margaretha« ist veraltet), Margarita; KoF: Greta, Grete(l), Gretli, Meta, Margot, Margret, Maret(a). Engl. Margaret; KoF Peg(gy), Meg, Maggy. Schott. Marjorie. Frz. Marguerite; KoF: Margot. Südfrankreich. Magali. Ital. Margherita; KoF: Rita. Schwed. Margareta, Margit(a).
»Margareta« kommt vom griech. Wort »margaritēs«, selbst aus dem pers. »margaritis« = Perle. Vielleicht auf das assyr./babyl. »mar-galliti« = Tochter des Lichtes – nach einem alten Glauben, tauchten die Perlenmuscheln nachts auf, um den Mond anzubeten, fingen dabei einen Tautropfen auf, den der Mondschein dann in eine Perle verwandelte. – In den östlichen Mittelmeerländern – wo die Perle das Sinnbild der Vollkommenheit ist – wird sie ebenso wie Gold geschätzt. – Vgl. den bibl. hebr. PN: »Peninna« (w), den israel. »Peninah« (w), den engl. »Pearl« (w), die frz. KoF »Perlette« (w), den türk. »Indji« (w), den arab. »Lulua«/»Luli« (w), die alle »Perle« bedeuten. – T: Krebs – N: 20. Juli – Zahlwert: 185 – Blume: die (weiße) Marg(u)erite – Mat.: die Perle. – In den dt. Ländern jahrhundertelang überaus beliebt (vgl. die Redensart: »Hans und Gretel«). In allen europ. Ländern verbreitet. – Viele Königinnen (u. a. Margarete von Navarra, auch Schriftstellerinnen »Les Marguerites de la Marguerite des Princesses« – 1547). Die amerik. Schriftstellerin Margaret Mitchell (20. Jh.), Marguerite Zelle (Mata Hari, 20. Jh.), die ital. Schriftstellerin Margherita Sarfatti (20. Jh.), die engl. Pol. Margaret Thatcher (20. Jh.), die ital. FSchau. Margarita Cansino (20. Jh.), Greta Garbo (= Gustafson, 20. Jh.), die FSchau. Grethe Weiser (20. Jh.), die amerik. Schausp. Margaret Andersen (20. Jh.), die frz. Schriftstellerin Marguerite Yourcenar (die erste Frau der Académie française, 20. Jh.), die frz. Schausp. Marguerite Moréno (20. Jh.), die frz. Schriftstellerin Marguerite Duras (20. Jh.), die frz. Schausp. Meg Lemonnier (20. Jh.), die brit. Tänzerin Margot Fonteyn (20. Jh.).

Maria Weiblich: Maria, Marie, Maris (s. auch »Mirjam«); KoF: Mariechen, Mia, Maja, Mieze, Mizzi, Marei(li), Mim(m)i, Mie(le)ke, Erw. Marisa. Engl. Mary; KoF: Mal, Mol(ly), Poll(y). USA May, Mamie. Frz. Marie, Maria; KoF: Marion, Manon, Mia, Erw. Maryse. Ital. Maria, Maris, Erw. Marietta, Mariella, Marisa. Niederl. Maria; KoF: Marieke. Span. María; KoF: Marita. Ir. Máire; KoF: Maureen. Russ. Marija; KoF: Mascha. Ungar. Marika. – Männlich: Maria (oft als Zweitname: C. *M.* v. Weber; R. *M.* Rilke). Frz. Marie (Jean-Marie, Yves-Marie. Paris 1946 bis 1966 = 15. der Männernamen).

Sehr alter hebr. Frauenname, arm. (Christi Sprache), Herkunft: urspr. »Mrjm«, dann, als man Vokale einführte: »Mirjam« = Bitterkeit, Verbitterung (möglicherw. wegen der Verbannung – s. 2. Mos. XV). In den griech. Übersetzungen: »Mariam«; in den lat. Übersetzungen betrachtete man »Mariam« als einen weibl. Akkusativ und reduzierte den Namen aus: »Maria«. – T: Jungfrau – N (u. a.): 12. September – Zahlwert: 192 – Blume: die (weiße) Rose – Stein: der Diamant. – In den meisten westeurop. Ländern erst seit dem 13. Jh. (im dt. Sprachraum 15. Jh.) verbreitet (s. »Carmen«). Vom 17. Jh. bis Anfang des 20. Jh., fast überall der häufigste Frauenname. – Heute gehört »Maria« mit den verschiedenen F (Marie, Mareen, Marei, Marja, Marika, Mareike, Mary) wieder zu den meistverbreiteten Frauennamen. In Deutschland wieder die Nummer eins. Auch als Doppelname (als erstes oder zweites Glied) sehr häufig. – Unzählige Kaiserinnen und Königinnen (u. a. die schott. Maria Stuart [16. Jh.], die frz. Maria von Medici [16./17. Jh.], Marie-Antoinette [1793 enthauptet], Maria Theresia von Österr. [18. Jh.]), Fürstinnen usw. Die frz. Schriftstellerinnen Marie de Sévigné und Marie de La Fayette (17. Jh.), die Schriftstellerin Marie von Ebner-Eschenbach (19./20. Jh.), die frz. Phys. Marie Curie (N11), die griech. Opernsängerin Maria Callas (20. Jh.), die amerik. FSchau. Mary Pickford (= Gladys Mary Smith) und Marilyn Monroe (= Norma Jean Baker of Mortenson).

Marianne Männlich: Marius, Erw. Marian(us). Frz. Marius. Ital. Mario, Mariano. – Weiblich: Mariana, Marianna, Marian(n)e. Frz. Marianne. Ital. Marianna.

»Marius« (m), wahrscheinlich aus einem etrusk. Wort: »maru« (= Beamter, Gelehrter – vgl. den engl. »Clarke«) und seine Erw. »Marianus« (m) waren sehr verbreitete röm. PN. Die weibl. F »Mariana« wurde von den Christen um so eifriger aufgenommen, da sie darin den Namen der Jungfrau Maria (hebr. »Mariamne«/»Mirjam«) zu finden glaubten. – Nach der Einführung der Doppelnamen (Ende des 16. Jh.) stand es jedermann frei, in »Mariana« (mit »Marianna« zusammengelegt) den Doppelnamen »Maria« + »Anna« (Umkehrung: »Anne-Marie«) zu sehen. – T: Widder – n: 17. April – Zahlwert: 255 – Blume: die Kornblume – Stein: der Azurit. – »Marianne« bezeichnet oft in Frankreich und im Ausland die frz. Republik (vgl. »John Bull« = England; »Uncle Sam« = die USA). Der Frauenname »Marianne« war nach Napoleons III Machtübernahme (2.12.1851) Parole und Kennwort unter den Mitgliedern einer geheimen frz. republikanischen Gesellschaft (geleitet von Mazzini und Ledru-Rollin). 1853/54 wurden viele Anhänger jener geheimen Organisation festgenommen. Bei den Haussuchungen fand die Polizei Briefe und Schriften mit dem Kennwort »Marianne«, »Mutter Marianne«, und so wurde (zunächst von den Reaktionären!) der Frauenname »Marianne« mit der Republik verknüpft – und bezeichnet heute noch die Gipsstatuen oder die bildlichen Darstellungen. – Die port. Nonne und Schriftstellerin (»Port. Briefe«) Mariana Alcoforado (17./18. Jh.). Marianne von Willemer (19. Jh.), Goethes Freundin, die FSchau. Marianne Hoppe (20. Jh.), die brit. Schriftstellerin Marianne Green (19. Jh.), die frz Revolutionärin Louise (= Marianne) Michel (19./20. Jh.), die amer. Lyrikerin Marianne Moore (20. Jh.), die amerik. Sängerin Marianne Anderson (20. Jh.). – Der FSchau. Mario Adorf, der ital. Pol. Mario Scelba (20. Jh.).

Marino Männlich: Marinus. Frz. Marin. Ital. Marino. – Weiblich: Mariana. Frz., ital. Marina; KoF: Marinetta. Schwed. Engl. Marina.

Lat. PN »Marinus« (m) / »Marina« (w), aus dem Adj. »marinus« (m) / »marina«

(w) = vom Meer, am Meer lebend (aus einem idg. Stamm »*mar« = Lagune, dt. »Meer«, bret. »mor«, frz. »mer« usw.) Vgl. den griech. PN: »Pelagia« (w) von ähnlichem Sinne. – »Marinus« kann auch eine Erw. von »Marius« sein und »Marina« als eine Erw. von »Maria« betrachtet werden. – T: Zwillinge – N: 18. Juni – Zahlwert: 770. – »Marinus« hießen zwei Päpste. Der venezianische Doge Marino Faliero (13./14. Jh.), der ital. Entdeckungsreisende Marino Sanudi (15./16. Jh.), der frz. Schriftsteller Marin de Gomberville (17. Jh.), der kanad. Schriftsteller Marin Barbeau (19./20. Jh.), der frz. Choreograf Marius Petitpas (19. Jh.), der mexik. Schriftsteller Mariano Azuela (19./20. Jh.), der niederl. Maler Marius Bauer (19./20.Jh.), der ital. Bildhauer Marino Marini (20. Jh.), der port. Pol. Mario Soares (20. Jh.), der ital. Sänger Mario del Monaco (20. Jh.), der niederl. Komponist Marius Monnikendam (20. Jh.). – Die russ. Dichterin Marina Tswetajewa (20. Jh.), die frz. Schausp. Marina Vlady (20. Jh.). – FN: Marin, Maret; Marius, Mari, Mary.

Marita Weiblich: Span. KoF von Maria (s.).
Ziemlich verbreitet. In Deutschland ca. nach dem Ersten Weltkrieg. Ital. Maritta. Auch als Doppelname verwendet.

Marius lat. Name, abgeleitet von mas = Männchen, verwandt mit sansk. mar = sterben, vgl. weibl. Vorname Mara. Bekanntester Namensträger Gaius Marius (156–86 v. Chr.), röm. Feldherr und Pol., ital. Mario.

Markus Männlich: Markus, auch: Mark, Marko, Marco; KoF: Marks, Larx, Erw. Marzell(us), auch: Marcellus, Erw. Marzellinus. Engl. Mark, Marcus. Frz. Marc, Marco, Erw. Marcel (früher: Marceau). Ital. Marco, Erw. Marcello. Poln. tschech. Marek. – Weiblich: Erw. Marzella, Marzellina. Engl. Marcia, Erw. Marcella. Frz. Marcelle, Erw. Marcelline. Ital. Marcella.
»Marcus« ist ein lat. PN aus »Marticus«/»Marctus«, früher: »Marticos«/»Martcos«, Adj. der Zugehörigkeit = dem Mars gehörig, Sohn des Mars, dem Schutz des Mars anvertraut. Über »Mars« s. »Martin« – »Marcellus« (m) ist eine lat. Erw. von »Marcus« (m). – Im dt. Sprachraum kann auch dieser Name (schon im 6. Jh. belegt) eine KoF von germ. Namen sein, die mit dem germ. Gliedwort »*marko« (= Grenzland) zsgs. sind. S. »Markward« (m). – Markus: T: Stier – N: 25. April –; Marzell(us): T: Steinbock – N: 16. Januar – Zahlwert: 431 – Blume: Löwenmaul – Stein: der Rubin. – »Marcus« war schon bei den Römern der hist. Zeit einer der 11 gebräuchlichsten männl. Vornamen. Nach dem Zweiten Weltkrieg Modename in Deutschland, Italien, Frankreich, England usw. – Der röm. Redner Marcus Antonius (1. Jh. v. Chr.). – Vgl. den heutigen ital. Doppelnamen: »Marcantonio« (m), der röm. Kaiser Marcus Aurelius (2. Jh. n. Chr.). – Vgl. den heutigen ital. Doppelnamen: »Marcaurelio« (m). Der ital. Reisende Marco Polo (13./14. Jh.), der frz. Komponist Marc-Antoine Charpentier (17. Jh.), der griech. Freiheitsheld Markos Botzaris (18./19. Jh.), der amerik. Erzähler Mark Twain (= Samuel Clemens 19./20. Jh.). – Die frz. Schriftsteller Marcel Proust (19./20. Jh.), Marcel Aymé, Marcel Pagnol, Marcel Jouhandeau (alle 20. Jh.), der Komponist Marcel Dupré (20. Jh.), der frz. Mime Marcel Marceau (20. Jh.).

Markward Männlich: Markward, Markwart, Marquard; KoF: Mark, Mack. Schwed. Markvard.
Germ. PN, zsgs. aus »Mark« = Grenze, Grenzgebiet + »ward« (s. das Gliedwort: »ward«) = Hüter. Bedeutung: Grenzlandhüter. Vgl. den germ. PN: »Burcward« (m), den engl. »Mercer« (m = Krämer), den bibl. hebr. »Schomer« (m =

Hüter, Wächter). – N: 2. Februar. – Im MA beliebt.

Martha Weiblich: Mart(h)a, Mart(h)e. Frz. Marthe, Martha. Ital. Marta. Russ. Marfa.
Bibl. Frauenname, aus einem aram. (hebr. Sprache, Christi Sprache): »ma¯rta¯« (= die Herrin, die Gebieterin, weibl. F von: »Ma¯r« = Herr. Der Ehrentitel: »Mar« wird heute noch für orthod. kath. Priester benutzt, wie der ital. (bzw. span.) Titel: »Dom« (bzw. »Don«), eine Abkürzung des lat. »*Dom*inus« = Herr. – Vgl. den bibl. hebr. PN: »Sara(h)« (w), den lat. »Domnina« (w) oder den... tupi-guaran. (Wichtige Sprachgruppe der südamerik. Indianer.) »Yara«, die alle »Herrin«, »Gebieterin« bedeuten. – T: Löwe – N: 29. Juli – Zahlwert: 151 – Gewächs: der Klee – Stein: der Smaragd. – Der Begriff der »geschäftigen Martha« (nach Luk. 10. 38/42) ist in fast allen europ. Sprachen bekannt. – In Frankreich seit dem MA beliebt. In Deutschland erst seit Mitte des 19. Jh. (vgl. Flotows »Martha« – 1847). Die Sängerin und FSchau. Martha Eggert, die Sängerin Martha Mödl (20. Jh.).

Martin Männlich: Martin, auch: Marten, Märten, Merten; KoF: Mart(e). Engl., frz. Martin. Ital. Martino. Dän. Morten. Schwed. Martin, Marten. – Weibl. Martina. Frz. Martine. Engl., ital. Martina.
Der lat. Männername »Martinus« ist ein spätlat. Zugehörigkeits-Adjektiv: »martinus« (m) = der zu Mars Gehörige, dem Mars Geweihte. »Mars« / Gen. »Martis«, Name des röm. Kriegsgottes, altlat. »Mavors«, stammt durch Dissimilation aus dem etrusk. »*mari-verta(n)-s« = die Lanze drehend, schwingend. Vgl. den altgriech. PN: »Exespalos« (m) und den engl. Soldatenbeinamen: »Shakespeare« (= den Speer schüttelnd). – Vgl. auch ein weiteres Zugehörigkeitsadjektiv: »Martialis« (aus dem lat. »martialis«) und die heutigen Vornamen: ital. »Marzio« (m), »Marziale« (m); frz. »Martial« (m). – Martin: T: Skorpion – N: 11. November –; Martina: T: Wassermann – N: 30. Januar. – Zahlwert: 205 – Gewächs: Wacholder – Stein: der bunte Jaspis. – »Martin«, Name des großen Volkshl. (4. Jh.) Frankreichs, Englands und Deutschlands ist in jenen Ländern vom MA bis zum 19. Jh. beliebt gewesen (in Frankreich der häufigste FN). – Martin Luther (geb. am 10. November 1483 – Vorabend des Martinstags dieses Jahres). Der Maler Martin Schongauer (15. Jh.), der span. Seefahrer Martín Pinzón (15. Jh.), der engl. Seefahrer. Martin Frobisher (16. Jh.), der Theologe Martin Chemnitz (16. Jh.), der niederl. Maler Maarten van Heemskerch (16. Jh.), der Kartograf Martin Waldseemüller (der Pate »Amerikas« 1567), der Dichter Martin Rinckart (17. Jh.), der niederl. Bildhauer Maarten van den Bogaert (17. Jh.), der Bildhauer Martin Klaver (18./19. Jh.), der Chem. Martin Klapproth (Uranium 1789), die Philos. Martin Deutinger (19. Jh.). und Martin Heidegger (20. Jh.), der dän. Schriftsteller Martin Nex (20. Jh.), der Schwarzenführer Martin-Luther-King (FriedensN64), die Schriftsteller Martin Luserke und Martin Walser (20. Jh.), der mexik. Schriftsteller Martín Guzman (20. Jh.), der slow. Schriftsteller Martin Rajus (20. Jh.). – Die frz. Schausp. Martine Carol (= Maryse Mourer, 20. Jh.), die Sängerin Martina Arroyo (20. Jh.), die Schriftstellerin Martina Wied (20. Jh.). – FN: in Frankreich sind der FN »Martin« und die südfrz. Var. »Marty« unbestritten die verbreitetsten FN – weit vor »Bernard«, »Thomas«, »Petit«, »Dubois«, »Durand«. In den USA zählt man mehr als 150 000 »Martin«. Martin, Marty, Maertens, Martens, Martinage, Martineau, Martinelle, Mardin(sen), Maartin(s), Maerten, Martien, Märtin, Martena, Martl(e), Mertin(eau), Mertgens, Mertian, Merten(s), Morten(sen), Martinez, Martini, Martinoli, Martineit, Marcin(zinski), Martons(on), Martonne, Lamartine, Martinat, Martinaud, Martinet,

Martinot, Tinaud, Tinot, Mart(h)et, Martinenche, Martinenghi, Martinièr(e), Marti(r)ena.

Mathilde Weiblich: Mat(h)ilde, Mat(h)ilda, ältere Schreibw.: Mecht(h)ild(e); KoF: Metta, Mette, Tilde, Tilla, Tilly (auch KoF zu »Ottilie«). Frz. Mathilde (früher: Mahaut). Engl. Mathilda; KoF: Maud(e), Maudie. Ital. Matilde, Mafalda (urspr. die port. F).
Alter dt. Frauenname, zsgs. aus »Mahti« = Macht + »Hilde« (s. das Gliedwort: »Hild-« = machtvolle Kämpferin. – N: 14. März. – Seit der ältesten dt. Zeit bis zum Ersten Weltkrieg ununterbrochen beliebt. Name vieler Königinnen und Fürstinnen. Die hl. Mathilde, Mutter Otto d. Gr. (10. Jh.). Die Schriftstellerin Mathilde Wesendonck (19. Jh.), die ital. Schriftstellerin Matilde Serao (19./20. Jh.), die frz. Schriftstellerin Mathilde (Thyde) Monnier (20. Jh.).

Matthias Männlich: Matthias (die Schreibw. mit zwei »T« ist etym. vorzuziehen), auch: Mattias; KoF: Mattes, Mades, Thiess, Hias(el). Var. Matt(h)äus. Engl. Matthias und Matthew; KoF: Mat(t)(y). Frz. Matthias, Mathieu. Ital. Mattia, Matteo. – Weiblich: Matthäa, auch: Mattea. Ital. Mattea.
»Matthaeus« ist die lat. und »Matthaios« die griech. F des bibl. hebr. PN »Mattitthiah« (m), zsgs. aus: »mattit« = Geschenk, Gabe + »Jah(we)« = Gott = Gabe, Geschenk Gottes. Wie der griech. »Theodor(os)« (m) (S. »Dorothea«). – Matthias: T: Fische – N: 24. Februar – Zahlwert: 855 –; Matthäus: T: Jungfrau – N: 21. September – Zahlwert: 340 – Blume: die (weiße) Anemone. – Im dt. Sprachraum ist »Matthias« viel häufiger als »Matt(h)äus«. Seit Mitte der 60er Jahre Modename. In Frankreich und England dagegen ist »Matthieu« bzw. »Matthew« geläufiger. – Der ital. Chronist Matteo Villani (13. Jh.), der fläm. Dichter Matthijs Casteleyn (15. Jh.), der Maler Matthias Grünewald (= Mathis Nithart, 15./16. Jh.), der ungar. Reformator Mátyás Dévaĭ (16. Jh.), der span. Schriftsteller Matiás Alemán (16./17. Jh.), der engl. Philos. Mathew Tindal (17./18. Jh.), der ital. Maler Mattia Preti (17. Jh.), der isländ. Dichter Matias Jochumsson (19./20. Jh.), der frz. Pol. Mathieu Basile (= Jules Guesde, 19./20. Jh.), der niederl. Komponist Matthijs Vermeulen (20. Jh.), der Bariton Ahlersmeyer (20. Jh.), der ungar. Pol. Mátyás Rákosi (20. Jh.). – FN: Mathieu, Mahieu, Madeux, Mathé, Mathiez, Matisse, Mathis, Mathivat, Mathiot, Mat(t)(e)au, Mathez, Mat(t)hias, Mathewes, Mathieson, T(h)ie(s), Mathieson, Matthewson, Mattin(g)son, Thyssen, Thies, Thesen, Ma(a)tz, Matzke,T(h)igges, Mattuschek, Matheesen, Matteus(s)en(s), Thays, Theis, Thijs, Theissen, Thes(s)en, Thyssen, Teuwissen, Theeuw(s), Thivissen, Dewes, Deb(e)s, Massey, Massie.

Mauritius Männlich: Maur, Maurus, Erw. Mauritius, eingedeutschte Schreibw. Moritz (früher: Moriz), auch: Mauriz. Engl. Maurice. Frz. Maur, Erw. Maurice. Ital. Mauro, Erw. Maurizio, Maurino, Maurilio. – Weiblich: Maura. Frz. Mauricette. Ital. Maura, Erw. Maurizia, Maurina, Maurilia. »Mauritius«, lat. PN ist eine Erw. von »Maurus« (m), lat. PN, aus dem griech. »(a)mauros« = dunkel, dunkelfarbig (Gesichtsfarbe), der Mohr, d. h. der Bewohner Mauretaniens (= das heutige Algerien und Marokko). – T: Jungfrau – N: 22. September – Zahlwert: 216 – Blume: der (span.) Ginster – Stein: der Kornerupin. – Der hl. Mauritius (erlitt den Märtyrertod in der Schweiz, St. Moritz – 3. Jh.). Der niederl. Maurits von Nassau (16./17. Jh.), Graf Marschall Moritz von Sachsen (17./18. Jh.), der frz. Maler Maurice (Quentin) de La Tour (18. Jh.), der belg./frz. Schriftsteller Maurice Maeterlinck (N11), der ungar. Schriftsteller Mor Jockai (19. Jh.), der Maler Schwind (19. Jh.), der amerik. Maler Morris Hirshfield (19./20. Jh.), die Schriftsteller Maurice Constantin-Weyer, Barrès, Genevoix,

Blanchet (20. Jh.), die frz. Maler Maurice Utrillo und de Vlaminck (20. Jh.), der Komponist Kagel (20. Jh.), der frz. Phys. Maurice de Broglie (20. Jh.), der frz. Komponist Maurice Ravel (19./20. Jh.), die frz. Philos. Maurice Blondel und Maurice Merleau-Ponty (20. Jh.), der frz. Gen. Maurice Gamelin (20. Jh.), der ChansonS. Maurice Chevalier (20. Jh.), der brit. Biologe Wilkins (N62), der engl. Schriftsteller Maurice D. Welch (20. Jh.), der frz. Choreograf Maurice Béjart (20. Jh.), der frz. Rechtsanwalt Maurice Garçon (20. Jh.), der frz. »Prinz der Gastronomen« Maurice Saillant (= Curnonsky, 20. Jh.), der mexik. Schriftsteller Mauricio Magdaleno (20. Jh.). – FN: Mauritius, Mauritz, Maurits, Maurice, Morice, Meurisse, Mori(t)z, Möricke, Mohring, Mauris, Mauricet, Moris, Maurizot, Morizet, Morris(h), Morrison, Murysse, Morisseau(x).

Max(imilian) Männlich: Maximilian, Maxim(us); KoF: Max. Engl. Maximilian, Maxime, Max. Frz. Maximilien, Maxime, Maxence, Max. Ital. Massimiliano, Massimino, Massimo. – Weiblich: Maximiliana, Maximiliane; KoF: Maxe, Maxi.

»Maximi*l*ianus« (m) ist eine Dissimilation (Verwandlung eines der gehäuften Nasale, hier: »N« in »L«) vom lat. PN: »Maximi*n*ianus« (m). Die röm. Inschriften weisen viele Beispiele einer solchen Verwandlung auf, z. B. »Maximil(l)a« (w) für (und neben): »Maximina« (w). – »Maximinianus« (m) ist eine Erweiterung von »Maximinus« (m), gleiche Erw. von »Maximus« (m), sehr häufiger lat. PN. »Maximus« ist das Superlativ von »Magnus« (= groß). Bedeutung: der Größte. – T: Waage – N: 12. Oktober – Zahlwert: 169 – Blume: die Seerose. – »Maximilian« gehört z. Z. zu den beliebtesten Jungennamen. Vor allem in den neuen Bundesländern ist die Gruppe »Max«, »Maxim«, »Maximilian«, »Maxe« sehr gut vertreten. – Kaiser Maximilian (15./16. Jh.) war ein häufiges Namensbeispiel bei den Habsburgern (und später bei den Wittelsbachern), bes. in Österr. und Bayern. Gegen Ende des 19. Jh. von der KoF: »Max« verdrängt, im ganzen dt. Sprachraum beliebt. – Der frz. Staatsmann Maximilien de Sully (16./17. Jh.), der Baumeister Maximilian von Welsch (17./18. Jh.), der frz. Revolutionär Maximilien de Robespierre (18. Jh.). – Der Schriftsteller Max Dauthendey (19./20. Jh.), die Maler Max Slevogt und Liebermann (19./20. Jh.), die Schriftsteller Max Halbe und Max Eyth (19./20. Jh.), der Bildhauer Max Klinger (19./20. Jh.), der Komponist Reger (20. Jh.), der Maler Max Beckmann (20. Jh.), der Biologe Max Delbrück (N69), der Industrielle Max Grundig (20. Jh.), der österr.-brit. Chem. Max Perutz (N62), der Schriftsteller Max Kommerell (20. Jh.), der Maler Max Ernst (20. Jh.), der österr. Schriftsteller Max Brod (20. Jh.), der amerik. Bakteriologe Max Theiler (N51), der Boxer Max Schmeling (20. Jh.), der frz. FReg. Max Linder (20. Jh.), der FReg. Max Ophüls (20. Jh.), der frz. Schriftsteller Maxence van der Mersche (19./20. Jh.), der frz. ChansonS. Max Leforestier (20. Jh.), der Phys. Max Laue (N14), der frz. Gen. Maxime Weygand (20. Jh.). – FN: Maxime, Max, Maximy, Mesmin, Maxim(s).

Meinhard Männlich: Me(i)nhard; KoF: Meiner, Meino. – Weiblich: Meinharde. Germ. Wunschname, zsgs. aus »Mein« + »hard« (s. das Gliedwort: »hard«) = sei stark und kühn. – N: 21. Oktober. – Tradition. Name der Tiroler Grafen.

Meino Männlich: Meino, Menno, Mense, Menso. – Weiblich: Meina, Mena. Fries. KoF von PN (wie einige der folgenden), die mit dem Gliedwort »Mein» gebildet sind. »Mein», aus »Magin«/»Megin« = Macht, Kraft (aus einem idg. Stamm »*magh« = Kraft). – Der niederl. Pastor Menno Simonsz (15./16. Jh.), Gründer der *Mennon*iten-Sekte. Der niederl. Schriftsteller Menno ter Braak (20. Jh.).

Meinolf Männlich: Meinolf, Meinulf. Germ. PN, zsgs. aus »Mein« + »Wolf« (s. das Gliedwort: »Wolf«) = »starker Krieger«. N: 5. Oktober. – Die weibl. Entsprechung ist: Meinhild(e) = tüchtige Streiterin. N: 14. Oktober.

Meinrad Männlich: Me(i)nrad; KoF: Radel, Meino, Meinka. – Weiblich: Meinrade.
Germ. PN, zsgs. aus »Mein« + »Rat« (s. das Gliedwort: »Rad-«) = erfahrener Ratgeber. – N: 21. Januar. – Der schweiz. Schriftsteller Meinrad Inglin (19./20. Jh.).

Melanie Weiblich: Melanie, Melania; KoF: Mela. Engl. Melanie, auch: Mel(l)oney (USA); KoF: Mel(ly). Frz. Mélanie. Ital. Melania.
Altgriech. PN: »Malnios« (m) / »Melania« (w), aus dem griech. Adj.: »melas«/ »melanos« = dunkelfarbig, schwarz. Bedeutung: die Dunkelfarbige (bezieht sich meistens auf die Haar- oder Gesichtsfarbe). Vgl. den bibl. hebr. »Ham« (m), den germ. »Swarzo« (m), den lat. »Nera« (w), von ähnlichem Sinne. »Melaina« war urspr. ein Beiname der griech. Erdgöttin Demeter, immer schwarz gekleidet, in Trauer um ihre von Pluto geraubte Tochter Persephone. – T: Steinbock – N: 31. Dezember – Zahlwert: 304 – Blume: die Weihnachtsrose – Stein: der Schorlit. – In Frankreich vom 16. bis zum 18. Jh. beliebt. In BRD seit 1972 Modename (in manchen Städten unter den ersten zehn Frauennamen). Die Schausp. Melanie de Graaf (20. Jh.).

Melchior Männlich: Melchior, auch: Melcher(t). Ital. Melchior(r)e. Frz. Melchior. Schwed. Melker.
Name eines der Hl. Drei Könige, aus dem hebr. »Meleki – or« = König + Licht. Bedeutung: (Mein) König (ist) Licht. – N: 6. Januar. – Im 17. und 18. Jh. nicht selten. Der Schriftsteller Melchior Grimm (18. Jh.), der frz. Schriftsteller Eugène-Melchior de Vogüé (19./20. Jh.).

Melitta Weiblich: Melitta, Melissa; KoF: Mela. – Männlich: Melitus. Ital. Melisio. »Melitta« ist ein griech. Wort (aus einem älteren: »melissa«) = Honig-Tier = Biene (aus einem idg. Stamm: »*mel« = Honig). Bedeutung: die Biene – seit jeher ein Sinnbild der Emsigkeit. Vgl. den bibl. hebr. »Debora(h)« (w = Biene), den engl. »Honey« (w = Honig), den äthiopischen »Maritou« (w = wie Honig), den kornischen »Melder« (w = die Honigsüße). – T: Jungfrau – N: 15. September – Blume: der Lavendel – Stein: der (blaue) Labradorit. – Im engl. Sprachraum (bes. Australien) nicht selten.

Mercedes Weiblich: Mercedes. Ital. Mercede. Span. Mercedes. Engl. Mercedes (auch: Mercy – 16. Jh.).
»Mercedes« ist wie »Carmen« (s.) ein span. Marienname, eigentlich: Nuestra Señora de las Mercedes. »Mercedes« ist hier die Mehrzahl des span. Wortes: »merced«, das zu jener Zeit »Begnadigung«, »Vergebung« bedeutet. Vom lat. »merces« = Preis für eine Ware, eine Dienstleistung (daher: »kom*mer*ziell«). – N: 24. September. – »Mercedes« war der Vorname der Tochter eines dt. Kraftwagenherstellers gegen Ende des 19. Jh.

Merle Weiblich: Merle. Engl. Merle. Niederl. Merel.
Aus dem lat. Wort: »merula« = die Amsel. Vgl. den engl. »Mavis« (w) = die Drossel, den kornischen: »Morwennol« (w) = die Seeschwalbe. – Die amerik. FSchau. Merle Oberon. Die niederl. Schausp. Merel Laseur (20. Jh.). – Nicht zu verwechseln mit: Männlich: Merlin. Engl., frz. Merlin. – Weiblich: Merline. – Der Name des Zauberers ist ein altgaelischer Name: »Myrddin« = Seehügel.

Michael Männlich: Michael; KoF: Michel, Mechel, Mekel. Frz. Michel, Michael, Mikael. Engl. Michael, Mikel; KoF: Mick(e)y. Ital. Michele, auch als Doppelname: Michelangelo (= der Engel M.). Span., port. Miguél. Ungar. Mihály.

Dän. Mikkel. Norw., schwed. Mikael, Mickel. – Weiblich: Michaela, Erw. Michalina. Frz. Michèle, Michelle, Erw. Micheline. Ital. Micaela, Michela.
Bibl. hebr. PN, zsgs. aus» »Mikha« = wie ähnlich? + »El« = Gott. Bedeutung: »Wer ist wie der Herr?« mit einem Fragezeichen, sehr wichtig, um den Sinn des Namens zu begreifen, denn es ist eine Frage: »Wer ist schon gleich Gott?« und die Antwort ist, kann nur sein: »Wohl niemand! Gott ist unvergleichlich!« – Vgl. auch die bibl. Abkürzung: »Mischa« (m). – T: Waage – N: 29. September – Zahlwert: 101 – Blume: die (feuerrote) Schwertlilie – Stein: der rote Zirkon. – Seit dem MA in ganz Europa ein beliebter Taufname. Seit Mitte der 50er Jahre gehört »Michael« in den dt. Großstädten zu den meist gebrauchten Männernamen. Auch in Frankreich gegenw. beliebt. – 5 byzant. und 3 russ. Kaiser, der österr. Maler und Bildhauer Michael Pacher (15.Jh.), der Maler Wolgemut (15./16. Jh.), der ital. Maler Michelangelo Buonarotti (= Michelangelo, 15./16. Jh.), der frz. Schriftsteller Michel Montaigne (16. Jh.), der frz. Astrologe Michel de Nostradamus (16. Jh.), der Komponist Michael Praetorius (16./17. Jh.), der span. Schriftsteller Miguel de Cervantes (16./17. Jh.), der ital. Maler Michelangelo Amerighi (= Caravaggio, 16./17. Jh.), der niederl. Admiral de Ruyter (17. Jh.), der Maler Michael Willmann (17./18. Jh.), der frz./fläm. Dichter Michel de Swaene (17./18. Jh.), der frz. Komponist Michel Delalande (17./18. Jh.), der russ. Dichter Mikhail Lomonossow (18. Jh.), der frz. GFM Michel Ney (18./19. Jh.), der russ. GFM Mikjail Kutusow (18./19. Jh.), der russ. GFM Mikhail Barclay de Tolly (18./19. Jh.), der ital. Abenteurer Michele Pezza (= Fra Diavolo, 19. Jh.), die russ. Schriftsteller Michail Lermontow (19. Jh.) und Saltykow (19. Jh.), der russ. Komponist Michail Glinka (19. Jh.), der engl. Phys. Michael Faraday (19. Jh.), der russ. Revolutionär Michail Bakunin (19. Jh.), der frz. Math. Michel Chasles (19. Jh.), der rumän. Dichter Mihai Eminescu (19. Jh.), der span. Schriftsteller Miguel de Unamuno (19./20. Jh.), der russ. Staatsmann Michail Kalinin (19./20. Jh.), der ungar. Dichter Mihaly Vörösmarty (19. Jh.), der frz. FSchau. Michel Simon (20. Jh.), der frz./belg. Schriftsteller Michel de Ghelderode (20. Jh.), der guatemaltekische Schriftsteller Miguel Asturias (N67), die frz. Schriftsteller Michel Butor, Michel Dard (20. Jh.), der rumän. Schriftsteller Mihai Sadoneanu (20. Jh.), der amerik. Schriftsteller Mac Clure (20. Jh.), der finn. Schriftsteller Mikko Waltari (20. Jh.), die Rennfahrer Mikka Häkkinen (Finnland) und Michael Schuhmacher (= Schumi, Deutschland, 20. Jh.), der frz. FSchausp. Michel Piccoli (20. Jh.). – Die frz. FSchau. Michèle Mercier und Michèle Morgan (= Simone Rousse, 20. Jh.), die ChansonS. Michèle Torr, Mick Micheyl (20. Jh.), die frz. FSchau. Micheline Dax (20. Jh.). – FN: Michel, Miché, Michey, Micha(t), Michez, Miquel, Migot, Mich(e)o, Michau(t), Miche(a)u, Micheletti, Michelet, Michelaud, Michon, Michot, Michou(x), Michoud, Michard, Miquelon, Miquelet, Micou(x), Micoulaz, Mich(e)l, Miggels, Mitchel, Mich(e)ls, Michielsen, Demichel, Mich(e)l, Michalke, Michaelson, Mial, Michie, Michalski, Mikhailowitsch, Miško.

Mignon Weiblich: Mignon.
Aus dem frz. Adj.: »mignon« (m) / »mignonne« (w) = niedlich, Liebling – aus dem lat. »minor« = kleiner. – Gestalt Goethes »Wilhelm Meisters Lehrjahre« (1795) und einer Oper von Ambroise Thomas »Mignon« (1866).

Millicent Weiblich: Frz. Mélisande. Engl. Millicent; KoF: Millie, Milly.
Der ostgot. langobard. und burgund. Frauenname »Amalswinta«, zsgs. aus »Amal« (s. das Gliedwort: »Amal-«) + »swinths« = tapfer und erfolgreich (Name der Tochter Theoderichs d. Gr. –

6. Jh.), war als »Mélisande« in Frankreich vor 1000 Jahren beliebt (vgl. Debussys »Pelléas et Mélisande« (1902) nach dem gleichnamigen Werk von Maeterlinck). Im 12. Jh. wurde der Name als »Millicent« in England aufgenommen, Anfang des 20. Jh. beliebt.

Miloslaw Männlich: Miloslaw; KoF: Milko.
Slaw. PN, zsgs. aus »mil« = lieb (altslaw. mil = freundlich) + »slaw« = Ruhm = Ruhmliebend. Vgl. den altgriech. »Philokles« (m).

Minna Weiblich: Minna, Minne, Minni, Mina; KoF: Minchen. Engl. Minna (»Minnie« ist eine schott. KoF von »Mary«). Poln. Minka.
Seit dem 18. Jh. KoF von dt. Frauennamen, in ersterLinie: »Wilhelmine« (auch: Hermine). Dieser Name hat sich mit einem älteren (schon im 8. Jh. belegten) Frauennamen: »Minna« (aus: »minna« = liebendes Gedenken) vermischt. – Lessings »Minna von Barnhelm« (1767) ist eine sehr bekannte lit. Gestalt. »Minna« war im 19. Jh. sehr beliebt. Richard Wagners erste Frau hieß Minna Planer.

Mirabella Weiblich: Mirabella; KoF: Mira, Erw. Miretta. Engl. Mirabel. Ital. Mira.
Aus dem lat. Adj.: »mirabilis« = würdig, »mirari« = bewundert zu sein, bewundernswert.

Miranda Weiblich: Miranda. Ital. Miranda.
Andere lat. F des Zeitwortes »mirari« (= bewundern) = die zu bewundern ist (lat. »mirandus« (m) / »miranda« (w).

Mireille Weiblich: Mireille. Frz., niederl. Mireille. Ital. Mirella.
Provenzalisch: »Miréio«, aus dem lat. Wort: »miraculum« = Wunder, Wunderding – daher das dt. »Mirakel«. Vgl. den engl. Frauennamen: »Marvel(a)« = Wunder, und den span. »Milagros« (Mehrzahl von: »milagro« = Wunder, Beiname der Jungfrau Maria: Nuestra Señora de los Milagros), auch Frauenname. – Dieser Name wurde vom Gedicht »Mireille« (1859) von Fr. Mistral und von gleichnamiger Oper von Gounod (1864) beliebt gemacht. In Frankreich nicht selten. Die FSchau. Mireille D'Arc, die Sängerin Mireille Mathieu (20. Jh.).

Miriam Weiblich: Mirjam; Myrjam. Frz. Miryam. Engl., ital. Miriam.
»Mirjam« ist die hebr. F von »Maria«, urspr. »Mrym«, dann mit den Vokalen: »Miryam«. Griech. Übersetzung des AT: »Miriam«. Im lat. Text galt »Mariam« für einen Akkusativ der ersten Deklin. und als »Maria« vereinfacht. S. »Maria«. – Die südafrik. Sängerin Miriam Makeba (20. Jh.).

Miroslaw Männlich: Miroslaw; KoF: Mirko, Mirek.
Slaw. PN, zsgs. aus »mir« = Friede + »slaw« (russ. »slawa«) = Ruhm = im Frieden seinen Ruhm findend. Vgl. die germ. Entsprechung: »(H)rodfrid« (m). – Der jugosl. Schriftsteller Miroslaw Krieža (20. Jh.).

Modest Männlich: Modest(us). Frz. Modeste. Ital. Modesto. – Weiblich: Modesta. Ital. Modesta.
Lat. PN »Modestus« (m), aus dem lat. Adj.: »modestus« (m), aus dem Stamm »modus« = Maß = der Gemäßigte, der Gelassene, der Sittsame (vgl. »moderiert«, aus demselben Stamm »modus«). – N: 24. Februar. – Der frz. Komponist André-Modeste Grétry (18./19. Jh.). Der russ. Komponist Modest Mussorgski (19. Jh.).

Mohammed Männlich: Mohammed, Muhammed.
Ein Beiname des Propheten = der Lobenswerte (aus einem arab. Zeitwort: »hamida«). Vgl. den arab. PN: »Ahmed« (m) = der am meisten Gelobte.

Mombert Männlich: Mombert, auch: Mombrecht, Mumbert; KoF: Mommo, Momme, Mumme, Monke.
Germ. PN, zsgs. aus »Muni-« = Gedanke, Geist + »-bert« (s. das Gliedwort: »-bert«) = der Gedankenglänzende. – N: 16. Oktober.

Mona Weiblich: Mona. Engl. Mona. Ir. Muadnait, Mona(t).
Ir. Frauenname, Erw. eines kelt. Stammes: »muadh« = edel (vgl. das germ. Gliedwort: »Adel-«). – N: 6. Januar. – Dieser PN hat mit »Mona Lisa« nichts Gemeinsames (s. »Jucunda«).

Monika Weiblich: Monika; KoF: Mone, Moni. Frz. Monique. Engl., ital. Monica. Der Name der Mutter (4. Jh.) des Kirchenvaters Augustinus war vermutlich karthagischer Herkunft und blieb ungedeutet. »Monika« wurde später durch ein sehr ähnlich klingendes spätlat. Wort erklärt: »monĭca«, weibliche F von »monicus« = Einsiedler, aus einem früheren »monăchus« – daher das dt. »Mönch«, der niederl. »monnik« (= Mönch). Bedeutung: die Einsame. – T: Stier – N: 4. Mai – Zahlwert: 27 – Gewächs: die Silberlinde – Stein: der (grüne) Diopsid. – Gegen Ende der 50er Jahre im dt. Sprachraum überaus beliebt. Die baltische Schriftstellerin Monika Hunnius (19./20. Jh.), die Schausp. Monika Peitsch (20. Jh.), die Pianistin Monique Haas (20. Jh.), die engl. Schriftstellerin Monica Dickens (20. Jh.).

Moritz Männlich: eingedeutschte Schreibw. für »Mauritius« (s.).

Moses Männlich: Moses. Engl. Moses. Frz. Moïse. Israel. Mosche. Ital. Mosé.
Bibl. PN ägyptischer Herkunft, aus »mesu« = Sohn (wie in »Ra-*msés*« = Sohn von Ra, und: »Tut-*mosis*« = Sohn von Tut), vgl. das arab. »mussah« = Kind. – N: 4. September. – In den USA nicht selten. Moses Mendelssohn (18. Jh.), der »deutsche Sokrat«, Moses Hess (Theoretiker des philos. Sozialismus, 19. Jh.), der ital. Maler Mosè Bianchi (19./20. Jh.), der israel. Präsident Moshe Katsan, der israel. Pol. Moshe Dayan, der katang. Pol. Moïse Tschombé (20. Jh.). – FN: Mois(s)e, Moes(en), Moeys, Mosis, Mosché, Moses.

Gliedwort

Mund auch: -mond, -munt, -mont.
Wort germ. »*mundo« = Befriedung, Schutz, Beschützer (vgl. Vor*mund*). – In den PN fast immer als zweites Gliedwort.

N

Nadja Weiblich: Nadja, Nadia, Erw. Nadina, Nadine; KoF: Nada. Ital. Nadia. Frz. Nadia, Nadine.
»Nadja« ist eine (der vielen) russ. KoF des Frauennamens: »Nadeschda«, das russ. Wort für »Hoffnung (»Na-dĕd-ja«, zsgs. aus: »Na« = auf; »dĕd« [aus: »dĕti] = legen, setzen und »-ja« (= Suffix, wie »-heit«, »-ung« = das, auf das man setzt, baut). – Vgl. den bibl. hebr. (und modern. israel.): »Tikwah« (w), den griech. »Elpis« (w), den lat. »Spes« (w), den engl. »Hope« (w), den ital. »Speranza«, den span. »Esperanza« (w), die alle »Hoffnung« bedeuten. Eine der drei wichtigsten christl. Tugenden. – T: Jungfrau – N: 18. September – Zahlwert: 511 – Blume: das Schneeglöckchen – Stein: der Smaragd. – Seit dem 19. Jh. in Russland sehr beliebt. Die Mode des russ. Romans hat diesen Namen in ganz Europa verbreitet. Nadja Uljanowa (19./20. Jh., Lenins Frau), die frz. Komponistin Nadia Boulanger (20. Jh.), die FSchau. Nadia Grey und Nadja Tiller.

Nahum Männlich: Nahum, auch: Naum. Engl., frz. Nahum.
Bibl. hebr. PN aus dem hebr. Wort: »nahum« = Trost. Vgl. den hebr. (und israel Vorname: »Mena(c)hem« = Tröster, den span. PN »Consuelo« (w), die ital. PN »Consuelo« (w) und »Consolata« (w). – N: 1. Dezember. – Nicht zu verwechseln mit: »Noam« (m), moderner israel. Vorname = Anmut, Liebreiz. – Der zion. Führer Nahum Goldmann (20. Jh.), der amerik. Logiker und Sprachtheoretiker Noam Chomsky (20. Jh.), der israel. Regierungschef Mena(c)hem Begin (20. Jh.).

Nancy Weiblich: Nancy. Engl. Nancy; KoF: Nan. Frz. Nancy.
»Nancy« ist (wie »Nanne«, »Nanni«, »Nannette« usw.) eine KoF zu »Anna« (s.). – Die bis zum 18. Jh. geläufigen engl. KoF von »Ann«, »Nan« und »Nanny« hatten (genau wie »Metze«, dt. KoF zu »Mathilde« und »catin«, frz. KoF zu »Catherine«) eine sehr unerfreuliche Wandlung mitgemacht. Jene Formen wurden dann gemieden und durch »Nancy« ersetzt. – Der frz. Ortsname »Nancy« entspringt einem gall. Stamm »nant-« = Tal. – In den USA häufig (New York 1950 = 8. der FN). Die amerik. Schlagersängerin Nancy Sinatra (20. Jh.).

Napoleon Männlich: Napoleon. Frz. Napoléon. Ital. Napoleone.
Von den unzähligen vorgeschlagenen Deutungen dieses Namens ist keine überzeugend. Vielleicht handelt es sich um eine Erw. von »Napo«, toskanische KoF von »Iacopo« (= Jakob«, häufiger Beiname für die Bewohner Mittel- u. Süditaliens. – N: 15. August. – Napoléon Bonaparte (18./19. Jh.), der frz. Philanthrop Napoléon Gobert (1807 geb.). Der Name wird heute noch in Korsika und im frz. Kanada gebraucht.

Narcissus Männlich: Narcissus, Narziß. Frz. Narcisse. Ital. Narciso.
Altgriech. PN: »Narkissos« (m), aus einem griech. Stamm »narkê« = Erstarrung (wie in »*Nark*osis« = Betäubung). – Schöner Jüngling der griech. Sage, der sich beim Anblick seines Bildes im Wasser in sich selbst verliebte (daher das Wort: »Narzissmus« = Selbstgefällig-

keit), ertrank und in die gleichnamige, weiße Blume verwandelt wurde. – N: 18. März.

Natalie Weiblich: Natalie, Natalia, Erw. Natalina. Engl. Natalie. Frz. Nathalie (mit einem überflüssigen »H«, wahrscheinlich in Anlehnung auf »At*ha*lie« oder »Nat*h*aniel«!), auch: Noëlla, Noëlle. Ital. Natalia, Erw. Natalina. Russ. Natalija; KoF: Natascha. – Männlich: Frz. Noël. Engl. Noel. Ital. Natale.
Lat. christl. PN: »Natalia« (w) / »Natalis« (m), vom lat. Adj.: »natalis (dies)« = Geburts(tag) Christi. Auf altfrz. »naal«, dann: »Noël« (= Weihnachten). Früher oft Kindern gegeben, die an jenem Tag geboren wurden. Vgl. »Paschalis« (= zu Ostern gehörend) (m), »Toussaint« (m) (= Allerheiligen) usw. – N: 25. (auch 1.) Dezember. – »Nathalie« war Anfang der 70er Jahre in Frankreich überaus beliebt. – Die amerik. FSchau. Natalie Wood († 1981), die frz. Schriftstellerin Nathalie Sarraute (20. Jh.), der engl. Schausp. und Schriftsteller Noel Coward (20. Jh.), der frz. FSchau. Noël Noël.

Nathanael Männlich: Nathanael; KoF: Nathan. Engl. Nathaniel, Nathan; KoF: Nat(e). Frz. Nathaniel.
Bibl. hebr. PN, zsgs. aus »nathăn« = Gabe, Geschenk + »El« = Gott = Gottesgabe (s. »Dorothea«). – N: 24. August. – Der amerik. Schriftsteller Nathaniel Hawthorne (19. Jh.).

Nazarius Männlich: Nazarius. Frz. Nazaire. Ital. Nazario, Nazzaro, Nazareno. – Weiblich: Ital. Nazzarena.
Christl. lat. PN: »Nazareus« = der Nazaräer, der Nazarener, der aus Nazareth, bibl. hebr. ON (= grüner Zweig). Ein Beiname Christi in der Heiligen Schrift. – N: 28. Juli.

Neidhard Männlich: Neidhard(t), Nithart. Frz. Nithard.
Germ. PN, zsgs. aus »nît« = Eifer, Kampfgrimm + »hard« (s. das Gliedwort: »hard«) = der starke, kühne Streiter. Vgl. die Umkehrung: »Hartnid« (m). – N: 3. Februar. – Der Dichter Neidhart von Reuenthal (12./13. Jh.), der preuß. Feldherr Neithardt von Gneisenau (18./19. Jh.).

Nelly Weiblich: Nelli, Nelly, Nella, Nelia. Engl. Nelli, Nelly.
»Nell« und »Nellie« / »Nelly« sind urspr. engl. KoF zu »Helena« oder »Eleonora«. – »Nelia« / »Nelia« (sowie: Neela und die Erw. Neelke, Neeltje) sind KoF zu »Cornelia«. – Die Dichterin Nelly Sachs (20. Jh.).

Nepomuk Männlich: Nepomuk. Frz. Népomucène.
Nach dem hl. Johannes von Nepomuk (14. Jh.), aus »Nepomuk« (früher »Pomuk«), Ortschaft von Böhmen (dessen Landespatron er ist). – Ein ON, wie Loyola (m), Chantal (w). – N: 16. Mai. – Der frz. Dichter Népomucène Lemercier (18./19. Jh.), der österr. Komponist Nepomuk David (19./20. Jh.).

Nestor Männlich: Nestor. Engl., frz., russ. Nestor. Ital. Nestore.
Wahrscheinlich ein vorgriech. voridg. PN, ungedeutet. – N: 26. Februar. – Der älteste und erfahrenste Held Homers (9. Jh. v. Chr.) »Illias«. In fast allen europ. Sprachen bezeichnet »Nestor« einen erfahrenen, achtenswerten Mann.

Nikodem Männlich: Nikodem(us); KoF: Demes. Ital. Nicodemo.
Griech. PN, zsgs. aus Nikê« = Sieg + »dēmos« = Volk. Bedeutung: Volkssieger. Wie »Nikolaus«. – N: 3. August. – Im frz. Sprachraum wird »Nicodème« – wegen der Ähnlichkeit mit »nigaud« = Einfaltspinsel – gemieden.

Nicht zu verwechseln mit:

Nikomedes Männlich: Nikomedes; KoF: Medes. Ital. Nicomede.
Griech. PN, zsgs. aus »Nikê« = Sieg +

»medes« = Denker. Bedeutung Siegreicher Denker. Vgl. den germ. PN: »Siegrad« (m). – N: 15. September. – Berühmte Tragödie von Corneille: »Nicomède« (1651).

Nikolaus Männlich: Nikolaus, auch: Nikla(u)s; KoF: Klaus (auch: Claus), Kla(a)s, Nick, Ni(c)ki, Ni(c)ko. Engl. Nicholas; KoF: Nick(y). Frz. Nicolas. Ital. Niccolò, Nicola. Schwed. Nils (aus: Nikolas → Niclis → Nighils → Niels → Nils). Dän. Niels. Russ. Nikolaj. Tschech. Mikolás. Ungar. Miklós. – Weiblich: Nikola (»Nicola« ist die männl. ital. F des Namens), Nicole, Erw. Nikoline. Frz. Nicole, Erw. Nicoletta, Nicolette. Ital. Nicoletta.
Griech. PN: »Nikolaos« (m), zsgs. aus: »Nikê« = Sieg + »laos« = Volk = Volkssieger, Beherrscher des Volkes. Vgl. die altgriech. Umkehrung: »Laonikos« (m). – T: Schütze – N: 6. Dezember – Zahlwert: 451 – Blume: Apfelbaumblüte – Stein: der Rhododrosit. – Dieser TN ist in West- und Osteuropa seit dem 12. Jh. beliebt. In Deutschland sind mehr als 2000 Kirchen dem hl. Nikolaus gewidmet. In den 60er Jahren war die KoF »Klaus« sehr verbreitet. Die Vollformen des Namens sind gegenw. in England, Frankreich, Skandinavien, UdSSR modisch. – Seit Mitte der 60er Jahre gehört »Nicole« (w) ebenfalls zu den Modenamen in der BRD und in der Schweiz. – 5 Päpste, 2 Zaren, der ital. Bildhauer Niccolo Pisano (13. Jh.), der niederl. Bildhauer Claes Sluter (14. Jh.), der Seeräuber Klaus Störtebecker (14./15. Jh.), der frz. Alchimist Nicolas Flamel (14./15. Jh.), der Astronom Nikolaus Kopernik(us) (15./16. Jh.), der Bildhauer Nikolaus Berg (15./16. Jh.), der elsässische Bildhauer Nikolaus Hagenauer (15./16. Jh.), der ital. Schriftsteller Niccolo Machiavel (15./16. Jh.), der schwed. Maler Niklaus Manuel (16. Jh.), der niederl. Maler Claes Maes (17. Jh.), der ital. Geigenbauer Niccolo Amati (17. Jh.), die frz. Maler Nicolas Poussin und Nicolaus Mignard (17. Jh.), der ungar. Schriftsteller Miklos Zringi (17. Jh.), der frz. Schriftsteller Nicolas Boileau (17./18. Jh.), der frz. Philos. Nicolas Malebranche (17./18. Jh.), der frz. GFM Nicolas de Catinat (17./18. Jh.), der span. Schriftsteller Nicolas Moratín (18. Jh.), der ital. Komponist Niccolo Jom(m)elli (18. Jh.), der frz. Schriftsteller Nicolas Chamfort (18. Jh.), der Mus. Niccolò Paganini (18./19. Jh.), der frz. GFM Nicolas Oudinot (18./19. Jh.), der frz. Schriftsteller Nicolas Restif de la Bretonne (18./19. Jh.), der russ. Schriftsteller Nikolaj Gogol (19. Jh.), der russ. Dichter Nikolaj Nekrasow (19. Jh.), der russ. Math. Nikolaj Mobatschewski (19. Jh.), der russ. Dichter Nikolaj Leskow (19. Jh.), der russ. Komponist Rimski-Korsakow (19./20. Jh.), der österr. Dichter Nikolaus Lenau (19. Jh.), der norw. Math. Niels Abel (19. Jh.), der russ. Philos. Nikolaj Bjerdjajew (19./20. Jh.), der amerik. Phys. Nikola Tesla (19./20. Jh.), der ungar. Staatsmann Miklos Horthy (19./20. Jh.), der Maschinenbauer Nikolaus Otto (19. Jh.), der dän. Phys. Niels Bohr (N22), der griech. Schriftsteller Nikos Kazantzakis (20. Jh.), der dän. Arzt Niels Finsen (N03); der rumän. Staatschef Nicolae Ceausescu (20. Jh.), der kubanische Dichter Nicolas Guillen (20. Jh.), der südafrik. Dichter Nicolaas Louw (20. Jh.), der norw. Komponist Niels Egge (20. Jh.), der dän. Dichter Klaus Rifbjerg (20. Jh.), der ital. Philos. Niccolo Abbagnano (20. Jh.), der ungar. Dichter Miklos Radnoti (20. Jh.), der russ. Dichter Nikolaj Gurnilew (20. Jh.), der ungar. Schriftsteller Miklos Meszöly (20. Jh.), der russ. Schriftsteller Nikolaj Semjonowitsch (20. Jh.). – W: die frz Schausp. Nicole Courcel, Nicole Vervil, die frz. Schriftstellerin Nicole Vedrès (20. Jh.), die ChansonS. Nicole Louvier (20. Jh.), Nicole Croisille und Nicoletta (20. Jh.). – FN: Nic(h)olas, Nickels. Niclaes, Niclaus, Nicola-ers, -aes, -ï, Nicot(e), Claes, Clais, Clos, Claes(en), Clays, Claeysoo-

ne, Claeyssen(s), Claix, Claisse, Claskin, Classen(s), Clays, Cleyken(s), Cloes, Cloosen, Colinet, Col(l)in, Col(l)ard, Colette, Colotte, Nicloux, Nicolaï, Nicoli(ni), Nicou(d), Col(l)as, Colinet, Colson, Nickolas, Nixon, Nic(h)olson, Nickal(es), Nickel(s), Nickol(ds), Nielsen, Nilson (in Schweden, der vierte der meistverbreiteten FN), Klas(ing), Klaus(en), Klos, Klee, Mikosch, Mikolajewitsch, Mikisch, Nit(z)sch(ke).

Nino Männlich: Nino. Ital. Nino. – Weiblich: Nina; KoF: Ninette.
»Nino« ist meistens eine ital. KoF (der Kindersprache) zu: »Giovanni« (Johannes), »Nina« eine KoF zu PN wie »Giovanna« »Annina« usw. – aber auch ein Kosewort der ital. Umgangssprache: »nino« (m) / »nina« (w), (span. »niño« [m] / »niña« [w]) = Kleine(r), liebes Kind. – N: 15. Dezember.

Nora Weiblich: Nora. Engl. Nora(h). Ir. Nora, Noreen. Ital. Nora, Erw. Norina.
Im dt. Sprachraum, KoF von »Eleonora«. Im engl. Sprachraum, KoF vom einst verbreiteten Frauennamen »(H)Onor(i)a« (aus dem lat. »honor« = Ehre, s. »Honorius«). – N: 11. Juli. – Eine bekannte lit. Gestalt ist Nora Helmer von Ibsens »Puppenspiel« (1879).

Norbert Männlich: Norbert; KoF: Bert. Engl., frz. Norbert. Ital. Norberto. – Weiblich: Norberta. Frz. Norberte.
Germ. PN, Vereinfachung eines älteren: »Nordbert«, zsgs. aus: »Nord« = der Norden + »bert« (s. das Gliedwort: »bert«) = der im Norden berühmt, der berühmte Mann aus dem Norden. Vgl. altdt. PN mit anderen Himmelsrichtungen: »Ostrebert« (m), Sundipert (m), »Wistremar« (m). – T: Zwillinge – N: 6. Juni – Zahlwert: 246 – Pflanze: die Siegwurz. – In den kath. Gegenden beliebt (Süddeutschland, Frankreich, Belgien, Niederlande). Der amerik. Kybernetiker Norbert Wiener (20. Jh.).

Norma Weiblich: Norma. Engl., ital. Norma.
Dieser PN zunächst in England Anfang des 12. Jh. belegt, scheint vielmehr die weibl. Form von »Norman« (s.) als das lat. Wort »norma« = Regel, Norm, zu sein. – »Norma« war die Hauptgestalt des Romans von W. Scott: »Der Pirat« (1822) und kurz darauf der bekannten Oper von Bellini: »Norma« (1831). – In den USA nicht selten. Die amerik. FSchau. Marilyn Monroe (= Norma Jean Baker of Mortenson).

Norman Männlich: Norma(n). Engl. Norman; KoF: Nor(m).
Germ. PN, zsgs. aus »Nord-« = der Norden + »Mann« = der Mann aus dem Norden. – In England schon vor 1066 gebraucht. Im 19. Jh. wieder belebt (und als »Schotte« empfunden!). In England, Amerika vor allem im frz. Kanada recht beliebt. – Die amerik. Schriftsteller Norman Mailer und Norman Douglas (20. Jh.).

Notker Männlich: Notker, Notger.
Germ. PN, zsgs. aus: »Not« = Kampfgedränge, Vordrängen + »Ger« (s. das Gliedwort: »Ger-«) = eifriger Speerkämpfer. Vgl. die Umkehrung: »Gernot«. N: 6. April. – Der St. Galler Mönch Notker, Dichter und Musiker (10./11. Jh.).

O

Octavia Weiblich: Octavia, auch: Oktavia. Frz. Octavie. Ital. Ottavia. – Männlich: Octavius, Erw. Octavian. Frz. Octave. Ital. Ottavio, Erw. Ottaviano.
Die »Octaviani« (Mehrzahl) waren ein ansehnliches röm. Geschlecht. Aus dem lat. PN: »Octavius«, aus dem Adj.: »octavus« = der Achte (lat. »octo« = 8). Das achte Kind einer Familie. Wie: »Sixtus« = der Sechste, »Septimus« = der Siebente und »Decimus« der Zehnte. – N: 20. November. – Der frz. Schriftsteller Octave Feuillet (19. Jh.), der frz. Schriftsteller Octave Mirbeau (19./20. Jh.). Der österr. Gen. Ottavio Piccolomini (17. Jh.), der erste ital. Musikverleger Ottaviano Petrucci (15./16. Jh.).

Gliedwort

Od/Aud auch: Aude-, Oti-, Oth-, Ud-. Angels. Ead-. Engl. Ed-.
Wort = Erbgut, Landgut, Besitz. – Germ.: »*auda« (= in Besitz), an: »audhr« (= Besitz, Glück), ahd. »ôd«/»ôt«, wie in »All*od*« = »al-aud« = ganzer Besitz, vererbliches Gut, im Gegensatz zum Lehnsgut, wie in »Klein*od*«. – In den PN nur als erstes Glied.

Oda Männlich: Odo (s. auch »Otto«), Erw. Odilon. Ital. Odo. – Weiblich: Oda (altsächsische F – s. auch »Ute«, hochdt. F), Ota; KoF und Erw. Odine, Ottilie, Odil(i)e, Odil(i)a, Odette,Otti, Tilla, Tilli, Tilly. Frz. Ode, Odette, Odile. Ital. Oda, Odetta, Odila, Ottilia.
»Oda« und die Erw. sind KoF von germ. PN mit »OT«/»OD« als erstes Gliedwort (s. das Gliedwort: »OD« = Besitz, Erbgut). – Odilie: T: Schütze – N: 13. Dezember – Zahlwert: 416 – Gewächs: die (unechte) Akazie – Stein: der Hyalit. – Die Schriftstellerin Oda Schaefer (20. Jh.), die frz. Schausp. Odette Laure und Odette Joyeux (20. Jh.).

Olaf Männlich: Olaf (ältere Schreibw. Olav). Dän. Olaf, auch: Oluf; KoF: Ole. Schwed. Olof, Olov, Olav; KoF: Ola, Ol(l)e (auch als Doppeln. häufig: Karl-Olof, Lars-Olof, Sven-Olof usw.).
Skand. PN, urnord.: »*Anu-laibaR«, zsgs. aus: »Anu-« = Vorfahren (idg.: *an = Ahn) + »laibaR« = Hinterlassenschaft, Erbe, Nachkommen. Bedeutung: Ahnenspross. Ein Sohn (seiner) Ahnen, ihres Erbes würdig. – T: Löwe – N: 29. Juli – Zahlwert: 696 – Blume: die Akelei. – Olav II (10./11. Jh.), Schutzhl. Norwegens, dessen Kult sich in vielen Hansestädten (norddt) verbreitete. Namen vieler skand. Könige. – Der dän. Astronom Ole Rømer (17./18. Jh.), der schwed. Arzt und Schriftsteller Olav Duum (19./20. Jh.), die schwed. Pol. Olof Palme und Ola Ullsten (20. Jh.).

Olga Weiblich: Olga. Frz., engl., ital., russ. Olga. – Männlich: Oleg.
Die Waräger, ein nordgerm. Stamm, unter Rörik († 879) und seinem Verwandten Helgi, Gründer des russ. Staates, führten den skand. PN »Helgi« (s. »Helga«) in Russland ein. – Olga: T: Krebs – N: 11. Juli – Zahlwert: 404 – Gewächs: die Pappel – Stein: der Demantoid. – In den 60er Jahren war »Olga« in den westl. Teilen der UdSSR der beliebteste Frauenname. – Die dän. Schausp. Olga Svendson (19./20. Jh.), die StummFSchau. Olga Tschechowa.

Oliver Männlich: Oliver, Olivier. Engl. Oliver; KoF: Ol(lie), Noll. Frz. Olivier. Ital. Oliviero. – Weiblich: Olivia. Engl. Oliv(i)a.
Jene südfrz. PN kommen vom lat. »oliva« = Ölbaum, seit jeher Sinnbild der Weisheit und des Friedens. – Der Name von Rolands Waffengefährten: »Oliver« (vom frz. Rolandslied – 12. Jh. verewigt) ist möglicherweise mit sehr ähnlich lautenden PN zusammengeflossen, wie der nordgerm. »Oleifr« / »Olif« (m) oder der angels. »Ulvoer« / »Olvoer« (= Wolfher, m.). – T: Krebs – N. 12. Juli – Zahlwert: 467 – Gewächs: der Ölbaum. – »Olivier« war Modename in Frankreich in den 60er und 70er Jahren. – Der frz. Agronom Olivier de Serres (16./17. Jh.), der engl. Staatsmann Oliver Cromwell (17. Jh.), der engl. Schriftsteller Oliver Goldsmith (18. Jh.), der frz. Komponist Olivier Messiaen (20. Jh.), die amerik. FSchau. Olivia de Haviland.

Olympius Männlich: Olympius. Ital. Olimpio. – Weiblich: Olympia. Frz. Olympe. Ital. Olimpia.
Aus dem griech. Adj.: »Olimpios« = aus dem »Olympos« (früher: »Elumpos«), der Götterberg der alten Griechen. Vielleicht ein kaukasischer Name, aus einem Stamm: »*lamp« = glänzen, leuchten = der Berg des Lichtes. – N: 17. Dezember. – »Olympia« war Modename in Italien und Frankreich zur Zeit der Renaissance.

Onesim Männlich: Onesim(us). Frz. Onésime. Ital. Onesimo.
Aus dem griech. Adj.: »onêsimos« (m) = segen-, Frucht bringend. Vgl. die span. (aus dem Lat.) PN: »Frumencio« (m), »Fructuoso« (m) von ähnlichem Sinne oder den altgriech. »Polykarp(us) = der viele Frucht bringt (männlich). – N: 16. Februar.

Onno Männlich: (vor allem fries.) Onno, Onne, auch: Unno; KoF: Onke. Niederl. One. – Weiblich: Onna.
KoF von norddt. PN auf »On-«/»Un-«, aus einem Stamm: niederl.: »onnen« / »gheonnen« = schenken, gönnen, ahd. »unnan« / »gi-unnan« = gönnen. Etwa: (von Gott) gegönnt. – Ein hl. Onno (Unno), Erzbischof von Bremen und Hamburg (10. Jh.). – N: 21. Oktober.

Ophelia Weiblich: Ophelia. Frz. Ophélie. Ital. Ofelia.
Aus dem griech. Wort: »ōphéleia« = Hilfe, Unterstützung. Vgl. den bibl. hebr. »Esra« (m) und den germ. »Helfrich« (m). – Dieser Name scheint vom ital. Hirtendichter Sannazzaro (1504) geprägt worden zu sein. Er wurde durch Shakespeares »Hamlet« (1602) verewigt.

Orestes Männlich: Orestes. Frz., ital. Oreste.
Aus dem griech. Adj.: »orestês«, von »oros« = Berg. Bedeutung: der vom Berg, wie der dt. FN: »Berger« / »Bergmann«. Vgl. den lat. PN: »Montanus« (m – ital. »Montano« m), von selbem Sinne. – N: 13. Dezember. – Der ital. Gen. Oreste Baratieri (19. Jh.).

Ortlieb Männlich: Ortlieb; KoF: Orte(l), Urte.
Germ. PN, zsgs. aus »Ort« = Schwertspitze (ahd. »ort« = Spitze, Landzunge – vgl. das »Ortland« der Sagen, vielleicht die Gegend zwischen Weser und Elbmündung« + »leib« = Hinterlassenschaft, Erbe = der (Schwert)kämpfer für sein Erbe. – N: 5. April. – Sohn Etzels im Nibelungenlied.

Ortwin Männlich: Ortwin; KoF: Ortel. Zsgs. aus »Ort« = Schwert(kämpfer), s. »Ortlieb« + »win« = Freund (s. das Gliedwort: »win-«) Freund der Kämpfer. – N: 26. März. – Gudruns Bruder im Nibelungenlied.

Ortrud Weiblich: Ortr(a)ud.
Germ. PN, zsgs. aus »Ort« = Schwert (s. »Ortlieb« + »trud«) = Macht (s. das

Gliedwort: »-trud-«) = die Macht über die Schwerter hat. Vgl. »Gertrud«. – Gestalt aus »Lohengrin« (1847) von Richard Wagner.

Ortrun Weiblich: Ortrun.
Germ. PN, zsgs. aus »Ort« = Schwert (s. »Ortlieb«) + »run« (s. das Gliedwort: »run-«) = die Schwerter bezaubernd (für den Kampf). – Bekannte Gestalt der Gudrunsage (um 1230).

Ortulf Männlich: Ortulf, Ortolf.
Germ. PN, zsgs. aus »Ort« (s. »Ortlieb«) + »wolf« (s. das Gliedwort: »wolf-« (= der Schwertkämpfer. Die weibl. Entsprechung ist: Orthilde.

Osbert Männlich: Osbert. Var. Ansbert. Engl. Osbert. – Weiblich: Osberta.
Altengl. PN: »Osbeorht«, Entsprechung des germ. »Ansbert«(m), zsgs. aus »Ans« (s. das Gliedwort: »Ans-«) + »bert« (s. das Gliedwort: »bert-«) = glänzend, berühmt, unter dem Schutz der Asen. – N: 9. Februar.

Oskar Männlich: Oskar, Oscar. Var. Ansgar. Nddt. Anschar. Dän. Oscar, Asger. Engl., frz., ital. Oscar.
»Osgar« ist die altengl. F des skand. PN: »Ásgeirr« (runen-dän.: »AskaiR«), eine Entsprechung des germ. PN »Ansgar«, zsgs. aus: »Ase« = die Asen (s. das Gliedwort: »Ger-«) = von den Asen geschützter Kämpfer. – T: Wassermann – N: 3. Februar – Zahlwert: 115 – Pflanze: der Färber-Waid. – Dieser Name wurde von den Dänen in Irland und Schottland (»Osgar«) eingeführt (9. Jh.) und ein Jahrtausend später vom »Ossian-Gedicht« (1760) von J. Macpherson weltberühmt gemacht. Schwed. Königsname (in Schweden 1900, Oskar = 5. der Männernamen). – Der engl. Schriftsteller Oscar Wilde (19. Jh.), der österr. Komponist Oscar Straus (19./20. Jh.), der bras. Baumeister Oscar Niemeyer (Brasilia, 20. Jh.).

Osmund Männlich: Osmund. Dän., schwed. Asmund, Åsmund (Åsmund).
»Osmund« ist die angels. F des altn. »Ásmundr« oder des germ. PN: »Ans(e)mund« (5. Jh.), zsgs. aus: »Ans« (s. das Gliedwort: »Ans-«) + »mund« (s. das Gliedwort: »mund-«) = der von den Asen beseelte Beschirmer. – N: 4. Dezember.

Oswald Männlich: Oswald, Var. Answald; KoF: Walde(l). Engl., frz. Oswald. Ital. Osvaldo. – Weiblich: Oswalda.
Der altengl. PN »Osweald« (m) ist eine Entsprechung des altn. »Ásvaldr« und des germ. »Answald«, zsgs. aus: »Ans« (s. das Gliedwort: »Ans-«) = die Asen + »wald« (s. das Gliedwort: »wald-«) Bedeutung: der von den Asen beseelte Herrscher. – N: 5. August. – Der Vater von Erich dem Roten (10./11. Jh.) hieß: »Asvaldson«. Der Dichter Oswald von Wolkenstein (14./15. Jh.), der Philos. Oswald Spengler (19./20. Jh.).

Oswin Männlich: Oswin. Var.: Answin.
»Oswin« ist die angels. F des germ. PN: »Answin«, zsgs. aus »Ans« = die Asen (s. das Gliedwort: »Ans-«) + »win« = Freund (s. das Gliedwort: »win-«) = der Freund der Asen, der Gottheiten. Vgl. den germ. PN: »Gottwin«/»Godwin« (m) oder die altgriech. PN »Heliophilos« (m), »Theophil« (m). – N: 20. August.

Otfried Männlich: Otfried. Var. Odofred. Niederl. Offert, Uffert. – Weiblich: Otfriede.
Germ. PN, zsgs. aus »Ot-« = Besitz, Erbe (s. das Gliedwort: »Od«/»Ot«) + »Fried-« (s. das Gliedwort: »Fried-«) = Beschützer des Erbes. Wie »Otmund« (m). – N: 22. September. – Die weibl. Entsprechung ist: Otberga, Var. Edburga. – N: 13. Dezember. – Der Dichter Otfried (9. Jh.) führte den Endreim in die dt. Dichtung ein.

Otmar Männlich: Otmar, auch: Ottmar, Odomar, Odemar; KoF (schweiz.):

Oper, Otli. Fries. Omke, Omko, Omme,Ommo. Engl., frz. Omer bzw. Omar. Ital. Omero, Omar.
»Audomar« ist ein germ. PN, zsgs. aus »Aud« = Besitz, Erbgut (s. das Gliedwort: »Od«/»Ot«) + »mar« = berühmt (s. das Gliedwort: »-mar«). Bedeutung: durch sein Erbgut berühmt. Vgl. »Otbert« / »Edbert« (m), ital. Oberto (m) oder den altgriech. »Ktesiphon« (m). – T: Jungfrau und Skorpion – N: 9. September und 16. November – Zahlwert: 481 – Blume: das Labkraut. – Die nordfrz. Stadt »Saint-Omer« wurde nach dem hl. Audomar (7. Jh.) genannt und ihre Einwohner heißen heute noch Audomarois«. – Die angels. F »Omer« / »Omar« hat sich mit zwei ähnlichen PN vermengt: der bibl. hebr. »Omar« (m) = redselig, oder mit dem arab. »Omar« = der Erbauer (wie der berühmte pers. Dichter Omar Khayyam – 11./12. Jh.). – Der amerik. Gen. Omar Bradley (20. Jh.).

Otto Männlich: Otto, auch: Ott, Odo, Udo, Uto. Frz. Othon, Odon, Otto. Ital. Odo, Otto, Erw. Ottone, Otello. Engl. Otto, Othello. – Weiblich: S. »Oda«.
»Otto« ist eine KoF eines der vielen germ. PN auf »Ot«/»Aut« (s. das Gliedwort: »OD«/»OT« = Besitz, Erbgut), wie: Otbald, Otbert, Otfried, Otwald, Odwulf, Otmar usw. – T: Krebs – N: 2. Juli – Zahlwert: 406 – Blume: der Odermennig. – Um 1900 sehr beliebt. Auch als Doppelname. Wieder Mode (1980) in der DDR. – Der fläm. Maler Otto Vaenius (16./17. Jh.), Kanzler Otto von Bismarck (19. Jh.), der Dichter Otto Ludwig (19. Jh.), der Luftpionier Otto Lilienthal (19. Jh.), der Phys. Otto Hahn (N44), der amerik. (österr.) FReg. Otto Preminger.

Ottokar Männlich: Ottokar.
Alts. PN, zsgs. aus »Od-« = Besitz, Erbgut (s. das Gliedwort: »OD»/»OT«) + »wakar« = wachsam. Bedeutung: Hüter des Erbbesitzes. – N: 26. Februar. – Böhmenkönig Ottokar II (13./14. Jh.).

Owen Männlich: Engl. Owen, auch: Owain.
Einer der beliebtesten walis. Vornamen. Eine Anpassung des lat. PN: »Eugenius« (s.), aber phonetisch dem walis. Wort »oen« = Lamm, sehr ähnlich. – Vgl. den Frauennamen »Agnes«. – Owain Glyndŵr (14./15. Jh.), Nationalheld der Waliser. Der engl. Phys. Owen Richardson (N28). – Nicht zu verwechseln mit dem dän. Männernamen: »Ove«, wahrscheinlich KoF von »Åge« (aus einem Stamm: »Anicho« = Väterchen, ein Beiname von Thor). Der dän. Pol. Ove Rode (19./20. Jh.).

P

Palmatius Männlich: Palmatius; KoF: Palm. Frz. Palmyre. Ital. Palmiro. – Weiblich: Erw. Palmania. Ital. Palma, Palmira.
Aus dem lat. Adj.: »palmatus« (m) = Palmenträger (lat. »palma« = die Palme, als Siegeszeichen und Sinnbild der Weisheit). Eine Erinnerung an den Einzug Christi in Jerusalem am Sonntag vor Ostern, »Palmsonntag«. – N: 10. Mai. – Der ital. Pol. Palmiro Togliatti (20. Jh.).

Pamela Weiblich: Pamela. Engl. Pamela; KoF: Pam. Ital. Pamela.
Dieser Name wurde um 1580 vom engl. Hirtendichter Ph. Sidney geprägt für die Hauptgestalt seiner »Accadia«. Dabei dachte er an zwei griech. Stämme: »pan-« = alles + »meli« = Honig mit dem Sinne: die Allersüße, die sehr Süße. – Später (1740) vom engl. Schriftsteller S. Richardson in seinem »Pamela – oder die belohnte Tugend« verbreitet. – Vgl. andere Eigenschöpfungen: »Cedric« (m), »Lorna« (w), »Ophelia« (w). – In England Anfang der 50er Jahre besonders beliebt.

Pankratius Männlich: Pankratius, Pankraz; KoF: Gratz, Krees. Ital. Pancrazio.
Griech. PN, zsgs. aus »Pan« = alles + »kratos« = Kraft. Bedeutung: der sehr Kräftige, der Allmächtige. Vgl. den lat. PN: »Potentissimus« (m) oder den germ. »Alarich« (m). – N: 12. Mai. – Vgl. auch den griech. PN: »Pantaleo(n)« (m) = in allem ein Löwe, ital: »Pantaleone«. – N: 27. Juli.

Parfait Männlich: Frz. Parfait. Ital. Perfetto.
Ein Wunschname, aus dem lat. Adj.: »perfectus« – fehlerlos, perfekt. – N: 18. April.

Parsival Männlich: Parsival, Parsifal, Parzifal, Parzival. Engl. Percival; KoF: Percy. Frz. Parcifal.
Dieser Name ist eine Eigenschöpfung des frz. Dichters Chrétien de Troyes (12. Jh.) in seinem Ritterroman »Perceval le Gallois«, wahrscheinlich eine Anpassung des kelt. PN »Peredur« (= behelmter Krieger), volksetymologisch erklärt als: »das Tal (= val) durchdringend (= per-cer)«. Vgl. den ital. PN. »Rodomonte« (m), Gestalt Ariostos »Rasender Roland« (1515) = der Bergzertrümmerer. – Auf Deutsch von Wolfram von Eschenbach (um 1200) übernommen, dann durch Richard Wagner (1882).

Paschalis Männlich: Paschalis. Frz. Pascal. Ital. Pasquale. – Weiblich: Frz. Pascale, Erw. Pascaline. Ital. Pasqua.
Nach Mo. 2. 12.11, aus dem hebr. Wort: »passah« = Vorübergehen, urspr. Name eines jüdischen Frühlingsfestes mit Opfermahl, später von den Christen als »Ostern« (vgl. das nordwestdt.: »Paschen«) übernommen. Bedeutung: der Österliche (auch früher: der am Ostertag Geborene). – N: 17. Mai. – »Paschalis« war der Name zweier Päpste. Nach dem II. Weltkrieg sind »Pascal« (m) und »Pascale« (Erw. »Pascaline«) nicht selten in Frankreich gewesen.

Patrick Männlich: Patrick (die meistgebrauchte Schreibw.), auch: Patric, Patrik, Patrizius. Breton. Padrig. Engl. Patrick, KoF: Pat(sy), Ricky. Frz. Patrick, Patrice,

KoF: Pat. Ir. Padraic. Ital. Patrizio. Lat. Patricus. Niederl. Patricius. Poln. Patryk, Patrycy. Rumän. Patriciu. Schwed., ungar. Patrik. – Weiblich: Patricia (besser als »Patrice«), KoF: Patty. Engl. Patricia, KoF: Patty, Patt, Paddy, Tric(ia). Ital. Patrizia. Lat. Patricia. Finn., port., span., ungar. Patricia. Niederl. Patricia, KoF: Patty.

Aus dem lat. Wort »patricius« (m) = der Patrizier, der Vornehme (aus »pater« = der Vater, Senator. Die »patricii« [Mehrzahl] waren Angehörige der ältesten röm. Adelsfamilien, Mitglieder eines von Romulus (8. Jh. v. Chr.) gegründeten Ordens. – T: Fische – N: 17. März – Zahlwert: 487 – Gewächs: der Klee – Stein: der Smaragd. – Der hl. Patrick (urspr. »Sucath« genannt, kelt.: der Kriegstüchtige, der Kämpfer, 4./5. Jh.), wahrscheinlich in Dumbarton (Schottland) geboren, wurde als Kind von ir. Seeräubern nach Irland verschleppt und als Hirte verkauft. Einige Jahre später konnte er nach seiner Heimat fliehen und wurde Priester. Nach seinen religiösen Studien kehrte er aber nach Irland zurück und missionierte die Insel, aus welcher er »die Insel der Heiligen« machte. Er befreite Irland von Schlangen und ist Patron der Bergleute und Schmiede. Gegen 468 gestorben. – Der Vorname war zunächst in Irland aus religiösen Gründen tabu, verbreitete sich doch später und mit den Iren in ganz England und in den USA. Auch in Deutschland ist »Patrick« langsam, aber sicher in die »Top Ten« aufgerückt und steht augenblicklich in Baden-Württemberg ganz oben und hat bald »Michael«, »Christian« und »Maximilian« verdrängt. In Schottland war »Patricia« schon 1960 der 17. der Frauennamen. – Der frz. GFM Patrice MacMahon (19. Jh.), der engl. Phys. Patrick Blaskett (N48), der australische Schriftsteller White (20. Jh.), der ir. Dichter Kavanagh (20. Jh.), der frz. Schriftsteller Patrice Modiano (20. Jh.), der ir. Dichter Colum (20. Jh.), der frz. Dirigent Patrice Chéreau, die frz. Schausp. und ChansonS. Patrice Juvet, Patrice Abrial (20. Jh.). – Die amerik. Schriftstellerin Patricia Highsmith (20. Jh.), die entführte Patricia Hearst (20. Jh.), die frz. ChansonS. Patricia Carli (20. Jh.).

Paul Männlich: Paul, Paulus. Nddt. Pabel, Pagel; Erw. Paulin(us). Engl., frz. Paul. Dän. Poul. Ital. Paolo, Erw. Paolino. Span. Pablo. Schwed. Paul; KoF: Pälle. Russ. Pawel. – Weiblich: Paula, Paule, Erw. Paulina, Pauline; KoF: Lina. Frz. Paule; KoF: Paulette. Ital. Paola, Erw. Paolina.

Altgriech. »Paulos«, lat. »Paul(l)us«, entspringt einem idg. Stamm: »*peu« = Kleine, Junge (von Menschen oder von Tieren), Kind. Vgl. das griech. »pôlos« = junges Pferd (daher das ahd. »folo« = Fohlen), das neugriech. Suffix »-poulos« (= Sohn von) vielen griech. FN, das lat. »pullus« = Tierjunge. – »Paulus« (= der Kleine, der Niedrige) war urspr. der Beiname des röm. Patriziergeschlechtes der Æmilier, dessen Ahnherr von kleiner Statur war. – Paul: T: Krebs – N: 29. Juni –; Paula: T: Wassermann – N: 26. Januar – Zahlwert: 781 – Blume: der Kleinling – Stein: der Almendrin. – Seit dem MA in ganz Europa verbreitet, worauf die Redensarten: »Pawel und Gawel« (slaw.), »Pierre, Jacques, Paul« (frz.), »Elke Piet, Paul en Klaas« (Afrikaans) = »Hinz und Kunz«, hinweisen. Bis zum Ersten Weltkrieg im dt. Sprachraum sehr beliebt. Heute noch Mode in England und in den USA. – 6 Päpste, der ital. Maler Paolo Ucello (15. Jh.), der ital. Maler Paolo Caliari (= Veronese, 16. Jh.), der niederl. Maler Paul Bril (16./17. Jh.), der Bildhauer Paul Egell (17. Jh.), der niederl. Maler Paulus Rotter (17. Jh.), der frz. Schriftsteller Paul Scarron (17. Jh.), der frz. Pol. Paul Barras (18./19. Jh.), der frz. Dichter Paul Verlaine (19. Jh.), der frz. Anthropologe Paul Broca (19. Jh.), der frz. Architekt Paul Abadie (19. Jh.), der frz. Phys. Paul Langevin (19./20. Jh.), die frz. Maler Paul Cézanne und Paul Gauguin (19./20. Jh.), der frz. Patriot Paul Déroulède (19./20. Jh.), der frz. Komponist Paul Dukas(19./20. Jh.), die frz. Schriftsteller Paul Claudel, Paul Bourget, Paul Léautaud und Paul Valéry (19./20. Jh.), der Serologe Paul Ehrlich (19./20. Jh.), der preuß. Gen. Paul von Lettow-Vorbeck (19./20. Jh.), der GFM Paul von Hindenburg (19./20. Jh.), der südafrik. »Ohm Krüger« (19./20. Jh.), der Waffenhersteller Paul Mauser (19./20. Jh.), der frz. Math. Paul Painlevé (19./20. Jh.), der engl. Phys. Paul Dirac (N33), der amerik. Phys. Paul Flory (N74), der amerik. Industrielle Paul Getty (19./20. Jh.), der amerik. Schriftsteller Paul Gallico (20. Jh.), der Dichter Paul Heyse (19./20. Jh.), der frz. Liedermacher Paul Delmet (19./20. Jh.), der schweiz. Chem. Paul Karrer (N37), der frz. Schriftsteller Paul Morand (20. Jh.), der russ. Phys. Pawel A. Tscherenkow (N58), der span. Violoncellist Pablo Casals (19./20. Jh.), der amerik. Schriftsteller Paul Gallico (20. Jh.), der Komponist Paul Hindemith (20. Jh.), der Komponist Paul Dessau (20. Jh.), der Leichtathlet Paavo Nurmi (20. Jh.), der frz. Chem. Paul Sabatier (N12), der frz. Philos. Paul Ricœur (20. Jh.), der span. Maler Pablo Picasso (20. Jh.), der FSchau. Paul Wegener (20. Jh.), der amerik. FReg. Paul Newman (20. Jh.), der chilen. Lyr. Pablo Neruda (20. Jh.), der tschech. Schriftsteller Pawel Kohout (20. Jh.), der belg. Maler Devaux (20. Jh.), der Maler Paul Klee (20. Jh.), der belg. Pol. Paul Van Zeeland (20. Jh.), der amerik. »Crooner« Paul Anka (20. Jh.), der ungar. Mus. Paul Abraham (20. Jh.), die frz. FSchau. Paul Meurisse und Paul Préboist (20. Jh.). Die ital. Dichterin Paolina Grismondi (18./19. Jh.), die Malerin Paula Modersohn-Becker (19./20. Jh.), die österr. FSchau. Paula Wessely (20. Jh.), die amerik. FSchau. Paulette Godard (20. Jh.), die frz. Schausp. Paulette Merval und Paulette (= Emmanuelle) Riva (20. Jh.), die ChansonS. Paulette Dubost (20 Jh.), die FSchau. Pauline Caton (20. Jh.). – FN: Paul, Pol, Paoli(ni), Pohl, Pahl, Pauleau, Paulet, Pauly, (Erw.) Paulin, Paulard, Paulsen, Pauwelyn, Pauli(e)ssen, Peuler, Pauel(s), Pabel, Pauwel(s), Pawli(c)k, Pawelitsch, Pawlitschek, Pawlowna.

Peggy Weiblich: Peggy. Engl. Peg (schon selbstst. TN zu Shakespeares Zeit), Peggy, Peggoty. Ir. Peggy, Pegeen.
»Peg« / »Peggy« ist eine (der vielen) engl. KoF von »Margaret« (s.), vielleicht als Reim in den Kinderliedern für »Meg« / »Meggy« (andere alte KoF von »Margaret«) erdacht, aber wahrscheinlicher aus dem ehemaligen (7./8. Jh.) angels. Frauennamen »Pega« (aus einem angels. Stamm »peg« = Spitze). – N: wie Margareta: 20. Juli (oder 8. Januar). – »Peggy« war Modename im Angels. in den 20er Jahren. Ggw. in Frankreich und in der BRD nicht selten.

Pelagia Weiblich: Pelagia; KoF: Pea. Ital. Pelagia. – Männlich: Pelagius. Ital. Pelagio.
Aus dem griech. Adj.: »pelagios«, vom »pelagos« (lat. »pelagus«) = Meer. Bedeutung: vom Meer, die am Meer Lebende. Vgl. den lat. PN: »Marina« (w) = die am Meer Lebende, oder den kelt. »Muriel« (w) (aus dem kelt. Stamm »myr« = Meer). – N: 9. Juni.

Percival Männlich: Perceval. Engl. Perceval, Percifal, Percival. Dt. Parsifal, Parzifal.
Der Name: Percevaus, Perlesvaus, Percyvelle, ist vom größten frz. Dichter des MA – Chrétien de Troyes – gegen 1175 erfunden worden. Als Übersetzung des walis. PN: »Peredur« (= der Krieger aus dem Hexenkessel) der Artuslegende. Etwas später (1197–1210) von Wolfram von Eschenbach als »Parzifal« und schließlich von Richard Wagner als »Parsifal«. Der urspr. Sinn ist »der durch das Tal sticht«. – Der amerik. Astronom Percival Lowell (19./20. Jh.).

Percy Männlich: Percy. Engl. Percy; KoF: Perce.
Ist nicht, wie man es oft annimmt, eine KoF von »Perceval«, sondern ein FN. Der von William de Perci, Gefährte von William dem Eroberer (11. Jh.), geboren in der normannischen Ortschaft von Perci-en-Auge (Calvados). – Der engl. Dichter Percy Shelly (19. Jh.), der engl. Schriftsteller Percy Lewis (20. Jh.), der amerik. Phys. Percy W. Bridgman (N46).

Peregrina Weiblich: Peregrina. – Männlich: Peregrin. Engl. Peregrine, Pilgrim. Ital. Pellegrino.
Lat. Wort: »peregrinus« (m), aus einem Zeitwort: »peregrinari«, zsgs. aus »per« = durch + »ager« = Feld, Acker = durch die Felder, das Land ziehend, Reisender, der (die) Fremde. Später, unter christl. Einfluss: ahd. »piligrîm« = Pilger. N: 16. Mai.

Perpetua Weiblich: Perpetua. Ital. Perpetua. – Männlich: Perpetuus.
Röm. PN, aus dem lat. Adj.: »perpetuus« (m), aus einem Zeitwort: »peter« = vorrücken. Bedeutung: der (die) unablässig vorwärts geht. Vgl. »Konstanze« (w) oder den lat. PN. »Perennius« (= *perenni*erend) (m). – N: 7. März.

Peter Männlich: Peter. Engl. Peter; KoF: Pitt. Frz. Pierre. Ital. Pietro, Piero, Erw. Pierino. Schwed. Per, Pär. Span. Pedro. – Weiblich: Petra. Dän., niederl., schwed. Petra. Ital. Petra, Piera, Erw. Pierina; KoF: Rina.
Über das lat. »Petrus« (m) / Var. »Petros« (m), geht der PN »Peter« auf das griech. »Petros« (m) zurück, eine volkstümliche F für »pietra« = Stein, Fels, mit dem Begriff von »massig«, »unerschütterlich«. Vgl. den altdt. PN: »Steinhart« (8. Jh.) oder den ... chinesischen »Kaï-schek« = der Felsenfeste, von »Tschiang-Kaischek«. – Das griech. »Petros« selbst war eine Übersetzung aus dem Aram. (NW-sem. Sprache, Christi Sprache): »Kephas« = Stein, Fels, die auf dem berühmten (nur auf Frz. genau zu übersetzen) Wortspiel beruht (Matth. 16.18): »Du bist Petrus (frz. Pierre), und auf diesen Felsen (frz. pierre) will ich meine Gemeinde bauen ...« – T: Krebs – N: 29. Juni – Zahlwert: 729 – Blume: Peter = Schlüsselblume; Petra: die Goldrute – Stein: der (grüngelbe) Vesuvianit. – Als Name des Apostelfürsten war »Peter« schon in den ersten Zeiten der röm. Kirche sehr beliebt. Das beste Zeichen dafür ist, in fast allen europ. Sprachen, eine Fülle von Redensarten der Umgangssprache, die jenen PN enthalten sowie die zahllosen daraus entsprungenen Familiennamen. Ein Dutzend Seiten würden kaum genügen, alle aufzuzählen. Seit dem II. Weltkrieg fast überall im Absteigen. – »Petra« im dt. Sprachraum um 1900 noch sehr selten, gehörte zwischen 1960 und 1970 zu den beliebtesten Mädchennamen. – Der ital. Dichter Pietro Cavallini (13. Jh.), der Architekt Peter Parfer (14. Jh.), der fläm. Architekt Pieter Appelmans (14./15. Jh.), der ital. Maler Piero della Francesca (15. Jh.), der niederl. Maler Petrus Christus (15. Jh.), der port. Seefahrer Pedro Cabral (15. Jh.), der frz. Dichter Pierre Gringoire (15./16. Jh.), der ital. Schriftsteller Pietro Aretino (16. Jh.), die fläm. Maler Pieter Bruegel (Vater 16. Jh. und Sohn 16./17. Jh.), Peter Paul Rubens (16./17. Jh.), der frz. Dichter Pierre Ronsard (16. Jh.), der frz. Architekt Pierre Lescot (16. Jh.), der frz. Schriftsteller Pierre Corneille(17. Jh.), der frz. Math. Pierre de Fermat (17. Jh.), der ital. Maler Pietro da Cortina (17. Jh.), der frz. Schriftsteller Pierre Marivaux (17. Jh.), der frz. Maler Pierre Redouté (18./19. Jh.), der frz. Astronom Pierre Laplace (18./19. Jh.), der niederl. Phys. Peter Musschenbroed (18. Jh.), der Frühsozialist Pierre Proudhon (19. Jh.), der frz. Pierre de Coubertin (die olymp. Spiele 19./20. Jh.), der Architekt Peter Behrens (19./20. Jh.), der niederl. Maler Piet Mondriaan (19./20. Jh.), der norw.

Schriftsteller Egg (19./20. Jh.), der frz. Pierre De Geyter (19./20. Jh., »die Internationale«), der österr. Schriftsteller Peter Altenberg (19./20. Jh.), der frz. Linguist Pierre Larousse(19./20. Jh.), der frz. Schriftsteller Pierre Loti (19./20. Jh.), der frz. Maler Pierre Puvis de Chavannes (19. Jh.), der österr. Schriftsteller Peter Rosegger (19./20. Jh.), der frz. Phys. Pierre Curie (N03), der frz. Anthroposoph Pierre Teilhard de Chardin (19./20. Jh.), der frz. Komponist Pierre Boulez (20. Jh.), die frz. Schausp. Pierre Fresnay und Pierre Brasseur (20. Jh.), der engl. Schausp. Peter Ustinov (20. Jh.), der russ. Phys. Piotr Kapiza (N78), der frz. Schriftsteller Pierre Mac Orlan (20. Jh.), der ital. FReg Piero Pasolini (20. Jh.), der niederl. Phys. Pieter Zeeman (N02), der schwed. Schriftsteller Pär Lagerkvist (N51), die Schriftsteller Peter Handke und Peter Huchel (20. Jh.). – FN: Pett, Pitt, Petry, Pet(h)er(s), Piers, Peterson, Piers, Parson, Person, P(i)erson, Perkin(s), Pierre, Pierson, Pierrard, Pierrot, Perrot, Perrod, Pernet, Perney, Perron, Perreau, Perrot, Perrin, Périn, Perrineau, Peeter(s), Perneel, Per(r)onnet, Pieraert(s), Piery, Perschon, Peters(s)en, Pieter(s), Petzold, Petereit.

Petronella Weiblich: Petronia, Erw. Petronilla, Petronella. Ital. Petronia, Erw. Petronilla. – Männlich: Petronius. Ital. Petronio.
»Petronius« war der Name eines röm. Geschlechtes, die Petronier, aus dem (ungedeuteten) etrusk. PN »Petrune(s)«. N: 31. Mai.

Philipp Männlich: Philipp(us); KoF: Lipp(el), Lip(p)us, Lips. Engl. Philip; KoF: Phil. Frz. Philippe. Ital. Filippo; KoF: Lippo, Pippo. Span. Felipe. Dän., norw., schwed. Filip. – Weiblich: Philippa, Erw. Philippine, Philippina; KoF: Bina, Bine. Ital. Filippa, Erw. Filippina. Griech. PN: »Philippos« (m), zsgs. aus: »philo« = liebend, Freund + »hippos« = Pferd. Bedeutung: der die Pferde liebt, Freund der Pferde. Genau wie der altpers. PN: »Apamistras« (m). – T: Stier – N: 3. Mai – Zahlwert: 980 – Pflanze: Pferdehufsklee – Stein: der (hellgelbe) Danburit. – Name vieler makedonischer, frz., österr., dt., span. Könige und Fürsten. In Frankreich nach dem II. Weltkrieg besonders beliebt. – In vielen Städten der neuen und alten Bundesländer gehört »Philipp« (sowie die Var.: »Philip«, »Phillip«, »Phillip« und die KoF: »Phil« zu den beliebtesten Jungennamen. – Der ital. Baumeister Filippo Brunelleschi (14./15. Jh.), der frz. Chronist Philippe de Commynes (15./16. Jh.), der Humanist Philipp Melanchthon (15./16. Jh.), der Graveur Philipp Adeler (15./16. Jh.), der ital. Schriftsteller Filippo Pigafetta (16. Jh.), der frz. Dichter Philippe Desportes (16./17. Jh.), der frz. Maler Philippe de Champaigne (17. Jh.), der niederl. Architekt Filip Vingboons (17. Jh.), der fläm. Komponist Filip de Monte (16./17. Jh.), der engl. Dichter Philipp Massinger (17. Jh.), der fläm. Maler Filip Fruytiers (17. Jh.), der Dichter Philipp von Zesen (17. Jh.), die niederl. Maler Filip Wouwerman (17. Jh.) und Konock (17. Jh.), der frz. GFM Philippe Sérurier (18. Jh.), der frz. Schriftsteller Philippe Destouches (18. Jh.), der österr. Theaterschriftsteller Philipp Hafner (18. Jh.), der frz. Dichter Philippe Quinault (17. Jh.), der Maler Philipp Runge (18./19. Jh.), der span. Komponist Felipe Pedrell (19./20. Jh.), der ungar. Maler Fülöp Laszlo (19./20. Jh.), der ital. Maler Filippo Scarpelli (19./20. Jh.), der Phys. Lenard (19./20. Jh.), der frz. GFM und Staatschef Philippe Pétain (19./20. Jh.), der engl. Prinzgemahl Philipp (20. Jh.), der fläm. Schriftsteller Philipp de Pillecijn (20. Jh.), der ital. Schriftsteller Filippo Marinetti (Futurismus – 20. Jh.), der amerik. Arzt und Endokrinologe Philipp S. Hench (N50), der frz. FSchau. Philippe Noiret (20. Jh.), der FReg. Philippe de Brocca (20.Jh.), die Schriftsteller Philippe Soupault und Philippe Hériat (20. Jh.), der frz. ChansonS. Philippe Clay (20. Jh.). – FN: Philippe, Phélip, Félip, Philippeau(x), Philipeau, Flipot, Philips, Philippoteaux, Filippi, Philip(p), Philip(p)aert, Phlips, Phlypo, Lipsky, Lippus, Philippeit, Bilipp, Philip, Philpot, Phelpot.

Philomela Weiblich: Philomela, Var. (durch Dissimilation »l« > »n«). Philomena. Frz. Philomène. Ital. Filomena.
»Philomela« ist ein griech. PN, zsgs. aus »philo« = liebend, Freund, + »melos« = taktmäßiger (Gesang) (wie in »*Melo*die«). Bedeutung: Freundin des Gesangs. N: 11. August. – Sagenhafte Tochter eines athen. Königs, in eine Schwalbe verwandelt.

Phyllis Weiblich: Phyllis. Engl. Phyllis, Phillis, Phyllida; KoF: Phil.
Aus dem griech. Wort: »phyllon« = Blatt, Laub (vgl. das Chloro*phyll* = Blattgrün). Bedeutung: die Sprossende. Wie der engl. PN: »Blossom« (w) oder der ir. PN: »Blath« (w). – Dieser Name wurde durch die Hirtengedichte (16./17. Jh.) verbreitet und ist heute noch in den USA ziemlich beliebt.

Pia Weiblich: Pia. Engl., frz., ital. Pia. Span. Pía. – Männlich: Pius. Ital. Pio. Span. Pío.
Aus dem lat. Adj.: »pius« (m) / »pia« (w), urspr.: rein, dann: gedenk seiner Pflichten den Göttern und der Familie gegenüber, und schließlich: fromm (vgl. das Wort: »*Pie*tät«). – N: 19. Januar. – »Pius« war der Name von zwölf Päpsten. Der span. Schriftsteller Pío Baroja (19./20. Jh.).

Pilar Weiblich: Pilar. Span. Pilar.
Aus dem span. Wort: »pilar« (lat. »pila«) = Pfeiler, Säule. Eine indirekte Benennung im span. Sprachraum (s. »Carmen«) der Jungfrau Maria = Nuestra Señora del Pilar, nach der Legende einer Erscheinung vom hl. Jakob, am Ufer des Ebros, auf einer marmornen *Säule.* – Der Name der Patronin der »Hispanidad« ist im span. Sprachraum nicht selten.

Placidus Männlich: Placidus; KoF: Placi, Plaze. Frz. Placide. Ital. Placid(i)o. – Weiblich: Placida. Ital. Placid(i)a.
Häufiger lat. PN aus dem lat. Adj.: »placidus« (m) / »placida« (w), vom Zeitwort: »placere« = gefallen. Urspr.: gefällig, dann im klass. Lat. »der Friedliche«, »der Sanfte«. Vgl. den lat. PN: »Serenus« (m), die russ. PN: »Mir« (m), »Mira« (w), »Ladimir« (m) von ähnlichem Sinne. – Placidus: N: 5. Oktober –; Placida: N: 11. Oktober.

Polykarp Männlich: Polykarp(us); KoF: Karp. Ital., span. Policarpo.
Griech. PN: »Polykarpos«, zsgs. aus »poly« = viel + »karpos« = Frucht. Bedeutung: der viele Frucht (bringt). Ein Wunschname. Vgl. den altgriech. PN: »Karpophorus« (m) = der Fruchttragende. – N: 26. Januar. – Der amerik. Phys. Polykarp Kusch (N55).

Porphyrius Männlich: Porphyrius. Ital., span. Porfirio.
Aus dem griech. Wort: »porphyra« (lat. »purpura«) = Purpurschnecke, Purpurfarbe, Purpurstoff. Die Alten gaben zuweilen diesen Beinamen einem Kind, mit einem purpurfarbigen Gesicht geboren, nach einer besonders schwierigen Geburt. Vgl. das Wort: «Porphyr«: ein harter, *roter* Stein. – N: 26. Februar. – In der spanisch sprechenden Welt nicht selten. Der mexik. Staatschef Porfirio Diaz (19./20. Jh.).

Pretiosa Weiblich: Pretiosa, Preziosa. Ital. Preziosa.
Aus dem lat. Adj.: »pretiosus« (m) / »pretiosa«, aus einem Stamm »pretium« = Wert. Bedeutung: von Wert, kostbar, die Wertvolle. Vgl. den lat. »Gemma« (w) (= Edelstein), den engl. »Jewel« (w) (= Kleinod), den russ. »Zlata« (w) (= die Goldene).

Primus Männlich: Primus. Ital., span. Primo.
Häufiger lat. PN: »Primus«, von Ordinalzahl: »primus« = der Erste. Aus einem Stamm: »*pri« = vor, vorher, dessen »prior« ein Komparativ (daher: »Prior« = Vorsteher gewisser Klöster), und »primus« ein Superlativ (= der ganz vorne) waren. – Die Römer der Kaiserzeit nannten oft ihre Kinder: »Primus« (= 1.), »Secundus« (m = 2.), »Tertius« (m = 3.), »Quartus« (m = 4.) usw. – N: 9. Juni.

Prisca Weiblich: Prisca, Priska, Erw. Priscilla. Engl. Priscilla: KoF: Pris(sy). Frz. Priscille. Ital. Prisca, Erw. Priscilla. Ungar. Piroska. – Männlich: Priscus. Ital. Prisco.
Aus dem lat. Adj.: »priscus« (m) / »prisca« (w), aus einem Stamm: »pri« = vorher. Bedeutung: von der alten Zeit, von alten guten Sitten. Vgl. den lat. PN: »Seneca« (m) = der Alte, der Ehrwürdige, den gall. »Cottos« (m) = der Alte, Weise. – N: 18. Januar. – »Priscilla« war gegen Mitte des vorigen Jh. in England nicht selten. In Frankreich (»Priscille«) in den 70er Jahren beliebt.

Prosper Männlich: Prosper(us). Frz. Prosper. Ital. Prospero.
Aus dem lat. Adj.: »prosperus« = der Glückliche, der Erfolgreiche (vgl. »Prosperität«). Ein Wunschname. – N: 25. Juni. – Der frz. Dichter Prosper Crébillon (17./18. Jh.), der frz. Schriftsteller Prosper Mérimée (19. Jh.).

Prudentia Weiblich: Prudentia. Ital. Prudenzia, Erw. Prudenziana. – Männlich: Prudens. Frz. Prudent. Ital. Prudenzio.
Aus dem lat. Adm: »prudens« (m), Kontraktion des Partizips der Gegenwart: »providens« = voraus(pro)-sehend (videns). Bedeutung: der Vorsichtige, der Umsichtige. »Prudentia« ist das lat. Wort für »Besonnenheit« – eine der christlichen Haupttugenden. Ein Wunschname. – N: 6. Mai.

Pulcheria Weiblich: Pulcheria.
Aus dem lat. Adj.: »pulcher« (m) / »pulchra« (w) = schön. Der urspr. religiöse Sinn war: fehlerfrei (von Opfertieren), dann: schön, hübsch. Vgl. den griech. PN: »Kallistos« (Callistus) (m) = der Schönste, den lat. »Formosus« (m) = der Schöne. – N: 10. September.

Pyrrhos Männlich: Pyrrhos. Engl., frz. Pyrrhus. Ital. Pirro.
Griech. PN: »Pyrrhos«, aus dem griech. Wort: »pyr« / Gen. »pyros« = Feuer. Bedeutung: der Feuerfarbige, der Rothaarige. Vgl. die lat. PN: »Rubens« (m), »Rufus« (m), von ähnlichem Sinne. – Berühmter König von Epirus (4./3. Jh. v. Chr.). Alle Sprachen Europas kennen den »Pyrrhussieg« (ein viel zu teuer bezahlter Erfolg von zweifelhaftem Effekt.).

Q

Quintus Männlich: Quint(us), Erw. Quintinus. Frz. Quentin. Ital. Quinto, Erw. Quintilio, Quintino. – Weiblich: Ital. Quinta, Erw. Quintina.
Lat. PN: »Quintus« (m), aus dem lat. Adj. »quintus« (m) = der Fünfte. Vgl. den osk. PN: »Pompeius«, aus dem osk. »pompe« = fünf, ital. »Pompeo« (m), »Dsiro« (»ro« = Kind). Das fünfte Kind einer Familie. – N: 31. Oktober. – Der fläm. Maler Quinten Matsijs (15./16. Jh.).

Quirin Männlich: Quirin(us). Bayer. Kirein. Rhein. Krein, Krien. Ital. Quirino. »Quirinus« (m) war der lat. Name des Kriegsgottes der Sabiner. Aus einem sabin. Wort: »quiris« = die Lanze, der Speer, zunächst das Attribut, dann die Darstellung (und der Name) des Gottes selbst. Vgl. »Mars« (s. »Martin«). – N: 30. März. – Der Dichter Quirinus Kuhlmann (17. Jh.).

R

Gliedwort

Raban auch: Hraban, (H)ram(n), (H)ran, C(h)ram.
Wort germ. »*hrab(a)na«, ahd. »hraban«, bezeichnete nicht die Krähe, sondern den Kolkraben, ca. 75 cm groß, heute fast am Aussterben. – In den PN urspr. in Verbindung mit dem Wodanskult (Rabe und Adler waren die hl. Vögel jenes Schlachtengottes). – Vgl. den gall. PN: »Bodb« (w. Art gall. Walküre), den hebr. (bibl.) »Oreb« (m), den altgriech. »Korax« (m), den kelt. »Bran« (m), den lat. »Gracchus«, die alle »Rabe« bedeuten. – In den PN viel häufiger als zweites denn als erstes Gliedwort.

Rachel Weiblich: Rachel, Rahel. Engl. Rach(a)el; KoF: Ray. Ital. Rachele. Frz. Rachel. Schwed. Rakel. Span. Raquel.
Hebr. (bibl.) Frauenname: »ra¯hel« = Mutterschaf. In der scholastischen Philosophie Sinnbild des kontemplativen Lebens. – N: 15. Januar. – Die frz. trag. Schauspielerin Rachel (= Elisabeth Felix – 19. Jh.). Die amerik. Schausp. Raquel Welch (20. Jh.).

Radegund Weiblich: Radegund; KoF: Rada. Ital. Radegonda.
Germ. Frauenname, zsgs. aus: »Rat« (s. das Gliedwort: »Rat«) + »Gund« (s. das Gliedwort: »Gund«) = Ratgeberin im Kampfe. Vgl. die Umkehrung: »Guntrada« (w). – N: 13. August.

Radolf Männlich: Radolf, Radulf; KoF: Ralf, Ralph. Fries. Rel(e)f. Frz. Raoul. Engl. Ralph. Span. Raúl. Germ. PN, zsgs. aus »Rat« (s. das Gliedwort: »Rat«) = Ratgeber + »Wolf« (s. das Gliedwort: »Wolf«) = weiser und wolfsmutiger Ratgeber. Vgl. die Umkehrung: Wolfrat (m). – N: 21. Juni. – Die NebenF: »Ralph« / »Ralf« sind in den angels. Ländern (und seit den 60er Jahren auch im dt. Sprachraum), »Raoul« in den frz. Ländern und »Raúl« in den spanisch sprechenden Ländern beliebt. – Der amerik. Philos. Ralph W. Emerson (19. Jh.), der österr. Komponist Ralph Benatzky (19./20. Jh.), der frz. Maler Raoul Dufy (19./20. Jh.), der Amerikaner Ralph J. Bunche (FriedensN50), der kubanische Pol. Raúl Castro (20. Jh.).

Gliedwort

Ragin auch: Regin, Ragan, Ragn. Kontr. F Rain, Rein, ren.
Wort: Ratschluss. Germ. »*ragana«, angels. »regn« / »rögn« = Ratschluss der Götter, leitende Mächte. Ags. »regn« = ganz, vollkommen, hervor*ragend.* – In den PN immer als erstes Glied, meistens als Verstärkungspräfix.

Ragnhild Weiblich: Skand. Ragnhild; KoF: Ragna, Ragni. Deutsch Reinhild(e), Renilde; KoF: Rendel.
Germ. Frauenname (»Raganhildis« – 5. Jh.), zsgs. aus »ragin« (s. das Gliedwort: »ragin«) + »hild« (s. das Gliedwort: »Hild-«) = die vollendete Kämpferin. – Reinhild(e): N: 16. Juli; Ragna: N: 4. November. – Die norw. Prinzessin Ragnhild (geb. 1930).

Raimund Männlich: Rei(n)mund, Raimund. Engl. Raymond; KoF: Ray. Frz. Raymond. Ital. Raimondo. Span. Rai-

mundo, Ramón (urspr. katalan.); KoF: Ramuncho. – Weiblich: Raimunde, Reimunde, Raimonda. Frz. Raymonde. Ital. Raimonda. Span. Ramona.
Germ. PN, zsgs. aus »ragin« (s. das Gliedwort: »ragin-«) + »mund« (s. das Gliedwort: »mund«) = der bewährte Schützer. – N: 23. Januar. – In Frankreich (bes. im Süden) und im span. Sprachraum verbreitet. – Der katalan. Mystiker Raimundus Lullus (13./14. Jh.), der katalan. Chronist Ramón Muntaner (13./14. Jh.), der ital. GFM Raimondo Montecuccoli (17. Jh.), der span. Theaterschriftsteller Ramón de la Cruz (18. Jh.), der Stummfilmschausp. Ramón Novarro, der frz. Pol. Raymond Poincaré (19./20. Jh.), der belg. Schriftsteller Raymond Brulez (20. Jh.), der span. Schriftsteller Ramón Perez de Ayala (20. Jh.), der frz. Schriftsteller Raymond Abellio (20. Jh.), der frz. Meisterkoch Raymond Olivier (20. Jh.), der amerik. Schriftsteller Raymond Chandler (20. Jh.), der frz. Philos. Raymond Bayer (20. Jh.), der frz. Schausp. Raymond Pellegrin (20. Jh.), der FSchau. Ramón Navarro (20. Jh.), der frz. Schriftsteller Raymond Radiguet (20. Jh.), der frz. Journalist Raymond Aron (20. Jh.), die frz. Schriftsteller Raymond Roussel und Raymond Queneau (20. Jh.), der span. Schriftsteller Ramón Valle-Inclan (19./20. Jh.), der amerik. Sänger Ray Charles, der frz. Pol. Raymond Barre (= der »Joffre der Wirtschaft« – 20. Jh.). – FN: Raymond, Rayment, Raymo(o)nt, Reinmund(t), Remond, Reymond, Raimond, Rémond, Ramon(dy), Ra(y)monec, Ramonic, Raymondis, Remondeau.

Rainald Männlich: Reinald, Rein(h)old, Reginald, Reinwald. Engl. Reginald, Reynold, Ronald (urspr. schott.). Frz. Renaud. Ital. Rinaldo, Reginaldo. Schwed. Ragnvald. – Weiblich: Reinalde. Engl. Ronalda.
Germ. PN, zsgs. aus »ragin« (s. das Gliedwort: »ragin-«) + »wald« (s. das Gliedwort: »wald-«) = der mächtige, unbestrittene Herrscher. – N: 7. Januar. – Im MA im dt. und im roman. Sprachraum beliebt. »Ronald« war in den 20er und 30er Jahren einer der beliebtesten engl. Vornamen. – Der frz. Komponist Reynaldo Hahn (20. Jh.), der Schriftsteller Reinhold Schneider (20. Jh.), der norw. Schriftsteller Ronald Fangen (20. Jh.), der amerik. FSchau. Ronald Colman.

Rainer Männlich: Rainer, Reiner. Frz Rainier. Dän. Ragnar, Regner. Schwed. Ragnar; KoF: Ragge. Ital. Rainerio, Ranieri.
»Rainer« kann eine KoF von »Reinhard« (s.) sein, oder ein germ. PN: »Raginher«, zsgs. aus »ragin-« (s. das Gliedwort: »ragin«) + »her« (s. das Gliedwort: »her-«) = der vollendete Krieger, Krieger, der nie verzagt. – T: Widder – N: 11. April – Zahlwert: 1382 – Pflanze: der Rainfarn. – Im MA im dt. Sprachraum besonders beliebt. In den 60er Jahren wieder modisch geworden. – Der österr. Dichter Rainer Maria Rilke (eigentlich: *R*ené, K*a*rl, W*i*lhelm, Joha*n*n, Jos*e*f, Ma*r*ia – 19./20. Jh.), der schwed. Baumeister Ragner Ostberg (19./20. Jh.), der Pol. Rainer Barzel (20. Jh.), Prinz Rainier von Monaco (20. Jh.).

Rambert Männlich: Rambert
Germ. PN, Umkehrung von »Bertram« (s.) = berühmt und alles überschauend. – N: 13. Juni.

Ramsay Männlich: Ramsey, Ramsay (urspr. schott. F).
»Ramsey« ist ein ON (Essex) = Insel des Waldknoblauchs. – Der engl. Pol. Ramsay MacDonald (19./20. Jh.).

Randolf Männlich: Randolf, Randulf; KoF: Rando. Engl. Randolph, Var. Randal(l); KoF: Randy.
Germ. PN, zsgs. aus »Rand« = Schild + »wolf« (s. das Gliedwort: »wolf-«) = mutiger, zäher Schild(krieger). – Winston

Churchills Vater (Randolph – 19. Jh.) und Sohn (20. Jh.), der amerik. Schriftsteller Randall Jarrell (20. Jh.).

Raphael Männlich: Raphael; KoF: Raff. Engl. Raphael; KoF: Ray, Rafe. Frz. Raphaël. Ital. Raffaele, Raffaelo. – Weiblich: Raphaela. Ital. Raffaella.
Hebr. (bibl.) PN, zsgs. aus: »repha« = heilen + »El« = Gott, der Herr. Bedeutung: »Gott möge (mich) heilen«, »Gott möge mich von meinen Sünden befreien«. – T: Skorpion. – N: 24. Oktober. – Mit »Gabriel« und »Michael«, einer von drei namentlich bekannten Engel. Seit dem MA als Taufname verwendet. Zur Zeit im Aufkommen im dt. Sprachraum. – Der ital. Maler Raffaello Santi (= Rafael/Raphael, 15./16. Jh.), der ital. Dichter Raffaello Borghini (16. Jh.), der ital. Maler Raffaello Sanzio (Vater von Rafael, 15. Jh.), der ital. Phys. und Chem. Raffaello Nasini (19./20. Jh.), der ital. Schriftsteller Raffaello Giovagnoli (19./20. Jh.), der ital. Architekt Raffaello Getti (19./20. Jh.), der kolumb. Dichter Rafael Maya (20. Jh.), der argent. Dichter Rafael Arrieta (20. Jh.), der dominikanische Pol. Rafael Trujillo (20. Jh.), der span. Schriftsteller Rafael Alberti (20. Jh.). – FN: Raphaël, Raffa(e)lli, Raphet, Rachfell, Rachfa(h)l.

Gliedwort

Rat auch: Ra(e)d, Raad, Rade, Red. Als weibl. Endung: -rada, -rata.
Wort = Rat, Ratgeber. – Aus einem idg. Stamm »*rê« = glauben. Germ. »*ra∂a«, angels. »ra∂« = Hilfe, dän. Schwed. »råd« (= Rat), ahd. »rat« (= Vorsorge), angels. »raed« = Hilfe, Nutzen. Niederl.: »raad« (= Rat). – In den PN schon im 1. Jh. belegt. Sowohl als erstes, als auch als zweites Glied.

Ratbald Männlich: Ratbald, Ratbold; KoF: Rapp.
Germ. PN, zsgs. aus »Rat« (s. das Gliedwort: »Rat-«) + »bald« (s. das Gliedwort: »-bald«) = der kühne Ratgeber. Wie die Umkehrung: »Baldrada« (w), der germ. PN: »Rathard« (m) oder der altgriech. PN: »Thrasybulos« (m).

Ratbert Männlich: Ratbert. – Weiblich: Ratberta.
Germ. PN, zsgs. aus »Rat« (s. das Gliedwort: »Rat-«) + »bert« (s. das Gliedwort: »bert«) = glänzender Berater. Wie die Umkehrung: »Bertradus« (m) / »Bertrada« (w) oder der germ. PN: »Ratmar« (m).

Ratbod Männlich: Ratbod, Radbod.
Germ. PN, zsgs. aus »Rat« (s. das Gliedwort: »Rat«) + »Bod« = Herrscher. Bedeutung: Berater und Herrscher. Wie der germ. PN: »Rat(h)old« (m) und die ehem. Umkehrung: »Waltrad« (w).

Rather Männlich: Rather; Ratger.
Germ. PN, zsgs. aus »Rat« (s. das Gliedwort: »Rat-«) + »Ger« bzw. »her« (s. »Ger-« u. »her-«) = der Berater im Streit. Wie der germ. Frauenname: Rathild.
Alle männl. »Rat«-Namen haben KoF entwickelt wie: Rath(o), Rasso, Razzo.

Räto Männlich: Räto (lat. F: Rätus), auch: Reto (Retus). Ital. Reto, Rezio. – Weiblich: Reta.
Völkername: Bewohner der »Raetia« (Ostschweiz, vgl. die Rhätischen Alpen – und des südlichen Tirols – vgl. den »Ries«), nach dem Namen des keltischen Stammes der »Raeti« (ungedeutet).

Rebekka Weiblich: Rebekka; KoF: Be(c)k(a, e). Engl. Rebecca; KoF: Becky. Frz., ital. Rebecca.
Hebr. bibl. Frauenname aus einem hebr. Zeitwort: »ribqa¯« = festbinden – das sich urspr. auf Opfertiere bezog, die getrennt und *gebunden* gezüchtet waren. Dann als Sinnbild der ehelichen Treue (Verbindung, Fessel) gedeutet. – N: 30. August. – Die bibl. Frau Isaaks, Mutter von Jakob und Esau.

Redento Männlich: Ital., span. Redento. – Weiblich: Ital., span. Redenta.
Aus dem (Kirchen)lat. »redemptus« (m), Partizip der Vergangenheit von »redimere« = erlösen, loskaufen. Bedeutung: der Erlöste. Wie der hebr. bibl. PN: »Pedaja« (m). – Redento: N:8. April; Redenta: N: 23. Juli.

Regina Weiblich: Regina, Regine; KoF: Rega, Regi, Gina. Ina. Engl. Regina. Frz. Régine, Régina. Niederl., schwed. Regina.
»Regina« (w) – sowie der altdt. Männername »Regin(o)» – ist eine KurzF von »Regin«-Namen (s. das Gliedwort: »Ragin-«), die sich aber bald mit dem lat. Wort »regina« (w) = Königin (aus einem Stamm: »reg-« s. das Gliedwort: »rik«) vermengte. Im MA oft zur Ehre der Himmelskönigin (»Regina caeli«), Jungfrau Maria, als Taufname gewählt: – Weiblich: Reina, lat. Verkleinerung: Regula. Engl. Queenie. USA. Queena. Frz. Reine. Ital. Regina und Regula. – Männlich: Rex. Engl. Rex (oft als KoF von »Reginald« empfunden). Ital. die Verkleinerung: Regolo. Schwed. Rig. – T: Krebs – N: 1. Juli – Zahlwert: 417 – Blume: die (weiße) Rose – Stein: der Diamant. – »Regina« war Modename im dt. Sprachraum in den 60er Jahren.

Regis Männlich: Regis. Frz. Régis.
Aus dem lat. »regere« = dirigieren, verwalten. Der Verwalter, vgl. den engl. »Stuart« (früher: Steward) = Verwalter. – In Frankreich nach dem I. WK ziemlich verbreitet. – N: 16. Juni. – Der frz. Schriftsteller François-Régis Bastide (20. Jh.), der Philos. Régis Debray (20. Jh.). – FN: Régis, Regissier.

Rein Männlich: Reimbert, Reimbrecht, Reinbert, germ. PN, zsgs. aus »Rein« kontr. F von »Ragin« (s. dort) + »bert« (s. das Gliedwort: »bert«): der sehr Berühmte.
N: 16. Mai. – Einen sehr ähnlichen Sinn hat: Männlich: Reimar, Reinmar. Schwed. Reimar, Reimer. – N: 11. März. – Beide obengenannten Vornamen haben eine KoF: Reimo, Raimo entwickelt. – Männlich: Reinfried. – Weiblich: Reinfriede. Germ. PN, zsgs. aus »Rein« (s. das Gliedwort: »ragin-«) + »Fried« (s. das Gliedwort: »fried«) = der (die) gescheite Beschützer(in). – N: 18. September. – Einen ähnlichen Sinn hat der Frauenname: Reingard. – N: 24. Juni.

Reinhart Männlich: Reinhard, Reinert (s. auch: Rainer); KoF: Fries. Renke.
Germ. PN: »Regin-hard«, zsgs. aus »Regin-« (s. das Gliedwort: »ragin«) + »hard« (s. das Gliedwort: »hard«) = der ganz Kühne, der vor nichts zurückschreckt. Vgl. den Männernamen: Reimbold, Reinbold, Reinbald, von ähnlichem Sinne. – N: 5. Dezember. – Reineke Voss (Reinhart Fuchs), war der bekannte Fuchs der Tierfabeln. Auch im frz. »Roman de Renart« (13. Jh.), sodass das Wort »renard« die frühere frz. Bezeichnung »goupil« verdrängte, heute noch »Fuchs« bedeutet und in Frankreich als FN ziemlich verbreitet ist.

Reinhold Männlich: Reinhold, Reinald, Re(i)nold, (früher: Reginald), KoF: Holder. Engl. die schott. F Ronald, KoF: Ron(nie), Ronny. Frz. Renaud. Ital. Rinaldo, Rainaldo. Lat. Rainaldus. Niederl. Reinout, Reinold, Renout. Schwed. Ragnwald.
Germ. PN zsgs. aus »ragin« (s. das Gliedwort »ragin«) + »wald« (s. das Gliedwort »wald«) = der mit klugem Rat Waltende. – Reinold war eines der 4 Haimonskinder (in Frankreich: Renaud de Montauban), Thema eines der »Bestsellers« im mittelalterlichen Europa (12. Jh.). »Rinaldo« war ebenfalls der Held des vom Tasso »befreiten Jerusalem« (1575). – Der hl. Reinhold (10. Jh.?) ist der Patron von Dortmund, wohin seine Gebeine übertragen wurden. Ebenfalls Patron der Hansekaufleute. – N: 7. Januar. Während des ganzen MA war der Vorname sehr verbreitet – wie die

Häufigkeit unserer FN es heute noch beweist. – Der Bildhauer Reinhold Begas (19./20. Jh.), der Schriftsteller Reinhold Schneider (20. Jh.), der frz. Komponist Reynaldo Hahn (19./20. Jh.), der amerik. FSchau. und Präsident Ronald Reagan (20. Jh.), der amerik. Schausp. Ronald Colman (20. Jh.). – FN: Renaud, Renault, Renaut, Regnaud, Reynault, Renaud-el/-eau/-in/-ot/-on, Naud, Naudet, Naudin, Raynaud, Reynaud, Raynal(di), Reynold(son), Ronalds(en), Reinhold(t), R(h)einwald(t), Reendels, Renout, Rönelx.

Remigius Männlich: Remigius; KoF: Rehm. Frz. Rémy, Rémi. Ital. Remigio. – Weiblich: Ital. Remigia.
Hier sind wahrscheinlich zwei lat. PN zusammengeflossen: »Remedius« (m), aus dem lat. Wort: »remedium« = Heilmittel, Rettung, und »Remigius« (m), aus dem lat. Wort: »remex« / »remegis« = der Ruderer, der Fährmann. – N: 1. Oktober. – Der hl. Remigius (frz. »Rémy« – 5./6. Jh.) war im MA in Frankreich besonders verehrt (dort zählt man 45 Ortschaften mit Namen »Saint-Rémy«). – Der frz. Dichter Rémi Belleau (16. Jh.), der frz. GFM Rémi Exelmans (18./19. Jh.), der frz. Schriftsteller Rémy de Gourmont (19./20. Jh.) – FN: Rémy, Remion, Remigeau, Ramey, Ramet, Ramèze, Rehm(e), Rehmer, Remig(ius), Romee, Mieg.

Renate Weiblich: Renate, Renata; KoF: Rena, Rene, Reni. Frz. Renée. Span., ital. Renata. – Männlich: Renatus. Frz. René. Ital. Renato.
»Renatus« (m) / »Renata« (w) ist das Partizip der Vergangenheit des lat. Zeitwortes: »renasci« (aus »re« = wieder + »nasci« = geboren werden). Bedeutung: der (die) Wiedergeborene. Im christlichen Sinne: durch die Taufe neugeboren. Vgl. den griech. PN: »Palingenius« (m) und das Wort: »Palingenesie« (= Wiederaufleben). – Renata: T: Zwillinge – N: 22. Mai – Zahlwert: 312 – Blume: der Amarant – Stein: der Rhodochrosit. – Zwischen 1940 und 1960 gehörte »Renate« zu den beliebtesten dt. Frauennamen. René (m) und Renée (w) sind im frz. Sprachraum nicht selten. – Der frz. Philos. u. Phys. René Descartes (17. Jh.), der frz. Korsar René Duguay-Trouin (17./18. Jh.), der frz. Phys. Réaumur (18. Jh.), der frz. Schriftsteller François-René de Chateaubriand (18./19. Jh.), der frz. Biologe René Dutrochet (18./19. Jh.), der frz. Schriftsteller René de Pixérécourt (18./19. Jh.), der frz. Arzt Laënnec (19. Jh.), der frz. Schriftsteller René Schickele (Hans im Schnakenloch, 19./20. Jh.), der frz. Schriftsteller René Bazin (19./20. Jh.), der frz. Autohersteller René Panhard (19./20. Jh.), der frz. Phys. René Dagron (19./20. Jh.), der Pol. René Viviani, der fläm. Schriftsteller René DeClerq (19./20. Jh.), der frz. Schriftsteller René Boylesve (19./20. Jh.), der frz. Hist. René Grousset (20. Jh.), die frz. Schriftsteller René de Obaldia, René Arcos, René Barjavel, René Fauchois (20. Jh.), der frz. Philos. René La Senne (20. Jh.), der frz. Jurist René Cassin (N68), der frz. Präsident René Coty (20. Jh.), der belg. Maler René Magritte (20. Jh.), die fläm. Schriftsteller René Bergheim und René Verbecq (20. Jh.), der ital. Maler Renato Guttoso (20. Jh.), der frz. Dichter René Char (20. Jh.), der frz. FReg. René Clair (20. Jh.), der Zeichner René Goscinny (»Astérix«, 20. Jh.). – Renée Crespin (Botschafterin Ludwigs XIV, 17. Jh.), die ital. Opernsängerinnen Renata Tebaldi und Renata Scotto (20. Jh.), die frz. Schriftstellerinnen Renée Vivien, Renée Massip (20. Jh.), die frz. Tänzerin Rénée (= Zizi) Jeanmaire (20. Jh.), die frz. Schausp. Renée Saint-Cyr, Renée Devillers, Renée Faure (20. Jh.), die FSchau. Renate Holm (20. Jh.), die Bildhauerin Renée Sintenis (20. Jh.). – FN: René, Renat(us).

Rich Männlich: Richbert, Richbrecht. Frz. Rigobert.
Germ. PN, zsgs. aus »Rich-« (s. Rik) + »bert« (s.) = mächtig und berühmt, ein

Wunschname, wie die Umkehrung: Bertrich (m). – N: 4. Januar. – Einen ähnlichen Sinn hat: Männlich: Richmar. Fries. Rickmer. Frz. Rigomer. Schwed. Rigmer. Germ. PN, zsgs. aus »Rich-« (s. Rik) + »mar« (s. dort). Vgl. den altgriech. PN: »Ploutokles« (m). – N: 28. Mai. – Männlich: Richfried, Ricfried. – Germ. PN, Umkehrung von »Friedrich« = der mächtige Beschirmer. – Einen ähnlichen Sinn haben: Männlich: Richmund. – Männlich: Richwart. – Engl. Richoard. – Weiblich: Richlinde. – Weiblich: Richmute, Richmodis = mächtig und gemütsvoll. – Weiblich: Richhild(e) ist die kräftige Streiterin, vgl. die Umkehrung: Hilderic (m). – N: 23. August. – Männlich: Richwin ist der mächtige Freund, wie die Umkehrung: Winric (m). – Weiblich: Ricksta, Rickste ist eine fries. KoF von weibl. »Rich«-Namen.

Richard Männlich: R(e)ichard(t), Reichert. Fries. Ridsert; KoF: Reich, Ritsch, Richeli, Rick. Engl. Richard; KoF: Dick, Rickie, Ricky. Frz. Richard. Ital. Riccardo. Span. Ricardo. – Weiblich: Richarda; KoF: Karda, Rika. Ital. Riccarda.

Germ. PN, zsgs. aus »Rik-« (s. das Gliedwort: »rik«) + »hard« (s. das Gliedwort: »hard«) = mächtig und kühn. Ein Wunschname, wie die Umkehrung: »Hardrich« (m). – T: Wassermann – N: 7. Februar – Zahlwert: 582 – Blume: die Esparsette. – In England vom 12. Jh. bis heute, einer der beliebtesten Männernamen, wie Fischart (16. Jh.) schon merkte: »Engelländer heißen Richard und Edward«, oder wie die engl. Redensart : »every Tom, Dick and Harry« (KoF von »Thomas«, »Richard« und »Heinrich«) = der erste beste, »Hinz und Kunz« es bestätigt. – Drei engl. Könige, darunter Richard Löwenherz (12. Jh.), der engl. »Königmacher« Richard Warwick (15. Jh.), der engl. Dichter Richard Crashaw (17. Jh.), der engl. Schriftsteller Richard Steele (17./18. Jh.), der engl. Mechaniker Richard Trevithick (Dampflok – 1813), der engl. Naturforscher Richard Owen (19. Jh.), der amerik. Polarforscher Richard F. Byrd (19./20. Jh.), der engl. Philos. Richard Haldane (19./20. Jh.), der engl. Dramatiker Sheridan (18./19. Jh.), die Komponisten Richard Wagner und Richard Strauss (19. Jh.), der peruanische Schriftsteller Richardo Palma (19./20. Jh.), der Bakteriologe Richard Pfeiffer (19./20.Jh.), der ital. Schriftsteller Riccardo Bachelli (20. Jh.), der Schriftsteller Richard Billinger (20. Jh.), der Chem. Richard Kühn (N38), der Sänger Richard Tauber (20. Jh.), der Arzt Richard Huelsenbeck (20. Jh.), der amerik. FSchau. Richard Burton (20. Jh.), der Philos. Richard Hönigswald (20. Jh.), der amerik. Präsident Richard Nixon (20. Jh.), der argent. Hist. Ricardo Rojas (20. Jh.), der amerik. Phys. Richard Feynman (N65), der Gitarrist Ricardo Bellardo (= Manitas de plata 20. Jh.), der Chem. Richard Wilstätter (Chlorophyll, N15), der amerik. Industrielle Richard Coudenhove-Kalergi (20. Jh.), der engl. Schriftsteller Richard Llewellin (20. Jh.), der Industrielle Richard Mannesmann (20. Jh.), der österr. Chem. Richard Zsigmondy (N25), der dt. Bundespräsident Richard von Weizsäcker (20. Jh.), der argent. Dichter Ricardo Molinari (20. Jh.), der argent. Schriftsteller Ricardo Guiraldes (20. Jh.). – Ricarda Huch, Schriftstellerin (20. Jh.). – FN: Ri(ts)schard(s), Richartz, Reichhardt, Ricker, Ryckaert, Richi, Rich, Ricaille, Ricquier, Richaux, Rick(aert), Rikkens, Rick(son), Ricket(t)(s), Dich(son), Dickinson, Higgin(son), Hicks(en), Richaud, Richard-eau, -et, -in, -ot, -on, Chardin(el), Chard-et; -el, -ot, -on, Cardin, Cardet, Cardot.

Gliedwort

Rik auch: Ric(o), Rig(o), rich, ri.

Wort = Herrscher, König und zugleich: Adj. = mächtig (germ. »*rikaz«). – Aus einem idg. Stamm »*reg« = gerade *rich*ten, *rich*tig! Daher: das *Rech*t, die *Reg*el, di*rek*t, der (Di)*rek*tor, das engl. »rail« (Eisenbahnschiene), das kelt. »rix« (= König) und das lat. »rex« (König), das *Rei*ch und »Sverige« (= Swe-rike, das eigene Reich, das heutige Schweden), die *Re*gierung und der Di*rig*ent, das *Reich*tum und »*reic*h« in allen europ. Sprachen. Und nicht zuletzt der ind. »Maha*radsch*a« (»maha« = großer »radscha« / »raya« = König). – Dieses seit dem 1. Jh. belegte Glied trifft man in den PN häufiger als zweites, denn als erstes Element.

Rita Weiblich: Rita. Engl., frz., ital., niederl., schwed. Rita.
Wie »Bastian« eine Aphärese von »Sebastian«, so ist »Rita« eine seit Jahrhunderten zu selbstst. TN gewordene KurzF vom ital. Frauennamen »Margherita« (s. Margareta). – T: Zwillinge – N: 22. Mai – Zahlwert: 82 – Blume: die Rose – Stein: der Turmalin. – Die amerik. FSchau. Rita Hayworth, die Sängerin Rita Streich (20. Jh.), die ital. Schlagersängerin Rita Pavone (20. Jh.).

Robert Männlich: Robert (nddt., norman. und engl. F), Robrecht (ältere F Rodebert, Rodebrecht) – Rup(p)ert, Rup(p)recht (oberdt. F); KoF: Robel(i), Robi, Rollo, Bert. Engl. Robert, Var. Robin; KoF: Bob(by). Frz. Robert. Ital. Roberto. – Weiblich: Roberta, Roberte, Ruperta. Engl. Roberta, Robina. Frz. Roberte. Ital. Roberta. Germ. PN, zsgs. aus »Hrod« = Ruhm (s. das Gliedwort: »Hrod-«) + »bert« (s. das Gliedwort: »bert«) = durch seinen Ruhm berühmt, der Ruhmesglänzende. Wie der slaw. PN: »Gorislaw« (m). – Robert: T: Stier – N: 29. April –; Rupert: T: Widder – N: 27.März – Zahlwert: 543 – Blume: der Majoran – Stein: Rubin. – »Robert« ist seit dem MA im nddt. Sprachraum, Frankreich und England beliebt und heute noch verbreitet. Der Londoner Stadtpolizist, der »Bobby«, erhielt seinen Namen von Sir Robert Peel, Innenminister, der 1828 jene Stadtpolizei gründete. – Zwei frz., drei schott. Könige, ein dt. Kaiser. »Robert der Teufel« (11. Jh.), der Franzose Robert de Sorbon (Gründer der Pariser Sorbonne, 1257), der engl./normann. Dichter Robert Wace (12. Jh.), der niederl. Maler Robert Campin (14./15. Jh.), der engl. Dichter Robert Southwell (16. Jh.), der frz. Drucker Robert Estienne (16. Jh.), der brit. Phys. und Chem. Robert Boyle (17. Jh.), der engl. Phys. Robert Hooke (17./18. Jh.), der frz. Schriftsteller Robert Challes (17./18. Jh.), der frz. Architekt Robert De Cotte (17./18. Jh.), der frz. Seefahrer Robert Surcouf (18./19. Jh.), der amerik. Mechaniker Robert Fulton (U-Boot, 18./19. Jh.), der engl. Schriftsteller Robert L. Stevenson (19. Jh.), der engl. Dichter Robert Browning (19. Jh.), der Komponist Robert Schumann (19. Jh.), der Chem. Robert Bunsen (19. Jh.), der Bakteriologe Robert Koch (19./20. Jh.), der Industrielle Robert Bosch (19./20. Jh.), der Phys. Kirchhoff (19. Jh.), der amerik. Gen. Robert Lee (19. Jh.), der argent. Schriftsteller Roberto Payro (19./20. Jh.), der frz. Schriftsteller Robert de Montesquieu (19./20. Jh.), der österr. Philos. Robert Reiniger (19./20. Jh.), der frz. Phys. Robert Esnault-Pelleterie (20. Jh.), der frz. FSchau. Robert Le Vigan (20. Jh.), der amerik. Liedersänger Bob Dylan (= Zimmermann, 20. Jh.), der brit. Gen. Robert Baden-Powell (19./20. Jh.), der frz. Pol. Robert Schuman (20. Jh.), der Philos. Robert Carnap (20. Jh.), der österr. Komponist Robert Stolz (20. Jh.), der engl. Staatsmann Robert Lord Cecil of Chelwood (FriedensN37), der ital. Dirigent Roberto Benzi (20. Jh.), der frz. Dichter Robert Brasillach (20. Jh.), der österr. Schriftsteller Robert Musil (20. Jh.), der engl. Schriftsteller Robert Graves (20. Jh.), der amerik. Schriftsteller Robert Warren (20. Jh.), der belg./frz. Schriftsteller Robert Goffin, der amerik. FSchau. Robert Flaherty (20. Jh.), der ital. FReg. Roberto Rossellini (20. Jh.), der amerik. Schachmeister Bobby Fischer (20. Jh.), der frz. Kabarettist Robert Rocca (20. Jh.), der amerik. Dichter Robert Frost (20. Jh.), der engl. Dichter Robert Brooke (20. Jh.), der span. Komponist Roberto Gerhard (20. Jh.), der amerik. Polarforscher Robert Peary (Entdeckung des Nordpols, 1909), der Phys. Robert Oppenheimer (Wasserstoffbombe, 20. Jh.), der FSchau. Robert Taylor (20. Jh.), die FSchau. Robert Mitchum, Montgomery, Manuel, Hirsch, Hossein. – FN: Robert, Robart, Robertet, -ot, -y, Robin, Robineau, Robinet, Roblet, Robequin, Robel(in), Roblin, Roblot, Robillard, Robichon, Robuchon, Robot, Rouby, Roubineau, Robbers, Roberts, Robertaux, Robette, Robyn(s), Roblett, Robertson, Hobb(es), Hobbins, Dob(ie), Dobson, Noble(tt), Nobbs, Grupp, Rup(p)recht, Rubrecht, (K)rupp, Rüppelt, Rüppli, Robrecht, Räuber, Robbert, Robbinson, Rub(b)ens, Robberecht(s), Robber, Robertaux, Robyne.

Rochus Männlich: Roch(us). Frz. Roch. Ital. Rocco. Span. Roque.
KoF von germ. PN wie: »Rochbert« (m), »Hrohhart« (m), »Rochhold« (m), »Rocwin« (m) usw., mit dem Gliedwort »Hrod« (altwestnorddt. »hrókr = Seerabe) = Krähe, Häher. Vgl. den gall. PN: »Boduognatus« = Sohn der Krähe (= »boduo«). – N: 16. August. – Der »Rochus« (oder: Roches), der »Groll« der Umgangssprache entspringt einem jidd. Wort: »roges« (= Zorn). – Der frz. Pädagoge Roch Sicard (18./19. Jh.).

Gliedwort

Hrod / Rod auch: Rod(h), Rot, Ru(o)d, (H)rot, (H)ros.
Wort = Ruhm, Sieg. Germ. »rod« / »hroths« (= Ruhm), ahd. »hrod«, angels. »hred« (= Ruhm), altn. »hrodr« (= Ruhm, Ehre). – Aus einem igd. Stamm: »*kara« / »*kra« = loben. – Im roman. Sprachraum entwickelte sich oft »hroths« zu »Hros« und: »Ros-«. – In den PN fast immer als erstes Glied.

Roderich Männlich: Roderich. Frz. Rodrigue. Ital. Rodrigo. Span. Rodrigo (gekürzte F, nur vor dem FN: Ruy). Port. Rodrigo. Russ. Rurik.
Germ. PN, zsgs. aus »Hrod« (s. das Gliedwort: »hrod«) + »rik« (s. das Gliedwort: »rik«) = ruhmvoll und mächtig, der Ruhmreiche. – N: 13. März. – Der letzte Westgotenkönig (8. Jh.). Ruy Diaz de Bivar (11. Jh.), Spaniens Nationalheld, der in seinem Namen die drei Bestandteile der span. Kultur vereinte: Rodrigo (germ.), Cid (arab. »saïd« = Anführer, Herr), Compeador (lat. = Held des Lagers). – Der FN: »Rodríguez ist in allen spanisch und port. sprechenden Ländern verbreitet (wie auch: Ramírez, Suárez, Gonzáles, Hernández, Gómez, alle germ. PN).

Roger Männlich: Roger (die norddt., normannische, frz., engl. F) auch: Rodger, Rotger, Rüdiger (ältere F aus der Heldensage), Rüdeger, Rudgar, Rudger. Engl. Roger; KoF: Rodge. Frz. Roger. Skand. Roar. Ital. Ruggero, Roggero.
Germ. PN »Hrod-ger«, zsgs. aus »Hrod« (s. das Gliedwort: »hrod«) + »ger« (s. das Gliedwort: »ger«) = ruhmreicher Speer(kämpfer). Wie der altgriech. PN: »Aikhmokles« (m). – T: Steinbock – N: 30. Dezember – Zahlwert: 99 – Blume: der Aronstab. – Von den Normannen durch ganz Europa verbreitet. In England ist eine (ältere) KoF: »Hodge« ein klassischer Beiname des engl. Landwirtes geworden. In den engl., amerik. Fernvermittlungen des II. WK bedeutete »Roger!« = O.K., kapiert! – Ein Gefährte von Roland (8. Jh.), der engl. Philos. und Phys. Roger Bacon (13. Jh.), der fläm. Maler Rogier van der Weyden (15. Jh.), der ital. Komponist Ruggiero Giovanelli (16./17. Jh.), der amerik. Dichter Roger Williams (17. Jh.), der frz. Schriftsteller Roger de Bussy-Rabutin (17. Jh.), der ital. Komponist Ruggiero Leoncavallo (19./20. Jh.), der frz. Schriftsteller Roger Martin du Gard (N37), die frz. Schriftsteller Roger

Vitrac, Roger Vercel, Roger Peyrefitte, Roger Nimier (20. Jh.), der frz. Soziologe Roger Bastide (20. Jh.), der frz. Philos. Roger Godel (20. Jh.), der frz. FReg. Roger Vadim (20. Jh.). – FN: Rodgers, Rogier(s), Roge(ers), Rogerson, Hodge, Hodgson, Dodge, Dodgin, Dodgson, Roger, Rogez, Roug(i)er, Rogeron, Rougeron, Roget, Rod(d)er, Röd(l)er, Ruttger(s), Rüttger, Rückert.

Roland Männlich: Roland, Ruland, Rulant. Engl. Ro(w)land; KoF: Rol(l)y. Frz. Roland. Ital. Orlando, Rolando. Span. Roldán, Rolando, Orlando. – Weiblich: Rolande. Frz. Rolande.
Germ. PN, urspr. »Hrod-nant«, ein Wunschname = Ruhm und Kühnheit, im 8. Jh. schon als »Hrod-land« (»Ruhm des Landes«, vgl. »Lambert«) umgedeutet. – T: Jungfrau – N: 15. September – Zahlwert: 257 – Blume: der Hartriegel. – Die Rolandsstandbilder vieler norddt. Städte waren urspr. drehbare (lat. »rollans« = rollend, daher der Name!) Holzfiguren für Turnierübungen. – Der treue Paladin (8. Jh.) von Karl d. Gr. durch das Rolandslied verewigt. Der fläm. Komponist Roland de Lassus (16. Jh.), der frz. Seefahrer Roland La Galissonnière (18. Jh.), der engl. Postminister Roland Hill (»Erfinder« der Briefmarke – 1830), der ungar. Phys. Lóránt Eötvös (19./20. Jh.), der frz. Hist. Roland Delachenal (19./20. Jh.), der frz. Flieger Roland Garros († 1918), der frz. Choreograf Roland Petit (20. Jh.), der frz. Maler Roland Oudot (20. Jh.), der frz. Schriftsteller Roland Dorgelès (20. Jh.), der frz. Kritiker Roland Barthes (20. Jh.). – FN: Roland, Rolland, Ru(h)land, Rü(h)land, Rolain, Rolans, Roolant.

Rolf Männlich: Rolf (auch als Doppelname (R-Dieter, R-Peter, R-Rüdiger usw.). – Weiblich: Fries. Rolfkea.
»Rolf« ist eine verschliffene F von »Rolof« (aus einer älteren »Rodelof«), nddt. F von »Rudolf« (s.), seit Anfang dieses Jahrhunderts selbstst. Modename geworden.

Roman Männlich: Roman, Romanus. Frz. Romain. Ital. Romano. – Weiblich: Romana. Ital. Romana.
Lat. Adj.: »romanus« (m) = der Römer. Der ON »Rom« ist etrusk. (ungedeutet). Verwandt mit »Rumlua«, Romulus (ital. Romolo, Span. Romulo), Name des sagenhaften Gründers Roms. – N: 28. Februar. – Der frz. Schriftsteller Romain Rolland (19./20. Jh., N16), der venezolanische Schriftsteller und Pol. Romulo Gallegos (20. Jh.), der Schriftsteller Romain Gary (20. Jh.), der amerik.-poln. FReg. Roman Polanski, der dt. Pol. Roman Herzog (20 Jh.).

Romeo Männlich: Romeo. Frz. Roméo. Ital. Romeo. Port. Romeu.
Aus dem Vulgärlat. Adj.: »romaeus« = der nach Rom gepilgert ist. Vgl. das ital. Wort: »romeo« = Pilger, das altsüdfrz. »romeu«, das span. »romero« (= Pilger), das portug. »romeiro« usw. – Vgl. den PN: »Peregrina« (w). – N: 25. Februar. – Bekannt durch die Legende (Ende des 15. Jh.) von Romeo (FN: Capulet[t]i, aus Verona) und Julia (FN: Montecchi, aus Cremona). Diese beiden ital. Familien hatten nie Beziehungen und noch weniger Streit miteinander.

Romuald Männlich: Romuald, Rumold, Rumolt. Frz. Romuald. Niederl. Rombout. Ital. Romualdo.
Germ. PN, zsgs. aus »hroma« = Ruhm + »wald« (s. das Gliedwort: »wald«) = ruhmvoll Waltender. – N: 7. Februar. – Der niederl. Bildhauer Rombout Verhulst (17. Jh.).

Ronald Männlich: Ronald, auch: Ranald; KoF: Ron, Ronnie, Ronny. – Weiblich: Ronalda; KoF: Rona.
»Ronald« ist die schott. F vom engl. »Reynold«, früher: »Reginald«, aber direkt vom altwestnord. »Roegnvaldr« übernommen. S. »Reinald«/»Rein(h)old«.

Rosa Weiblich: Rosa, Rose. Erw. Rosina, Rosine, Rosula, Rosalia. Rosetta; KoF: Rosi, Rosel(i) – auch als Doppelname häufig: Anne-Rose, Rose-Marie, Rosanna usw. Engl. Rose, Rosa; KoF: Rosie; Erw. Rosetta, Rosalia. Ital. Rosa, Erw. Rosalia, Rosetta, Rosina, Rosella (auch als Doppelname: Rosalba = weiße Rose, Rosaura = goldgelbe Rose). Frz. Rose, Rosette, Rosalie, Rosine.
»Rose« ist der Name der Königin der Blumen, lat. »rosa«, griech. »rhodon«, aus einem älteren »vrodom«, aus einem armenischen Stamme »vord« (= Rose). Im alten Rom schon Schmeichelname für die Geliebte. Für die Christen: Sinnbild der Sittsamkeit. – Rosa: T: Löwe – N: 23. August –; Rosina: T. Fische – N: 11. März –; Rosalia: T: Jungfrau – N: 4. September – Zahlwert: 182 – Blume: die Rose – Stein: der Rhodonit. – Überall ein beliebter Vorname. – Die ital. Malerin Rosalba (= Rosa-Alba Carriera – 17./18. Jh.), die Rosa Bonheur, die Pol. Rosa Luxemburg (19./20. Jh.), die FSchau. Rose-Marie Albach (= Romy Schneider).

Rosalinde Weiblich: Rosalind(e), Roselinde; KoF: Salinde. Frz. Roseline. Ital. Rosalinda. Span. Rosalin(d)a.
Germ. Frauenname, zsgs. aus »Hrod« (s. das Gliedwort: »Hrod-«) + »linde« = Schild, Schutz. Bedeutung: die ruhmvolle Beschützerin. – N: 17. Januar (und 11. Juni). – In den roman. Ländern als »Rosa« = die Rose + »linda« = schön, umgedeutet! – Von der engl. Literatur (Shakespeare, Thackeray, Trollope) wieder beliebt gemacht.

Rosamunde Weiblich: Rosamunde. Frz. Rosemonde. Ital., span. Rosamunda.
Germ. Frauenname, zsgs. aus »Hrod« (s. das Gliedwort: »Hrod-«) + »mund« (s. das Gliedwort: »mund«) = ruhmvolle Beschützerin. – N: 30. April. – In den roman. Ländern als »Rosa« (= die Rose) + »munda« = rein, umgedeutet! – Die frz. Dichterin Rosemonde Gérard (eigentl. Rose Etiennette Gérard – 19./20. Jh., Gemahlin des frz. Schriftstellers Edmond Rostand).

Roswitha Weiblich: Roswith(a), Hroswitha.
Germ. Frauenname, zsgs. aus »Hrod« (s. das Gliedwort: »Hrod-«) + »swinth« = erfolgreich, stark. Bedeutung: die Ruhmesstarke, die weithin Berühmte. Vgl. den griech. PN: »Perikles« (m, aus »peri« = herum + »kles« = Ruhm). – N: 30. März. – Roswitha (eig. Hrotswith) von Gandersheim (10. Jh.), die erste dt. Dichterin, die ihren Namen richtig auf Lat. »clamor Validus« (kräftiger Ruf) übersetzte.

Rotraut Weiblich: Rotraut, Rotraud.
Germ. Frauenname, zsgs. aus »Hrod« (s. das Gliedwort. »Hrod-«) + »traut« (s. das Gliedwort: »traut«) = Ruhm und Kraft. Ein Wunschname. – N: 22. Juni. – Eine Tochter Karls d. Gr. (8./9. Jh.). – Die FSchau. Rotraud Richter.

Roxana Weiblich: Roxana, Roxane, Roxanne. Engl. Roxana, Roxane; KoF: Roxy. Frz. Roxane. Ital. Rossana.
Pers. PN, aus einem ON »rōxanē« = Morgenröte. Vgl. den bibl. hebr. PN: »Schacharaim« (m) = Zwei Morgenröten. S. auch »Aurora«. – In den USA nicht selten.

Roy Männlich: Roy. Engl., schwed. Roy. Ir. Ruadhán, Rory, Rowan.
Aus dem kelt. Adj.: »ruadh« = rot, rothaarig. Vgl. die lat. PN. »Rufus« (m), »Rubens« (m). – N: 15. April. – In England und in den USA ziemlich beliebt.

Ruben Männlich: Ruben. Engl. Reuben.
Hebr. bibl. PN, vom AT (Mos. 1. 29–32) als »seht, ein Sohn!« gedeutet. – N: 14. April. – Der älteste Sohn Jakobs.

Rudolf Männlich: Rudolf (ältere Schreibw.: Rudolph). Norddt. Rodolf, Rolof, Roluf; KoF: Rolf, Rollo, Rudi,

Rul, Dolf. Engl. Rudolf und vor allem Rolf. Frz. Rodolphe; KoF: Rudi, Rudy. Ital. Rodolfo. – Weiblich: Rudolfa, Erw. Rudolfina, Rudolfine.
Germ. PN, zsgs. aus »Hrod« (s. das Gliedwort: »Hrod-«) + »Wolf« (s. das Gliedwort: »wolf-«) = ruhmreich und wölfisch zugleich, ruhmvoller Krieger. Vgl. den altgriech. PN: »Lykophrôn« (m = wolfsmutig). – T: Widder – N: 17. April – Zahlwert: 597 – Pflanze: die Feuerbohne. – Hauptsächlich ein aleman.-schweiz. Name, auch in Österreich (dynastisch bedingt) und in der angels. Welt beliebt. – Rudolf von Habsburg (13. Jh.), der Humanist Roelof Agricola (15. Jh.), der schweiz. Schriftsteller Rodolphe Toepffer (19. Jh.), der Begründer der Anthroposophie Rudolf Steiner (19./20. Jh.), der Erfinder Rudolf Diesel (19./20. Jh.), der Philos. Rudolf Kassner (19./20. Jh.), der Pathologe Rudolf Virchow (19./20. Jh.), der port. Schriftsteller Rául Brandão (19./20. Jh.), der schweiz. Komponist Rudolf Liebermann (20. Jh.), die Schriftsteller Rudolf G. Binding, Burchardt, Hagelstange, Hochhuth, Pannwitz (20. Jh.), der amerik./ital. StummFSchau. Rudolf Valentino (20. Jh.), der Tänzer Rudolf Nurejew (20. Jh.), der tschech. Schriftsteller Rudolf Medek (20. Jh.), der amerik. FReg. Raoul Walsh (20. Jh.), die frz. Schriftsteller Raoul Dufy und Raoul Ponchon (20. Jh.), der Raketenpionier Rudolf Nebel (20. Jh.), die Philos. Rudolf Carnap und Rudolf Eucken (N08), Berlinger (20. Jh.), der Pol. Rudolf Hess (20. Jh.).

Rufus Männlich: Rufus, Erw. Rufin(us). Engl. Rufus. Ital. Ruffino. – Weiblich: Rufina. Ital. Ruffina.
Häufiger röm. Beiname, aus einem lat. Adj.: »rufus« (m), dialektische Form von »russus« = rot, rothaarig. Vgl. den hebr. bibl. PN: »Edom« (m) = der Rote. – Rufus: N: 12. November; Rufina: N: 19. Juli.

Runhild Weiblich: Runhild(e).
Germ. PN, zsgs. aus »run« = Geheimnis (vgl. das altengl. »héahrune« = die Prophetin) + »hilde« (s. das Gliedwort: »Hild-«) = Kampf. Bedeutung: die Künderin der Geheimnisse des Kampfes. Vgl. die Umkehrung: »Hildrun« (w).

Ruth Weiblich: Ruth. Engl. Ruth; KoF: Rue, Ruthie. Frz., niederl. Ruth.
Bibl. Frauenname hebr. (bzw. moabitischer) Herkunft: »rut« = Freundschaft, Schönheit. – T: Jungfrau – N: 1. September – Zahlwert: 606 – Blume: der Wiesenstorchschnabel – Stein: der Benitoït. – Die fromme und treue (»Wo du hingehst, da will auch ich hingehen«) Moabiterin der Bibel. »Ruth« ist in der angels. Welt sehr verbreitet (USA in den 50er Jahren unter den ersten 10 Frauennamen). In Skandinavien ebenfalls beliebt. – Die Schriftstellerin Ruth Schaumann (20. Jh.), die FSchau. Ruth Hausmeister, Ruth Leuwerik.

S

Sabine Weiblich: Sabine, Sabina; KoF: Bina, Bine, Sabe, Sabi. Engl. Sabina. Frz. Sabine, Savine. Ital. Sabina, Savina. – Männlich: Sabinus. Frz. Sabin, Savin, Erw. Savinien. Ital. Sabino, Savino, Erw. Sabiniano.
»Sabinus« (m)/»Sabina« (w) war ein häufiger lat. PN, ein Völkername (auf Osk.: »safini[m]«) = Sabiner(in). Ein idg. Stamm, der in der grauesten Vorzeit vom Norden her über die Alpen in Mittelitalien einwanderte. Ihr Name ist vielleicht mit dem germ. Wort: »*sibjo« (= Sippe) verwandt (= zu unserer Sippe gehörend). – Ein Völkername. Wie der ital./schweiz. PN: »Elvezio« (m)/»Elvezia« (w) = Helvetier(in), der ital. »Italo« (m), der engl. »Fleming« (m = der Flame) usw. – T: Stier – N: 29. August – Zahlwert: 23 – Blume: der Nachtschatten – Stein: der Rubellit. – Um 1900 noch äußerst selten, war »Sabine« einer der beliebtesten Frauennamen in der BRD, in Österreich (ebenfalls in Frankreich) in den 60er Jahren. – Der frz. Schriftsteller Savinien Cyrano de Bergerac (17. Jh.), die FSchau. Sabine Bethmann, Sabine Sinjen, Sabina Sesselmann.

Sabrina Weiblich: Sabrina. Engl., frz., ital. Sabrina.
»Sabrina« war der latinisierte Name des engl. Flusses »Severn«, aus dem Frauennamen »Sabre«, Tochter der Rivalin der sagenhaften Königin Gwendolyn, die sie in jenem Fluss ertränken ließ.

Sachso Männlich: Sachso. Fries. Sasker. – Weiblich: Saskia. Niederl. Saskia.
Ein Völkername: der Sachse, aus dem Wort: ahd.: »sahs«, altfries. »sax«, ein kurzes einschneidiges Schwert, die Waffe der Sachsen. – Vgl. die altdt. PN: »Frieso« (= der Friese), »Frank(o)« (m, der Franke), die schwed. PN: »Finn« (m = der Finne), »Svea« (w = die Schwedin). – Saskia van Uylenbruch, die erste Frau Rembrandts (17. Jh.).

Saladin Männlich: Saladin. Engl., frz. Saladin. Ital. Saladino.
Arab. PN: »Ssala-heddin« = Wohl, Heil des Glaubens. Vgl. Aladin (Alaeddinn) (m) = Höhe der Religion, Nassreddin (m) = Hilfe der Religion. – Der ritterliche Gegner von Richard Löwenherz und Friedrich Barbarossa während des 3. Kreuzzuges (12. Jh.). Dieser Name wurde im 18. Jh. von der Literatur (Lessing, W. Scott) wieder beliebt gemacht.

Salomon Männlich: Salomon; KoF: Sally. Engl. Solomon, in den USA auch Sholom, Sholem. Frz. Salomon. Israel. Shelomo. Ital. Salomone. Arab. Selim. Türk. Soliman. Pers. Suleïman. – Weiblich: Salome. Frz. Salomé. Engl., ital. Salome.
Bibl. hebr. PN: »shelomoh« = der (die) Friedliche, genau wie der germ. »Friedrich« * oder der griech. »Irene« (w), aus dem Wort: »shalom« = Friede, heute noch israel. Grußformel, wie auch die arab.: »salam'alaïk« = der Friede sei mit dir (euch)! – N: 28. September. – Salomon (10. Jh. v. Chr.), Sohn Davids, war ein besonders gerechter und weiser israel. König. Fast alle europ. Sprachen kennen die Redensarten »salomonisches Urteil« und »salomonische Weisheit« (Kön. 3.16 u. 4.29). – Der türkische Sultan Soliman (16. Jh.). – * Die von Voltai-

re 1740 für Friedrich II geprägte Benennung »Salomon des Nordens« entspricht völlig der Etymologie. – Der jüd. Philos. Salomon Gabirol (= Avicebron, 11. Jh.), der frz. Simon de Montfort (Kreuzzug gegen die Albigenser, 12./13. Jh.), der frz. Ing. Salomon de Caus (Dampfmaschine, 16./17. Jh.), der niederl. Maler Salomon van Ruysdael (17. Jh.), der schweiz. Maler Salomon Gessner (18. Jh.), der schwed. Nordpolforscher Salomon Andrée (19. Jh.), der Schriftsteller Salomon Rabinowitz (19./20. Jh.), der frz. Philologe Salomon Reinach (19./20. Jh.). – FN: Salomo(n), Sal(o)msen, Schalom, Salman, Salmond, Salmsons, Salmon, Salen, Salamanowitsch, Salamanowna.

Salvator Männlich: Salvator. Frz. Sauveur. Ital. Salvatore. Span., port. Salvador. USA; KoF: Sal.
Lat. Wort: »salvator« (aus einem Zeitwort: »salvare« = erlösen, retten) = Erlöser, Heiland. Vgl. den hebr. bibl. PN: »Meschesabeël (m = El [Gott] ist Befreier), den griech. »Sother« (m), den russ. »Spas« (m), den türk. »Nadschi«, die alle »Erlöser« bedeuten. – N: 18. März. – In den roman. Ländern nicht selten. In Frankreich zählt man über 40 Ortschaften »Saint-Sauveur«. – Der ital. Maler, Dichter und Mus. Salvatore Rosa (17./18. Jh.), der ital. Komponist Salvatore Cherubini (18./19. Jh.), der ital. Schriftsteller Salvatore di Giacomo (19./20. Jh.), der ital. Bildhauer Salvatore Albano (19. Jh.), der mexik. Dichter Salvador Diaz Mirón (19./20. Jh.), der span. Dichter Salvador Rueda Santos(19./20. Jh.), der ital. Bildhauer Salvatore Buemi (19./20. Jh.), der span. Schriftsteller Salvador de Madariaga (20. Jh.), der span. Maler Salvador Dali (20. Jh.), der chilenische Staatsmann Salvador Allende (20. Jh.), der ital. Dichter Salvatore Quasimodo (N59), der amerik. Bakteriologe Salvador Luris (N69), der belg. Schlagersänger Salvatore Adamo (20. Jh.).

Samantha Weiblich: Samantha. Engl., frz. Samantha. Ital. Samanta.
PN hebr. Herkunft, aus einem aram. (Christi Sprache) »simea¯th« = die Gehorchende.

Samson Männlich: Samson, auch: Simson. Engl., frz. Samson. Ital. Sansone.
Bibl. hebr. PN: »shimson« = kleine Sonne. Vgl. die (vielen) griech. »Helios«-Namen (= Sonne) oder den... aztekischen PN: »Tonatiuh« (m) (= Sonne).

Samuel Männlich: Samuel; KoF: Sammy. Engl. Samuel; KoF: Sam, Sammy. Frz. Samuel. Ital. Samuele.
Bibl. hebr. PN: »schim-el« = erhört von El (Gott), wie es im AT (1. Sa. 1.20) erklärt wird. Die phönizische Entsprechung war: »Shmi-El«. – T: Löwe – N: 20. August – Zahlwert: 377 – Blume: die Schwalbenwurz. – In England und vor allem in den USA (»Uncle Sam« ist eine familiäre Deutung der Abkürzung: *U*nited *S*tates of *AM*erica) sehr verbreitet. – Der frz. Pol. Samuel de Champlain (16./17. Jh.), der niederl. Schriftsteller Samuel Coster (16./17. Jh.), der Jurist und Historiker Samuel von Pufendorf (17. Jh.), der engl. Philos. Samuel Clarke (17./18. Jh.), die engl. Schriftsteller Samuel Richardson und Samuel Johnson (18. Jh.), der Arzt und Begründer der Homöopathie Samuel Hahnemann (18./19. Jh.), der engl. Dichter Samuel Coleridge (18./19. Jh.), der amerik. Pol. Houston (19. Jh.), der amerik. Maler und Erfinder Samuel Morse (Morsealphabet, 1837), der amerik. Schriftsteller Samuel Langhome (= Mark Twain, 19./20. Jh.), der schott. Schriftsteller Samuel Smiles (19./20. Jh.), der engl. Metaphys. Samuel Alexander (19./20. Jh.), der engl. Pol. Samuel Hoare (20. Jh.), der amerik. Filmproduzent Samuel Goldwin (20. Jh.), der israel. Schriftsteller Shmuel Agnon (20. Jh.), der amerik. Künstler Sammy Davis jr. (20. Jh.), der ir. Schriftsteller Samuel Beckett (20. Jh.), der

russ. Dichter Marschak (20. Jh.). – FN: Samuel(s)sen, Sa(h)mme(h)l, Sammel, Sameleit, Samp(s)on.

Sandra Weiblich: Sandra. Frz. Sandra, Sandrina(e). Ital. Sandra. – Männlich: Ital. Sandro.
»Sandra« ist eine ital. KoF von »Ales*sandra*« (w). S. »Alexander«. – »Sandra«, »Sandrine« waren sehr beliebte Mädchennamen in Frankreich Anfang der 70er Jahre.

Santo Männlich: Santo. Ital. Santo, Erw. Santino. Span. Sancho. – Weiblich: Ital. Santina. Sizilian. Santuzza.
Aus dem lat. Adj. »sanctus« (m)/»sancta« (w), mit dem urspr. Sinne von »ehrwürdig«, »tugendhaft«. »Sanctus« bezeichnete zunächst bei den Christen: die Getauften. Erst später nahm das Adj. die Bedeutung von »heilig« (»Sankt«) an. – N: 2. (auch 5.) Juni. – Sancho Pansa (= Dickbauch), der Knappe von Don Quixote (= Beinharnisch, aus dem lat. »coxa« = die Hüfte), Helden von Cervantes (16./17. Jh.).

Sara(h) Weiblich: Sara(h), Zara(h); KoF: Sarina. Engl. Sara(h); KoF: Sal, Sally, Sarita. USA Sadie. Dän., ital. Sara. Frz. Sarah.
»Sara« ist die griech. F (ohne »h«) am Ende) des hebr. bibl. Frauennamens »Sarah« = die Herrin, die Fürstin (aus einem Zeitwort: »sa¯ra¯h« = herrschen, regieren). – T: Waage – N: 9. Oktober – Zahlwert: 505 – Blume: die rote Stendelwurz – Stein: der Pyrop. – Äußerst beliebt in England seit Anfang der 70er Jahre. – Die frz. Schausp. Sarah Bernhardt (= Rosine Bernard = 19./20. Jh.), die Sängerin Zarah Leander (20. Jh.).

Sascha Männlich: Sascha. Frz. Sacha.
Eine (der vielen russ.) KoF vom griech. PN »Alexander« (s.), russ.: Alek*sascha*. – N: 30. August. – Der frz. Schriftsteller Sacha Guitry (geb. 1885 in Sankt-Petersburg, der Zar Alexander III stand Taufpate).

Saturnus Männlich: Saturnus. Frz. Erw. Saturnin, Var. Cernin. Ital. Erw. Saturnino. – Weiblich: Ital. Erw. Saturnina, auch: Saturnia.
»Saturnus« ist der lat. Name eines etrusk. Gottes (ungedeutet), Sohn des Uranos, Vater Jupiters. – N: 4. Juni. Diesen Namen »Saturn« findet man im mittelnddt. »saterdah« (= Samstag), niederl. »zaterdag«. Engl.: »Saturday«. – Der frz. FSchau. Saturnin Fabre.

Saul Männlich: Saul. Engl. Saul. Ital. Saul. Russ. Sawel(i).
Hebr. bibl. PN (Name des ersten Königs von Israel, 11. Jh. v. Chr.) = der Begehrte. Vgl. den griech. »Erasmus« (m). – N: 11. Oktober. – Urspr. Name des Apostels Paulus (daher in vielen europ. Sprachen die Redensart: »Aus einem Saulus ein Paulus werden« [Apostel 9]). – Der amerik. Schriftsteller Saul Bellow (20. Jh.).

Scarlett Weiblich: Scarlett. Engl. Scarlett, Scarlet.
Aus dem mittelalterlichen Latein: »scarlatum« – wie auch das dt. »Scharlach« = scharlachrot, aus einem pers. Wort: »saqirlat« (urspr. ein... blauer Stoff!). – Eine bekannte Gestalt (Scarlett O'Hara) aus M. Mitchels »Vom Winde verweht« (1936). Vgl. den Mädchennamen: »Schneewitta«, niederl.: »Sneeuwwitje«, schwed.: »Snövit« (w).

Scholastika Weiblich: Scholastika. Frz. Scholastique. Ital. Scolastica.
Lat. PN: »Scholastica«, aus dem griech. »Scholastika« (w) = die Gelehrte (aus demselben vulgärlat. Stamm »scola« kommt das Wort: »Schule«). – N: 10. Februar. Eine Scholastika war die Zwillingsschwester des hl. Benedikt (5./6. Jh.).

Schwanhild Weiblich: Schwanhild, nddt. Swanhild(e); KoF: Swane, Swana. Fries.

Swa(e)ntje, Swanke. Schwed. Svanhild. Germ. Frauenname, zsgs. aus »Swana« = der Schwan + »Hild« (s. das Gliedwort: »hild-«) = die Schwanenkämpferin. Eine Erinnerung an die Sagen der Schwanenjungfrauen. – »Swanahilda« (eine Bayerin) war die Gattin Karl Martells (8. Jh.).

Scott Männlich: Scott. Engl. Scott.
Völkername = der Schotte, aus einem kelt. Stamme »skuit« = der Herumziehende. Vgl. den lat. PN: »Numidicus« (m) = der Numider (aus einem griech. Stamm = Hirtenvolk, daher »Nomade«).

Sebald Männlich: Sebald, Sebaldus, Sebold, Var. Si(e)gbald, Sigisbald. – Weiblich: Sebalde.
»Sebald« ist eine verkürzte (niederdt.) F von »Si(e)gebald« (wie »Sebert« eine ist von »Siegbert«); germ. PN, zsgs. aus »Sieg« (s. das Gliedwort: »Sieg-«) + »bald« (s. das Gliedwort: »bald-«) = kühner Sieger. – N: 19. August. – Der hl. Sebald (8. Jh.) ist der Stadtpatron Nürnbergs (s. Fischarts Gedicht unter »Andreas«).

Sebastian Männlich: Sebastian, Sebastianus; KoF: Sebass, Bast(l)(e). S. auch »Bastian«. Frz. Sébastien. Ital. Sebastiano. – Weiblich: Sebastine. Frz. Sébastienne.
Lat. »Sebastianus« (m), geht auf das griech. Adj.: »sebastos« = der Ehrwürdige, der Erhabene. Wie der arab. PN: »Mohamed«/»Muham(m)ed« (m). Urspr. war »Sebastianus« ein ehrender Beiname der röm. Kaiser (ab 27. v. Chr.), das griech. Pendant vom lat. »Augustus« (m) oder vom… chinesischen »hoang-ti«. – T: Steinbock – N: 20. Januar – Zahlwert: 251 – Blume: der (lila) Flieder. – Der Name des hl. Sebastian (3. Jh.), einer der Patrone der Kreuzfahrer, ist seit dem MA in ganz Europa beliebt. Seit Anfang der 70er Jahre ausgesprochener Modename in Frankreich und in der BRD. – Demselben griech. Adj. entspringt der neue Name (1783) der Stadt »Sewastopol« (»sebastos« = erhabene, kaiserliche + »polis« = Stadt). – Der ital. Seefahrer Sebastiano Cabot (15./16. Jh.), der Drucker Sebastian Gryphius (15./16. Jh.), der Dichter Sebastian Brant (15./16. Jh.), der Schriftsteller Sebastian Franck (15./16. Jh.), der ital. Maler Sebastiano del Piombo (16. Jh.), der span. Seefahrer Sebastián del Cano (die erste Weltumsegelung, 16. Jh.), der ital. Architekt Sebastiano Serlio (16. Jh.), der frz. Humanist Sébastien Castellion (16. Jh.), der ital. Maler und Dichter Sebastiano Mazzoni (17. Jh.), der fläm. Bildhauer Sebastianus Slodtz (17./18. Jh.), der frz. Marschall Sébastien (Le Prestre de) Vauban (17./18. Jh.), der fläm. Bildhauer Sebastiaan Slotz (17./18. Jh.), der port. Staatsmann Sebastião de Pombal (18. Jh.), der Klavierbauer Sebastian Erard (18./19. Jh.), der ital. Maler Sebastiano De Albertis (19. Jh.), der heilkundige Pfarrer Sebastian Kneipp (19. Jh.), der ital. Schriftsteller Sebastiano Rumor. – FN: Sébastien, Bastien, Bastian(s), Bastiat, Sébaste, Bastein, Bastin(g), Baustian, Wast(el), Bestel, Basse.

Secundus Männlich: Secundus. Ital. Secondo (Secondo). – Weiblich: Secunda. Ital. Seconda.
»Secundus« (m)/»Secunda« (w), sehr häufige röm. PN der Kaiserzeit ist das lat. Ordinalium: »secundus« = der (die) Zweite, aus einem idg. Stamm: »*sekw-« = folgen, lat. »sequi«. S. auch »Quintus«. – N: 10. Juli.

Selina Weiblich: Selina. Engl., schwed. Selina. Frz. Sélina.
Wahrscheinlich eine verkürzte F des im MA in Frankreich und England verbreiteten Frauennamens: »Asselina«, selber KoF, Erweiterung von einem Stamm »Adel-« (s.) bzw. »Ans-« (s.). – N: 23. August. – Nicht zu verwechseln mit dem FN: »Selene«, ital. »Selene«, das griech. Wort »selênê« = der Mond.

Selma Weiblich: Selma. Dän., engl., frz., ital. schwed. Selma.
»Songs of Selma« (Lieder von Selma) heißt ein Teil der ossianischen Gedichte (1760) des Schotten James Macpherson. Aber »Selma« ist eigentlich ein Ortsname, ein kelt. ON: »Shelma« = schöne Aussicht, wie das ital. »Belvedere« oder das frz. »Bellevue«, Fingals Land. Von Klopstock als PN umgedeutet. – N: 27. Juni. – Um 1900 im dt. Sprachraum beliebt. – Die schwed. Dichterin Selma Lagerlöf (N09).

Senta Weiblich: Senta. Schwed. Senta.
»Senta« / »Senda« (im 8. Jh. belegt) ist die KoF zu einem germ. Frauennamen auf »Sint-« (wie: Sindburg, Sintfreda, Sindhilt) = Kriegszug, Heerfahrt. – Namensvorbild war die bekannte Gestalt in Wagners »Der Fliegende Holländer« (1843). – Die FSchau. Senta Berger.

Sepp Männlich: Sepp.
Oberdt. KoF zum Männernamen »Josef« (s.), vor allem in Bayern und Österreich seit mehr als einem Jahrhundert selbstst. Vorname geworden.

Seraph Männlich: Seraph, Seraphin(us). Frz. Séraphin. Ital. Serafino. – Weiblich: Seraphine, Seraphia. Ital. Serafina.
Hebr. (bibl.) Wort: »seraph« (Mehrzahl: Seraphim) = der Funkelnde, der Feurige, aus einem Zeitwort: »saraph« = funkeln. Himmlische beflügelte Wesen, Art Engel (Je. 6.2). Vgl. den griech. PN: »Angela« (w) und den ital. »Cherubino« (m) aus einem hebr. (bibl.) Wort = Cherub, Art Engel, Gottesdiener. – N: 12. Oktober.

Serenus Männlich: Serenus. – Weiblich: Serena. Ital. Serena, Erw. Serenella.
Aus dem lat. Adj.: »serenus« (m), aus einem älteren: »seres-no-s«, = heiter (vom Himmel), ungetrübt, erhaben (vgl. das Superlativ: »serenissimus« = durchlauchtigst, noch als Ehrentitel benutzt. – Vgl. auch die »Serenissima« = die Republik von Venedig). – Serenus: N: 2. August, Serena: N: 16. August.

Sergius Männlich: Sergius. Frz. Sergé. Ital. Sergio. Russ. Sergej.
Ein etrusk. PN, vielleicht aus einem Wort, das »Netz« bedeutet und somit ein Beiname vom Fischer. – T: Waage – N: 7. Oktober – Zahlwert: 588 – Blume: Ageratum. – Seit jeher ein beliebter russ. Vorname. Anfang der 70er Jahre in vielen Städten der RSFSR (Prov. von Moskau) der häufigste. In Frankreich nicht selten. Vier Päpste, der russ. Schriftsteller Sergej Aksakow (19. Jh.), der russ. Komponist Sergej Rachmaninow (19./20. Jh.), der russ. Choreograf Sergej Diaghilew (20. Jh.), der russ./frz. Choreograf Serge Lifar (20. Jh.), der russ. Maler Sergej Gerassimow (20. Jh.), der russ. Flugzeugbauer Sergej Iliuschin (20. Jh.), der russ. FReg. Sergej Eisenstein (20. Jh.), der pol. Schriftseller Sergiusz Raseki (20. Jh.), der russ. Physiologe Sergej Woronow (20. Jh.), der russ. Komponist Sergej Prokofjeff (20. Jh.), der russ. Dichter Sergej Jessenin (20. Jh.), die frz. ChansonS. Serge Gainsbourg, Serge Reggiani und Serge Lama (20. Jh.). – FN: Serge(l).

Servatius Männlich: Servatius, Servaz; KoF: Zerves. Frz. Servais. Niederl. Servaas.
Lat. PN: »Servatius« (m), aus dem lat. Adj.: »servatus« (Partizip der Vergangenheit des Zeitwortes »servare« = retten) = der Gerettete (für die Christen = das ewige Heil). Vgl. die lat. PN: »Salvius« (m), »Salvianus«, von ähnlichem Sinne. – N: 13. Mai.

Severin Männlich: Severus, Erw. Severin(us). Frz. Séverin. Ital. Severo. Dän. Søren. Schwed. Sören. – Weiblich: Severina, Severine. Frz. Séverine. Ital. Severina.
Lat. PN aus dem lat. Adj.: »severus« (m), urspr.: der Unbiegsame, dann: der Strenge, der Ernsthafte. – T: Waage – N: 23.

Oktober – Zahlwert: 466. – In Skandinavien ist »Sören« / »Søren« (m früher: »Söff[e]ren«) seit Jahrhunderten beliebt. »Séverine« war Anfang der 70er Jahre ein beliebter frz. Mädchenname. – Der dän. Admiral Søren Norrby (15./16. Jh.), der dän. Phil. Søren Kierkegaard (= Kirchhof) (19. Jh.), der ital. Dichter Severino Ferrari (19./20. Jh.).

Sharon Weiblich: Sahron. Engl. Sharon. Bibl. hebr. ON: »šom̄« = Ebene. šaron (Sharon) ist tatsächlich eine Küstenebene, nicht unweit des Karmelberges, deren Landschaft eine Allegorie für »Pracht« war. – Durch die amerik. FSchau. Sharon Tate tragisch bekannt gemacht.

Sheila Weiblich: Sheila. Engl., frz., niederl. Sheila.
»Sheila« ist die engl. phonetische Anpassung des ir. Frauennamens: »Síle« (früher: »Sighile«), aus dem lat. »Cäcilia« (s. »Cäcilie«), in Irland von den Engländern/Normannen (12. Jh.), eingeführt. – Im 19. Jh. nahmen die Iren jenen ausgeführten Modenamen ahnungslos wieder auf... als »Julia« umgedeutet. – In England seit 1925, in den USA seit den 60er Jahren Modename.

Shirley Weiblich: Shirley. Engl. Shirley; KoF: Shir.
Ein FN aus einem ON (in fünf engl. Grafschaften), zsgs. aus: »shir« = breit + »ley« = Waldlichtung. – Wie die engl. Schriftstellerin Charlotte Brontë es in ihrem »Shirley« (1849) unterstreicht, hatte die Hauptgestalt ihres Romans einen männl. Vornamen erhalten. – Die (mit vier Jahren schon) weltberühmte Amerik. FSchau. Shirley Temple (geb. 1928), die amerik. FSchau. Shirley MacLaine (geb. 1934).

Sibylle Weiblich: Sibylle, Sibylla (die einzige richtige Schreibw.), Sibilla, Sibille; KoF: Bil(l)a, Biel – auch als Doppelname (rhein. Marizebill). Engl. Sibyl; KoF: Sib(bie). Dän., frz. Sibylle. Ital. Sibilla.
Lat. »Sibylla« (w), griech. »Sibulla«, Eigenname einer berühmten Prophetin Kleinasiens, war urspr. der Titel, die Anrede der weissagenden Frauen des Altertums. Der Name (ungedeutet) und die Einrichtung scheinen orientalischer Herkunft und mit dem Apollonkult verbunden. – Bedeutung: die Weissagerin, die Prophetin. Vgl. die germ. Frauennamen: »A(de)lrune«, »Ingrada«, »Godrada«, von ähnlicher Bedeutung. – T: Waage – N: 9. Oktober – Zahlwert: 1061 – Blume: die wilde Aster – Stein: der Saphir. – In den 50er und 60er Jahren Modename im dt. Sprachraum. Die Kurfürstin Sibylle von Sachsen (17. Jh.), die Markgräfin von Baden Sibylle (18. Jh.). Die FSchau. Sibylle Binder, Sibylle Schmitz, die brit. Schausp. Sibyl Thorndike (20. Jh.).

Sidney Männlich: Sidney. Engl. Sidney, Sydney; KoF: Sid.
Urspr. Name einer aus Anjou (Frankreich) im 12. Jh. in England eingewanderten Familie. Lat. »de Sancto Dionysio«, ist »Sidney« eine engl. Verstümmelung des frz. ON: »Saint-Denis« (s. »Denise«). Vgl. den engl. PN: »Sinclair« (m), ebenfalls eine Verstümmelung des frz. ON: »Saint-Clair« (s. »Clara«). – Der engl. Metall-Industrielle Sidney Thomas (19. Jh.), der amerik. Jazzmusiker Sidney Bechet (20. Jh.). Der amerik. Schriftsteller Sinclair Lewis (N30).

Sidonie Weiblich: Sidonie, Sidonia; KoF: Sitta, Sida, Sidel. Frz. Sidonie. Ital. Sidonia. Slaw. Zdenka. – Männlich: Sidonius. Ital. Sidonio. Slaw. Zdenek, Zdenko.
Der Sidonier, die Sidonierin = die Bewohnerin von Sidon, ein berühmtes Emporium (heute: »Saïda«), in der Heiligen Schrift erwähnt, aus einem phönizischen Wort: »sidonin« = Fischerstadt. – N: 21. August. – Der österr. Schriftsteller Zdenko von Kraft (19./20. Jh.). –

Die frz. Schriftstellerin Sidonie Gabrielle Colette (19./20. Jh.).

Gliedwort

Sieg- auch: Sig(i)-, Siki-, Sigo-, Sic(k)-, Si-, Seg(e)-, Se-, Erw. Sigis-, Sigil-, Sigin-. Wort = Gedeihen, Sieg. – Got.: »sigis« (= Sieg), aus einem idg. Stamm: »*segh« = behalten. – Schon im 1. Jh. belegt, ist »Sieg-«; mit »Diet-« und »Gott-« das produktivste Gliedwort der germ. PN. Immer als erstes Element. – Die germ. Entsprechung vom griech. »Nikê« / »Niko« oder vom gall. »Boudios«.

Siegbald Männlich: KoF: Si(e)bo.
N: 25. Oktober. S. »Sebald«.

Siegbert Männlich: auch: S(i)ebert, Siegbrecht, NF: Sigisbert; KoF: Si(e)bo, Siebe. – Weiblich: Siegberta.
Germ. PN, zsgs. aus den Gliedwörtern: »Sieg-« + »bert« (s.) = glänzender Sieger. Wie der altgriech. PN: »Nikophanes« (m). – Siegbert: N: 1. Februar: Sigisbert: N: 11. Juli.

Siegburg Weiblich: Schwed. Sigborg.

Sieger Männlich: Sieg(h)er.
Germ. PN, zsgs. aus den Gliedwörtern: »Sieg-« + »her« (s.) ist, wie der altgriech. PN »Nikostratos« (m): der Sieg bringende Kämpfer.

Siegfried Männlich: Si(e)gfri(e)d; KoF: Siggo, Sigge, Sizzo. Schwed. Sigfrid; KoF: Sig(g)i. Ital. Sigfrido, Sigisfredo.
Germ. PN, zsgs. aus den Gliedwörtern »Sieg« = »Fried« (s. dort) = der siegreiche Schützer. – N: 15. Februar. – Der Drachentöter der Nibelungensage. Sehr beliebter TN im MA (vom 8. bis zum 12. Jh. unter den ersten 20). Durch Wagners Werke neu belebt. – Wagners Sohn Siegfried, Komponist (19./20. Jh.), der Schriftsteller Siegfried Lenz (20. Jh.), der niederl. Schriftsteller Siegfried van Praag (20. Jh.), der Komponist Siegfried Reda (20. Jh.), der schwed. Schriftsteller Siegfried Siwertz (20. Jh.).

Sieghard Männlich: KoF (fries.): Sia(a)rd, Siert. Frz. Sicard, Ségard.
Germ. PN, zsgs. aus den Gliedwörtern: »Sieg-« + »hard« (s.) ist ein Wunschname: (sei) sieg(reich) und stark! – N: 23. September.

Sieghelm Männlich.

Sieghild Weiblich: Sieghild(e); KoF: Sigga, zsgs. aus »Sieg-« + »hild-« (s.) = die siegreiche Kämpferin. – N: 22. Juni.

Sieglinde Weiblich.
N: 24. Juli.

Siegmar Männlich: Si(e)gmar.
Bei Tacitus: »Segimer«, germ. PN, zsgs. aus den Gliedwörtern: »Sieg-« + »mar« (s.) = der berühmte Sieger. Wie der altgriech. PN: »Nikokles« (m) oder der sansk. PN: »Jayarâma« (m). – N: 10. Februar.

Siegmund Männlich: Siegmund, Sigismund (burgund. Erw.); KoF: Siegel, Mundi. Frz. Sigismond. Ital. Sigismondo. Poln. Zygmund. – Weiblich: Sigismunde. Ital. Sigismonda.
»Segismundus« bei Tacitus (1. Jh.), germ. PN, zsgs. aus den Gliedwörtern: »Sieg« + »mund« (s.) = der siegreiche Schützer. – N: 1. Mai. – Der hl. Sigismund, König von Burgund (5./6. Jh.), drei poln. Könige, ein dt. Kaiser, der österr. Psychiater Sigmund Freud (19./20. Jh.), der poln. Dichter Zygmunt Krasinski (19. Jh.), der Schriftsteller Sigismund von Radecki (20. Jh.).

Siegrich Männlich: nddt. Sierk = der Siegreiche, wie der altgriech. PN: »Polynike (m).

Siegtraud Weiblich.
N: 3. Dez. Die Siegreiche und Kräftige.

Siegward Männlich: Siewert. Schwed.

Sigurd (die nord. Entsprechung von »Siegfried«).

Siegwin Männlich: = der siegreiche Freund.

Siegwolf Männlich: = der siegreiche Krieger. Vgl. den Schwed. Sigbjörn m = Sieg + Bär.
Alle männl. »Sieg«-Namen haben KoF wie: Sig(go), Sikko, Sigilo, fries. Sieuwe, niederl. Sjoukje usw. entwickelt.

Sigrid Weiblich: Sigrid. Schwed. Sigrid, Var. Siri; KoF: Sigga(n).
Nordgerm. Frauenname, zsgs. aus den Gliedwörtern »Sieg« (s.) + »fried« = schön (s. »Astrid«) = schön und siegreich. – T: Jungfrau – N: 15. Sept. (auch 7. Januar). – Sigriðr Störrada (10./11. Jh.), Mutter Knuts d. Gr., die norw. Schriftstellerin Sigrid Undset (N28).

Sigrun Weiblich: Si(e)grun(e), Schwed. Sigrun. Nordgerm. PN, zsgs. aus den Gliedwörtern »Sieg« + »run« = die Siegeszauberin.

Silke Weiblich: Silke, Silka. – Männlich: Silko.
»Silke« / »Silka« ist eine nddt. fries. KoF von »Cacilie« (s.). »Silja« ist eine dialekt. finnische F von »Cacilia«: »Silja« / »Selja«. – Seit Anfang der70er Jahre ist »Silke« Modename im dt. Sprachraum.

Silvius Männlich: Silvius, Silvan(us), Silverius, Silvester; KoF: Fester. Frz. Sylvain, Sylvère, Sylvestre. Ital. Silvio, Silvano, Silverio, Silvestro. Engl. (Var.) Silas. – Weiblich: Silvia, Erw. Silv(a)na; KoF: Silvelin. Frz. Sylvie, Sylviane; KoF: Sylvette. Ital. Silv(i)a.
Im dt. Sprachraum ist die Schreibw. mit »i« vorzuziehen. In Frankreich (und in den angels. Ländern) wurde das halbgelehrte »y« in Anlehnung an das griech. »xylon« (= Holz) eingeführt. – Jene lat. PN entspringen einem lat. Wort: »silva« = Holz, Wald, und bedeuten: der (die) im Walde wohnt. Vgl. den ital. PN: »Bosco« (m = der dt. FN »Busch«), den russ./griech.: »Vissarion« (m) (= Gehölz, Gestrüpp). – »Silvanus« war in der lat. Mythologie ein Sohn von Äneas und Gott der Wälder. »R(h)ea Silvia« war die Mutter von Romulus und Remus. – Silvia: T: Skorpion – N: 3. (auch 5.) November –; Silvan: N: 4. Mai –; Silvester: N: 31. Dezember – Zahlwert: 441 – Gewächs: die Mistel – Stein: der Antigorit. – »Sylvie« ist ein beliebter Frauenname in Frankreich in den Nachkriegsjahren gewesen. »Silvia« war im dt. Sprachraum von 1950 bis 1970 ebenfalls äußerst beliebt. In England und in den USA verbreitet. – Drei Päpste Silvester, der ital. Schriftsteller Silvio Pellico (19. Jh.), die ital. FSchau. Silvana Mangano.

Sim(e)on Männlich: Simeon, Simon; KoF: Siem, Simmerl. Engl. Sim(e)on; KoF: Sim(mie). Ital. Sim(e)one. Frz. Simon, Siméon. Russ. Semjon. – Weiblich: Simone, Erw. Simonetta, Simonette. Frz. Simon(n)e. Ital. Simona.
»Simeon« und »Simon« sind Var. desselben hebr. bibl. Männernamens: »shim'-on« (aus einem Zeitwort: »shamah« = hören) = gehört, erhört, dessen Gebet von Gott gehört wurde – wie in Mo. 1. 29.33 erklärt. »Simeon« ist der urspr. F näher geblieben, »Simon« ist die gräzisierte F. – Simeon: T: Steinbock – N: 5. Januar – Zahlwert: 466 –; Simon(e): T: Skorpion – N: 28. Oktober – Zahlwert: 1100 – Blume: Löwenmaul – Stein: der Dravit. – Häufiger PN im vorchristl. Palästina. Urspr. Name des Apostels Petrus (= Simon Bar Jonas: Simon Sohn von Jonas). In England seit den 70er Jahren Modename. Der Mädchenname »Simone« ist in Frankreich beliebt und gehört zu den Modenamen in Deutschland. – Simon Magus (= Der Zauberer, Apg 8.9.) daher das Wort »Simonie«, 1. Jh.), Simon de Montfort (Kreuzzug gegen die Albigenser, 12./13. Jh.), der ital. Maler Simone Martini (= Maestro Simone, 13./14. Jh.), der frz. Maler Simon

Marmion (15. Jh.), der frz. Dichter Simon Gréban (15. Jh.), der Bildhauer Simon Lainberger (15./16. Jh.), der fläm. Maler Simon Benning (16. Jh.), der fläm. Math. Simon Stevin (16./17. Jh.), der südamerik. Gen. und Pol. Simón Bolivar (19. Jh.), der fläm. Ingenieur und Math. Simon Stevin (17./18. Jh.), der niederl. Mus. Simon van Millinger (19./20. Jh.), der schweiz. Bot. Simon Schwendener (19./20. Jh.), der slow. Dichter Simon Gregortschic (19./20. Jh.), der ukrainische Pol. Simon Petljura (20. Jh.), der russ. GFM Semjon Timoschenko (20. Jh.), der russ. Dichter Semjon Kirsanow (20. Jh.), die niederl. Schriftsteller Simon Vinkenoog und Simon Vestdijk (20. Jh.), der israel. Pol. Shimon Peres (20. Jh.). – Die frz. Philos. Simone Weil (20. Jh.), die frz. Schriftstellerin Simone de Beauvoir (20. Jh.), die frz. Schausp. Simone Valère, Simone Renan und Simone Signoret (20. Jh.), die frz. Pol. Simone Weil (20. Jh.). – FN: Simon, Simon(ne), Simony, Simonel; -eau, Simoni, Simenet, Simon(n)ot, Simenon, Simoneth, Simonin, Simonot, Simonou, Simond(s), Simpkin(s), Simmen, Simmes, Siemens(en), Siémond, Symens, Symken(s), Monard, Monet, Monna(e)rt, Simmel, Szymon, Simmark, S(ch)ymanzki, Simoneit, Siémons, Simair, Simonnart, Simonowitsch, Simonowna.

Siw Weiblich: Siw. Schwed. Siv (auch als Doppelname häufig: Siv-Ann, Siv-Britt usw.); KoF: Sivan. Dän. Sif, Siv. Finnisch: Sivi.
Skand. Frauenname, eigentlich: »Frau«, vgl. das isländ. Wort: »Sifjar« (Mehrzahl) = Verwandtschaft. Siv war Thors Frau in der skand. Mythologie. – N: 24. November.

Sixtus Männlich: Sixt(us). Ital. Sisto. Frz. Sixte. – Weiblich: Sixta, Erw. Sixtina.
Lat. PN: »Sextus« (m), »Sexta« (w), aus dem lat. Ordinalzahlwort »sextus« (m)/ »sexta« (w) = der (die) Sechste. S. »Quintus«. – N. 6. August. – Fünf Päpste. Die »Sixtinische Kapelle« wurde (1481) auf Anregung von Papst Sixtus IV gebaut; daher der Name.

Sofia Weiblich: Sofia, Sofie (auch: Sophia, Sophie); KoF: Vike, Viki. Engl. Sophia. Frz. Sophie. Ital. Sofia. Russ. Sofia; KoF: (u. a.) Sonja (s. dort). – Männlich: Sophus.
»Sophia« ist ein griech. Wort = die Weisheit (für die Christen: die Weisheit als Lebensziel), »sophos« (m) ein Adj. = der Kluge, der Weise. Das entsprechende lat. Wort (ebenfalls Frauenname) ist »Sapientia«. T: Stier – N: 15. Mai – Zahlwert: 676 – Blume: der Lavendel – Stein: der Saphir. – Die bulg. Hauptstadt erhielt den Namen »Sofia« im 14. Jh. unter byzant. Einfluss (vgl. die Kirche von Konstantinopel der »Hagia Sophia« = der [christl.] heiligen Weisheit gewidmet.) – »Sophie« ist Modename in Frankreich Anfang der 70er Jahre gewesen. – Viele dt. Kurfürstinnen und Prinzessinnen (17./18./19. Jh.), die frz. Sängerin Sophie Arnould (17./19. Jh.), die frz. Schriftstellerin Sophie de Ségur (19. Jh.), die frz. Schausp. Sophie Desmarets (20. Jh.), die ital. FSchau. Sophia Loren. Der dän. Dichter Sophus Claussen (19./20. Jh.).

Solange Weiblich: Frz. Solange.
Lat. PN: »Solemn(i)a« (w), aus dem lat. Adj.: »solemnis« (früher: »sollemnis«) = festlich, feierlich. – N: 10. Mai.

Solveig Weiblich: Solveig, Solv(e)i. Finn., schwed. Solveig. Dän. Solvej.
Skand. Frauenname, altwestnord. »Solvi«, zsgs. aus »sol« = die Sonne (germ.: »*sawil«) + »veig« = Kraft, Stärke. Bedeutung: die ihre Kraft von der Sonne hat. Vgl. die schwed. Frauennamen: »Åsveig« (von den Asen), »Torveig« (von Thor) usw. – N: 3. September. – Bekannt durch die Gestalt in Ibsens »Peer Gynt« (1867) und Griegs »Peer Gynt« (1881). Seit einigen Jahren als »modern« empfunden.

Sondra Weiblich: Sondra. Engl. Sondra.
Aus einem germ. Stamm (Adverb): altn. »sundr-«, ahd. »suntar« = *gesondert*, hervorragend. – Die amerik. Pianistin Sondra Bianca (20. Jh.).

Sonja Weiblich: Sonja. Frz., ital. Sonia. Engl. Sonia, Sonya. Russ. Sonja.
»Sonja« ist eine (der vielen) russ. KoF von: »Sophia« (w – s.) durch den russ. Roman überall beliebt gemacht, vor allem durch Dostojewskijs Werke: »Schuld und Sühne« (1866) und »Raskolnikow«. – Die norw. Eiskunstläuferin Sonja Henie (1912–1969), die FSchau. Sonja Ziemann.

Sönke Männlich: Sönke, auch: Sünke, Sun(n)(e)ke; KoF: suno.
Norddt. und vor allem fries. KoF von »Sohn« (altfries. »sunu«) = Söhnchen, aus einem idg. Stamm: »*su« = zeugen. – Vgl. den altdt. PN: »Mennikin« (m), und die fries. (und niederl.) PN: »Suske« (w), KoF von »Suster« (w = Schwester), »Broerke« (m) KoF von »Broder« / »Broer« (m = Bruder).

Soraya Weiblich: Soraya. Frz. Soraya. Ital. Soraia.
Pers. PN: »Súraya«, zsgs. aus: »sú« = gut (vgl. den sansk. PN: »*Sú*yaças« = mit gutem Ruhm) + »raya« = Fürst(in) (s. das Gliedwort: »rik-«). Bedeutung: die gute Fürstin. – Eine ehem. Kaiserin von Iran (20. Jh.).

Spartakus Männlich: Spartakus: Ital. Spartaco. Russ. Spartak.
»Spartakos« (griech. m), »Spartacus« (lat. m) bezeichnete den Mann aus der altgriech. Stadt »Sparta« (griech. »Sparté«, vorgriech. ungedeuteter ON). – Spartacus war ein Thraker, Anführer der Gladiatoren im Kampf gegen Rom (71. v. Chr.). – »Spartacus« war 1919 der Deckname von Karl Liebknecht und »Spartakisten« der Name seiner Anhänger.

Stanislaus Männlich: Stanislaus; KoF: Stani, Stenz(el). Frz. Stanislas. Ital. Stanislao. Poln. Stanisław.
Slaw. PN, zsgs. aus: »stan« = Lager, Heer + »slawa« = Ruhm. Bedeutung: der Ruhm des Heeres. Vgl. den germ. PN: »Lothar« (m) oder den altgriech. »Kleostratos« (m). – N: 7. Mai. – Der hl. (11. Jh.) Stanislaus ist der Patron Polens, wo der Vorname sprichwörtlich häufig ist (»Wenn ein St. die Stube verlässt, kommt ein anderer St. herein« – s. auch unter »Andreas« Fischarts Gedicht). – Der König von Polen und Herzog von Lothringen Stanislaus Leszczynski (17./18. Jh.), der poln. Dramaturg Stanisław Wyspanski (19./20. Jh.).

Stanley Männlich: Stanley. Engl. Stanley; KoF: Stan.
ON (in ca. zwölf engl. Grafschaften), zsgs. aus »stan« = Stein + »lea« = Stelle = steiniger Ort. – Ein ON, der zu FN und schließlich zu TN wurde. Wie die engl. PN: »Somerset« (m), »Washington« (m), »Winston« (m). – Der engl. Pol. Stanley Baldwin (19./20. Jh.), der amerik. FSchau. Stan Laurel (= Arthur Stanley Jefferson), der amerik. FReg. Stanley Kubrik (20. Jh.), der amerik. Jazzpianist Stan(ley) Kenton (20. Jh.).

Stefan Männlich: Stefan (ältere Schreibw.: Stephan), Stef(f)en, Steven. Engl. Stephen, Stephan. Frz. Etienne und die Neubildungen: Stéphane, Stève. Ung. István. Ital. Stefano. Span. Esteban – Weiblich: Stefanie, Stefan(i)a. Frz. Stéphanie, Etiennette. Ital. Stefania.
Aus einem griech. Wort: »stephanos« = Kranz, Krone (aus einem Zeitwort: »stepho« = krönen, umgeben). – Bedeutung: Krone, Siegeskranz. Der Ruhmeskranz, der himmlische Lohn für ein christliches Leben, im Sinne des Briefes an die Korinther (9.25): »... ein jeglicher aber, der da kämpft, enthält sich alles Dinges; jene nun, dass sie einen vergänglichen Kranz empfangen, wir aber einen unvergänglichen«. – Vgl. den bibl. hebr. PN: »Atara« (w = Krone), den lat. PN: »Corona-

tus« (m)/»Coronata« (w) = der (die) Gekrönte. – Stefan: T: Steinbock = N: 26. Dezember –; Stefanie: T: Widder – N: 26. März und: T: Stier – N: 14. Mai – Zahlwert: 1326 – Blume: Pelschen – Stein: der Demantoid. – Vor dem II. WK im dt. Sprachraum äußerst selten. Seit 1957 überaus beliebt: Stefan = 1977 3. Vorname in der BRD, 1978 = 4., 1979 = 5. Vorname. In Frankreich erfreut sich »Stéphane« einer ähnlichen Beliebtheit, »Stephen« ebenfalls in England, »István« in Ungarn. – »Stefanie« gehört seit Jahren zu den häufigsten dt. Mädchennamen (1977 = 1., 1978 = 2., 1979 = 2.). »Stéphanie« ist in Frankreich auch sehr verbreitet. – 9 Päpste, 5 ungar. Könige, 11 serbische Könige, 1 engl. Etienne de Blois, Enkel von Wilhelm der Eroberer, Etienne Marcel (Vorsteher der Pariser Kaufleute, 14. Jh.), Etienne de Vignolles (= La Hire, Waffengefährte von Johanna d'Arc, 14. Jh.), der Maler Stephan Lochner (15. Jh.), der ital. Maler Stefano di Sassetta (15. Jh.), der frz. Dichter Etienne Jodelle (16. Jh.), der frz. Drucker Etienne Dolet (Erfinder des Tremas, 16. Jh.), der Schriftsteller Etienne de La Boétie (16./17. Jh.), der port. Arzt Estevao Castro (16./17. Jh.), der Kosakenführer Stenka Rasin (17.Jh.), der poln. Held Stefan Czarnicki (17. Jh.), der frz. Philos. Etienne de Condillac (18. Jh.), der Finanzexperte Etienne de Silhouette (18. Jh.; daher unser Wort »Silhouette«), der Aeronaut (1783) Etienne de Montgolfier, der frz. Bildhauer Etienne Falconnet (18. Jh.), der frz. Komponist Etienne Méhul (18./19. Jh.), die frz. Naturforscher Etienne Geoffroy-Saint-Hilaire und Etienne Lacépède (18./19. Jh.), der amerik. Präsident Stephen Douglas (= der »kleine Riese«, 19. Jh.), der amerik. Präsident Stephen Cleveland (= der Präsident Veto, 19. Jh.), der frz. Schriftsteller Stéphane Mallarmé (19. Jh.), der Dichter Stefan George (19./20. Jh.), der amerik. Liedermacher Stephen Foster (O Susanna, 19. Jh.), der österr. Schriftsteller Stephan Zweig (19./20. Jh.), der amerik. Komponist Stephen Goldmann (20. Jh.), der russ. Dichter Stepan Ewtuschenko (20. Jh.), der frz. FReg. Stève Passeur (= Etienne Morin, 20. Jh.), der Schriftsteller Stefan Andres (20. Jh.), der frz. Ingenieur Etienne Oehmichen (Helikopter, 20. Jh.), der amerik. Schausp. Steve MacQueen (20. Jh.), der ungar. Schriftsteller Istvan Örkény (20. Jh.), der frz. Philos. Etienne Gilson (20. Jh.), der belg. Pianist Stefan Askenase (20. Jh.), der engl. Schriftsteller Stephen Spender (20. Jh.). – FN: Etienne, Estienne (eine ältere F:), Stéphane, Stefano, Stefani, Tenon, Tenot, Estiéva(ert), Lestienne, Stiévenart, Stef(f)en(s), Steffe, Stephan(us), Stevaen, Stevenne, Stevens, Stienaers, Stiennes, Stiénon, Thénot, Thénard(ier), Estève, E(s)tiévant, Thévin, Thévenet, Etiemble, Théveny, Estiévant, Stephern, Steffgen, Stieve, Czepan, Stephenson, Stevenson, Steff(ler).

Stella Weiblich: Stella. Frz. Stella, Estelle (ältere F.). Engl., ital. Stella, Estella. »Stelle« ist das lat. Wort (aus einem früheren: »ster[u]lla«) für »Stern«, aus einem idg. Stamm: »*stel« / »*ster« (daher das Wort »Stern« in allen europ. Sprachen: engl. »star«, kelt. »stered«, schwed. »stjärna«, span. »estrella«, rumän. »stea« usw.) – Vgl. die Frauennamen: »Aster« (griech.), »Swiosda« (russ.), »Yildis« (türk.), »Citlalli« (aztekisch), die alle »Stern« bedeuten. – N: 11. Mai. – Im MA häufiger Frauenname, aus »Stella Maris« = Seestern, ein Beiname der hl. Jungfrau, in welchem das »Maris« oft als Genes. von »Maria« umgedeutet wurde!

Stuart Männlich: Stuart. Engl. Stuart (auch: Stewart); KoF: Stu, Stew(y). Urspr. eine Würde, aus den engl. Wörtern: »sty« = Pferch für das Schlachtvieh + »wart« = Bewahrer = (königlicher) Proviantmeister. Dann FN und schließlich TN. Vgl. den engl. PN: »Spencer« (m) = Haushofmeister. – Der engl. Nationalökonom und Soziologe John Stuart Mill (19. Jh.).

Sulpiz Männlich: Sulpiz; KoF: Bitzi(us). Frz. Sulpice. Ital. Sulpizio.
»Sulpicius« war ein häufiger lat. PN, aus einem vorlat. Stamm: »sulp-« = glänzend. – N: 17. Januar. – Der frz. Zeichner Sulpice Gavarni (19. Jh.). Der Kunstsammler Sulpice Boisserée (1783–1854).

Sultana Weiblich: Rumän. Sultana. Span. Sultana. – Männlich: Ungar. Zoltán.
Aus dem türk.-arab. Wort: »soltân« = Prinz, Fürst. Vgl. den lat.-amerik. Frauennamen: »Emperatriz« (= Kaiserin).

Susanna Weiblich: Susanna, Susanne, Susan(n); KoF: Sanna, Sanne, Sanni, Suse(tte), Susa, Susi, Zus(i). Frz. Suzanne; KoF: Suzette, Suzi. Engl. Susan. Ital., schwed. Susanna. – Männlich: Span. (vor allem in Lateinamerika) Susano.
»Sousanna« ist die gräzisierte F des bibl. hebr. Frauennamens: »Shushannah« = die (weiße) Lilie, aus einem älteren ägypt. Wort: »Sh.sh.n« (die Punkte gelten als ein stummes »e«) = Lotusblume. Bedeutung: die (weiße) Lilie, seit jeher Sinnbild der Reinheit. Vgl. den span.-arab. Frauennamen: »Azucena«, den ital. PN: »Gigliola« (w) und teilweise den engl. PN: »Lily« (w), die alle »Lilie« bedeuten. – T: Löwe – N: 11. August – Zahlwert: 972 – Blume: die weiße Lilie – Stein: der Peridot. – Seit dem MA durch die Legende der »keuschen Susanne« (jede europ. Sprache kennt die Redensart) beliebt gemacht. In der BRD von 1960 bis 1975 = 4. der Frauennamen. In Frankreich bis 1950 – 3., in England von 1947 bis 1959: 1. In den USA (1950) = 5. – Die österr. FSchau. Susanne von Almassy, die amerik. FSchau. Susan Hayward.

Svante Männlich: Svante. Dän., schwed.: Svante.
»Svante« ist die schwed. F des wendischen Pn »Svantopolk«, der »heilig« bedeutet. – Heute in Schweden oft als eine KoF; von »Sven« betrachtet. – Der schwed. Astronom Svante Strömgren (19./20. Jh.), der schwed. Phys. und Chem. Svante Arrhenius (N03).

Sven Männlich: Sven, auch: Swen – auch als Doppelname verwendet. Dän. Svend, Sven. Norw. Svein, Erw. Svenning. Schwed. Sven, Svenne (moderne Schreibw.). Engl. Sweyn.
»Sven« entspricht einem germ. Wort: »*swaina« = Jüngling, junger Krieger – altwestnord. »sveinn« (= junger Mann, Edelknabe), altostnord. »svēn«, runenaltschwed., runenaltdän. »Suain«, ahd. »swein« (= Jüngling), engl. »swain« = junger Mann und in der Dichtersprache: Geliebter, Schäfer. – Vgl. die germ. PN: »Buobe« (m), »Chind«, den norddt. »Sönke« (m), die griech. »Parthena« (w) und »Kora« (w) (beide = Mädchen), den schwed. »Fänta« (w = Mägdelein). – T: Schütze – N: 3. Dezember – Zahlwert: 320 – Blume: die Kuckucksblume. – Früh in ganz Skandinavien und in England äußerst häufig. Seit Mitte der 60er Jahre Modename im dt. Sprachraum. – Drei dän. Könige (10.–12. Jh.), der schwed. Hist. Sven Lagerbring (18. Jh.), der schwed. Asienforscher Sven Hedin (19./20. Jh.).

T

Tabit(h)a Weiblich: Tabit(h)a, Tabea. Engl. Tabitha.
Bibl. Frauenname, aus einem aram. Wort = Gazelle. Die griech. Übersetzung jenes Wortes (Apg 9.36): »Dorkas« wird auch (England, USA) als Frauenname gebraucht. – Vgl. die bibl. hebr. PN: »Dischon« (m = die Antilope«), »Epher« (m = junges Reh).

Tage Männlich: Tage. Dän., schwed. Tage.
Altdän. FN: »taki« = der Gewährsmann. – N: 3. August. – Der schwed. Pol. Tage Erlander (20. Jh.), der dän. Gen. Tage Andersen (20. Jh.).

Tamara Weiblich: Tamara. Engl., frz., ital., russ. Tamara.
Bibl. hebr. Frauenname, aus dem Wort: »ta¯ma¯r« = Palmbaum. Vgl. das arab. Wort: »tamr« = Dattel, und das »tamr hindi« = ind. Palmbaum, das unser »tamariske« erzeugte. – N: 1. Mai. – In den osteurop. Ländern nicht selten. Die russ. Tänzerinnen Tamara Karsawina und Tamara Tumanowa (20. Jh.).

Tanja Weiblich: Tanja. Engl., frz., ital. Tania.
Eine (der vielen) russ. KoF des Frauennamens: »Tatjana« (s.).

Tankred Männlich: Tankred. Frz. Tancrède. Ital. Tancredi.
»Tankred« ist die normann. F des germ. PN: »Dankrad« (s.). Tancred – Held des 1. Kreuzzuges (1199), von Tasso in seinem »Befreiten Jerusalem« (1581) verewigt. – Der Schriftsteller Tankred Dorst (20. Jh.).

Tassilo Männlich: Tasso, Erw. Tassilo, Thassilo.
Häufiger germ. (bes. langobard.) PN, vielleicht eine KoF vom Stamm: »dādi« (= Tat), der Tatkräftige (?). – N: 13. Dezember. – Tassilo III, der letzte Bayernherzog (8. Jh.), der ital. Dichter Torquato (= lat. »Torquatus« = der mit der [Hals]kette). Tasso (16. Jh. »il Tasso« genannt), der Schriftsteller Thassilo von Scheffer (19./20. Jh.).

Tatjana Weiblich: Tatjana; KoF: Tanja (s.). Engl., frz., ital., niederl., dän. Tatiana. Russ. Tatjana; KoF (u. a.): Tanja.
»Tatianus« (m), war der Name eines uralten röm. Stammes, nach dem Namen des sabinischen Königs »Tatius« – der mit Romulus die Macht teilte – 8. Jh. v. Chr. – »Tatius« ist ein Lallwort (der Kindersprache, vgl. »Papa«), lat. »Tata«, got. »atta« (Erw. »Attila«), griech. »tat(t)a« = Vater. – T: Steinbock – N: 12. Januar – Zahlwert: 13 – Blume: Zyklame – Stein: Violane. – In den westlichen Teilen Russlands sehr beliebt (1960–70 = 3. der russ. Frauennamen, in vielen Städten = 1.). In der BRD in den 70er Jahren sehr verbreitet.

Teddy Männlich: Teddy. Engl. Ted, Teddy. USA Ted, Teddy.
In England sind »Ted« und »Teddy« hauptsächlich KoF vom Männernamen »Edward« (s.), aber in den USA vielmehr, vor allem »Teddy«, KoF zu »Theodor(e)« (s.). – »Teddy« war der Beiname des amerik. Präsidenten (1901–1909) Theodore Roosevelt, eines leidenschaftlichen Großwildjägers (Bär u. a.), deshalb wurde der »teddy-bear« so nach ihm genannt.

Thaddäus Männlich: T(h)addäus; KoF: Thade, Thady. Frz. Thaddés. Ital. Taddeo. Poln. Tadeusz. Russ. Faddej.
Bibl. hebr. PN (Beiname) aus einem Wort: »thadda« = Brust. Bedeutung: der Mutige, der Beherzte. – T: Skorpion – N: 28. Oktober. – In Polen recht verbreitet. Der Apostel Thaddäus, Bruder des Jakobus. Der ital. Maler Taddeo Gaddi (14. Jh.), der poln. Patriot Tadeusz Kościuszko (18./19. Jh.), der Schriftsteller Thaddäus Troll (20. Jh.).

Thekla Weiblich: Thekla. Ital. Tecla.
»Thekla« ist eine kontr. F des griech. Frauennamens: »Theokleia«, zsgs. aus: »theos« = Gott + »kleos« = Ruhm. Bedeutung: die ihren Ruhm Gott verdankt. Vgl. den germ. PN: »Ingmar« (m). – N: 23. September. – Bekannte Gestalt aus Schillers »Wallenstein« (1798).

Theobald Männlich: Theo(de)bald, Dietbald, Diebold (ältere F: Teutobald); KoF: Teppo, Diebel. Frz. Thibau(l)d, Thibau(l). Ital. Te(o)baldo.
»Theodebald« ist die latinisierte F des germ. PN: »Dietbald«, zsgs. aus den Gliedwörtern: »Diet-« (s.) + »bald« (s.) = der Kühne im Volk. Wie die altgriech. PN: »Thrasylaos« (m) und »Thrasydemos« (m). – N: 30. Juni. – Im MA ein ziemlich verbreiteter dt. Männername. In Frankreich ist gegenwärtig »Thibau(l)d« / »Thibau(l)t« besonders beliebt (Paris 1979 = 3.). – Ein Merowingerkönig Theudebald (6. Jh.), der Reichskanzler Theobald von Bethmann-Hollweg (19./20. Jh.).

Theodebert Männlich: ist die gräzisierte F (wobei das germ. Gliedwort: »theod-« oft mit dem griech. Wort: »theos« = Gott, verwechselt wurde), wie in allen »Theo(d)«-Namen und latinisierte F des germ. PN: »Dietbert« (s.). N: 13. September.

Theodelinde Weiblich: Theodelinde, Theolinde ist die gräzisierte und latinisierte F des germ. Frauennamens »Theudelinda« (Langobardenkönigin, 6./7. Jh.). S. »Dietlind«.

Theodemar Männlich: ist die gräzisierte und latinisierte F des germ. PN »Dietmar« (s.).

Theoderich Männlich: ist die gräzisierte und latinisierte F des germ. PN »Dietrich (s.).

Theodor Männlich: Theodor; KoF: Theo, Dorus, Dores, Dorli, Dorle. Frz. Théodore. Engl. Theodore; KoF: Theo, in den USA Teddy (s.). Walis. (und rum.) Tudor. Ital. Teodoro. Russ. Fjodor, auch: Fe(o)dor; KoF: Feja. – Weiblich: Theodora, KoF: Thea, Dora. Ital. Teodora. Russ. Fjodora, auch: Fe(o)dora.
Griech. PN: »Theodoros« (m), zsgs. aus »Theos« = Gott + »doron« = Geschenk, Gabe = Gottesgabe. Wie die Umkehrung; »Dorothea« (w), der sansk. PN (Devadattá« (m), der lat. PN »Deodat(us)« (m). – Theodor: T: Skorpion – N: 9. November –; Theodora: T: Skorpion – N: 9. November –; Theodora: T: Wassermann – N: 11. Februar – Zahlwert: 531 – Gewächs: der Buchs – Stein: der Smaragd. – Im dt. Sprachraum von Anfang des 19. Jh. bis zum I. Weltkrieg recht verbreitet. – Zwei Päpste, die Dichter und Schriftsteller Theodor Körner († 1813), Theodor Storm, Fontane (19. Jh.), Plievier (20. Jh.), die frz. Maler Théodore Géricault und Chassériau (19. Jh.), der russ. Schriftsteller Fjodor Dostojevskij (19. Jh.), der Hist. Theodor Mommsen (N02), der russ. Bassist Fjodor Schaljapin (19./20. Jh.), der amerik. Schriftsteller Theodore Dreiser (19./20. Jh.).

Dieselbe Bedeutung haben die PN:

Theodosius Männlich: Theodosius. Ital. Teodosio. – Weiblich: Theodosia. Ital. Teodosia (»dosis« = Gabe), und:

Theodotus m.

Theophil Männlich: Theopil(us). Frz. Théophile. Ital. Teofilo. – Weiblich: Theophila. Ital. Teofila.
Griech. PN: »Theophilos« (m), zsgs. aus: »Theos« = Gott + »philos« = Freund = Gottesfreund. Wie die Umkehrung: »Philotheus« (m). Vgl. die germ. PN: »Ingwin« (m), »Oswin« (m), den an. »ourwine«. – N: 13. Oktober. – Der frz. Dichter Théophile de Viau (17. Jh.), der frz. Schriftsteller Théophile Gautier (19. Jh.), der frz. Pol. Théophile Delcassé (19./20. Jh.).

Therese Weiblich: Theres(e), Theres(i)a, Erw. Theresina; KoF: Res(l)i, Thesi. Engl. Teresa; KoF: Tess(a), Tessie, Terry, Var.: Trac(e)y. Frz. Thérèse. Ital., schwed. Teresa. Span. Teresa, Erw. Teresita.
Span. PN (auch männl. »Teresio«) aus dem griech. ON: »Theresia«, eine kleine Insel des Mittelmeeres, ganz in der Nähe von Thera (heute: Santorin), der PN kommt aber nicht vom Inselnamen »Thera« (der als PN: »Theraios« erzeugt hätte). – T: Waage – N:3. (und 15.) Oktober. – Im dt. Sprachraum bis zum I. WK sehr beliebt, heute sehr selten geworden (Wien 1918 = 4., 1972 = 165. der Frauennamen!). »Thérèse« ist ein frz. Modename von 1920 bis 1965 gewesen. In England war die Var. »Trac(e)y der beliebteste Frauenname von 1964 bis 1972. – (Zwei Heilige eine Spanierin 16. Jh., eine Französin 19. Jh.), die österr. Kaiserin Maria Theresia (18. Jh.), die frz. Revolutionärin Egeria Teresa de Cabarus (18./19. Jh. = Notre-Dame de Thermidor), die Stigmatisierte von Konnersreuth: Therese Neumann (19./20. Jh.).

Thomas Männlich: Thomas, Tomas (die ökumenische Schreibw.); KoF: T(h)om(s). Engl. Thomas: KoF: Tom(my). Ital. Tom(m)aso. Frz. Thomas.
Bibl. hebr. PN, aus einem aram. (Christi Sprache) Wort: »thoma« = Zwilling. Vgl. das hebr. »tho'am« und das arab. »tom'am« von gleicher Bedeutung. – Vgl. den griech. PN: »Didymos (m), den lat. PN: »Geminius« (m), den kelt. PN: »Comhghan« (m), die alle »Zwilling« bedeuten, wie die FN: Zwilling(er), Zwingly, Besson usw. – T: Schütze – N: 21. Dezember – Zahlwert: 1050 – Blume: die Goldrute. – Seit den Kreuzzügen durch ganz Europa recht verbreitet. Zwischen 1960 und 1975 in vielen Städten der BRD, DDR, Österreich, der Schweiz, wenn nicht der 1. oder der 2. unter den ersten fünf Männernamen. In Frankreich auch sehr beliebt (Paris 1979 = 4.). In England sprichwörtlich häufig (»every Tom, Dick and Harry«), »Tommy« ist (vgl. »Franz«, »Jens«, »Iwan«) der Beiname des engl. Soldaten. In den USA zählt man etwa 2 Mio. »Thomas«. Ebenfalls in Schweden, Dänemark, in der Tschechoslowakei, UdSSR häufig. – Der Schriftsteller Thomas a Kempis (= von Kempen, 14./15. Jh.), der ital. Maler Masolino (14./15. Jh.), der frz. Hist. Thomas Basin (15. Jh.), der erste ital. Drucker Tommaso Ferrando (15. Jh.), der ital. Maler Tommaso Masaccio (15. Jh.), der Theologe Thomas Murner (15./16. Jh.), der engl. Humanist Thomas More (15./16. Jh.), der engl. Schriftsteller Thomas Wolsey (16. Jh.), der engl. Volkswirtschaftler Thomas Gresham (16. Jh.), der engl. Dramatiker Thomas Kyd (16. Jh.), Tomás de Torquemada (15. Jh.), der ital. Philos. Tommaso Campanella (16./17. Jh.), der engl. Dramatiker Thomas Heywood (16./17. Jh.), der engl. Philos. Thomas Hobbes (17. Jh.), der engl. Maler Thomas Gainsborough (18./19. Jh.), der ital. Dichter Tommaso Crudeli (18. Jh.), der engl. Kunsttischler Thomas Chippendale (18. Jh.), der engl. Volkswirtschaftler Thomas Malthus (18. Jh.), die engl. Dichter Thomas Gray und Thomas Chatterton (18. Jh.), der amerik. Präsident Thomas Jefferson (18./19. Jh.), der schott. Hist. Thomas Carlyle (18./19. Jh.), der ital. Maler Tommaso Minardi (18./19. Jh.), der amerik. Erfinder Thomas Edison (mehr als

1300 Patente, 19./20. Jh.), der ir. Dichter Thomas Moore (19. Jh.), der frz. GFM Thomas Bugeaud (19. Jh.), der amerik. Biologe Thomas Morgan (19./20. Jh.), der tschech. Pol. Thomáš Masaryk (19./20. Jh.), der engl. Schriftsteller Thomas Lawrence von Arabien (19./20. Jh.), der dän. Schriftsteller Thomas Kristensen (20. Jh.), der ital. Schriftsteller Tommaso Landolfi (20. Jh.), der amerik. Schriftsteller Thomas Wolfe (20. Jh.), der amerik. Dramatiker Thomas Lanier (= Tennesse Williams, 20. Jh.), der dt. Schriftsteller Thomas Mann (N29), der ital. Philos. Tommaso Marinetti (19./20. Jh.), der amerik. Mikrobiologe Thomas Weller (N54), der amerik. Zoologe Thomas Morgan (20. Jh.). – FN: Thomas, Thom(son), Thompson, Tomlin(son), Thompsett, Tomkin(son), Tombs, Tomasi, Thomé, Thomasse(tte), Thomasson, Thomazeau, Masson, Masset, Thomlin, Thomeret, Thoma(e)(s), Thomassen, Thommes, Thom(m)sen, Thoumas, Maus(en), Mausset, Taams, Daams, T(h)omas(ius), Thomasz, T(h)ömen, Tümmler, Dhomsen, Tomasch, T(h)omasiak, Maskus.

Thor Männlich: Thor. Dän. T(h)ore, schwed. Tore, T(h)ure. – Weiblich: Thora, Erw. Thorina. Dän. Thora. Schwed. Tora.
»Thor« (an. »dōr«) war der germ. Gott des Gewitters = Donar (vgl. »Donnerstag« = schwed. »torsdag«, dän. »Torsdag«). – N: 5. März. – Ture Jönsson († 1531), Gustav Vasas Gegner. Der norw. Forscher Thor Heyerdahl (»Kon-Tiki« / 20. Jh.). – »Thor« / »Tor« kommt als erstes Gliedwort in zahlreichen skand. PN vor. Die häufigsten sind:

Thorbjörn Männlich: Schwed. Torbjörn, KoF: Drobbe. Norw. Torbjørn. Dän. Torben.
Zsgs. aus »Thor« = »björn« = Bär. Thors mutiger Krieger. – N: 9. März. – Der schwed. Chemiker Bergman (18. Jh.).

Thorolf Männlich: Schwed. Torolf.
Zsgs. aus »Thor« + »-ulf« = Wolf, Krieger. – N: 27. September.

Thorbrand Männlich: Zsgs. aus »Thor« + »brand« = Schwert.

Thorkell Männlich: Schwed. Torkel.
Sehr häufiger skand. PN, zsgs. aus »Thor« + »Kell« / »ketil« = unter Thors Schutz. – N: 26. November.

Thorsten Männlich: Schwed. Torsten. Engl. Thurstan.
Zsgs. aus »Thos« + »sten« = Stein = der Harte = stark in Thors Hut (vgl. »Gotthard«). – N: 23. Februar. – Seit Anfang der 70er Jahre Modename in der BRD.

Thorwald Männlich: Schwed. Torbald. Norman. Turold.
Zsgs. aus» Thor« + »wald« = der mit Thor Waltende. Thorwald. – N: 27. März.

Thorhild Weiblich: KoF: Thora. Schwed. Torhild(a).
Zsgs. auf »Thor-« + »hild« (s. das Gliedwort »hild-«) = Thors Kämpferin. – N: 5. November.

Thurid Weiblich: Thurid, Thoris. Norweg. schwed. Turid.
»dorfridr« ist ein alter skand. Frauenname, zsgs. aus »Thor« (s.) + »fridr« = geliebt (später: schön) = von Thor geliebt.

Thusnelda Weiblich: T(h)usnelda.
Vielleicht aus »Thurs-n-hilda«, zsgs. aus »thurs« = Riese (altn. »thurs«, ahd. »thuris«) + »hild« (s. das Gliedwort: »Hild-«) = die Riesenkämpferin(?) – Armins Gattin (1. Jh.). Der Name wurde im 19. Jh. von der Romantik aus der Vergessenheit gerissen.

Thyra Weiblich: Thyra. Dän. T(h)yra. Schwed. Tyra, auch. Tyre, Tyri.
»Thyra« ist die latinisierte F des altwestnord. Frauennamens: »Oyr(u)i«, zsgs.

aus »Thor« (s.) + »veig« = Kraft. Bedeutung: die ihre Kraft von Thor hat. – N: 12. September. – Eine dän. Königin: Thyra Dannebod (10. Jh.).

Tiberius Männlich: Tiberius. Frz. Tibère. Ital. Tiberio. Ung. Tibor.
Sehr häufiger lat. PN. »Tiberius«, nach dem Flussgott »Tiberis«, aus »Tiber« (Fluss durch Rom), etrusk. Name, wahrscheinlich aus einem Stamm: »tivr« = der Mond. – N: 10. November. – »Tibor« ist ein verbreiteter ungar. Männername. Tiberius, röm. Kaiser, Nachfolger von Augustus (1. Jh.), der ungar. Schriftsteller Tibor Déry (19./20. Jh.).

Till Männlich: Till, Tillo, Diel, Dill, T(h)ilo, Tillmann. Fries. Teelko, Thilko. Niederl. Diel(le), Dillo, Til(l)o, Tijl.
KoF von germ. »Diet-«-Namen (s. das Gliedwort: »Diet-«), in erster Linie von: »Dietrich« (s.). – N: 7. Januar. – Der Bildhauer Tilman Riemenschneider (15./16. Jh.), der norddt. Possenreißer Till Uilenspiegel (15. Jh.), dessen FN volksetymologisch als »Eulenspiegel« (= Spiegel der Eulen) umgedeutet wurde (eigentlich Ulenspegel, aus »ulen« = putzen + »Spegel« = Podex!).

Tim(m) Männlich: Tim, auch: Timm (weniger als 10%), Tim(m)o, Timmy. Niederl. (vor allem in Friesland): Dimme, Thimo, Tim(e), Timme. – Weiblich: Niederl. Tiemke, Timmeltsje.
Ein alter Spruch sagt: »Nichts ist Neueres, als was lange vergessen worden ist.« Es scheint für diesen Vornamen der Fall zu sein. Denn schon im MA waren F wie: »T(h)iemo«, »Tiemo«, »Timo« sehr verbreitete Vornamen. Noch im 16. Jh. als »gewöhnlich« betrachtet. – »Timm« ist eine KoF vom ehemaligen recht verbreiteten Vornamen: »Dietmar« (s.)/»Theodemar« oder zweitrangig von »Timotheus« (s.). Der hl. Thiemo: Erzbischof von Salzburg (11. Jh.), nahm am 1. Kreuzzug teil. – T: 28. Sept. – Zahlwert: 631 – Blume: der Galgant. – Patron der Bildhauer und der Maurer. – Der Dichter Tim Klein (19. Jh.), der Schriftsteller Timm Kröger (19./20. Jh.). – FN: Tim(m), Timme, Timman, Thieme(ns), Dimke. – »Tim(m)« hat nichts zu tun mit »Tino«, eine KoF von PN wie »Konstantin«, »Valentin« und zweitrangig wie: Augustin, Faustin, Justin, Bertin usw. – T: 21. Mai.

Timotheus Männlich: Timothus. Engl. Timothy; KoF: Tim. Ital. Timoteo. Frz. Timothée.
Griech. PN: »Timotheos« (m), zsgs. aus »time« = Ehrfurcht (Zeitwort: »timáo« = ich verehre) + »Theos« = Gott = der Gott verehrt. Wie die Umkehrung: »Theotimos« (m), die pietistischen Neubildungen: Ehrgott, Fürchtegott oder der arab. PN: »El Mòtes billah« (m). – N: 24. Januar. – Seit Anfang der 70er Jahre Modename in England und in den angels. Ländern.

Titus Männlich: Titus, Erw. Tizian. Ital. Tito, Erw. Tiziano. – Weiblich: Tiziana, Titiana.
»Titus« war ein sehr häufiger lat. PN, etrusk. Herkunft, vom lat. Exegeten Persius (1. Jh. n. Chr.) gedeutet: »Titi sunt columbae agrestes« = Wildtauben. Vgl. den span. PN: »Paloma« (w) (lat. »palumba« = Wildtaube) oder den hebr. PN: »Jonas« (m) = Taube. – N: 3. März. – der lat. Hist. Titus Livius (59 v. Chr. – 17. n. Chr.). Der röm. Kaiser Titus Flavius (1. Jh. n. Chr.), Titus, Rembrandts Sohn (17. Jh.). Der ital. Maler Tiziano Vecellio (15./16. Jh.), nach seinem TN »Tizian« genannt.

Tobias Männlich: Tobias; KoF: Tobi, Töbi. Engl. Tobiah, Toby. Frz. Tobie. Ital. Tobia.
»Tobias« ist die griech. F des bibl. hebr. PN »Tobija« (m) = tobi = gut + Yah(we) = der Herr. Bedeutung: Gut ist der Herr. – T: Skorpion – N: 2. November – Zahlwert: 38 – Blume: die (weiße) Wicke. – Ein von den Reformierten beliebter TN.

In Bayern und Österreich häufig. Seit einigen Jahren im Aufkommen (für die BRD: 1978 = 10., 1979: 9.). – Der schweiz. Maler Tobias Stimmer (16. Jh.), der schott. Schriftsteller Tobias Smollett (18. Jh.), der niederl. Jurist Tobias Asser (FriedensN11).

Toni(o) Männlich: Toni, Tony, Tonio. – Weiblich: Toni, Tony, Ton(i)a, Tonja; KoF vom PN: »Anton« / »Antonia« (s.). Der frz. Maler Tony Johannot (19. Jh.), der österr. Skiläufer Toni Sailer (20. Jh.).

Tosca Weiblich: Tosca, Toska. Ital. Tosca. Die Toskanerin, die Frau aus Toskana (ital. Landschaft), spätlat. »Tuscia«, aus einem älteren »Tursia« (auf einer ägypt. Inschrift des 14. Jh. v. Chr.: »Turuša«), »Trusia«, verwandt mit dem Völkernamen: »Etrus-ci« (die Etrusker). – Floria Tosca ist die Hauptgestalt des gleichnamigen Musikdramas von Puccini (1900), nach einem Drama »La Tosca« (1887) von Victorien Sardou.

Traugott Männlich: Traugott.
Pietistische Neubildung (17./18. Jh.). Vgl. andere ähnliche TN, wie: »Christliebe« (w), »Gottliebe« (w). Vgl. auch den griech. PN: »Theopiste« (m) = Gottvertrauen oder den arab. PN: »El Mo'temid al Allah« (m) = auf Gott vertrauend. – N: 20. September.

Tristan Männlich: Tristan, Tristram. Engl. Tristram; KoF: Tris. Frz. Tristan. Ital. Tristano.
Kelt. PN: »Drustagni« (6. Jh.), aus einem kelt. Stamm: »drwst« = (Wappen)herold. Vgl. den germ. PN: »Harald« (m). – Von Wagners »Tristan und Isolde« (1859) wieder belebt. – Der port. Seefahrer Tristan da Cunha (16. Jh.), der frz. Schriftsteller Tristan (= Paul) Bernard (19./20. Jh.).

Gliedwort

Trud/Traud auch: Traut, Drut(o), Trut(e), Drud(e), Druit, Tru(u)t(h), Truda, Trudis, Drudis.
Wort = Kraft, Stärke. – Altn. »thrudhr«/»ϕruðr« = Kraft, Stärke, ahd. »drut« = stark, mächtig, altengl. »ϕryð« (Mehrzahl: »ϕryðe«) = Gewalt von Wassermassen, Kampfkraft von Kriegern. – Anfang des 12. Jh. floss jenes Wort mit dem ahd. Adj.: »trūt«/»drūt« = lieb, geliebt, traut, zusammen, vgl. das niederl.: »*troet*elen« = liebkosen, das ital. »*drud*o« = Freund usw. – In den PN viel öfter als 2. Gliedwort und in diesem Fall immer weiblich. S. auch »Trude«.

Trudbald Männlich: zsgs. aus »trud« + »bald« = kräftig und kühn.

Trudbert Männlich: Trudbert; KoF: Trudo. – Weiblich: Trudberta.
Germ. PN, zsgs. aus »Trud« (s. das Gliedwort: »trud«) + »bert« (s. »bert«) = kräftig und berühmt. Name des Apostels des Breisgaus (7. Jh.). – N: 26. April.

Trude Weiblich: Traud(e)(l), Traute, Trude(l), Trudie, Trudi, Trudy; KoF: Traudchen. Rhein. Druda. Nddt. Drut, Drüte. Niederl. Trude, Trudi(e), Trudy. – Männlich: Trudo.
»Trude« (w) ist die KoF einer der mehr als 200 germ. PN, die auf das Gliedwort: »Trud« (s.) enden, in erster Linie von: »Gertrud« (s.). – T: Schütze – N: 23. November – Zahlwert: 90 – Pflanze: der Koriander – Stein: der Lazurstein. – »Thrudhr« war eine Walküre, Thors Tochter, dessen Kraft sie verkörperte – daher ihr Name (s. »Thor«). – Die Schausp. Trude Hesterberg.

Trudwin Männlich: Trudwin, Drudwin, Trautwein.
Germ. PN, zsgs. aus »trud« (s.) + »win« (s. »win«) = sei ein kräftiger Freund. Vgl. die Umkehrung: »Winitrud« (w).

Tryggve Männlich: Tryggve. Dän., norw. Trygve. Schwed. Tryggve. Isländ. Tryggvi.
Aus dem skand. Adj.: »trygg« = treu, zuverlässig. Vgl. den germ. PN: »Triwa« (m = der Treue), den span. »Fidel« (m). – N: 23. Oktober. – Der norw. Generalsekretär der Vereinten Nationen Trygve Lie (20. Jh.).

Tyge Männlich: Tyge, Tycho. Dän. T(h)yge, Tycho. Schwed. Tyge, Tyke. Einst sehr häufiger skand. PN, altdän., runenaltschwed. »Tuki«, wahrscheinlich eine kontr. F von »Thorkel« (s.), später als »Tyko«/»Tycho« latinisiert und dann… mit dem griech. Wort: »tychē« verwechselt und als »der Glückliche« umgedeutet! – N: 16. Juni. – Der dän. Astronom Tyge (Tycho) Brahe († 1601).

U

Ulf Männlich: Ulf, Ulw. Dän., schwed. Ulf, Ulv; KoF: Uffe. – Weiblich: Schwed. Ulva, Ylva.
»Ulf« (früher: »ulver«) ist das schwed. und dän. Wort für »Wolf« (s. das Gliedwort: »Wolf-«). Vgl. »Wulfila« (als »Ulfilas« gräzisiert). Vgl. auch den ital. PN: »Lupino« (m) = kleiner Wolf. – »Ulf« ist auch die fries. KoF von »Ulf-«-Namen, wie »Ulfert« (s.) – N: 11. April.

Ulfert Männlich: Ulfert,Ulfart; KoF: Ulf, Ulfo, Uffo, Ubbo, Offo.
Eine fries. F des germ. PN »Wolfhard« (s.). – Evtl. auch eine Verschliffung von:

Ulfried Männlich: Ulfried, auch: Odalfried, Udalfried; KoF: Ulf, Ulfo, Uffo, Ubbo, Offo.
Germ. PN, zsgs. aus »uodal« = Stammgut; »Erbhof« + »fried« (s. das Gliedwort: »fried«). Bedeutung: Schützer des Erbgutes.

Ulfhild Weiblich: Ulfhild. Schwed. Ulfhild, Ulvhild.
Var. des germ. Frauennamens: »Wolfhild(e)« (s.).

Ulla Weiblich: Ulla, Ula. Dän., schwed., finn. Ulla.
Selbstst. gewordene KoF von »Ursula« (s.) oder auch von »Ulrike« (s.). – In Schweden seit Anfang des Jh. beliebt, auch als Doppelname: »Ulla-Brit(t)a«, »Ulla-May« usw. – Die schwed. FSchau. Ulla Jacobsson.

Ulrich Männlich: Ulrich, Ulrik (norddt. F); KoF: Ur(l)e, Ule, U(e)li, Uz, Udo (s.). Frz. Ulric. Ital. Ulrico, Ulderico. – Weiblich: Ulrike; KoF: Ulla (s.), Ul(l)i, Rika, Uda (s.). Ital. Ulrica. Germ. PN: ahd. »Uodalrich« (m), zsgs. aus: »uodal« = Stammgut, Erbhof + »rich« (s. das Gliedwort: »Rik-«). Bedeutung: mächtig durch Erbbesitz. – T: Krebs – N: 4. Juli – Zahlwert: 652 – Blume: die Calceolaria – Stein: der (gelbe) Antigorit. – Der hl. Ulrich, Bischof von Augsburg (10. Jh.), machte den Taufnamen im süddt. Sprachraum bes. beliebt. In den 60er Jahren war »Ulrich« Modename in der BRD und in der Schweiz. »Ulrika« (w) erfreute sich einer großen Beliebtheit in Schweden in den 50er Jahren. – Die Dichter Ulrich von Lichtenstein und Ulrich von Türlin (13. Jh.), der Humanist und Theologe Ulrich von Hutten (15./16. Jh.), der schweiz. Reformator Ulrich Zwingli (15./16. Jh.), der frz. Marsch. Ulrich von Loewendahl (18. Jh.). – Die Königin von Schweden Ulrike Eleonore (17./18. Jh.), Ulrike von Levetzow (19. Jh.), Goethes Freundin.

Ulysses Männlich: Ulysses. Engl. Ulysses. Frz. Ulysse. Ital. Ulisse.
»Ulixes« war der lat. Name für den griech. Helden des troischen Krieges: »Odysseus«. »Ulixes« ist ein etrusk. Adj.: »uluxe«, das der »Herumstreichende« bedeutet. – Zur Renaissancezeit in Westeuropa Modename (wie auch u. a.: Apollon, Achilles, Hercules, Hektor). – Der ital. Botaniker Ulisse Aldrovandi (16./17. Jh.), der amerik. Gen. und Präsident Ulysses Grant (19. Jh.).

Undine Weiblich: Undine; KoF: Dina, Una. Frz. Ondine.

Dieser Name wurde von Paracelsus (lat. für von Hohenheim!) im 16. Jh. aus dem lat. Wort: »unda« = Welle (aus einem idg. Stamm: »*wod« = Wasser) geprägt, im Sinne von »Nixe«. Vgl. die »Nereiden«, die Töchter des griech. Gottes des Meeres: »Nereus« (aus einem griech. Stamm »naron« = Fließendes). – Hauptgestalt der gleichnamigen Novelle von Fr. de la Motte-Fouqué (1811) und Oper (1812–1845).

Urania Weiblich: Urania. Frz. Uranie. Engl., ital. Urania.
Aus dem griech. Adj.: »urania« (w) = die Himmlische, aus dem griech. Wort: »uranos« = der Himmel. »Urania« war ein Beiname der Aphrodite (griech. Göttin der Schönheit und der Liebe). – Das kostbare Metall »Uran« erhielt diesen Namen, weil es 1785, kurz nach der Entdeckung des Planeten Uranus (1781), zum ersten Mal isoliert wurde. – »Urania« war ein Lieblingsname der sog. Schäferdichtung.

Urban Männlich: Urban; KoF: Bahn(e)(s). Frz. Urbain. Ital. Urbano.
Aus dem lat. Adj.: »urbanus« (m), aus »urbs« = Stadt (ein voridg. Wort) = der Städter, der Römer. Später: höflich, manierlich, *urban*, im Gegensatz zu: »Rusticus« (m) = aus »rus« = Feld = *rus*tikal. – N: 25. Mai. – Acht Päpste, der frz. Astronom Urbain Le Verrier (19. Jh.).

Uriel Männlich: Uriel, auch: Urija, Uria(s). Engl.Uriel, Uriah. Frz. Uriel. Ital. Uriele. – Weiblich: Ital. Uriele.
»Uriel« ist ein hebr. bibl. PN: »Uri-El« = Licht (Feuer) ist der Herr. Wie »Urija« = »Uri-yah(we) = Licht (Feuer) ist Gott. – Viele europ. Sprachen kennen den »Uriasbrief« (= böse Nachrichten) nach 2 Sam. 11:14,15.

Ursula Weiblich: Ursula; KoF: Ursel, Ulla (s.), U(r)schi, Urs(il)i, Erw. Ursulina. Frz. Ursule. Engl. Ursula; KoF: Urs(i)e. Ital. Orsola, Ursula, auch: Ursina. Schwed. Ursula, auch: Arsil. – Männlich: Urs(us); KoF: Durs(li), Erw. Ursinus. Engl. KoF: Orson. Ital. Ursio.
»Ursula« ist eine lat. Verkleinerung: »kleine Bärin« vom lat. Wort (und zugleich PN): »Ursus« (m) = Bär. Vgl. den germ. PN: »Bero« (m), den skand. PN: »Björn« (m), den angels. PN: »Beorn« (m), den altgriech. PN: »Arktinos« (m = kleiner Bär) oder den indianischen PN. »Mato-Berocka« (m = der männliche Bär). – T: Waage – Ursula: N: 21. Oktober –; Urs(us): N: 30. September – Zahlwert: 326 – Blume: das kleine Immergrün – Stein: der Dravit. – In den Nachkriegsjahren im dt. Sprachraum sehr beliebt (Schweiz: 1960–1975 = 2. der Frauennamen). – Die schweiz. FSchau. Ursula Andress, die amerik. FSchau. Ursula Jeans, die FSchau. Ursula Herking, Uschi Glas. Der Schweizer Maler Urs Graf (15./16. Jh.), der amerik. FReg. Orson Welles.

Ute Weiblich: Uta, Utta, Ute, Uda.
»Uta«/»Ute« ist eine hochd. F des Frauennamens »Oda« (s.). – Mitte der 50er Jahre ein häufiger Vorname sowohl in der BRD als in der DDR. – Die FSchau. Ute Levka und Ute Sax.

Uwe Männlich: Uwe, Owe, Ove, Uvo. Dän. Ove. Schwed. Ove. – Weiblich (vereinzelt): Uwe.
Früher: »Aughe«/»Auwe« ist ein altschwed./altdän. Männername: »Ake«/ »Aki«/»Aghi«, aufgrund seiner Kürze schwer zu deuten. Vielleicht mit dem germ. Stamm »Ag«/»Eg« (s.) verwandt? – N: 14. Dezember. – Von 1960 bis 1970 ein beliebter Männername in der BRD. Der Schriftsteller Uwe Johnson (20. Jh.).

V

Valentin Männlich: Valentin, obd. (Ko)F: Velten, Veltin. Frz. Valentin. Ital. Valente, Valentino, Erw. Valentiano. – Weiblich: Valentina, Valentine; KoF: Val(i). Frz. Valentine. Ital. Valentina.
Der lat. PN: »Valentinus« (m) ist eine Erw. von: »valens«, Part. der Gegenwart des lat. Zeitwortes: »valere« = der Gesunde, der Kräftige. Vgl. die germ. PN: »Chraft« (m), »Starco« (m). – T: Wassermann – N: 14. Februar. – Frankreich, England und bes. die USA kennen die Sitte der Valentinswahl, »Tag der Freundschaft« (14. 2., auch die Zeit der Vogelhochzeit), zu welchem die Liebenden Wünsche und Geschenke tauschen. – In der UdSSR war »Valentina« der zweithäufigste Mädchenname von 1920 bis 1930. – Ein Papst, der frz. Schriftsteller Valentin Conrart (17. Jh.), der frz. Humanist Valentin Haüy (18./19. Jh.), die erste Raumfliegerin, die Russin Valentina Tereschkowa (geb. 1937).

Valerie Weiblich: Valeria, Valerie; KoF: Walli, Erw. Valeriane. Frz. Valérie. Engl. Valerie; KoF: Val. Ital. Valeria. Poln. Valeska. – Männlich: Valerius, Erw. Valerian. Frz. Valéry. Ital. Valerio.
Urspr. röm. Geschlechtsname, dann sehr häufiger PN: »Valerius« (m), aus dem Zeitwort: »valere« = kräftig, kerngesund sein (wie in »Rekon*vales*zenz«). – Valeria: T: Stier – N: 28. April –; Valerius: T: Wassermann – N: 29. Januar. – In den Kriegsjahren war »Valerie« ein beliebter engl. Frauenname. In den 70er Jahren ebenfalls in Frankreich sehr häufig (Valérie, w). – Der frz. Schriftsteller Valéry Larbaud (20. Jh.), der frz. Präsident Valéry Giscard D'Estaing (geb. in Koblenz – 1926), der fläm. Schriftsteller Valeer van Kerkhove (20. Jh.), die Schausp. Valerie von Martens (20. Jh.).

Vanessa Weiblich: Vanessa. Engl., frz., niederl. Vanessa.
Wie »Fiona« (w) oder »Lorna« (w) ist »Vanessa« eine engl. lit. Erfindung. So nannte in seinem Gedicht »Cadenus and Vanessa« (1713) der ir. Schriftsteller Swift seine Freundin Esther (dessen *»Essa«* eine engl. KoF ist) *Van*homrigh. – In England und Frankreich seit den 70er Jahren ziemlich beliebt. – Die engl. Schausp. Vanessa Redgrave (20. Jh.), die amerik. FSchau. Vanessa Brown.

Vasco Männlich: Vasco. Ital., span., port. Vasco.
Völkername: lat. »Vascones« = die Basken – in der span. Volkssprache wurden bis zum 17. Jh. »B« und »V« oft verwechselt (heute noch!). – »Vasco« ist eine galizische und port. Anpassung von »Belasco«, baskischer Herkunftsname, zsgs. aus »bel« = unten, am Bergfuß + »as« = Stelle mit einer üppigen Vegetation, + »ko« = Herkunftspartikel = von, aus. Vgl. den dt. FN: Niederwiese. – Der port. Seefahrer Vasco da Gama (15./16. Jh.), der ital. Schriftsteller Vasco Pratolini (20. Jh.).

Vaughan Männlich: Vaughan. Engl. Vaugh(a)n.
Ein engl. FN, der später zum Taufnamen wurde, aus einem walis. Adj.: »fechan« = klein, der Kleine. Wie das schwed. »Lil-l(e)« (w), das lat. »Paul(us)« (m) oder das griech. »Smikros« (m). – Der engl. Komponist Ralph Vaughan Williams (20. Jh.).

Veit Männlich: Veit, auch: Vitus, Wido, Wito.
»Veit« ist eine obdt. F von »Wido«, als »Vitus« latinisiert. S. »Guido«. – Der Bildhauer Veit Stoss (15./16. Jh.), der Hist. Veit Valentin (19./20. Jh.), der FReg. Veit Harlan.

Venus Weiblich: Venus. Ital. Venere. – Männlich: Venerius. Ital. Venerio.
»Venus« (Gen. »Veneris«) war die röm. Göttin der Liebe. Der Name entspringt einem idg. Stamm: »*wen« = begehren (mit dem ahd. »wunna« = Wonne, verwandt). – N: 13. September.

Vera Weiblich: Vera, Wera. Engl., frz., ital., schwed., dän. Vera. Finn. Veera. Poln. Wiera. Russ. Wera/Wjera.
»Wera«/»Vera« ist ein altes slaw. Wort, das »Glaube« bedeutet (russ. »wjera«, ukr. »wira«, poln. »wiara«). Vgl. den lat. PN: »Fides« (w), den engl. »Faith« (w) oder den frz. »Foi«/»Foy« (w). N: 4. August. – In Russland von 1921 bis 1930 der 3. der Frauennamen. – »Verus« (m), »Vera« (w) kann auch ein lat. Name sein, aus dem lat. Adj.: »verus« (m)/»vera« (w) = wahr, aufrichtig. Auch als Superlativ: »Verissima« (w). – »Vera« kann auch eine KoF von Frauennamen wie »Verena« (s.) oder »Veronika« (s.) sein. – Seit 1960 im Aufkommen (auch als Doppelname: »Veramaria«). Die FSchau. Vera Tschechowa und Vera Molnar, die frz. FSchau. Véra Corène.

Verena Weiblich: Verena; KoF: Vreneli, Vreni, Rena, Vrene(le).
»Veranus«/»Verana« sind spätlat. PN, eine Erw. von lat. Adj.: »verus« (m = der Aufrechte). Vgl. den ON: »Saint-Véran«, das höchste Dorf Frankreichs, in den Hochalpen. – N: 1. September.

Vernon Männlich: Vernon. Engl. Vernon. – Weiblich: Engl.,USA: Verna.
Urspr. ein engl. FN aus dem frz. ON: »Vernon« (Normandie – Geburtsort eines Getreuen von Wilhelm d. Eroberer, Richard de Vernon, 11. Jh.). Der ON »Vernon« ist gall. Ursprungs, aus »vernos« = die Erle (vgl. den dt. FN: »Erler«).

Veronika Weiblich: Veronika, Veronica; KoF: Frony, Vroni, Verona, Verone, Vrone(li),Vera, s. auch »Verena«. Engl. Veronica; KoF: Nicky. USA Ronnie. Frz. Véronique. Ital. Veronica.
»Veronika« entstammt dem vulg. lat. Frauennamen »Beronice«, aus dem makedonischen »Beronike«, d. h. schließlich aus dem altgriech. »Pherenike« (s. »Berenike«). – T: Wassermann – N: 4. Februar. – Im süddt. Raum ziemlich beliebt. »Véronique« war Modename in Frankreich Anfang der 70er Jahre. – Veronica Carstens, Ärztin und »First Lady« der BRD (20. Jh.), die amerik. FSchau. Veronica Lake.

Vicki Weiblich: Vi(c)ki. Engl. Vick(y). KoF vom Frauennamen: »Viktoria« (s.) – Die österr. Schriftstellerin Vicki Baum (20. Jh.).

Viktor Männlich: Viktor, Victor; KoF: Vico, Viggo. Frz. Victor, Erw. Victorien. Ital. Vittore, Vittorio, Erw. Vittori(a)no. – Weiblich: Viktoria, Victoria; KoF: Vi(c)ki, Erw. Viktorina. Engl. Victoria; KoF: Vick(y). Frz. Victoire. Ital. Vittoria.
Lat. PN, aus dem Wort: »Victor« = der Sieger, aus dem lat. Zeitwort: »vincere« = siegen. Urspr. der Ehrentitel der christl. Märtyrer. »Victoria« (w) = der Sieg, war die röm. Siegesgöttin. Vgl. den russ. Frauennamen: »Pobjeda« (= Sieg). – Viktor: N: 28. Juli (auch: 10. Oktober) –, Viktoria: N: 23. Dezember. – »Victoria« ist seit einigen Jahren wieder in England beliebt. – »Victor« hießen drei Päpste, ital. Könige, der ital. Maler Carpaccio (15./16. Jh.), der frz. Volkswirtschaftler Victor de Mirabeau (18.Jh.), der ital. Dichter Vittorio Alfieri (18./19. Jh.), der frz. Schriftsteller Victor Hugo (19. Jh.), der frz.-schweiz. Schriftsteller Victor

Cherbuliez (19. Jh.), der frz. Philos. Victor Cousin und Victor Considérant (19. Jh.), der frz. Phys. Victor Regnaud (19. Jh.), der frz. Komponist Victor Massé (19. Jh.), der frz. Pol. Victor Schoelcher (Abschaffung der Sklaverei – 1848), der russ. Dichter Nikrassow (19. Jh.), der frz. Hist. Victor Duruy (19. Jh.), der frz. Baumeister Victor Baltard, der österr. Ingenieur Viktor Kaplan (19./20. Jh.), der belg. Architekt Victor Horta (19./20. Jh.), die frz. Schriftsteller Victor Margueritte und Victor Ségalen (19./20. Jh.), der österr. Phys. Viktor F. Hess (N36), der port. Schriftsteller Vitorino Nemesio (20. Jh.), der ital. Schausp. Vittorio Gassmann (20. Jh.), der frz. Maler Vasarelli (20. Jh.), der schwed. FReg. Victor Sjöström (20. Jh.), der niederl. Dichter Victor Vriesland (20. Jh.), die frz. FSchau. Victor Boucher, Lanoux und Victor Francen, der ital. FReg. Vittorio de Sica, der frz. Dramatiker Victorien Sardou (19./20. Jh.). – Die ital. Dichterin Vittoria Colonna (16. Jh.), die engl. Königin Victoria († 1901; nach 64 Jahren Regierungszeit), die engl. Schriftstellerin Victoria Sackville-West (19./20. Jh.), die Sopranistin Victoria de los Angeles (20. Jh.). – FN: Victor(in), Vitou(x), Victorion, Victourion, Victorius, Wigdor.

Vilmar Männlich: Vilmar. Niederl. Vilmar.
Germ. PN, zsgs. aus »viel« (ahd. Fílu) = viel, sehr + »mar« (s. das Gliedwort: »mar«) = sehr berühmt. Vgl. den altgriech. PN: »Polyklés« (m) von ähnlichem Sinne.

Vinzenz Männlich: Vinzenz; KoF: Vinz, Zenz(i). Frz. Vincent. Ital. Vincenzo. Port., span. Vicente. – Weiblich: Vincentia; KoF: Zenta. Frz. Erw. Vinciane. Ital. Vincenza.
Lat. PN: »Vincentius« (m), aus »vincens«, Partizip der Gegenwart des lat. Zeitwortes: »vincere« = siegen. Bedeutung: der Siegende; im christl. urspr. Sinne: der das Übel besiegt hat. – T: Wassermann – N: 22. Januar. – »Vicente« (m) ist in der span. und port. sprechenden Welt beliebt. Anfang der 70er Jahre war »Vincent« (m) in Frankreich Modename. – Der ital. Philos. Vincenzo Gioberti (19. Jh.), der niederl. Maler Vincent van Gogh (19. Jh.), der span. Schriftsteller Vicente Blasco Ibañez (19./20. Jh.), der frz. Komponist Vincent d'Indy (19./20. Jh.), der frz. Präsident Vincent Auriol (20. Jh.), der span. Choreograf Vicente Escudero (20. Jh.).

Viola Weiblich: Viola. Frz. Violette, (moderne) Var. Violaine. Ital. Viola, Violetta. Engl. Viola, Violet; KoF: Vi, Vye. Einer der ältesten (seit dem ausgehenden MA) Blumennamen, der zum Frauennamen wurde. Der lat. Name »viola« = Veilchen (wie auch der griech. »ioeidês« = veilchenblau) entspringt einer voridg. Sprache des Mittelmeerraumes. – N: 5. Oktober. – Von Verdis »Traviata« (= »Violetta«) (1853) verbreitet. In England Anfang des Jh. war »Violet« ein beliebter Name. In Frankreich nicht selten.

Vitalis Männlich: Vitalis. Frz. Vital(is). Ital. Vitale, Erw. Vitaliano. Span. Vidal. Lat. PN, aus dem Adj.: »vitalis« = lebenskräftig, aus »vita« = Leben. Vgl. das Wort: »*Vitali*tät. – N: 20. Oktober.

Virgil Männlich: Virgil(ius), früher: Vergil(ius). Engl. Virgil. Frz. Virgile. Ital. Virgilio. – Weiblich: Engl. Virgilia. Etrusk. PN (m) aus einem Stamm »vercna«, ungedeutet (wie leider viele etrusk. Namen). – N: 27. November. – In Österreich, Südfrankreich und in den USA noch gebraucht. Der lat. Dichter Vergilius (1. Jh. v. Chr.), der amerik. Komponist Virgil Thomson (20. Jh.), der amerik. Raumfahrer Virgil Grissom.

Virginia Weiblich: Virginia. Engl. Virginia; KoF: Virgie, Ginny. Frz. Virginie. Ital. Virginia. – Männlich: Ital. Virginio. »Verginius« (m) war der Name eines röm. Geschlechtes: die Verginier (5. Jh. v.

Chr.). Wahrscheinlich ein etrusk. (ungedeuteter) Name, vielleicht mit »Vergilius« verwandt, später volksetymologisch an »virog« (= Jungfrau) angelehnt, was für einen urspr. Männernamen ungewöhnlich scheint. – N: 7. Januar. – »Virginie« war ein sehr beliebter frz. Frauenname Anfang der 70er Jahre. Die frz. Schauspielerin Virginie Déjazet (19. Jh.), die engl. Schriftstellerin Virginia Woolf (19./20. Jh.).

Viviane Weiblich: Viviana, Viviane, auch: Bibiana, Bibiane (s.). Engl. Vivien; KoF: Viv. Frz. Viviane, Vivienne. Ital. Viviana. – Männlich: Vivian. Engl. Vivian; KoF: Viv. Frz. Vivien. Ital. Viviano.
Hier sind zwei lautähnliche PN zusammengeflossen: der lat. PN »Vivianus« (m)/»Viviana« (w), Erw. des Adj.: »vivus« (m)/»viva« = lebendig, und: der kelt. PN »Phythian« (hauptsächlich weiblich), Name der guten Fee der kelt. Sagen = die Schönstimmige, die Melodische, genau wie »Kalliope« (= die Schönstimmige), eine griech. Muse. – N: 2. Dezember. – Die engl. FSchau. Vivien Leigh, die frz. FSchau. Viviane Romance, die engl. Modeschöpferin Vivienne Westwood.

Gliedwort

Volk auch: Fol(c), Vol(c), Fol(k), Vol, Fulc(h) usw.
Wort = Volk, germ. »*fulka« = Kriegsvolk, ahd. »volk«, angels. »folc«, altn. »folk«, niederl. »volk«, engl., dän., schwed. »folk«. – In den PN viel häufiger als erstes Glied.

Volkbert Männlich: Volkbert, Volbert, Volbrecht, Volprecht, Volbrekt, NebenF: Fulbert. – Weiblich: Volkberta, Fulberta.
Germ. PN, zsgs. aus »Volk« (s.) + »bert« (s.) – berühmt im (Krieger)Volk. – N: 10. April. – Der kong. Pol. Fulburt Youlou (20. Jh.).

Einen ähnlichen Sinn hat der germ. PN:

Volkmar Männlich: Vol(k)mar; KoF: Völmi. – Weiblich: Fries. Volma.
Zsgs. aus »Volk« (s.) + Qmar« (s.). Vgl. den altgriech. PN: »Demokleitos« (m) oder seine Umkehrung: »Kleitodemos« (m). – N: 17. Juni.

Volkhard Männlich: Volkhard, Volkard, Volkart, auch: Volkert. – Weiblich: die fries. Erw. Volkerdine.
Germ. PN, zsgs. aus »Volk« (s.) + »hard« (s.) – durch seine Kühnheit im (Krieger)volk bekannt. – N: 25. Dezember.

Volk(h)er Männlich: Volk(h)er, Folker.
Germ. PN, zsgs. aus »Volk« (s.) + »her« (s.) – der Volkskämpfer. Vgl. den altgriech. PN: »Demostrates« (m). – N: 7. März. – Volker von Alzey: der getreue Spielmann und Vorstreiter der Nibelungen. Im MA ein beliebter Männername, von der Romantik im 19. Jh. wieder belebt. – Der FReg. Volker von Collande. Das weibliche Pendant ist:

Volkhild(e) Zsgs. aus »Volk« (s.) + »Hild« (s.).

Volkrad Männlich: Volkrad, Volkrat, Volrat, Vollrad.
Germ. PN, zsgs. aus »Volk« (s.). + »rat« (s.) = des Volkes Berater. Wie die Umkehrung: »Ratfolc (m). – N: 17. Februar (und 26. April).

Volkwin Männlich: Volkwin, Volwin, Volkwein, Folkwin. Frz. Folquin.
Germ. PN, zsgs. aus »Volk« (s.) + »win« (s.) = der Freund des (Krieger)volkes. Wie der altgriech. PN: »Demophilos« (m) oder die Umkehrung: »Philodemos« (m). – N: 13. November (oder: 14. Dezember). – Vgl. »Ami-du-Peuple«, Beiname des frz. Revolutionärs Marat (18. Jh.), heute noch (zuweilen) als Männername benutzt.

Volkward Männlich.
Germ. PN, zsgs. auf »Volk« (s.) + »ward« = Schützer des Volkes. – N. 2. Februar.

Alle Namen mit »Volk« haben KoF entwickelt wie:

Männlich: Volko, Folko, Focke, Foke, Focko, Volz, Folz, Volkmann. Altfrz. Fou(l)que (u. Fouquet). Ital. Folco. Schwed. Folke. – Weiblich: (vor allem fries.) Fokka, Volle, Vollina, Vol(l)a, Volske. – N: 22. Mai (auch: 26. Oktober).

W

Walburg Weiblich: Wal(d)burg(a), Walpurga, Walpurgis; KoF: Wala, Wal(l)i, Burga. Frz. Vaubourg. Skand. Valborg.
Germ. Frauenname, zsgs. aus »Wald-« (s.) + »burg« (s.) = die schützende Gebieterin. Vgl. die Umkehrung: »Burg(h)old« (m). – N: 25. Februar und 1. Mai. – Im MA ein beliebter dt. Frauenname.

Gliedwort

Wald auch: Walt, Wolt, Wout, Vald(e). Im roman. Sprachraum: Gal(d), Galt, Gau. – Als 2. Glied oft abgeschliffen zu: »-ald«, »-old«, »-alt«, »-oud«, »-out«.
Zeitwort = (ver)walten, herrschen. Got. »ga-waldan« = von seiner Gewalt Gebrauch machen. – Aus einem idg. Stamm, wie im lat. »*val*ere« (= stark sein), altir. »flaith« (Herrschaft), im russ. »*wlad*et = herrschen. – In den PN als 1. und, etwas häufiger, als 2. Glied.

Waldebert Männlich: Waldebert, Walvert, Walbrecht. Frz. Valbert. – Weiblich: Waldeberta.
Germ. PN, zsgs. aus »Wald-« (s.) + »bert« (s.) = berühmter Herrscher. Wie die Umkehrung: »Bert(h)old«. – N: 11. Mai.

Waldemar Männlich: Waldemar, norddt. Woldemar; KoF: Waldo, Waldi. Frz. Valdemar, Gaudemer, Schwed. Valdemar; KoF: Valde, Valle. Dän. Valdemar. Ital. Valdemaro.
Germ. PN, zsgs. aus »Wald-« (s.) + »mar« (s.) = der rühmlich, glänzend Waltende. Wie die Umkehrung: »Maroald« (m). – N: 11. Dezember (auch 22. Januar). – Drei dän. Könige, der Schriftsteller Waldemar Bonsels (19./20. Jh.).

Waldfried Männlich: Waldfried. – Weiblich: Waldefrieda.
Germ. PN, zsgs. aus »Wald-« (s.) + »Fried« (s.), bedeutet, wie die Umkehrung: »Friedwald« (m) und wie »Walthelm« (m): Herrscher und Schützer. Manchmal als dt. »Übersetzung« von »Wladimir« betrachtet.

In vielen »Wal(d)«-Namen ist das erste Glied »Wald-« nicht immer von anderen nahen Gliedern zu unterscheiden, z. B. von: »Wal-« (= Walstatt, Kampfplatz, Kampf), wie:

Waldo Männlich: Waldo, Walo. Engl. Waldo. – Weiblich: Walda.
»Waldo« (schon im 6. Jh. belegt) ist die KoF eines »Wald«-Namens, in erster Linie: Waldemar und Walter. – Der amerik. Philos. Ralph Waldo Emerson (19. Jh.).

Walfried Männlich: Walfried, Walfred. Ital. Valfredo und Gualfredo. – Weiblich: Walfriede. = Schützer(in) der Walstatt.
Der Name des Dichters Walahfried Strabo (= der Schieler, 9. Jh.) enthält den Stamm: »Walah« = der Fremde, der Romane (s. »Wallace«). – Wal(d)fried – N: 15. Februar.

Walram Männlich: Walram. Niederl. Walram, Walraven.
Germ. PN, zsgs. aus »Wal« = Kampfplatz + »ram« = der Rabe (s. das Gliedwort: »raban«) = der Rabe (Zeichen des

Sieges) der Walstatt, der Wodanskrieger. – N: 23. Juni.

Waltraud Weiblich: Waltraud, Waltrud(is).
Germ. PN, zsgs. aus »Wal« = Walstatt + »trud« (s. das Gliedwort »trud«) = die Macht über die Walstatt hat. – N: 9. April.

Während: **Waldtraut** das Gliedwort »Wald-« (s.) deutlich aufweist und etwa: Herrscherin und Zauberin bedeutet. – Die österr. FSchau. Waldtraud Haas.

Waltrada Weiblich: Waltrada, Waldrada, Waltrade.
Germ. PN, zsgs. aus »Wald-« (s.) + »rat« (s.) = Herrscherin und Raterin. – N: 5. Mai.

Wallace Männlich: Wallace. Engl. Wallace; KoF: Wallie. – Weiblich: USA Wallis.
FN eines Nationalhelden von Schottland: Richard Wallace (13. Jh.) aus einem germ. Stamm »*walhoz« = germ. Name der Kelten und, nach Romanisierung der Kelten, der Romanen. Für die Sachsen bedeutete dieses Wort: der Fremde. Als die Angelsachsen nach Britannien kamen, nannten sie die Briten: »Vealas« (Mehrzahl). (Vgl. der Landesname: »Wales«.) – Der amerik. StummFSchau. Wallace Reid.

Walter Männlich: Walter (»Walther« ist eine ältere Schreibw.). Norddt. Wolter; KoF: Walt, Wolt(e), Wälti, Welti. Engl. Walter; KoF: Walt, Wal(ly). Frz. Walter und Gaut(h)ier. Ital. Gualtiero. Dän., schwed. Valter. Span. Gualterio und Gutierre. – Weiblich: Welta (auch KoF zu weibl. »Walt-«-Namen).
Germ. PN, zsgs. aus »Walt-« (s.) + »her« (s.) = der im Heer Waltende, Kriegsherr. Vgl. die Umkehrung: »Herald«/»Herold« (m) oder den altgriech. PN: »Stratarkhos«/»Arkhestratos« (m), von derselben Bedeutung. – T: Widder – N: 8. April (auch am 7. April) – Zahlwert: 419 – Blume: die Gichtrose. – Seit dem 10. Jh. im aleman.-schweiz. Sprachraum ein sehr beliebter Männername. Gegen Ende des 19. Jh. wieder belebt. In England und in den USA recht verbreitet. – Der Dichter Walther von der Vogelweide (12./13. Jh.), der engl. Seefahrer Sir Walter Raleigh (16./17. Jh.), der schott. Schriftsteller Walter Scott (18./19. Jh.), der Dichter Walter Flex (19./20. Jh.), die Pol. Walter Rathenau (19./20. Jh.) und Walter Hallstein (20. Jh.), der amerik. Pol. Walter Mondale (20. Jh.), der schweiz. Physiologe Walter Rudolf Hess (N49), der amerik. Walt (= Walter Elias) Disney (»Erfinder« der Mickymaus – »Micky« = KoF von »Michael«). – FN: Günt(h)er, Gunder(mann), Günther, Günzel(mann), Kunter(mann), Güntzler, Günder, Gunnar, Gundel, Könder, Gonder.

Wanda Weiblich: Wanda. Poln. Wanda. Engl., frz. Wanda. Ital. Vanda.
Ungedeuteter Name einer sagenhaften poln. Königstochter (8. Jh.?). Im dt. Sprachraum als KoF von »Wendel-«-Namen (s. »Wendelin«) betrachtet. – N: 21. Oktober. – »Wanda« war ein beliebter Mädchenname gegen Ende des 19. Jh. in Deutschland. – Die poln. Harfenspielerin Wanda Landowska (19./20. Jh.).

Wanja Männlich: Wanja. Frz. Valnia. Russ. Wanja.
»Wanja« ist eine (der unzähligen) russ. KoF des Männernamens »Iwan« = Johan(es) (s.)

Warren Männlich: Warren (germ. Entsprechung: Werno). Engl. Warren. Frz. Garin.
»Warren« ist eine angels. KoF von germ. PN auf »Waren«/»Weren-«, d. h. eines Stammes: »weri(a)n« (got. »warjan«, angels. »werian«) = wehren, schützen. Bedeutung: der Verteidiger. – Vgl. »Le Lorrain Garin«, der Lothringer Garin, von den alten Sagen, verschliffen zu

»Loherenc-G(a)rin« und »Lohengrin«. – »Warren« ist in den USA ein verbreiteter Männername. – Der amerik. Präsident Warren Harding (19./20. Jh.), der amerik. FSchau. Warren Beatty.

Washington Männlich: Washington. Engl.(auch Lateinamerik.) Washington. Ein FN aus einem engl. ON (in Durham/Sussex), angels. Herkunft: »Wassaingto(w)n« = Siedlung (= »ton«) der »Wassa-Leute«. – »Wassa« ist ein angels. PN. – Namensvorbild ist Gen. George Washington (18. Jh.), erster Präsident der USA. Vgl. den FN: »Lincoln«, ebenfalls ein engl. ON, auch als Vorname gebraucht. – Der amerik. Schriftsteller Washington Irving (19. Jh.).

Wassilij Männlich: Was(s)il(i). Russ. Wassilij; KoF: Wasja.
»Wassilij« ist die russ. F des Männernamens »Basil(ius)« (s.). – In Russland bis zur Revolution einer der häufigsten (1893–1902 = 5.) Männernamen, vielleicht durch den massenhaften Gebrauch und manche volkstümliche Redensarten entwertet. – Der bulg. Schriftsteller Wasil Drumev (19. Jh.), der russ. Maler Wassilij Kandinsky (19./20. Jh.).

Welf Männlich: Welf. Ital. Guelfo.
Urspr. ein Kosename, ahd. »hwelf« = Tierjunge, Welf. Vgl. den germ. »Chitzo« (m = Kitz), die lat. »Paulus« (m), »Catul(l)us« (m = Hündchen), »Ursula« (w = die kleine Bärin), den engl. »Kid« (m = Kitz) oder den indianischen PN: »Chámahän« (m = der kleine Rabe).

Wendelin Männlich: Wendel, Erw. Wendelin. – Weiblich: Wendelina, Wendeline; KoF: Wendi, Wendy und evtl. Wanda.
»Wendel« und seine Erw. sind KoF von (einst häufigen) germ. »Wendel-«-Namen, wie »Wendelbert« (m), »Wendelmar« (m), »Wendelburg« (w), »Wendelgard« (w). – Mehrere gleichlautende Stämme sind wahrscheinlich hier zusammengeflossen, wie: »Wanda-« (= wenden), der Volksname der »Wandalen«, »Want-« = Rand, Grenze, Grenzgebiet und der Volksname der »Wenden«, die dt. Bezeichnung der Slawen. – N: 20. Oktober. – Der Theologe Wendelin Rauch (19./20. Jh.).

Wenzeslaus Männlich: Wenzeslaus; KoF: Wenzel. Poln. Wazlaw. Tschech. Václav. Russ. Wjatscheslaw. Frz. Venceslas. Ital. Venceslao.
Slaw. PN (altpoln. »Wiénczyslaw), zsgs. aus »wiatche« = mehr + »slawa« = Ruhm = der sehr Ruhmreiche. – N: 28. September. – Nationalheiliger Böhmens (10. Jh.). S. (unter »Andreas«) Fischarts Verse. – Der sowjetruss. Pol. Wjatscheslaw Skrjanbin (= Molotow) (19./20. Jh.).

Werenfried Männlich: Wer(e)nfried, Warenfried.
Germ. PN, zsgs. aus »waren« (s. »Warren«) + »fried« (s. das Gliedwort: »Fried«) = der Friedenswahrer. – N: 14. August.

Werner Männlich: Werner, auch: Wernher. Fries. Warner; KoF: Wetz(el), Wenz. Fries. Wessel. Engl. Warner. Frz. Garnier.
Germ. PN »Warin-harius« (m – 7. Jh.), zsgs. aus: »warin« (s. unter »Warren«) + »her-« (s. dort) = der schützende Krieger. – T: Widder – N: 18. April – Zahlwert: 205 – Blume: der Frauenflachs. – Vom MA bis zum 15. Jh. recht häufig im dt. Sprachraum. Um 1900 wieder beliebt. Ggw. noch recht verbreitet. – Der Erfinder und Industrielle Werner von Siemens (19. Jh.), der Komponist Werner Egk (20. Jh.), der Phys. Werner Heisenberg (N32), der Raketeningenieur Wernher von Braun (20. Jh.).

Wido Männlich: Wido, Wito. Fries. Wide. – Weiblich: Witte. Fries. Wi(e)da, We(e)da; KoF: Wedeke.
»Wido« ist eine KoF eines germ. PN auf »Wid-« (Stamm: »wĭdu« = Holz, Wald). S.»Guido«, die romanisierte F.

Widukind Männlich: Wĭdukind, Wittekind (hochdt. F), Wedekind (mhd. F); KoF: Wido.
Germ. PN, zsgs. aus »Wĭdu« = Wald, Gehölz + »kind« = der Waldkind, Waldsohn. Vgl. das griech. Wort: »Dryade« (w = Waldtochter), den lat. PN »Silvanus« (m), von gleicher Bedeutung. – N: 17. Januar. – Der Sachsenführer Widukind (+ 810), der Gegner Karls d. Gr., der Hist. Widukind von Corvey (10. Jh.).

Wieland Männlich: Wieland, Weiland.
Der Künstler (Federgewand) des Wielandliedes (6. Jh.) trug einen germ. PN: »Wielnand«, später zu »Wieland«, dissimiliert, zsgs. aus einem Stamm: »wiela« = Kampf + »nand« = kühn. Bedeutung: der Kühne im Kampf. – Im MA recht verbreitet. Der OpernReg. Wieland Wagner (20. Jh.), Enkel Richard Wagners.

Gliedwort

Wig- auch: Wyg, Wic(h), Vic(h), Vig, Gui(g) usw.
Wort = Ringen, Kampf. In den PN = Kämpfer. – Germ. »*wīg«/»*wī« = kämpfen, an: »vîg«, got. »weihan« = kämpfen, ahd. »wīgan« = kämpfen, und »wīg« = Kampf. – Verwandt mit dem lat. »*vin*cere« (= besiegen). – In den germ. PN als erstes Glied so häufig wie als zweites.

Wigand Männlich: Wigand. S. auch »Winand«.
Aus dem ahd. »wīgand« = Krieger, der Kämpfende. Vgl. den germ. PN: »Wigmann«/»Wichmann«.

Wigbert Männlich: Wigbert, Wibert, Wigbrecht, Wiprecht, Wipert; KoF: Wibo, Wippo. Fries. Wiggo. Frz. Guibert. – Weiblich: Wigberta, Wiberta.
Germ. PN, zsgs. aus »wig-« (s.) + »bert« (s.) = der berühmte Kämpfer. Wie die Umkehrung »Perhtwic« (m) oder der altgriech. PN »Kleitomakhos« (m). Einen ähnlichen Sinn hat der Männername: »Wigmar«. – N: 18. April oder 13. August. – Wiprecht von Groitzsch (11./12. Jh.), der Gegner Kaiser Heinrichs V.

Wigburg Weiblich: Wigburg, Wigburga; KoF: Wiebke, Wiepke.
Germ. PN, zsgs. aus »wig-« (s.) + »burg« (s.) = die schützende Kämpferin. Die männl. Entsprechung ist: »Wigmund«.

Wighard Männlich: Wighard, Wichard, Weichard, Wighart. Fries. Wiard, Weert. – Weiblich: Fries. Weerta.
Germ. PN, wie seine Umkehrung »Hartwig« (m), zsgs. aus »wig-« (s.) + »hart« (s.) = der kühne Kämpfer. – N: 22. Oktober.

Alle »Wig-«-Namen haben KoF entwickelt wie:
Männlich: Wigge, Wiggo, Wigger.
Weiblich: Wiet(sk)e, Wib(e)ke, Wiebke, Wi(e)ba, Wübke, Weike, Wega, Wege.

Wilburg Weiblich: Wilburg(a), Wilberga; KoF: Wibel(e). – Männlich: Engl. (USA) Wilbur.
»Wilburg«/»Wilberga« ist ein germ. Frauenname, zsgs. aus »Wil-« = Wille (germ. »*wilja« = der Wille) + »burg«, bzw. »Berg« (s.) = die entschlossene Schützerin. Wie auch der PN: »Wilgard« (w). – N: 23. Februar. – Wilbur (und sein Bruder Orville) Wright, amerik. Pioniere der Luftschifffahrt (17. Dez. 1903).

Wilfried Männlich: Wilfried, Wilfred, Will(e)fried. Engl. Wilfred, Wilfrid; KoF: Wilf. Frz. Wilfried. Ital. Vilfredo. – Weiblich: Wilfriede. Engl. Wilfreda.
Germ. PN., zsgs. aus »wil-« = Wille, willig + »fried« (s.) = der entschlossene Schützer. – N: 24. April. – Der ital. Soziologe Vilfredo Pareto (19./20. Jh.), der kanad. Pol. Wilfrid Laurier (19./20. Jh.).

Wilbert Männlich: Wil(li)bert, Willbrecht. Frz. Guilbert.

Germ. PN, zsgs. aus »Wille« + »bert« (s.) = berühmt und willensstark. – N: 11. September. – Der germ. Männername: Wilmar, Willemar, Willimar hat denselben Sinn.

Wilhelm Männlich: Wilhelm, auch: Wilehalm; KoF: Wilm, Wille, Willi, Willy, Will, Wilke, Wilko. Engl. William; KoF: Bill(y). Frz. Guillaume. Ital. Guglielmo. Span. Guillermo. Ungar. Vilmos. – Weiblich: Wilhelm(in)a; KoF: Wilma, Min(n)a, Minchen, Minka, Helma. Ital. Guglielma.

Germ. PN, zsgs. aus »Will(e)« + »helm« (s. das Gliedwort: »Helm«) = der entschlossene, willensstarke Schützer. T: Zwillinge – N: 28. Mai – Zahlwert: 267 – Blume: der Lavendel – Stein: der Almandin. – Ununterbrochen seit germ. Zeiten bis zum I. WK (auch die KoF »Willi« / »Willy«) überaus beliebt. In Frankreich ist seit dem II. WK »Guillaume« Modename (Paris 1979 = 2.). In England, im 16., 17. und 18. Jh. unbestritten der häufigste. Heute noch in den USA der zweite (nach »John«). In den Niederlanden (auch: Wim) sehr verbreitet. – Unzählige Fürsten, Könige, Kaiser (u. a. der letzte dt.), der frz. Dichter Guillaume de Lorris (13. Jh.), der frz. Dichter Guillaume de Ferrières (13. Jh.), der frz. Dichter und Mus. Guillaume de Machaut (14. Jh.), der sagenhafte schweiz. Held Wilhelm Tell (14. Jh.), die frz. Minnesänger Guillaume Montanhagol (13. Jh.) und Guillaume Molinier (15. Jh.), der engl. Theologe William von Ockham (14. Jh.), der niederl. Mus. Wilhelmus Dufay (15. Jh.), der frz. Dichter Coquillant (15./16. Jh.), der engl. Dramatiker und Dichter William Shakespeare (16./17. Jh.), der frz. Bildhauer Guillaume Couston (17./18. Jh.), der niederl. Schriftsteller Wilhelmus Bilderdijk (18./19. Jh.), die engl. Staatsmänner William Pitt (Vater und Sohn, 18./19. Jh.) und William Gladstone (19. Jh.), der engl. Schriftsteller William Thackeray (19. Jh.), der dt. Schriftsteller und Zeichner Wilhelm Busch (19./20. Jh.), der dt. Philos. Wilhelm Wundt (19./20.Jh.), der Industrielle William H. Lever (Unilever, 19./20. Jh.), der Amerikaner William Coddy (= Buffalo Bill, 19./20. Jh.), der Schriftsteller W. Raabe (19./20. Jh.), der Pol. Wilhelm Liebknecht (19./20. Jh.), der amerik. Schriftsteller William Collins (19./20. Jh.), der Phys. Roentgen (N01), der ital. Erfinder Guglielmo Marconi (N09), der engl. Phys. William Bragg (N15), der amerik. Schriftsteller William Faulkner (N49), der dt. Pol. Willy Brandt (FriedensN71). – Als Vorname war Wilhelm im MA in ganz Europa sehr verbreitet. So heißt es z. B. in einem Essay (1580): »Heinrich Herzog von Normandie hatte ein Festmahl in Frankreich organisiert. Da befand sich eine sehr große Menge Adeliger versammelt, sodass man die Gäste nach den Vornamen einordnen könnte. Es waren nicht weniger als 110 Ritter mit dem Vornamen ›Guillaume‹, ohne die einfachen Edelleute und die Diener zu rechnen.« Heute findet man diese Häufigkeit in den FN wieder. Man dürfte fast sagen: Sag mir, wie dein – aus Guillaume (Wilhelm) entstammender FN ist, und ich sage dir sofort, in welcher Gegend du geboren bist. – FN: in England und Wales ist »William« der drittmeiste FN, nach »Smith« und »Jones«: Williamson, Wilkinson, Will(i)s, Willison, Willmet(t)s, Willmot(t), Wilson, Will, Wilkin, Wilcock(s), Wilcox; in Nordfrankreich, Belgien und den Niederlanden: Guiliams, Guille(e)aume, Guillem(a)in, Guillermin, Guilmin, Wilhelm(y), Willaime, Willarme, Willaume, Willem, Willark, Willème, Willm(e)s, Wilmaer(s), Wil(l)mot(t)e, Wuillaume, Wuyam(m)e, Guillerme, Willems, Willequin, Will(i)ot, Guillet, Wuillaume; in Italien: Guglielmi, Guglielmini, Guglielminetti; im dt. Sprachraum: Wil(l)me(s), Wilke(s), Wellem, Willers.

Willibald Männlich: Willibald, Wil(l)bold, Willebald.

Germ. PN, zsgs. aus »Wille« + »bald« (s.) = der Willensstarke, Willenskühne.

Vgl. den altgriech. PN: »Mnēsalkē, von gleicher Bedeutung. – N: 7. Juli. – Der Komponist Christoph Willibald Gluck (18. Jh.), der Schriftsteller Willibald Alexis (= Wilhelm Härting) (19. Jh.).

Willibrord Männlich: Willibrord, (rhein.) Wilwert, Welber. Auch: Wilbrord.
Angels. Name (des Apostels der Friesen – 6./7. Jh.), zsgs. aus »Wille« + »brord« = spitzige Waffe = der willige Speer-(Schwert-)kämpfer. – N: 7. November.

Willigis Männlich: Willigis, Willegis.
Germ. PN, zsgs. aus »Wille« + »gis«, aus »gisil« (s. »Gisela«) = willensstark und edel. – N: 23. Februar. – Ein Erzbischof von Mainz (10./11. Jh.).

Wiltr(a)ud Weiblich: Wiltr(a)ud, Wiltrude.
Germ. Frauenname, zsgs. aus »Wille« + »traud« (s.) = willensstark und kräftig. – N: 6. Januar.

Gliedwort

Win auch: Vin, Wijn, Wyn, Wine, Wein, als weibl. Endung: -vina, -wina.
Wort = Freund (urspr. »Freund der Götter«). Got. »wĭn« (= Freund), ahd. »wĭni« (= Freund), aus einem idg. Stamm «*wein«, wie im sansk. »vanati« = geliebt. – In den PN viel häufiger als zweites denn als erstes Glied.

Winand Männlich: Winand. Niederl. Wi(e)nand. – Weiblich: Winanda. Niederl. Winanda; KoF: Nanda.
Germ. PN, verschliffene F von »Wignand«, zsgs. aus »Wig« = Krieger, Kämpfer + »nant« = kühn, dreist. Bedeutung: der kühne, unerschrockene Krieger. Wie die Umkehrung: »Nantwig« (m).

Winfried Männlich. – Weiblich: Winfrieda.
Germ. PN, zsgs. aus »Win-« (s.) + »fried« (s.) = Freund und Beschützer. Wie die Umkehrung: »Friedwin« (m). – N: 5. Juni.

Winibald Männlich: Winibald.
Germ. PN aus »Win-« (s.) + »bald« (s.), zsgs. bedeutet er ebenso wie seine Umkehrung: (sei) ein kühner Freund, s. »Baldwin«.

Winibert Männlich: Winibert.
Germ. PN aus »Win« (s.) + »bert« (s.) bedeutet, wie seine Umkehrung: »Bertwin« (m) und wie »Win(n)imar« (m)/ »Wiemar« (m): (sei) ein glänzender Freund.

Winifred Weiblich: Winifred. Engl. Winefred, Winnifred; KoF: Win(nie). Kornisch Jenifry. Walis. Gwenfrewi.
»Gwenfrewi« ist ein kelt. Frauenname, zsgs. aus »gwen« = weiß + »frew(i)« = Woge, Welle = die weiße Woge. Vgl. den finn. Mädchennamen: »Laina« (= Woge, Welle). Dieser Name wurde als »Wenefreda« latinisiert und in England (16. Jh.), unter Einfluss des (männl.) angels. PN: »Vinfried« (germ. »Winfried«) als »Wenefred« / »Winefred« angepasst – als einziger engl. (und dt.) Frauenname auf »-fred«. – N: 3. November. – »Winifred« (weibl.) war Modename in England um die Jahrhundertwende (1900 = 15. der Mädchennamen). Frau Winifred Wagner (Siegfried Wagners Gattin) (20. Jh.).

Winrich Männlich: Winrich, auch: Winirich, Weinrich, Wierich.
Ist, wie seine Umkehrung: »Richwin« (m) aus »Win-« (s.) + »rich« (s.) zsgs. und bedeutet: (sei) ein kräftiger, treuer Freund. Eine weibl. Entsprechung ist:

Wintrud Weiblich: Wintrud.
(Vgl. die Umkehrung: »Trudwin« [m]).

Winston Männlich: Winston. Engl. Winston; KoF: Winnie.
Engl. ON (ein Dörfchen bei Cirences-

ter/Gloucesters), zsgs. aus »Win's« (s. das Gliedwort: »win-«) + »ton« = Siedlung, Farm (vgl. das engl. »town« = Stadt). – Sir Winston Churchill, der engl. Schriftsteller (N53) und Pol. (19./20. Jh.).

Witold Männlich: Witold, Widold.
Germ. PN, zsgs. aus: »witu« = Holz, Wald + »wald« (s. das Gliedwort: »wald-«) = der im Walde Waltende (oder: der Herrscher aus dem Waldland). – Nicht zu verwechseln mit dem poln.: »Witold« (m), russ. »Witold« (m), weibl. »Witolda« (poln.-russ.), ungedeutet. – Der poln. Schriftsteller Witold Wirpsza (20. Jh.).

Wladimir Männlich: Wladimir. Engl., frz. Vladimir. Ital. Vladimiro. Russ. Wladimir; KoF: Wladja, Wlada, Wadja. Poln. Wlodzimierz. – Weiblich: Wladimira.
Slaw. PN, altruss. »Wolodiměr«, eine Anpassung des germ. »Waldemar« (s.). Das erste Glied hat sich erhalten: »Wolodi«/»Wladi« = beherrschen (wie im ON »Wladiwostok« = die Beherrscherin des Ostens), das zweite wurde dann dem russ. Wort: »mir« = Frieden, angeglichen. Bedeutung: der Friedenserhalter. – T: Krebs – N: 15. Juli – Zahlwert: 584 – Gewächs: der Ölbaum. – Seit jeher in Russland überaus beliebt (1961 = 3. der Männernamen). – Wladimir Il'itsch Ul'janow (1870–1924), = »Lenin«, ein selbsterfundener Deckname (Ende 1901), aus dem sibirischen Flussnamen: »Lena« (in einer sibirschen Sprache = Strom), an dessen Ufer W. I. Ul'janow drei Jahre verbannt wurde. Lenin zu Ehren nannte man auch Kinder: »Wladlen« (m = *Wladi*mir *Len*in), »Lenin« (m) und »Lenina« (w) und sogar: »Ninel'« (m = Umkehrung von »Lenin«!). Der russ. Fernsehingenieur Wladimir Zworykin (20. Jh.).

Gliedwort

Wolf auch: Wulf, Vulf, Volf, Golf. – Als Endglied oft verschliffen: »-olf«, »-ulf«, »-lof«-, »-olph«.
Wort = der Wolf, aus einem idg. Stamm: »*wlkuo«, der im sanskr. »vrkah«, im altgriech. »vlykos«, später: »lykos«, im russ. »wolk«, im lat. »lupus« usw. erscheint. – In der germ. Mythologie hatte Wodan als Begleiter und heilige Tiere zwei Wölfe. Vgl. die Wölfin, das hl. Tier des röm. Kriegsgottes, und Romulus' Vater. Vgl. den Wolf »Vrika« der altind. Sagen (Vedas). – In fast allen Sprachen der Welt ein Sinnbild der Zähigkeit, der Standhaftigkeit und auch ein... Vorname: bibl. hebr. »Seeb« (m), altgriech. »Autolykos« (m = der selbst ein Wolf ist), aztek. »Huehue-coyotl« (m = alter, erfahrener Wolf), ir. »Faolán« (m), baskisch »Osète« (m), lat. »Lupus«, indianisch »Characterick« (m = weißer Wolf) usw. – In den germ. PN steht jener sehr fruchtbare Stamm viel häufiger als zweites denn als erstes Glied.

Wolf Männlich: Wolf (auch als Doppelname häufig, wie der Sagenheld Wolfdieter, Wolfdietrich usw.), Wulf, Wulfing; KoF: Wölfel, Wölfle. S. auch »Ulf«.
»Wolf« ist die KoF einer der (einst zahllosen) germ. PN, die das Gliedwort »Wolf-« (s.) enthielten. – N: 26. Juli. – Der Maler Wolf Huber (16. Jh.).

Wolfbald Männlich: Germ. PN, zsgs. aus »Wolf-« (s.) + »bald« (s.) = der Wolfskühne, wie die Umkehrung: »Baldulf« (m) oder der altgriech. PN »Lykodarsēs« (m).

Wolfbert Männlich: Germ. PN, zsgs. aus »Wolf-« (s.) + »bert« (s.) bedeutet, wie seine Umkehrung: »Bertolf« (m) oder der altgriech. PN »Lykophrōn« (m): der Wolfsmutige, der Wolfsflinke.

Wolfgang Männlich: Wolfgang; KoF: Wolf, Gangel. Ital. Volfango.
Germ. PN, zsgs. aus »Wolf-« (s. das Gliedwort: »Wolf-«) + »gang« = Waffengang, Ansturm zum Kampf, = der wolfskühn vorangeht, der wie ein Wolf stürmend in den Kampf zieht. Vgl. die

Umkehrung: Gangolf (m) oder den aztekischen PN: »Netzahual-coyotl« (m) = umsichtig wie der hungernde Wolf. – T: Skorpion – N: 31. Oktober – Zahlwert: 167 – Blume: die wilde Aster. – Seit dem MA in Süddeutschland und Österreich beliebt. 1957/58 = 2., 1960 = 6. der Männernamen in der BRD. – Wolfgang Amadeus Mozart (18. Jh.), der Schriftsteller Wolfgang Koeppen (20. Jh.), Johann Wolfgang von Goethe (18./19. Jh.).

Wolfger Männlich: auch: Wolfker, germ. PN, zsgs. aus »Wolf-« (s.) + »ger« (s.) = wie auch die Umkehrung: »Gerulf« (m) der mutige (Speer)krieger. – N: 25. Oktober.

Wolfgund Weiblich: (Umkehrung: »Gundolf«) (m).

Wolfhard Männlich: auch: Wolf(h)art, Wolfert, germ. PN, zsgs. aus »Wolf-« (s.) + »hart« (s.) ist, wie die Umkehrung: »Hardolf« (m) tapfer und zäh wie der Wolf. – N: 30. April. – Der Dramatiker Wolfhart Spangenberg (16./17. Jh.).

Wolfhild(e) Weiblich: Wulfhild(e) (vgl. die Umkehrung: »Hildolf« (m). – N: 8. Mai – und:

Wolfram Männlich: auch: Wulfran.
Germ. PN, zsgs. aus »Wolf-« (s.) und »Raban« (s.) vereinigt, wie die Umkehrung: »Ra(m)nuld« (m) die Lieblingstiere Wodans = sei tapfer wie der Wolf und klarblickend wie der Rabe.
N: 20. März. – Das Metall »Wolfram« wurde 1781 von Scheele so genannt wegen seiner »Gefräßigkeit« (= es ließ sich sehr leicht mit dem Zinn kombinieren).

Wolfrat Männlich: Umkehrung: »Radolf« (m), zsgs. aus »Wolf« (s.) + »rat« (s.), der kühne Krieger und Ratgeber.

Wolftraud Weiblich: auch: Wolftrud. Germ. PN, zsgs. aus »Wolf-« (s.) + »traud« (s.) = wie die Umkehrung: »Drutolf« (m) = kräftig wie der Wolf. – N: 23. November.

Woodrow Männlich: Woodrow. Engl. Woodrow.
Engl. FN aus einem ON (in mehreren Grafschaften, Wiltshire, Worcesters), zsgs. aus »wood« (vgl. got. »wĭdu«) = Holz, Wald + »row« = Reihe (von Wohnungen). – Der amerik. Präsident Thomas Woodrow Wilson (19./20. Jh.).

Wun(n)ibald Männlich: Wun(n)ibald.
Angels. PN (der Bruder des hl. Willibald), zsgs. aus »vun(i)« = froh, munter, vgl. das ahd. »wunna« = Wonne + »bald« (s.) = froh und kühn. – N: 18. Dezember.

X

Xaver Männlich: Xaver (lat. Xaverius) (oft in Verbindung mit »Franz«); KoF: Ver(e). Baskisch: Xabier. Span. Javier. Frz. Xavier. Ital. Zaverio. – Weiblich: Xaveria.
Der hl. (16. Jh., Mitbegründer des Jesuitenordens) Francisco (= Franz) de Alpizcueta, war Herr vom Gut Xaviero, nach dem span. ON »Javiero« (heute: Javier, in Navarra), ein bask. ON, urspr. »Echaberri« (dann: »Chaberri« – »Chaverri« – »Javier«), zsgs. aus »etche« = Haus + »berri« = neu, wie der dt. FN: Neu(en)haus, / Niehaus. – T: Schütze – N: 3. Dezember – Zahlwert: 729 – Gewächs: die Mistel. – »Xavier« und der Doppelname: »François-Xavier« sind Modenamen in Frankreich seit dem II. WK. »Xaver« ist in Bayern nicht selten. – Der Philos. und Theologe Franz Xaver von Baader (18./19. Jh.), der frz. Schriftsteller Xavier de Maistre (19. Jh.), der frz. Anatom Xavier Bichat (18./19. Jh.), der ital. Mus. Saverio Marcadante (19. Jh.), der frz. Komponist Xavier Leroux (19./20. Jh.), die frz. Schriftsteller Xavier de Montépin und Xavier Forneret (19./20. Jh.), der frz. Maler Xavier Roussel (20. Jh.), der südamerik. Dirigent Xavier Cugat (20. Jh.), der österr. Philos. Xaver Höllhubner (20. Jh.). – FN: Jaberri, Javerri, Etchaberry, Etchabar(ne).

Xenia Weiblich: Xenia. Ital. Zenia. Russ. Ksenja.
Griech. PN: »Xenios« (m), aus dem griech. Wort: »xenos« = der Fremde. Bedeutung: der (die) Gastfreundliche. – »Xenios« war ein Beiname des Zeus, als Beschützer der Fremden und Muster der Gastfreundlichkeit.

Y

Yehudi Männlich: S. »Jehudi«, unter »Judith«.

Yves Männlich: Iwo, Ibo. Engl. Ives, Ivo. Frz. Yves, Erw.: Yvon. Breton. Y(e)un, Eon, Eozen. Lat., niederl. Ivo, Ive, If. – Weiblich: Yvette, auch: Ivette; Erw.: Yvonne, Ivonne. Frz. Yvette, Yvonne; KoF: Vonnie. Breton. Yona, Youna, Yvonnick. Niederl. Iefke, Iefje, Yvonne, Ivonne; KoF: Von Lat.: Ivona.
Entstammt einem idg. Wort »iw«, germ. »ihwa«, ahd. »iwa«, altbreton. »iwin«, norman. »i«, schwed. »îge«/»iche«, slaw. »iwa«, russ. »iwa«, gall. »ivos« = die Eibe. Dieser Baum war schon in Gallien sehr verbreitet. In seinem »de bello gallico« (VI.31.5) schreibt Caesar: »taxo cuius magna in Gallia Germaniaque copia est...« In diesen Ländern wurde die Eibe als göttlich angesehen. Mit seinem Holz stellte man Bögen her. Der Name bezeichnete bald die Waffe und den Benutzer: der Bogenschutz. Vgl. den engl. PN: »Archer« (auch ein männl. Vorname) oder den japan. »Youmiba«, von gleicher Bedeutung. Ein Hl. dieses Namens: Ivo, Bischof von Chartres, am 19. 5. 1303 gestorben und 1347 heilig gesprochen. – N: 19. Mai. Von ihm wird behauptet:

Sanctus Yvo erat Brito
Advocatus et non latro,
Res miranda populo.

Der hl. Yvo war ein Bretone,
Rechtsanwalt und kein Dieb,
was dem Volke merkwürdig erschien.

Landespatron der Bretagne, der Armen, der Juristen, der Richter. – Sinnbild: die Eibe. – Stein: der Labradorit – Blume: die Ringelblume – T: Mittwoch – GP. Ende Dezember. – Fischart hat die Bretonen nicht gekannt. Sonst hätte er geschrieben (s. unter »Andreas«): Die Bretonen heißen Yves. –In Frankreich war der männl. PN »Yves« nicht nur in der Bretagne ziemlich verbreitet. Der weibl. PN »Yvonne« war zwischen den beiden WK der 12. der Frauennamen. In England – wo der Vorname von den Normannen eingeführt worden ist, war »Yvonne« nicht selten. In dt. Sprachraum ist »Yvonne« in vielen Städten unter den ersten 10 weiblichen Vornamen. In den westslaw. Ländern wird »Ivo« als eine NebenF von »Iwan« gewertet. – Der österr. Philos. Ivo Höllhubner (20. Jh.), der jugosl. Schriftsteller Ivo Andric (20. Jh.), der fläm. Schriftsteller Ivo Michiels (20. Jh.), der frz. Maler Yves Tanguy (20. Jh.). – Die frz. Schausp. Yvonne Printemps, die Madame de Gaulle (20. Jh.), die fläm. Schriftstellerin Yvonne Waegemans (20. Jh.). – FN: Yve(s), Yvon, Yvelin, Yvonnet, Ivain, Yven, Yvonnec.

Yvette Weiblich.

Yvonne Weiblich. – Männlich: S. »Ivo«.

Z

Zacharias Männlich: Zacharias; KoF: Zach(er)(l), Zach. Engl. Zachary. Frz. Zacharie. Ital. Zaccaria.
Bibl. hebr. PN: »Zekhar-jah« = erinnert hat sich Yah(we), der Herr. Gott gedenkt. – N: 5. November. – Ein Papst, der niederl. Erfinder Zacharias Jansen (16./17. Jh.), der Dramatiker Zacharias Werner (18./19. Jh.), der amerik. FSchau. Zachary Scott.

Zadok Männlich: Zadok. Engl. Zadoc, Zadok.
Bibl. hebr. PN, au seinem Adj. = der Gerechte. Vgl. den lat. PN: »Justus« (m) oder den gall.: »Coveros« (m) von gleicher Bedeutung.

Zdenko Männlich: Zdenko.
Slaw. KoF des Männernamens »Sidonius« (s. »Sidonie«). Weibl. Zdenka.

Zeno Männlich: Zeno(n). Frz. Zénon. Ital. Zeno, Zenone.
Griech. PN = dem Zeus (der höchste griech. Gott) geweiht. – N: 12. April – Mehrere griech. Phil. Zenon (5./4./3. Jh. v. Chr.). – Vgl. den Frauennamen: Zenaïda. Frz. Zénaïde, Ital. Zenaide = Tochter des Zeus. – N: 11. Oktober.

Zenobia Weiblich: Zenobia. Frz. Zénobie. Ital. Zenobia. – Männlich: Zenobius. Ital. Zenobio.
Griech. PN, zsgs. aus »Zeus« (Genitiv der Dichtersprache: »Zenos«) + »bios« = Leben = der sein (ihr) Leben vom Zeus hat. – N: 30. Oktober. – Der belg. Elektriker Zénobe Gramme (19. Jh.).

Zephyrinus Männlich: Zephyrinus. Frz. Zéphyrin. Ital. Zeffirino. – Weiblich: Ital. Zeffirina.
»Zephyrinus« ist eine lat. Erw. von »Zephyrus«, vom griech. Wort »Zephyros« = Name des vergötterten Westwindes, aus einem griech. Stamm: »zophos« = Westen, Abend. – N: 20. Dezember. – Ein Papst.

Zinnia Weiblich: Zinnia. Engl. Zinnia.
Blumenname, nach dem dt. Botaniker Zinn (18. Jh.), ein FN = Zinngießer.

Zippora Weiblich: Zippora.
Bibl. hebr. Frauenname, Verkleinerung vom hebr. Wort: »zippa« (Vogel) = Vöglein.

Zita Weiblich: Zita. Ital. Zita.
Altital. (umbrisches) Wort: »zita« (w) = junges Mädel. Vgl. das Wort der toskanisch. Umgangssprache: »citta« = Mädel, und das ital. »zit(t)ella« = Mädel, Jungfrau. – N: 27. April. – Die letzte österr. Kaiserin Zita von Bourbon-Parma (in Italien geb. und so nach einer ital. Hl. des 13. Jh. genannt) (19./20. Jh.).

Zoe Weiblich: Zoe, Zoë. Engl. Zoë, Zoa. Frz. Zoé. Ital. Zoe.
»Zōé« ist ein griech. Wort, das »Leben« bedeutet. Von den Juden von Alexandria als Übersetzung für »Eva« benutzt. – N: 5. Juli. – Zwei byzantin. Kaiserinnen (10./11. Jh.).